[중국전도]
카자흐스탄
우루무치
투루판
新疆위구르 自治區
타림분지
돈황
敦煌
감숙성甘肅省
주천
酒泉
곤 륜 산 맥
청해성青海省
서
티벳[西藏] 自治區
네팔
부탄
운남성雲南

흑룡강성黑龍江省
치치하얼
하얼빈
길림 吉林
장춘 長春
연길 延吉
고비사막
내몽골자치구 內蒙古自治區
길림성吉林省
심양 瀋陽
요녕성遼寧省
동해
장가구 張家口
신의주
바오터우
후허하오터
만리장성
평양
북경 北京
진황도 秦皇島
대련 大連
영하회족 자치주 寧夏回族自治州
서울
하북성 河北省
천진 天津
발해
인천
대한민국
연대 烟台
위해 威海
태원 太原
석가장 石家庄
산동성 山東省
황해
부산
광주
제남 濟南
청도 青島
산서성 山西省
연안 延安
곡부 曲阜
안양 安陽
난주 蘭州
제주도
함양 咸陽
낙양洛陽
개봉 開封
정주鄭州
서안 西安
강소성 江蘇省
섬서성 陝西省
하남성河南省
안휘성 安徽省
합비 合肥
남경 南京
소주 蘇州
상해 上海
호북성 湖北省
무한 武漢
항주 杭州
四川省
성도 成都
절강성浙江省
중경 重慶
악양 岳陽
장사 長沙
강서성 江西省
호남성湖南省
귀주성貴州省
복주 福州
귀양 貴陽
복건성福建省
타이베이
계림 桂林
하문 廈門
타이완
광서장족자치구 廣西壯族自治區
광주 廣州
광동성廣東省
호문 虎門
불산 佛山
남녕南寧
해남성 海南省

중국 책의 역사

《하도낙서》에서 《사고전서》까지 3천 년의 문화사

뤄슈바오(羅樹寶) 지음 | 조현주 옮김

다른생각

중국 책의 역사

– 《하도낙서》에서 《사고전서》까지 3천 년의 문화사 –

초판 1쇄 인쇄 | 2008년 9월 20일
초판 1쇄 발행 | 2008년 10월 1일

지은이 | 뤄슈바오(羅樹寶)
옮긴이 | 조현주
펴낸이 | 이재연
펴낸곳 | 다른생각

주 소 | 서울 종로구 원서동 103번지 원서빌라트 302호
전 화 | 02-3471-5622, 5623
팩 스 | 02-395-8327
이메일 | darunbooks@naver.com

등 록 | 제300-2002-252호(2002. 11. 1)

ISBN 978-89-92486-07-1 93910
값 25,000원

* 잘못된 책은 바꿔드립니다.

중국 책의 역사

《하도낙서》에서 《사고전서》까지 3천 년의 문화사

뤄슈바오(羅樹寶) 지음 | 조현주 옮김

한국어판 저자 서문

필자는 졸저인《書香三千年》이 한국에서 번역 출판된다는 소식을 듣고 흥분을 감출 수 없었습니다. 그 이유는 첫째, 이 책이 더욱 많은 독자를 가질 수 있기 때문이고, 둘째는 이 책이 한국에서 출판되면 한국의 독자들이 중국 서적 문화의 역사를 더 많이 이해할 수 있기 때문입니다. 필자는 이 책이 매개체가 되어 더 많은 한국의 친구들과 사귈 수 있기를 바랍니다. 아울러 이 책의 한국어판 출판을 위해 수고해주신 〈다른생각〉 출판사를 비롯한 모든 분들께 깊은 감사를 드립니다.

한 · 중 양국은 모두 유구한 역사를 가지고 있고, 양국 국민들은 일찍부터 밀접한 문화 교류를 해왔습니다. 서적 문화 영역에서도 양국은 상당히 많은 부분에서 비슷한 점들을 가지고 있습니다. 필자는 이 책이 한국 독자들의 흥미를 유발하여 중국 고대 서적 문화에 대해 더 많이 이해할 수 있게 되기를 희망합니다.

이 책은 풍부하고 다채로운 그림들이 실려 있고 쉬운 문장으로 서술하였기 때문에 전문가뿐 아니라 일반인도 재미있게 읽을 수 있을 것입니다. 이 책은 중국 고대 서적의 발전사를 간명하면서도 개괄적으로 소개하고 있습니다. 또한 비교적 많은 진귀한 사진들을 통해 각 시대별로 각기 다른 전달체, 각기 다른 생산방식으로 생산된 서적의 면모들을 보여주고자 하였습니다. 특히 인쇄술이 발명된 후, 각 시기별 인쇄본 서적에 대해 중점적으로 소개하였습니다.

이 책은 제1부 〈史卷〉과 제2부 〈賞卷〉으로 구분되어 있습니다. 제1부 〈史卷〉에서는 서적 발달사를 소개하는 데 중점을 두었는데, 인쇄술 발명 이전의 서적과 인쇄술 발명 이후 각 시대의 인쇄본 서적을 포괄하고 있습니다. 본래 서적과 문자는 밀접한 관계를 가지고 있기 때문에 이 책에서는 또한 한자의 기원을 개괄적으로 소개하고, 아울러 그림을 통하여 최초의 한자 부호를 보여주고자 하였습니다. 그리고 또 시대순으로 종이가 사용되기 이전에 출현한 각종 형식의 서적들을 소개하였습니다.

중국 서적의 역사는 여러 가지 전달체 형식의 공예 방법을 거치면서 이루어졌습니다. 기원전 약 1500년경에 사람들은 문자를 귀갑(龜甲)과 짐승 뼈에 새겼는데, 이것이 바로 유명한 갑골서(甲骨書)입니다. 이것들은 이미 매우 성숙한 한자의 형태를 취하고 있는데, 이미 알고 있듯이 중국 최초의 책(서적)이라고 할 수 있습니다. 기원전 1200년경부터 기원전 300년경까지는 유명한 청동 문화 시대로, 사람들은 문자를 청동기 위에 새겨서 주조하였는데, 이러한 문자를 금문(金文)이라고도 합니다. 그 중 어떤 것은 명문(銘文)의 길이가 장장 400여 자에 달하기도 합니다. 대략 기원전 5세기부터 기원후 4세기까지는 중국 고대 서적의 간백(簡帛) 시대입니다. 이 시기에 사람들은 문자를 직물과 간독(簡牘 : 옛날에 종이 대신 글을 쓰는 데 사용된 대나무 조각이나 나무 조각-역자) 위에 썼는데, 직물에 쓴 것을 '백서(帛書)' 라고 합니다. 죽간(竹簡)은 가늘고 긴 형태로 되어 있으며 하나의 죽간에 한 행의 글자를 써서 끈으로 엮어 두루마리로 만들었습니다. 이러한 간백 제작 형식의 책은 1천여 년 동안 꾸준히 사용되어 왔습니다. 종이 발명 이전에 또 하나의 중요한 문자 전달체가 있었는데, 바로 석각문자입니다. 이것을 '돌 위에 새긴 책[刻在石頭上的書]' 이라고도 합니다. 이러한 많은 문자 기록체의 발명과 응용은 서적의 발전사에서 중요한 위치를 차지합니다. 그것들은 필기(글쓰기)를 위해 싸고 편리한 양질의 필기 재료를 제공하였습니다. 그리하여 종이 서적[紙寫本]의 시대를 열게 됩니다. 종이 서적은 생산비용이 저렴하고 필기가 편리하여 사회의 서적 보유량이 대폭 증가하게 됩니다. 또한 인쇄기술의 발명을 촉진시키기도 하였습니다.

인쇄술의 발명은 서적 역사의 새로운 장을 열었고, 인쇄술의 출현은 서적의 생산 효과를 대대적으로 향상시켜 책의 생산량을 크게 증가시켰습니다. 그리하여 사회 문화의 빠른 발전을 촉진시켰습니다. 이 부분에 대해서는 인쇄술의 발명과 발전에 대해 개괄적으로 소개하고, 각 시대의 서적 인쇄 개황 및 각 시대별 대표적인 인쇄본 서적을 소개하였습니다. 그 중 어떤 것은 매우 희귀한 판본으로, 특히 중국 송·원대의 각인본들, 거란과 서하 각인본들의 모습들은 기타 서적사 책들에서 많이 다루어지지 않았습니다. 이 책을 읽으면 많은 진귀한 판본들의 모습을 볼 수 있는데, 이는 매우 얻기 힘든 기회라 할 수 있습니다.

이 책의 제2부 〈賞卷〉 부분은 중국 고대 서적의 예술적 특징을 중점적으로 소개하였습니다. 중국의 고대 사람들은 서적에 대해 일종의 신성한 마음을 가지고 있었습니다. 그래서 사람들은 늘 매우 정성스러운 태도로 서적 출판에 임했는데, 인쇄된 책이 독서 기능은 물론 예술 감상 기능까지도 가질 수 있도록 힘써 노력하였습니다. 이것이 바로 중국 고대 서적 예술의 매력이기도 합니다. 여기에서 먼저 다루는 것은 중국 도서 장정(裝幀)의 미(美)인데, 중국 고서의 여러 가지 장정 형식들을 소개하였습니다. 장정 형식에는 권축장(卷軸裝), 선풍장(旋風裝), 경절장(經折裝), 범협장(梵夾裝), 호접장(蝴蝶裝), 포배장(包背裝), 선장(線裝) 등이 있는데, 독자 여러분이 이러한 장정 형식에 대해 이해하게 된다면, 오늘날 책들의 많은 장정 형식이 사실은 모두 고대의 장정 형식에서 비롯되어 계승된 것임을 알게 될 것입니다. 각기 다른 장정 형식은 각기 다른 판식(版式)을 갖습니다. 이 책에서는 판식, 판심(版心), 변광(邊框), 난선(欄線), 중봉(中縫), 어미(魚尾), 판형 등 관련 용어에 대해 구체적으로 소개하였습니다. 중국 고대의 인쇄본 서적에서는 인쇄 글자체의 예술 효과와 독서 효과를 매우 중시하였습니다. 주류를 이루고 있는 송(宋)대 책들의 인쇄 서체는 중국 한자의 서예 예술에서 기원한 것으로, 특히 당(唐)대의 서예가들인 구양순(歐陽詢), 안진경(顔眞卿), 유공권(柳公權)의 해서(楷書)는 송대 각판(刻版)의 모범 글자체가 되었습니다. 이러한 서예 예술과 각판 인쇄가 결합하면서 필연적으로 고도의 예술 수준을 갖춘 서적 인쇄본이 나오게 된 것입니다. 이 책의 '도서 감상' 부분에서는 매우 진귀한 고대의 서적들과 정미한 인쇄본 서적의 도록을 중점적으로 소개하여 독자 여러분에게 고대 인쇄 장인의 정밀하고 심오한 기술을 보여주고자 하였습니다.

인쇄술 발명 이후부터 사람들은 항상 끊임없이 인쇄술을 발전시켜 왔습니다. 조판(雕版) 인쇄에서 활자판(活字版) 인쇄로, 단색 인쇄에서 2색, 다색 인쇄 및 한 단계 더 발전된 컬러 인쇄로의 발전은 모두 인쇄술의 끊임없는 변혁의 역사를 잘 보여줍니다. 책에서는 다수의 조판 인쇄물 이외에도 활자판, 채색 인쇄본, 컬러 인쇄본 및 유명한 목판 채색 연화(年畵)에 이르기까지 필요한 것들을 적절하게 소개하였습니다.

요컨대 이 책을 통해 독자 여러분은 중국 고대의 서적 역사에 대해 대략적인 이해를 할 수 있을 것입니다. 또한 필자는 독자 여러분이 이 책을 읽으면서 서적 예술에 대해 감상할 수 있기를 바라고, 더 나아가 중국 고대 서적의 발전사에 대해 이해할 수 있게 되기를 희망합니다.

2008년 9월

뤄슈바오(羅樹寶)

일 | 러 | 두 | 기

1. ⊛ 표시의 설명은 독자들의 이해를 돕기 위해 넣은 역자주(譯者註)이다.
2. 본문 가운데 중국의 연호로 표시된 시기를 서력(西曆)으로 표기한 것은 대부분 역자가 넣은 것이다.
   예 : 개원(開元) 연간 → 개원(開元) 연간(713~741년)
3. 중국어 표기는 한국어 한자 발음으로 표기하였다.

중국 책의 역사 목차

제1부

3천 년의 역사

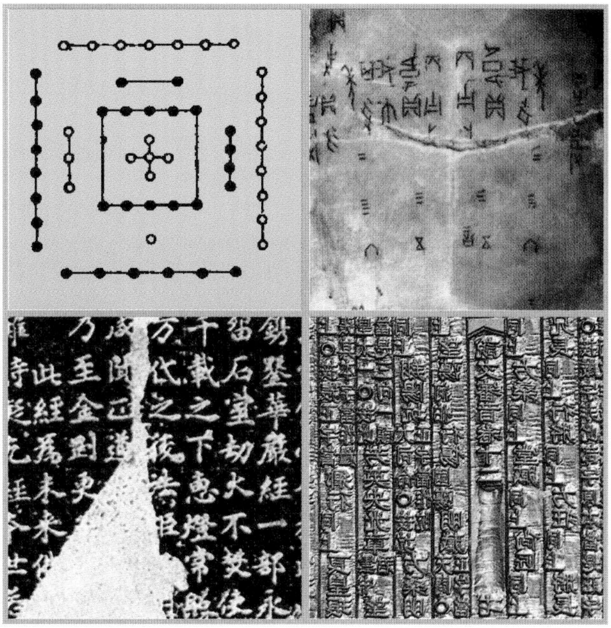

‖ 도서의 기원 ‖

중국의 서적은 역사가 유구하고 수량이 엄청나게 많아 그 풍부한 내용과 많은 생산량은 세계의 문화 가운데 유례를 찾을 수 없을 정도이다. 질적인 면에서도 중국의 고전 저술들 중에는 뛰어난 작품들이 매우 많으며, 이는 일찌감치 여러 나라 학자들에 의해서 공인되었다. 게다가 역사 문헌의 풍부함과 상세함 면에서는 다른 민족의 기록들 가운데 견줄 만한 것이 없을 정도이다. 중국은 기원전 722년 춘추 시대부터 지금에 이르기까지 편년(編年)의 기록이 없었던 적이 거의 한 해도 없다. 생산량에 있어서도, 15세기 말에 중국 서적의 양은 전 세계에서 생산되는 서적의 총량보다도 많았다. "광대하고 심오하며, 역사가 유구하다"라는 말로써 중국의 고대 서적을 묘사한다면 매우 적합하고 정확한 표현이 될 것이다.

그럼 중국 서적의 원류를 탐색하기 위해 먼저 그 역사가 어떻게 시작되었는지부터 살펴보도록 하자.

하도낙서(河圖洛書)

중국에는 도서의 탄생과 관련하여, '하도낙서'의 전설이 있다. 중국 최초의 전적(典籍)인《역경(易經)》에 바로 "황하(黃河)에서 그림[圖]이 나오고, 낙수(洛水)에서 글[書]이 나왔다"라는 기록이 있으며,《상서(尙書)》에도 같은 주장이 나온다. 어떤 사람은 이것에 대해 다음과 같이 설명하였다.

"복희씨(伏羲氏)가 천하를 통치할 때 황하에서 용마(龍馬)가 나왔는데, 등에 '하도(河圖)'를 지고 있었고, 신령스런 거북이 낙수에서 나왔는데, 등에 '낙서(洛書)'를 지고 있었다. 복희씨는 이 그림과 글에 근거하여 팔괘(八卦)를 그렸고, 이것이 훗날의《역경》이 되었다. 오늘날 볼 수 있는 〈하도〉와 〈낙서〉는 주(周)나라, 진(秦)나라, 한(漢)나라 등 여러 조대의 유생(儒生)과 방사(方士)들의 손을 거쳐 가공된, 일련의 신비한 부호들의 조합으로 이루어진 숫자 마방진이다."

어떤 사람은 이것이 자연계의 천연적인 모양인 귀갑(龜甲)에서 발전하여 이루어진 추상 부호로서 중국 최초의 도서이며, 또한 〈하도〉와 〈낙서〉가 중국 문명사에서 일찍이 계몽의 역할을 하였다고 보았다.

전설이 역사는 아니지만 전설은 역사의 산물이다. 우리는 이를 통해 문자가 발명되기 이전에 이미 그림과 일련의 간단한 부호들을 이용하여 소식을 전파하였으며, 중국 문명의 최초 발생

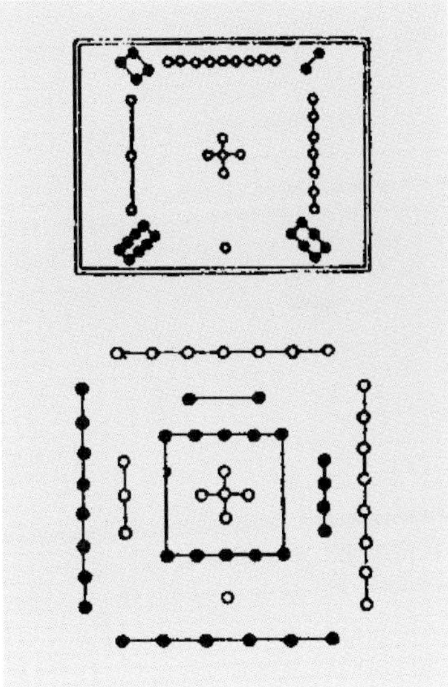

▲ 위는 〈하도(河圖)〉, 아래는 〈낙서(洛書)〉로, 고대 유가(儒家)의《주역(周易)》괘형(卦形)의 기원 및《상서》〈홍범(洪範)〉'구주(九疇)' 편의 창작 과정에 관한 전설이다.

지가 황하와 낙수 일대의 중원 지역이었음을 알 수 있다.

기원

현존하는 중국 최초의 역사서인 《상서》의 〈다사(多士)〉편 가운데 사람들이 자주 인용하는 문장으로 "惟殷先人, 有册有典, 殷革夏命"이라는 것이 있는데, 이는 "당신네 은(殷)나라의 선조들이 하(夏)나라 조정을 전복시킬 때 이미 전적(典籍)이 있어 이 역사를 기록하였다"라는 의미이다. 이는 하나라와 상(商)나라가 교체되던 시기에 이미 전적이 있었음을 말해준다.

《좌전(左傳)》〈소공(昭公) 12년〉에 "초(楚)나라 좌사관(左史官) 관 의상(倚相)은 《삼분(三墳)》, 《오전(五典)》, 《팔색(八索)》, 《구구(九丘)》를 읽을 줄 알았다"라는 기록이 있다. 이에 대해 가규(賈逵)는 다음과 같이 주석하였다. "《삼분》은 삼황(三皇)의 책이고, 《오전》은 오제(五帝)의 책이며, 《팔색》은 팔왕(八王)의 법이고, 《구구》는 구주(九州) 망국의 계율이다." 이러한 책들은 모두 삼황오제 시대에까지 거슬러 올라갈 수 있으니, 일찍이 하나라와 상나라 이전 시기에 이미 서적이 있었다는 의미이다.

지금까지 발견된 것으로 볼 때 문자를 기록하는 데 사용되었던 재료가 매우 다양했음을 알 수 있는데, 도기(陶器), 갑골, 청동, 철, 돌, 대나무, 명주 등이 그것들이다. 그러나 서주(西周) 이전의 문자 기록 도구로는 지금까지 단지 도기, 갑골, 청동, 석기 등 네 종류만이 발견되었을 뿐이다. 이러한 몇 가지 영구히 보존될 수 있는 재질들은 거기에 새겨진 문자와 함께 보존되어 왔

❀ 가규(30~101) | 후한(後漢) 시대의 유학자로, 20세에 오경(五經)과 《좌씨전(左氏傳)》을 암송하였으며, 후한의 세 번째 황제인 장제(章帝)는 그로 하여금 유생 20명을 선발하여 《좌씨전》을 강론하도록 하여 《좌씨전》이 유행하기도 했다고 전해진다. 《경전의고(經傳義詁)》와 《논란(論難)》을 지어, 후한 시대에 고문경서(古文經書)에 대한 학문이 번성하는 기초를 닦았다고 평가받는다.

으나, 당시에 똑같이 문자를 기록했던 그 밖의 다른 재료들은 이미 문자와 함께 흙먼지가 되어버리고 말았기 때문이다. 서주의 청동기인 '모공정(毛公鼎)' 몸체의 명문(銘文)은 대략 500자 정도이다. 이렇게 긴 문자의 경우, 글자를 새겨 주물을 부어 제작하기 전에는 반드시 초고를 써야만 했을 터인데, 이 초고를 어떤 재료에 썼는지, 현재로서는 그 실물도 볼 수가 없고 역사에 기록되어 있는 것도 없다.

이로써 우리는 서주와 상나라 및 그 이전 시대에 분명히 그 밖의 다른 재질들로 만들어진 책이 있었음을 추론할 수 있다. 따라서 중국 도서의 맹아 단계는 당연히 하나라 말기가 되어야 한다.

※ 모공정 | 서주(西周) 후기에 만들어진 청동솥으로, 높이 53.8센치미터, 입구 지름 47.9센치미터이며, 섬서성(陝西省)에서 출토되었다. 고대 중국의 청동기 중 가장 긴 479자(字)의 명문(銘文)이 새겨져 있다. 명문은 주나라 왕이 모공(毛公)에게 내린 책명(策命)의 전문을 기록한 것인데, 매우 난해한 문장으로 구성되어 있다.

책의 정의

먼저 옛날 사람들은 어떻게 말했는지 살펴보자.

기원전 5세기의 저작인 《논어》 〈선진(先進)〉편에는 "어째서 책을 읽은 뒤에야 학문을 했다고 하겠습니까?"라는 말이 나온다. 이는 최초로 책이 열람을 위해 제공되던 것임을 언급한 것이다. 동한(東漢)의 허신(許愼)은 《설문해자(說文解字)》에서 "죽간과 포백에 적은 것을 서(書)라고 한다"라고 하였고, 당나라 때 사람인 사마정(司馬貞)은 《사기색은(史記索隱)》에서 "서(書)는 오경과 육전의 총칭이다"라고 하였다. 책에 관한 여러 가지 정의들은 모두 어느 정도 한계성을 가지며, 정확하고 총괄적인 개괄이라고 하기에는 무리가 따른다.

※ 허신(許愼, 30~124) | 후한(後漢)의 경학자(經學者)로 자는 숙중(叔重)이며, 오경(五經)에 정통한 '허숙중'으로 널리 알려져 있다. 스승 가규에게 사사하여 널리 유가(儒家)의 고전에 정통하였다. 저서로는 《설문해자》가 있는데, 30권에 이르는 이 저서는 한자의 형(形)·의(義)·음(音)을 체계적으로 해설한 최초의 문자학 저서로서 뛰어난 평가를 받고 있다. 그 외에도 오경에 대한 이설(異說)을 집대성한 《오경이의(五經異義)》(10권)가 있으나 오늘날은 전해지지 않고 있다.

책에 대한 정확한 정의는, '문자와 그림을 특정 재료 위에 기록함으로써, 사상을 표현하고 지식을 전파하며 사건을 기록하는 물체'라고 할 수 있다. 우리는 이러한 정의가 단지 지금까지 모든 시대와 모든 지역에 존재했던 각종 형식의 책만을 이야기하는 것이 아니라, 앞으로 등장할 책까지도 포괄하는 것이라고 볼 수 있다. 고대 중국에는 종이로 만든 책만 있었던 것이 아니라, 갑골, 청동, 철, 돌, 대나무, 나무, 비단 등으로 만들어진 책들도 있었다. 다른 문명의 고대 국가에서도 일찍이 각종 재료를 이용하여 문자를 기록하였다. 예를 들어 고대 이집트에는 파피루스가 있었고, 두 강 유역에 살았던 수메르인들에게는 점토판 책이 있었으며, 고대 인도에는 패다라나무 잎에다 불경을 써서 만든 '패엽경(貝葉經)'이 있었다. 옛날 당나라의 승려가 서역에서 가져왔던 경서가 바로 이러한 나뭇잎에다 쓴 패엽경이다.

❀ 수메르 | 세계 4대 문명의 하나로 일컬어지는 바빌로니아 문명을 통칭하는 명칭이다. B.C. 5000년경부터 티그리스 강과 유프라테스 강 유역의 바빌로니아 남부, 지금의 이라크 지역에서 발생하였으며, B.C. 3000년경에는 오리엔트 문명을 활짝 꽃피웠다.

고대부터 지금까지 도서의 형식과 내용이 어떻게 변화해 왔는가와는 별개로 필수불가결한 두 가지 요소가 있다. 첫째는 책의 물질적 재료, 즉 다양한 종류의 재질들이다. 둘째는 문자와 그림 및 책에 기록된 내용이다. 책을 만드는 재료는 바뀔 수 있지만 책에 들어 있는 문자, 그림, 내용은 책의 영혼이어서 다른 것으로 대체할 수 없다.

책[書]이라는 명칭 이외에도 '서적(書籍)', '도서(圖書)'가 모두 책과 동일한 개념으로 사용되었으며, 고대 전적 속에서 통용되었다. 《후한서(後漢書)》〈마융전(馬融傳)〉의 '광성송서(廣成頌序)'에 "서적(書籍)을 관장하는 직책에 있으면서 삼가 옛 문장에 의거하여 모은 뜻을 다시 서술하여 송시(頌詩) 한 편을 지었다"라는 내용이 나온다. 이는 고대 전적 가운데 최초로 '서적' 이라는 단어가 출현한 것이다. 책의 내용으로는 문자 외에도 그림이 있다. "황하에서 그림이 나오고, 낙수에서 글이 나왔다" 라는 내용이 바로 그림과 문자의 밀접한 관계를 반영하고 있다. 그렇기 때문에 예로부터 '책' 을 '도서(圖書)' 라고도 한 것이다. 《사기(史記)》〈소상국세가(蕭相國世家)〉편에 "패공(沛公)이 함양에 이르자……(소)하가 홀로 먼저 입성하여 진나라 승상부(丞相府)의 도서를 입수하여 그것을 보관하였다" 라는 기록이 있다. 이것이 바로 사서(史書)에서 최초로 책을 도서라고 칭한 것이다. 위진(魏晉) 시대에는 국가의 책을 보관하는 곳을 '도서부(圖書府)' 라고 하였다. 《진서(晉書)》〈천문표(天文表)〉편에는 "벽수(壁宿)의 두 별은 문장을 주관하며 천하 도서들의 비밀 창고이다" 라는 기록이 있다. 또 당나라 장열(張說)은 〈천자께서 여정서원의 잔치에 음식을 하사하신 것을 생각하며(思制賜食于麗正書院宴)〉라는 시에서 "동벽(東壁)의 도서부, 서원(西園)의 한묵림(翰墨林)" 이라고 하였다. 이러한 기록들에서, 옛날부터 책, 서적, 도서는 모두 같은 의미로 쓰였음을 알 수 있다. 이 책에서도 이러한 단어들을 번갈아가며 사용하였는데 모두 '책' 을 말하는 것이다.

❀ 소하(蕭何, ?~B.C. 193) | 진(秦)나라의 하급관리였으며, 일찍이 한(漢) 고조인 유방이 관직을 갖지 않았을 때부터 그를 도왔으며, 진을 무너뜨리기 위해 유방이 군사를 일으키자 종족 수십 명을 거느리고 동참하여, 한신(韓信) · 장량(張良) · 조참(曹參)과 함께 한나라의 일등 개국공신이 되었다. 유방의 군대가 진나라 수도인 함양(咸陽)에 들어서자 승상부의 도적문서(圖籍文書)를 확보하여 한나라가 왕조의 기틀을 다지는 데 크게 기여하였다.
또한 유방이 초(楚)나라의 항우(項羽)와 싸울 때에도 식량 등 군대의 보급을 맡아 승리에 크게 기여하여, 유방이 즉위할 때 찬후(酇侯)로 봉해지고 많은 식읍(食邑)을 받았다. 또 훗날 한신의 반란을 평정하고 최고의 상국(相國)에 봉해졌는데, 이때 진나라의 법률을 기초로 《구장률(九章律)》을 편찬하였다.

❀ 벽수 | 성수(星宿)라고도 하며, 중국에서는 달의 공전 주기가 27.32일이라는 점에 착안하여 적도대(赤道帶)를 28개의 구역으로 나누었는데, 이들 각 구역을 수(宿)라고 한다. 달이 매일 묵는 곳이라는 의미이다. 봄날 초저녁에 중천에 뜨는 사각형의 페가수스자리 남쪽 변의 동쪽 끝에 위치한 별이 벽수이다.

❀ 장열(667~730) | 당나라 현종 때의 문장가. 시호는 연국공(燕國公).

문자의 탄생

문자가 탄생한 뒤에야 도서가 출현하고 인류 문명이 발생하였다. 그렇기 때문에 문자의 탄생은 인류가 야만 시대에서 문명 시대로 진입하게 되었음을 말해준다.

초기의 인류 사회에서 효율적인 생산을 위해 사상의 교류와 지식의 전파가 필요했기 때문에 언어가 출현하게 되었다. 그 후 사회가 점차 발전함에 따라 언어만으로 수요를 충족시킬 수 없게 되었다. 왜냐하면 언어는 일정한 거리 내에서만 전파가 가능하였으며, 게다가 보존하여 남길 수가 없었기 때문이다. 이러한 언어의 한계를 보완하기 위해 옛날 사람들은 매듭을 짓거나 나무에 새겨 일을 기록하는 방법을 창안해냈다. 줄에 매듭을 하나 지어 하나의 일을 표시하고, 목판 위에 칼자국을 하나 새겨 또 다른 하나의 일을 표시하였다. 만약 또 다른 사건이 발생하게 되면 다시 매듭 하나를 짓고 흔적을 새겨 넣었다. 노신(魯迅)은 〈문외문담(門外文談)〉이라는 글에서 "단지 몇 개의 매듭만 기억할 수 있을 뿐이지, 더 많아지면 엉망이 될 수 있다"라고 하였는데, 이는 매듭을 짓고 나무에 새기는 방법은 소수의 간단한 일을 기록하는 데에만 적당하다는 것을 말해준다. 그리하여 사람들은 새로운 기록 방법을 찾기 시작했고, 이로 인해 문자가 탄생하게 되었다.

〈문외문담〉 | 노신이 1935년 9월에 발표한 논문으로, 중국의 어문에 관한 내용을 담고 있다.

문자를 만든 창힐

《역경》〈계사전(繫辭傳)〉에서 "상고 시대에는 매듭을 지어 다스렸는데, 후세에 성인이 그것을 서계(書契)로 바꾸었다"라고 하였는데, 이는 상고 시대에는 사람들이 매듭을 지어 일을 기록하였는데, 후에 성인이 문자를 창조하여 글자를 쓰거나 조각하는 방법으로 일을 기록하였다는 뜻이다.

⊗ 서계 | 은나라 때 대나무나 귀갑 등에 새긴 문자.

문자를 창조했다는 이 성인이 바로 창힐(倉頡)이다. 창힐이 문자를 창조했다는 전설은 매우 광범위하게 전해졌다. 많은 서적에서 이 일에 대해 기록하고 있는데, 그 중에서도 가장 구체적인 것이 동한(東漢) 때 허신이 지은《설문해자》〈서(序)〉이다.

> 황제(黃帝)의 사관(史官) 창힐이 새와 짐승들이 디딘 발자국을 보고, 이치가 다르면 모양도 다를 수 있다는 것을 알아서 처음으로 서계(書契)를 만들어, 백공(百工)을 다스리고 만물을 관찰하였다. …… 창힐이 처음 문자를 만들 때 대개 모양을 근거로 하여 형상을 본뜬 것이니, 그러므로 文(상형象形, 지사指事—역자)이라고 한다. 그 후 형(形)과 성(聲)이 더해졌으니, 바로 이것을 字(회의會意, 형성形聲—역자)라고 한다. 문(文)이라는 것은 물상(物象)의 근본이고, 자(字)라는 것은 파생되어 나와서 점점 많아지는 것을 말한다. 죽간과 포백에 쓴 것을 서(書)라고 한다.

이 문장은 창힐이 문자를 발명한 방법과 절차를 설명하고, 당시 사람들의 '문(文)', '자(字)', '서(書)'라는 몇 가지 기본 개념에 대한 인식을 반영하고 있다. 문자의 생성은 큰 의의를 가지며 중요한 작용을 하는데, 그렇기 때문에 문자를 발명한 사람은 필연적으로 사람들의 존경을 받고 '성인(聖人)'으로 숭배되었다.

그러나 사실상 초기의 문자는 여러 사람의 손을 거쳐 이루어진 것이지 한 사람에 의해 창조된 것이 아니다. 노신은 이에 대해 《한문학사강요(漢文學史綱要)》에서, "문자가 형성되려면 대대로 계속 이어져야 하고, 또 여러 사람의 손을 거치면서 군중들이 함께 알게 된 후에야 유행될 수 있다"라고 지적하였다. 처음에 어떤 사람이 부호를 하나 만들고 나서 다른 사람들에게 이 부호가 어떤 의미를 가지는지 알려준다. 또 다른 사람이 또 하나의 부호를 그린 뒤 역시 다른 사람들에게 이것이 어떤 의미를 갖는지 알려준다. 시간이 지나면서 이러한 부호들이 점점 많아지고, 그것이 가리키는 의미를 사람들이 모두 알게 되면 약속이 이루어지는데, 문자는 이러한 과정을 거쳐 생성된 것이다. 창힐의 이름과 문자의 생성이 함께 거론되는 것은, 그가 여러 가지 형체의 문자에 대해 연구하고 정리하여 규범화하는 작업을 진행하였기 때문이다. 이 점에서 본다면 사람들이 그를, 문자를 창조한 성인으로 추존하는 것이 결코 이치에 어긋나는 것은 아닐 것이다.

기록에 따르면 창힐이 문자를 창조한 뒤에 "하늘에서 곡식이 비처럼 쏟아져 내리고 귀신들이 밤중에 울었다"라고 한다. 문자가 발명되자 인류의 지식과 지혜가 비약적으로 발전하여 농업 생산량이 증대되었기에 "하늘에서 곡식이 비처럼 쏟아져 내린다"라고 하였고, 사람들이 글자를 알고 이치를 깨닫게 되면서 더 이상 귀신을 두려워하지 않게 되었기 때문에 "귀신들이 밤중에 울었다"라고 표현한 것이다.

▲ 서안(西安)의 반파(半坡) 유적지에서 출토된 도기에 새겨진 문자부호로, 앙소문화에 속하며, 지금부터 5천여 년 전의 것이다. 이러한 부호들은, 형상은 간단하지만 매우 규칙적이다. 이것들이 문자인지 아니면 그림부호인지는 지금까지도 단정짓기 어렵다.

한자는 부호와 그림에서 기원했으나, 또한 그림과는 다르다

사람들이 한자를 창조한 것은 간단한 부호에서 시작되었으며, 이러한 부호를 가지고 일정한 뜻을 대표하였다. 지금 우리가 볼 수 있는 초기의 한자 부호는 신석기 시대의 도기에 남아 있는데, 지금으로부터 약 5~6천 년 전의 것이다. 중국의 문명사는 바로 여기서부터 시작되었다고 할 수 있다.

1954년에 발굴하기 시작한 서안(西安) 동쪽 교외의 신석기 시대 반파(半坡) 유적지는 앙소문화(仰韶文化)에 속하는 것이다. 여기에서 출토된 도기에서 50여 개의 부호들을 발견하였는데, 유사한 부호가 섬서성(陝西省) 임동(臨潼)의 강채(姜寨) 유적지와 감숙성(甘肅省)의 마가요(馬家窯) 문화 유적지, 청해(青海) 낙도(樂都)의 유만(柳灣) 유적지 등 여러 신석기 시대 유적지들에서 출토된 도기들에서도 모두 발견되었다. 이렇게 발견된 부호는 대략 수백 개에 달한다. 이러한 부호들에 대해 고고학자들 사이에 아직 통일된 견해는 없지만, 일부 학자들은 이것들을 원시적 형태의 한자라고 보기도 한다. 곽말약(郭沫若) 선생은 〈고대 문자의 변증적 발전〉이라는 글에서, "채도(彩陶) 위의 기호들은 중국 문자의 기원 또는 중국 원시문자의 화석이라고 분명히 말할 수 있다"라고 하였다.

※ 앙소문화[양사오문화] | 대략 B.C. 5000년경에 황하 중류 유역에서 꽃피웠던 신석기 시대 문화로 추정되며, 화북 최초의 농경문화로 알려져 있다. 1921년에 J. G. 안데르손이 하남성(河南省)의 앙소 부근에서 신석기 시대의 대형 거주지를 발굴하여 알려졌는데, 채도가 특징적이어서 채도문화(彩陶文化)라고도 한다.

▶ 산동성(山東省) 대문구(大汶口) 문화 유적지에서 출토된 도기로, 윗부분에 초기의 상형한자가 새겨져 있으며, 신석기 시대 말기의 것이다.

▲ 이것은 오른쪽 도기에 새겨진 문자를 확대한 사진으로, '日', '雲', '山' 세 개의 상형문자가 하나의 '旦' 자를 이루고 있다.

번체자(繁體字) | 오늘날 중국 본토에서 쓰이는 간체자가 아니라 정통 한자를 말한다. 주로 타이완에서는 정체자라고 하며, 중국 본토에서는 번체자라고 한다.

▼ 대문구 문화 도기에 새겨져 있는 4개의 상형한자로, 왼쪽부터 차례로 '戌', '斤', '炅', '旦' 자이다.

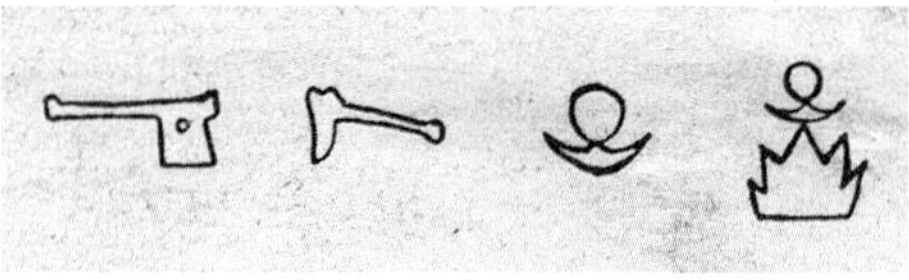

1959년 산동성(山東省) 영양(寧陽) 보두촌(堡頭村) 서쪽과 태안(泰安)의 대문구(大汶口) 일대의 신석기 시대 유적지에서 발견된 대문구 문화는 그 연대가 기원전 4500년부터 3000년경까지 거슬러 올라간다. 여기에서 나온 도기에서 10여 종의 부호가 발견되었는데, 여러 고문자 학자들이 이 부호들에 대해 연구하여, 이것이 초기의 도형문자임을 인정하고 이 문자들에 대한 해석을 시도하였다. 당란(唐蘭)은 그 중 네 개의 부호가 분명 '戌(술)', '斤(근)', '炅(경)'(즉 熱)이고, 마지막 하나는 바로 '炅'의 번체자(繁體字)라고 보았다. 우성오(于省吾)는 세 번째와 네 번째 부호가 '旦(단)'과 그것의 번체자라고 보았다. 이 외에 이학근(李學勤), 소망평(邵望平) 등도 유사한 견해를 보였다. 만약 이것이 초기의 상형한자라고 한다면, 중국이 5

천 년의 고증 가능한 문자 역사를 가진다는 근거를 갖게 된다.

앞에서 소개한 신석기 시대의 도기들에 남겨진 부호들은 대개 두 가지 유형으로 분류해 볼 수 있다. 앙소문화의 도기 부호로 대표되는 것은 부호형 문자에 속하고, 대문구 문화 도기 부호로 대표되는 것은 상형문자에 속한다. 옛날 사람들은 바로 이러한 사고를 거쳐 한자를 창조한 것이다. 하나의 비슷한 도형으로 어떤 사물을 표시할 수 있다면, 간단한 도형을 그려서 그 도형이 후에 상형자(象形字)가 된 것이고, 도형으로 표시하기 어려운 것을 이해하기 쉬운 부호로 그려서 그 부호가 후에 회의자(會意字)와 지사자(指事字)가 되었으며, 어떤 때는 두 개의 글자를 합쳐서 하나의 새로운 글자를 만들어 냈는데, 이것이 바로 초기의 형성자(形聲字)이다.

초기의 상형문자는 비록 어떤 물체의 형태를 그려내어 일정한 의미를 표시하는 것이었지만, 그것은 결국 완전한 의미에서의 그림이 아니므로 더 간단하고 편리해질 필요가 있었다. 따라서 어떤 물체와 거의 흡사한 모양인 경우도 있고, 어떤 물체에서 가장 특징적인 부분만을 취한 경우도 있었다. 문자가 발전할수록 상형의 요소는 점점 줄어들었다. 갑골문 시기(기원전 1600~1300년)에 이르러 한자가 이미 성숙단계에 들어서면서 완전한 상형자는 적어졌지만 모양이 비슷한 상형자는 여전히 많았다.

한자는 신석기 시대의 원시문자로부터 갑골문에 이르기까지 약 2천여 년의 역사 변천 과정을 거쳤다. 이 기간의 한자 변천 과정은 오늘날까지도 공백으로 남아 있다. 그러나 한 가지 확실

※ 당란, 우성오, 이학근, 소망평 | 중국의 갑골문 해석학자들.

※ 상형(象形) | 후한의 허신이 《설문해자》에서 분류한 한자 형성의 6가지 분류법을 '육서(六書)'라고 하는데, 그 중 하나이다. 육서는 다음과 같다. ① 상형(象形)은 사물의 모양을 본떠 만든 문자로, 日과 月 등이 여기에 해당한다. ② 지사(指事)는 上이나 下처럼 추상적인 기호를 사용하여 사상(事象)을 나타내는 것이며, ③ 회의(會意)는 明(日+月)처럼 두 개 이상의 한자를 합쳐 다른 의미를 나타내는 것, ④ 형성(形聲)은 河(氵+可)처럼 발음을 나타낸 글자에 다른 변(邊)을 더하여 새로운 의미의 문자를 표현하는 것이며, 그 외에 ⑤ 전주(轉注)와 ⑥ 가차(假借)가 있다.

▶ 갑골문 속에 있는 상형자, 회의자와 형성자의 예들. 이것으로써 갑골문이 이미 성숙한 한자이며, 그것이 중국 문자의 원류가 아니라 단지 하나의 발전 단계였을 뿐이라는 것을 증명할 수 있다.

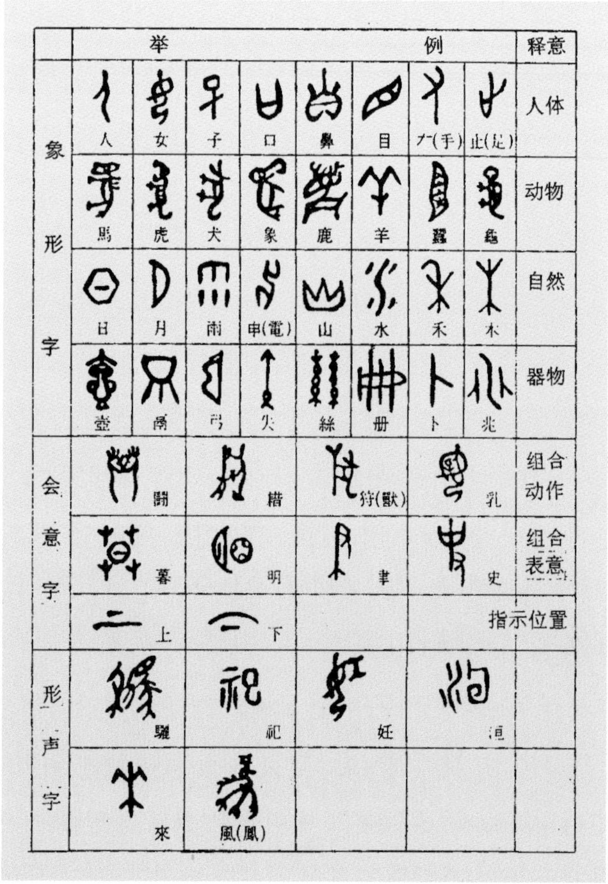

한 것은, 한자가 끊임없이 증가하고 필획이 지속적으로 통일되고 규범화되어 상(商)대 후기인 갑골문 시기에 이르러서 한자는 이미 약 5천 개가 존재했으며, 다수의 글자가 거의 정형화되었다는 점이다. 고문자학자들은 이것을 이미 성숙된 한자라고 보는데, 그 이유는 상당수의 한자가 존재했을 뿐만 아니라 자형(字形)이 이미 거의 정형화되고 규범화되었으며, 상형·지사·

형성 등의 조자(造字) 원칙을 갖추고 있어서, 이 한자들로 비교적 복잡한 사건을 기술할 수 있었기 때문이다. 한자가 도기와 갑골 외에 다른 재질에도 새겨져 있었는가에 대한 대답은 긍정적이라 할 수 있다. 다만 역사의 흐름 속에 사라져 버렸거나 우리가 아직 발견하지 못했을 뿐이며, 언젠가 우리는 그것들을 새로이 발견을 할 수 있을 것이다.

문자가 생성된 후 사람들은 그것을 사용하여 사건을 기록하고 자신의 사상을 기록하였으며, 생산과정에서의 경험을 기록하거나 자신의 감정을 토로하기도 하였다. 이러한 문자가 특정 재료의 물체 위에 기록되어 최초의 책이 생겨나게 된 것이다. 문자의 생성은 책이 만들어지기 위한 선결조건이며, 책은 또 문자의 사회적 기능을 발휘하게 하여 문자가 끊임없이 개선되고 규범화될 수 있게 한다. 문자를 사용하는 과정에서 사람들은 끊임없이 새로운 글자를 만들어냈으며, 뒤떨어지고 규범화되지 않은 문자는 도태시켰다.

수메르인의 설형(楔形)문자와 이집트인의 상형문자, 인도의 범문(梵文)이 하나씩 역사의 무대에서 물러날 때, 중국의 한자는 원시문자에서 출발하여 끊임없이 변화하고 발전하고 규범화되고 보편화되었다. 이렇게 한자는 수천 년 동안 이어져 오늘날까지 사용되고 있다. 한자는 세계에서 거의 유일하게 현재까지 사용되고 있는 고문자라고 할 수 있다.

필기도구

중국의 '문방사보(文房四寶)' 인 붓, 먹, 종이, 벼루는 중국 문인들의 필기구인 동시에 책을 만드는 공구와 재료이기도 하다. 진(晉)대의 대서예가 왕희지(王羲之)는 "종이는 진영(陣營)이고, 붓은 칼과 창이며, 먹은 병기와 갑주이고, 벼루는 성 둘레에 파 놓은 연못[城池]이며, 본령(本領)은 장군이다"라고 하였다. 이러한 공구들이 언제부터 '문방사보'로 함께 묶였는지에 대해서는 아직까지 정설이 없지만, 확실한 것은 종이가 필기구로 쓰이기 이전에 붓, 먹, 벼루가 이미 쓰이고 있었다는 사실이다. 여기서는 우선 붓, 먹, 벼루 세 가지에 대해서만 살펴보기로 하자.

▲ 신석기 시대 말기의 도기 위에는 붓으로 붉은 색과 검은 색 두 가지 안료를 묻혀 그린 도형이 있다. 옛날에 붉은 색과 검은 색은 모두 글을 쓰는 주요한 색깔이었다. 붉은 먹으로 쓴 문서는 '단서(丹書)'라고 하며, 중요한 공문을 쓰는 데 사용했다. 1965년에 산서성(山西省) 후마(侯馬)에서 출토된 결맹서(結盟書)들은 모두 붉은 색으로 쓴 주서(朱書)로, 전국 시대(戰國時代) 초기의 것이다.

먹[墨]

갑골문이 발견된 후 많은 외국 학자들이 갑골문에 대해 연구하였다. 한 미국인은 갑골문에 붉은 색과 검은 색의 필기 흔적이 있는 것을 발견하였는데, 그는 갑골문 시기의 중국에는 붉은 색과 검은 색 염료를 제조할 만한 기술이 없었다고 단정하여, 그 붉은 색이 노예의 피로 쓴 것이라고 여겼다. 그러나 후에 그는 염료의 미량 화학 분석을 통해 갑골문의 붉은 색은 주사(朱沙)이고 검은 색은 탄소체임을 밝혀냈다. 이 화학 실험의 결과는 중국 고대인들이 이미 각종 천연 광물질을 가지고 염료를 제조하는 기술을 가지고 있었음을 증명해준다. 우리는 이를 통해 신석기 시대 채도(彩陶)의 도안도 붓에다 염료를 묻혀 그린 것이라고 추측할 수 있다.

춘추전국 시대에 이르러서는 이미 송연(松烟 : 소나무 그을음—역자)으로 먹을 제조하기 시작하였다. 조자건(曹子建)의 시에 "먹은 푸른 소나무의 그을음에서 나오고, 붓은 교활한 토끼의 몸에서 나온다네"라는 구절이 있는데, 이는 송연으로 먹을 만드는 것이 한대에는 이미 매우 보편화되어 있었음을 말해준다. 한대에는 송연 외에도 먹을 만드는 재료로 석유 그을음을 사용하기도 하였다.

먹 제조기술이 발전하면서 먹 제조의 달인들이 많이 출현하였다. 문헌에 기록된 최초의 먹 제조가는 삼국 시대 위(魏)나라의 위탄(韋誕)이다. 당시 사람들은 "중장(仲蔣 : 위탄의 字)의 먹은 점 하나를 찍으면 마치 옻칠을 한 것처럼 검다"라고 칭찬하였다. 당시 위탄이 이미 진주(珍珠)와 사향 등의 재료를 배합하여 먹을 제조하였다. 북위(北魏)의 가사협(賈思勰)은 《제민요술(齊民要術)》에서 위탄의 먹 제조 방법에 대해 다음과 같이 상세하게 기록하였다.

> 좋고 순수한 소나무 그을음을 찧어서 가는 비단[絹篩]으로 항아리 안에서 키질을 한다. 키질을 해서 찌꺼기를 제거하고 나면 마치 가는 모래나 먼지와 같은 상태가 된다. 이 물질은 매우 가볍고 미세하여 키로 걸러내기에 까다로워 자칫 실수하면 날아가 버리므로 신중하게 해야 한다. 먹 한 근(斤)을 좋은 아교 다섯 냥(兩)과 섞어서 늘푸레나무 껍질 즙 속에 담가 둔다. 늘푸레나무 껍질은 물에 넣으면 녹색

※ 조자건(192~232) | 위(魏)나라의 시인으로, 자건은 자(字)이며 본명은 식(植), 시호는 사(思)이다. 그의 마지막 봉지(封地)가 진(陳)이었기에 진사왕(陳思王)이라고 불린다. 위나라 무제(武帝)인 조(操)의 아들이며, 문제(文帝)인 조비(曹丕)의 동생으로, 이들을 삼조(三曹)라고 부른다. 그의 뛰어난 재주와 인품에 위협을 느낀 형 문제는 그의 일거수일투족을 철저히 감시하였고, 거의 매년 새 봉지에 옮겨 살도록 강요하였다. 그러던 어느 날 연회석상에서 문제는, 일곱 걸음을 옮기는 동안 시 한 수를 짓지 못하면 목숨을 내놓으라고 하였다. 그 말이 끝나자마자 시 한 수를 지었는데, 그게 바로 유명한 〈칠보지시(七步之詩)〉이다. "콩을 삶기 위해 콩대를 태우니, 콩이 가마솥 속에서 소리 없이 우는구나. 본디 한 뿌리에서 태어났거늘 어찌 서로 이리 심하게 괴롭히는가(煮豆燃豆萁 豆在釜中泣 本是同根生 相煎何太急)"라는 시를 지어, 자신을 콩에, 형을 콩대에 비유하여 형제간의 불화를 상징적으로 노래하여 형을 당황스럽게 했다고 전해진다.

※ 위탄 | 위나라 때의 유명한 서예가로 字는 중장(仲將)이다. 문재(文才)도 뛰어났으며, 벼슬은 시중(侍中)에 올랐다.

※ 가사협(?~?) | 북위의 한 고을 태수를 역임했다는 정도 외에는 자세한 생애에 대해 알려진 내용이 없다. 그가 지은 《제민요술》은, 전해지는 중국 최고의 종합적인 농업 서적이다. 이 책에는 각종 농작물과 가축의 재배와 사육 및 가공 등 농업 전반에 걸친 기술이 수록되어 있다.

※ 근, 냥 | 1근은 600그램, 1냥은 37.5그램 정도임.

이 된다. 아교를 없애면 먹의 색깔이 더욱 진해진다. 그리고 계란 다섯 개를 노른자는 제거하고 흰자만 넣는다. 다시 또 주사(朱沙) 한 냥, 사향 한 냥을 각각 가는 체로 걸러서 함께 잘 섞어 절구에 넣는다. 그리고 넣자마자 축축해지지 않도록 절구공이로 3만 번 찧는다. 이때 절구질은 많이 하면 할수록 더욱 좋다. 먹은 2월과 9월을 지나서는 안 된다. 따뜻하면 냄새가 나고, 차가우면 잘 마르지 않고 얼었다가 녹아, 바람을 맞으면 저절로 깨져버린다. 먹의 무게는 세 냥 내지 두 냥을 초과해서는 안 된다. 먹을 만드는 비결이 이와 같기에 차라리 작은 것은 괜찮지만 커서는 안 된다.

위의 내용을 보면 위탄이 사용했던 먹 재료 가운데에는 방부제와 향료도 있었음을 알 수 있다.

남당(南唐)의 먹 제조 달인인 이정규(李廷珪)는 주로 황실을 위해 먹을 제조하였는데, 그는 등황(藤黃) · 서각(犀角 : 무소뿔—역자) · 진주 · 파두(巴豆) 등 열두 가지의 재료를 사용하였다. 이백(李白)은 〈장사마가 먹을 선물한 것에 화답하여(酬張司馬贈墨)〉라는 시에서 "상당(上黨)의 푸른 소나무 그을음, 이릉(夷陵)의 붉은 단사 가루, 세 가지 사향으로 귀한 먹을 만드니, 아름다운 빛 비로소 취할 만하네"라고 하였다. 이는 당시 먹 재료를 선정하는 데 있어 매우 엄정하였음을 말해준다.

현존하는 최초의 먹은 호북성(湖北省) 운몽(雲夢) 수호지(睡虎地)의 진(秦)나라 묘, 강릉(江陵) 봉황산(鳳凰山)의 서한(西漢) 묘와 광주(廣州)의 남월(南越)왕 묘에서 출토된, 전국 시대부터 서

상당 | 중국 산서성(山西省)의 동남부에 있는 도시인 장치(長治)의 옛 이름으로, 교통의 요충지이며 상업과 모직물 제조업 · 양조업 등이 발달하였으며, 인삼의 주산지이다.

이릉 | 장강삼협이 흐르는 호북성(湖北省) 서쪽에 위치한 항구도시로, 아주 먼 옛날부터 문물이 발달하였고, 오나라와 촉나라 간에 이릉대전이 벌어진 곳이다.

◀ 송응성(宋應星)이 지은 명(明)대의 대표적 기술서(技術書)인 《천공개물(天工開物)》에 있는 '송연제묵도(松烟制墨圖)'.

한 시대까지의 먹이다. 이 먹들의 모양은 모두 환형(丸形)이다. 송나라의 육유(陸游)는 《검남시고(劍南詩稿)》의 〈엄호(掩護)〉편에서 "향기로운 실 영창(映窓)에 어려 흩어지지 않고, 묵환(墨丸)을 벼루에 넣으니 가늘어 소리가 없네"라고 하였는데, 이는 먹이 송대에도 여전히 환형으로 만들어졌음을 말해준다.

※ 육유(1125~1210) | 호(號)는 방옹(放翁). 남송(南宋)의 대시인이며, 문집으로는 《검남시고》 등이 있다.

후에 환형의 묵환 외에 묵괴(墨塊)와 묵정(墨錠)도 출현하였다. 인쇄술이 발명된 후에는 먹의 용도와 양이 더욱 증가하여 고체의 먹뿐만 아니라 먹물도 사용하게 되었고, 먹에 배합하는 재료도 이전처럼 엄정하지 못하였다.

▼ 광주(廣州)의 남월왕 묘에서 출토된 묵환과 돌벼루로, 서한 초기의 것들이다.

붓[筆]

붓과 먹의 역사는 동일하게 진행되었다고 보는 것이 합당하다. 갑골문에 있는 '筆' 자는 바로 후대의 '聿(율)' 자이다.

몽염(蒙恬)이 붓을 만들었다는 전설은 그 유래가 오래되었지만 명확한 증거는 아직 없다. 사서(史書)에서도 단지 몽염이 제(齊)나라를 정벌하고 만리장성을 축수한 일만 기록하고 있을 뿐, 붓에 관한 일은 언급되어 있지 않다. 한대 이래로 몽염이 붓을 만들었다는 설을 의심하는 학자들이 계속 있었는데, 근대의 학자들은 몽염이 단지 붓을 개량한 사람일 뿐 발명한 사람은 아닐 것으로 보고 있다.

⑧ 몽염(?~B.C. 209) | 진(秦)나라의 장군으로, B.C. 221년에 제나라를 정복할 때 큰 전공을 세웠다고 한다. 그 후 B.C. 215년의 흉노(匈奴)족 정벌 때에도 큰 활약을 하였으며, 이듬해에는 만리장성을 완공하였다. 시황제(始皇帝) 사후 환관 조고(趙高)와 승상 이사(李斯)의 모함으로 투옥되었다가 감옥에서 자살하였다고 전해진다.

현존하는 가장 오래된 붓은 호남성(湖南省) 장사(長沙) 좌가공산(左家公山)의 전국 시대 묘에서 출토된 것이다. 붓대는 가는 대나무로 만들었는데, 직경은 약 0.4센치미터이고 길이는 18.5센치미터이다. 붓의 털은 최고급의 토끼털로 되어 있는데, 털의 길이는 2.5센치미터이다. 붓의 털은 붓대 머리 중앙부에 끼워져 실로 묶여 있고 겉에는 옻칠이 되어 있다. 출토 당시 붓은 작은 대나무관으로 씌워져 있었다.

1957년, 호북성(湖北省) 운몽(雲夢) 수호지(睡虎地)의 진(秦)나라 묘에서 죽간 붓이 세 자루 출토되었는데, 붓대의 상단은 뾰족하고 하단은 비교적 굵게 만들어 털을 넣을 수 있도록 구멍을 뚫고 거기에 붓털을 끼워 넣었다. 털의 길이가 2.5센치미터이고 모두 대나무관으로 포장되어 있었으며, 양 끝에는 견고하게 뼈로 테를 둘렀다. 같은 해, 호북성 강릉(江陵) 봉황산(鳳凰山)의 서한 시대 묘에서도 붓 한 자루가 출토되었는데, 그 형태가 진나라 붓과 유사했다. 이것이 아마도 몽염이 개량했던 붓일 것이다.

1972년에 감숙성(甘肅省) 무위(武威) 마저자(磨咀子)의 동한(東漢) 중기 때의 묘에서 출토된 붓은, 붓 끝에 자색(紫色)의 강한 털을 넣고 겉은 황갈색의 비교적 부드러운 털로 덮었으며(아마도 늑대털인 듯하다), 뿌리 부분에 먹의 흔적이 남아 있다. 붓대는 대나무로 만들었고, 곧고 균일하며, 붓대 끝은 뾰족하게 깎았고, 붓대 중앙부에는 예서(隸書)로 '백마작(白馬作)' 이라는 세 글자가 새겨져 있다. 이 글귀에서 '백마(白馬)' 는 붓을 제작한 사람의 이름이다. 또 다른 한대의 묘에서도 붓 하나가 출토되었는데, 모양과 구조가 같고 붓대에는 '사호작(史虎作)' 이라는 글자가 새겨져 있는데, 이 역시 붓을 만든 사람의 이름이다.

▲ 감숙성 무위에서 출토된 서한 시대의 모필로 붓두껍이 있으며, 붓대의 한쪽이 뾰족하여 상투에 꽂기에 편리하였다.

한대의 붓은 왜 붓대의 한쪽 면을 뾰족하게 만들었을까? 역사 기록에 따르면 한대의 관원이 조정에 나갈 때 붓을 상투 위에 꽂아서 수시로 사용하기 편리하게 하였다고 하는데, 이것이 바로 일반적으로 말하는 '잠필(簪筆)' 에 관한 이야기이다. 무위에서 출토된 한대의 붓은 출토되던 당시 묘 주인의 머리 왼쪽에 있었는데, 아마도 원래 죽은 사람의 상투에 꽂혀 있었던 것으로 보인다. 산동성(山東省) 기남(沂南)의 동한 묘실 벽화에는 홀(笏)을 잡고 제사를 지내는 인물 그림이 새겨져 있는데, 인물의 관 위에 붓이 꽂혀 있다. 이러한 관습은 진(秦)대부터 시작되어 양한(兩漢 : 전한과 후한을 통틀어 일컫는 말—역자) 시대까지 전해졌으나, 서진(西晉) 때는 이미 더 이상 유행하지 않게 되었다. 서진 시기에는 붓대의 한쪽 끝이 뾰족하지 않았고 붓대도 좀 짧아졌다.

※ 홀 | 임금 이하 공경사대부(公卿士大夫)들이 조복(朝服)을 입을 때 띠에 끼워 다니는 것으로, 옥이나 상아, 혹은 대나무 등으로 만들었다.

몽염이 붓을 만들 때에는, "고목으로 관을 만들고, 사슴털로 기둥을 만들고, 양털로 겉을 씌운 이른바 창호(蒼毫)이며, 비토호죽관(非兎毫竹管)이었다." 지금까지 출토된 진·한(秦漢) 이래의 붓은 대부분 두 종류의 동물 털로 되어 있는데, 두 털의 강도가 달라 붓끝이 강한 것과 부드러운 것을 서로 보완하여, 글씨를 쓰기에 편리하다. 출토된 한대의 붓 중에는 토끼털과 늑대털을 사용한 것도 있는데, 이 역시 부드러움과 강함을 겸비하기 위한 것이다. 당(唐)대에 이르러서는 붓을 만드는 기술이 더욱 정교하고 우수해졌다. 당시 안휘(安徽) 선성(宣城)에서 제조한 선필(宣筆)이 가장 유명했는데, 그곳에서 만든 '서수필(鼠須筆)', '계거필(鷄距筆)' 등의 명필은 모두 붓끝이 단단하고 곧아서 상품(上品)으로 쳤다. 유공권(柳公權)은 '송곳처럼 둥글고, 끌처럼 찍으며', '끝이 가지런하며 허리 부분이 강한' 붓을 원했고, 구양순(歐陽詢)은 '가운데는 살쾡이 털이고, 가을철 토끼의 털로 덮은' 붓을 최상품으로 쳤으며, 두보(杜甫)는 "서예에서는 서체가 가늘면서도 힘차야 바야흐로 신과 통한다고 하여 귀하게 여긴다"라고 생각하여 붓끝이 단단하고 곧은 붓을 골라 쓰려 하였다. 이는 이 시기 붓의 성능이 매우 다양해서 서예가들의 다양한 요구를 만족시킬 수 있었음을 말해준다.

송대 이후, 붓을 만드는 기술이 더 정교하고 우수해졌으며, 붓의 생산지도 강남의 각 지역으로 확대되었는데, 절강(浙江) 호주(湖州)의 붓이 가장 유명하여 '호필(湖筆)'이라고 불렸다. 명·청 시기에 이르기까지 호주는 줄곧 중국 붓 생산의 중심지였다. 붓을 만드는 재료도 양 극단으로 발전하였는데, 하나는

⁂ 유공권(柳公權, 778~865) | 자는 성현(誠懸). 당나라 말기의 정치가이자 유명한 서예가로 벼슬은 태자소사(太子少師)에까지 올랐다. 특히 해서(楷書)체에 뛰어났는데, 당대의 벼슬아치의 비문에 유공권의 글씨를 쓰지 않으면 불효로 여겼을 정도였다고 전해진다. 왕희지(王羲之)의 서체를 비롯한 다양한 필법을 두루 익혔으며, 서체가 힘에 넘치고 아름답기로 유명한데, 주로 안진경(顔眞卿)의 영향을 많이 받아 '안유'(顔柳)'라고 함께 불릴 정도였으며, 구양순(歐陽詢)과 설요(薛曜)의 영향도 많이 받았다.

가격이 저렴하여 대중들에게 공급하였고, 다른 하나는 아주 귀한 재료들을 골라 연구하여 만든 것으로, 대부분 궁중과 부자들에게 공급하였다.

벼루[硯]

벼루는 옛날 사람들이 먹을 갈아 글을 쓰던 도구이다. 硯(벼루 연)을 종종 '硏(갈 연)' 으로 쓰기도 한다. 기원전 200년 전후, 유희(劉熙)의 《석명(釋名)》에서는 "硯(벼루 연)은 硏(갈 연)이며, 먹을 갈아 섞어서 적시는 것이다" 라고 하였다. 《후한서(後漢書)》〈반초전(班超傳)〉에 반초가 "일찍이 일을 멈추고 붓을 던지며 탄식하기를, '……어찌 옛일을 붓과 벼루 사이에 두겠는가!'" 라는 기록이 있다. 송나라 도곡(陶穀)의 《청이록(淸異錄)》〈문용(文用)〉에는 다음과 같은 기록이 있다. "구양공은 글씨에 뛰어나고 문구(文具)를 단장하는 데 능하였다. 그의 집에 소장하고 있는 많은 물건에 모두 이름을 새겼는데, 연실(硏室)은 자방관(紫方館)이라고 하였다." 여기에서 '연실(硏室)' 은 벼루를 넣어두던 함이다.

중국의 먹은 애초부터 고체였던 것으로 보인다. 그래서 먹에 물을 넣고 벼룻돌 위에서 갈아야만 필기용 먹물을 얻을 수 있었다. 그러므로 벼루의 역사도 붓과 먹의 역사와 비슷하며, 이 세 가지는 서로 불가분의 관계를 갖는다.

고대에 벼루를 만들던 재료에는 주로 두 종류가 있었는데, 바로 돌과 와기(도기)이다. 당나라 관휴(貫休)는 《선월집(禪月集)》에 실린 〈와연시(瓦硯詩)〉('瓦硯' 은 벼루를 말함—역자)에서, "연마가

※ 유희(劉熙) | 생몰연대 미상. 후한 시대의 훈고학자로, 사서(辭書)인 《석명(釋名)》을 지어 학문 발전에 크게 기여했다.

※ 반초(33~102) | 후한(後漢) 초기의 무인으로 자(字)는 중승(仲升). 학자인 반표(班彪)의 아들로 처음에는 학문에 뜻을 두었으나 곧 무인(武人)이 되기로 마음을 바꾼다. 장군인 두고(竇固)를 따라 흉노족을 정벌하는 원정에 나서, 흉노족이 지배하고 있던 50여 종족을 복속시키는 등 많은 공을 세워 장병장사(將兵長史)를 거쳐 서역도호(西域都護)가 되었으며, 정원후(定遠侯)에 봉해졌다.

※ 도곡 | 송나라 태조 때 사람으로, 기억력이 뛰어나고 박식하였으며, 벼슬은 한림원 승지, 예부상서, 형부상서 및 호부상서 등 요직을 두루 거쳤다.

※ 관휴(832~912) | 당대 말기부터 오대에 걸쳐 살았던 승려 시인으로 선월대사라고 불렸다.

고됨을 근심하고, 깨어진 기왓돌로 보이지 마라"라고 하였다. 역시 당나라 유우석(劉禹錫)의 〈홍거사가 강서로 유람가는 것을 전송하며(送鴻擧師遊江西)〉라는 시에는, "그대 백사장에서 돌벼루 고르고, 백제성(白帝城) 주변에서 푸성귀 찾네"라는 구절이 있다. 이를 통해 당(唐)대에 돌벼루와 질벼루가 모두 널리 사용되었음을 알 수 있다.

※ 유우석(772~842) | 당대 중기의 시인으로 자는 몽득(夢得). 과거에 급제하여 관직에 올랐으나 개혁파인 왕숙문(王叔文), 유종원(柳宗元) 등과 함께 정치 개혁을 꾀하다 실패하여 지방관으로 좌천되었다. 이때 농민의 정서를 노래한 《죽지사(竹枝詞)》를 지은 것으로 유명하다. 저서로는 시문집 《유몽득문집》, 《유빈객집(劉賓客集)》, 《외집(外集)》 등이 있다.

현존하는 가장 오래된 벼루는 호북성 강릉에서 출토된 전국시대의 벼루와 광주(廣州) 남월(南越)왕의 묘에서 출토된 서한시대 돌벼루인데, 모두 자연적으로 조각난 돌에다 약간의 가공을 하여 만든 것들이다. 위진(魏晉) 시대 이후로는 돌벼루건 도기벼루건 간에 가공하고 조각하는 데 모두 심혈을 기울였다. 송대에는 광동(廣東) 단계(端溪)와 안휘(安徽省) 흡현(歙縣)의 돌벼루와 감숙의 조연(洮硯)과 진남(晉南) 예서(豫西)의 징니연(澄泥硯 : 도기벼루—역자)이 매우 유명하여, 이를 통칭하여 '4대 명연(四大名硯)'이라고 하였다.

‖ 종이 발명 이전의 책 ‖

종이가 발명되기 전, 중국의 고대인들은 각종 재료를 사용하여 문자와 그림을 기록하였다. 그들은 갑골, 청동, 대나무, 나무, 비단, 돌 등을 재료로 사용하였는데, 많은 역사서들에서 이러한 것들을 각각 갑골서(甲骨書), 청동서(靑銅書), 죽서(竹書), 목서(木書), 백서(帛書), 석서(石書)라고 불렀다.

갑골서(甲骨書)

▼ 이것은 비교적 완전한 갑골문이다. 문자는 상하로 행을 이루고, 좌우로 열을 이룬다.

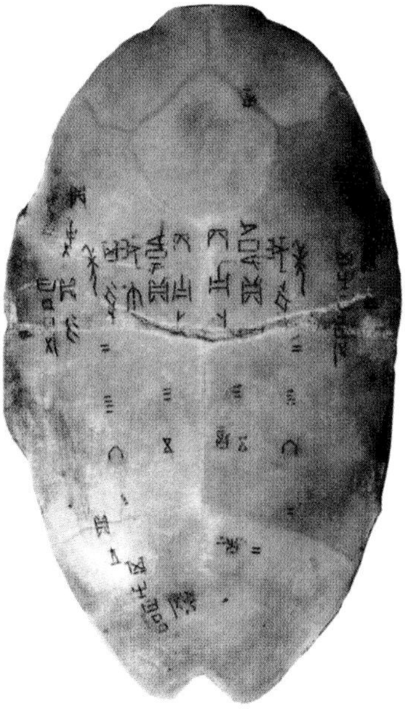

현존하는 중국 최초의 문자는 대부분 갑골 위에 새겨진 것들이다. '갑'은 거북의 껍데기, '골'은 짐승의 뼈이다. 자르고 깎고 문지르고 갈아서 잘 다듬은 후에, 당시 글에 정통했던 무속인이나 '정인(貞人)'이라고 불리던 점쟁이가 글을 쓰거나 새겼다. 점을 치는 데 갑골을 사용한 것은 상(商)대 이전인 상고 시대까지 거슬러 올라간다. 중국의 수많은 신석기 시대 유적에서 짐승뼈와 거북 껍데기 조각이 상당수 발견되었는데, 그 위에 불에 그을린 자국이 있을 뿐 문자는 없었다. 은나라 사람들은 갑골을 이용하여 제사를 지내던 전통을 이어서 점의 내용을 문자로 새겨 기록하였던 것으로 보인다.

⁂ 왕의영 | 청나라의 학자로, 국자감 제주(祭酒)로 있을 당시, 학질에 걸려 감기약을 지어오게 하였는데, 약재를 살펴보던 중 용골(龍骨)이라는 약재에 미지의 문자가 새겨져 있어, 사업을 하며 소설을 쓰던 친구 유악(劉鶚)과 함께 연구한 결과 그것이 중국의 고대 문자임을 발견했다.

⁂ 반경(盤庚) | 탕(湯)이 하(夏)나라를 멸하고 상나라를 세웠으며, 왕이었던 반경은 기원전 14세기경에 수도를 은(殷) 지역으로 옮겼는데, 이때부터 상나라를 은나라라고 부르게 된다.

▲ 이것은 대략 기원전 1300년의 갑골문을 본뜬 것이다. 내용은 당시에 발견한 새로운 별에 대한 기록이다.

19세기 말 왕의영(王懿榮)이 약재로 사용하던 용골(龍骨)에 새겨진 갑골을 우연히 발견한 이후, 갑골은 사람들이 소장하는 물건이 되었다. 약 100년 동안 약 15만 개 이상의 갑골이 출토되었다. 발견된 갑골문은 대부분 상(商)대 후기(기원전 1300~기원전 1028년)의 것으로(최근 서주의 갑골문이 발견됨) 반경(盤慶)에서 주왕(紂王)까지의 273년 역사가 기록되어 있다. 갑골에 기록된 내용에는 길흉을 점친 것 외에 당시의 사료로서 매우 가치가 높은 제사, 전쟁, 사냥, 천문, 기상, 의학, 천상(天象), 농사, 자연재해 등이 있다. 이렇게 갑골에 기록된 내용을 통해 상대의 사람들이 이미 풍부한 천문학 지식을 갖추고 있어 정확한 날짜와 절기를 계산해낼 수 있었음을 알 수 있다. 어떤 갑골에는 천간과 지지가 모두 새겨져 있어 3천여 년 전에 간지로 날짜와 시간을 기록하는 것이 시작되었음을 증명해준다. 또 갑골문 중에는 당시 사람들이 별 자리를 관찰했던 기록과 새로운 별을 발견한 기록도 있다. 이렇게 갑골문의 내용은 매우 풍부하고 다양하여 높은 문헌 가치를 지니고 있다.

현재 거북 껍데기와 짐승 뼈에 새긴 문자를 중국 최초의 문자로 보고 있다. 《상서(尙書)》〈다사(多士)〉편에 "은나라 사람에게는 전(典)과 책(册)이 있었다"라는 말이 나오는데, 여기서 '전'과 '책'은 모두 서적을 말한다. 동작빈(董作賓)은 《신획복사사본후기(新獲卜辭寫本後記)》에 자신이 발견한 갑골에 '책륙(册六)'이라는 두 글자와 줄을 끼우는 구멍이 있었다고 기록하였다. 갑골문에서 '책(册)' 자는 상형자로, 글이 새겨진 몇 개의 뼛조각을 두 줄로 연결한 것인데, 뼛조각의 길이가 일정치 않음을 본뜬 것이다. 뼛조각 몇 개를 줄로 연결하여 만든 책을 '귀책(龜册)' 또는 '귀책(龜策)' 이라고 하였다(고대의 '册'과 '策'은 통용되는 한자이다. '策'이 좀 더 늦게 출현하였다). 이는 갑골문이 이미 한자가 성숙기로 접어들었을 때의 문자 기록임을 설명해준다.

▲ 갑골문의 각종 '책(册)' 자이다. 당시에 이미 책을 세는 단위를 '책(册)'이라고 하였다. 내용이 관련 있는 몇 개의 뼛조각을 줄로 연결해 책으로 만들고, 이를 '귀책(龜册)'이라고 하였다.

갑골문 발견 이후로 오랜 기간 연구 끝에 학자들은 다음의 결론을 얻었다.

갑골문은 계각문자(契刻文字)로, 먼저 붓으로 갑골 위에 글을 쓰고 칼로 새긴 후 먹이나 주사(朱沙)로 필획에 색을 칠한 것인데 매우 정교하게 제작되었다. 또한 갑골문은 약 5천여 개의 단음절 글자가 있는데, 오늘날 1500여 개를 식별해 냈으며, 식별하지 못한 글자 중에는 인명, 부족명, 지명이 많다. 갑골문에는 상형자 외에 형성자, 회의자가 있는데, 육서 원칙에 부합하고 있어 이미 발전된 형태의 한자로 볼 수 있다.

갑골문은 상대 후기 200여 년의 역사를 담고 있어, 갑골문을 통해 상대의 역사상 의혹을 풀 수 있었기 때문에 위대한 역사서로 인정받고 있다. 갑골문이 발견되기 이전, 상대에 대한 것은 대부분 전설을 통해 추정하였다. 일찍이 공자는 "은나라의 예(禮)에 대한 것은 증거가 없다"라고 한탄한 바 있고, 근대에 와서도 상나라가 실제로 존재했는지의 여부에 대해 의혹이 제기되었다. 그러므로 갑골문과 거기에 기록된 사실은 중국 역사상 엄청난 가치를 지닌다고 할 수 있다.

※ 동작빈(1895~1963) | 중국 하남성(河南省) 출생으로, 북경대학을 졸업하고, 1928년에 고고학자인 이제(李濟)와 함께 안양(安陽) 소둔촌(小屯村) 유적과 은허(殷墟) 유적을 발굴한 것이 계기가 되어 갑골문자 연구에 주력하였다. 그는 유적 발굴의 성과를 바탕으로 《대구사판고석(大龜四板考釋)》(1931), 《갑골문단대연구례(甲骨文斷代研究例)》(1932)를 발표하였으며, 은나라의 역법을 복원한 《은력보(殷曆譜)》(1945)를 저술하기도 했다. 그 후 대만으로 옮겨가 중앙연구원 역사언어연구회 소장을 역임했다.

※ 계각문자 | '계(契)'는 '새기다'라는 뜻이 있어, 나무나 뼈 같은 단단한 재료에 새긴 문자라는 의미이다.

한자의 역사에서 갑골문은 신석기 시대의 부호문자와 청동기 시대 문자 사이의 공백을 메워 한자의 역사를 더욱 완성되고 정연하게 하였다. 과거에는 한자가 청동 명문으로부터 시작되었다고 보았으나, 갑골문의 발견으로 한자의 역사는 더 이른 시대로 앞당겨졌다.

고대의 갑골문은 후대의 한자 배열에 선례를 제공하기도 했다. 비록 갑골문의 한자 필획이 임의적이고 그 배열 역시 불규칙적이지만 위에서 아래로, 오른쪽에서 왼쪽으로 쓰는 현상이 나타났다. 이것이 후대 한자 획순의 기초가 되었고, 이후 청동 명문 시대에는 한자가 매우 정제된 배열을 이루게 되었다.

청동서(青銅書)

고고학자들은 청동기 위에 새겨진 문자를 '금문(金文)' 또는 '종정문(鐘鼎文)'이라고 하였다. 문자학자들은 그것이 글자를 기록하는 방식이라 여겼고, 이런 인식은 많은 사람들에 의해 계승되었다.

고대 중국의 청동 제련기술의 기원은 매우 오래되어, 우(禹)가 아홉 개의 솥을 주조했다는 전설도 있다. 오늘날 발견된 최초의 청동기는 상(商)대의 것이다. 상대의 청동기에는 소수의 몇 개에만 기물(器物) 명칭의 명문(銘文)이 표기되어 있었기에 이를 '책'이라 부르기 어려웠다. 서주(西周)에 이르러 청동기 명문은 증가되어 어떤 것은 200~300자, 어떤 것은 490여 자로 된 것도 있다. 이러한 명문은 이미 완전한 이야기를 서술하고 있었는데, 그 내용은 청동을 소유한 가문의 역사나 공적을 비롯해 책봉 명령, 하사받은 상, 전쟁, 조상의 공덕을 찬미하는 것 등이었다. 서주 청동기의 형상은 다양했는데, 솥, 쟁반, 주발, 귀가 달린 그릇, 술잔 등이 있다. 명문은 기물의 안쪽에 새겨진 것이 대부분이었고, 문자 외에 각종 장식 문양의 그림을 넣기도 하였다. 지금의 눈높이로 보아도 이는 매우 정교한 것이었다. 당시의 청동기는 용도가 다양했다. 예기(禮器)로 쓰여 권력과 지위를 상징하기도 하였고, 일상용구, 주기(酒器), 식기, 제기(祭器) 등으로 쓰이기도 했다. 그렇지만 이때까지만 해도 책이라고 하기에는 부족했다. 그러나 장편의 명문이 있는 청동기에는 가문의 역사를 기록하여 영원히 전해지게 하였으므로 이것을 '청동서'라고 칭하였다.

서주 청동 명문의 글자체는 갑골문에 비하여 좀 더 발전한 형태로, 더욱 규칙적이고 정형화되었으며 글자체가 간략해졌다. 이 글자체를 후대 사람들은 '대전(大篆)'이라고 불렀고, 어떤 이들은 주(周) 선왕(宣王) 시기 태사(太史)였던 주(籀)가 만든 것이라 하여 '주서(籀書)'라고도 하였다. 그는 글자 교재를 만들어 《사주편(史籀篇)》이라 했는데, 이 책은 이미 없어지고 고문헌에 기록으로만 남아 있다. 태사 주가 대전체를 만들었다고 하나 믿을 만한 것은 못 되고, 다만 그가 당시의 글자체를 표준적인 형태로 써서 사람들이 글 쓰는 법을 익히도록 했다는 것만은 믿을

▼ 대우정(大盂鼎). 서주 전기(기원전 11세기)의 유물이다. 285자의 글자가 새겨져 있는데, 글자체는 초기 대전(大篆)이다.

※ 태사(太史) | 중국에서 기록을 맡아보던 관직으로 사관(史官)의 한 직책.

만하다.

갑골문에서의 문자 배열 순서는 임의적이었다. 그러나 서주의 청동 명문에 이르러서는 문자의 배열이 정형화되었다. 이는 이후 2천여 년 동안 책의 문자 배열 형식에 영향을 주었고, 근대에 이르러서야 가로 배열의 한자 책이 출현하였다.

서주의 명문이 길게 새겨진 청동기가 꽤 많다. 초기(기원전 1027~기원전 948년)의 대표작으로는 무왕(武王) 시기의 요망훼(夭亡毁), 성왕(成王) 시기의 미현대정(眉縣大鼎), 강왕(康王) 시기의 대우정(大盂鼎), 소왕(昭王) 시기의 소유(召卣) 등이 있다. 그 중 대표작으로 대우정을 꼽을 수 있다. 서주 중기[기원전 947~기원전 888년, 목(穆), 공(恭), 의(懿), 효(孝)왕의 4대]의 청동기 명문은 문장도 더 길고 글자체도 대전체의 느낌이 더욱 강했다. 목왕 시기의 정훼(靜毁), 공왕 시기의 장반(墻盤), 효왕 시기의 대극정(大克鼎) 등을 예로 들 수 있는데, 정교하게 주조되어 있고 글자체가 수수하면서 고풍스러워 매우 특색이 있다. 서주 후기의 청동기 공예기술은 최고로 발전하였다. 대표적으로 여왕(厲王) 시기의 산씨반(散氏盤), 선왕(宣王) 시기의 모공정(毛公鼎)을 들 수 있다. 그 중 모공정 명문은 490여 자에 달하는데, 모공 가문의 역사와 공적을 상세히 기술하고 있어, 당시의 가장 긴 문장으로 역사상 한 획을 긋는 작품에 속한다.

❀ **무왕(武王), 성왕(成王), 강왕(康王), 소왕(昭王)** | 상(商)나라에 이어, 기원전 10세기경부터 기원전 256년까지 중국에 존재했던 주나라 초기의 왕들.

춘추전국 시대에 이르러 청동기는 여전히 성행하였으나 청동 명문은 점점 역사 무대의 뒤편으로 사라져 갔다. 이는 명문이 감소하고 간독(簡牘)과 백서(帛書)가 성행한 것과 관계가 깊다. 그

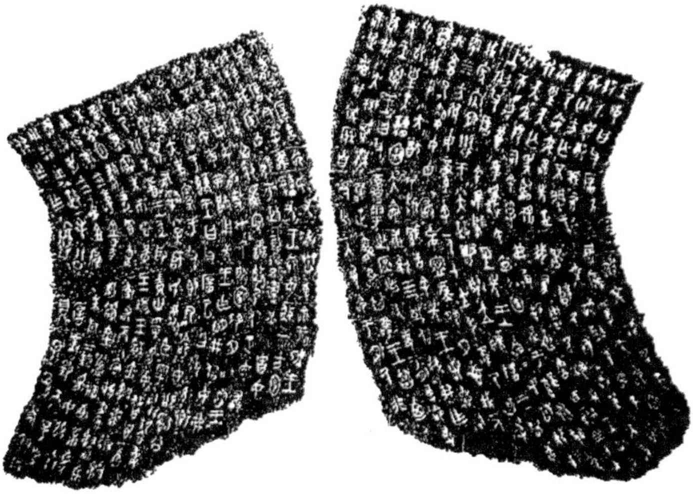

◀ 모공정의 명문(銘文).

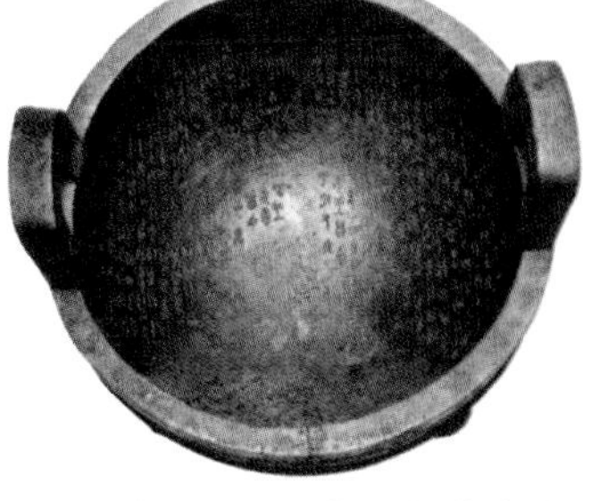

▲ 모공정(毛公鼎). 서주 후기의 유물로, 솥 안쪽에 490여 자의 글자가 새겨져 있다. 이는 가장 많은 글자가 새겨진 청동기이다.

러나 춘추전국 시기에도 매우 특색 있는 두 개의 청동기가 있었는데, 그 중 하나는 20세기에 감숙성(甘肅省) 천수(天水)에서 출토된 진공궤(秦公簋)로, 춘추 시기 진(秦)나라의 것이다. 이는 뚜껑에 53자, 몸체에 51자로 총 104자의 글자가 새겨져 있다. 이 진공궤에 새겨진 청동 명문은 하나의 흙 주형을 이어 붙여 만든 것으로 훗날의 니활자(泥活字 : 점토활자—역자)의 모체이다. 1978년 하북성(河北省) 평산(平山)의 전국 시대 중산왕(中山王) 묘에서 출토된 중산왕 방호(方壺)는 약 기원전 315년의 것으로, 4개 조(組) 총 448자의 명문으로 된 중요한 역사 문헌이다. 이 명문의 글자체는 매우 특색이 있는데, 긴 모양에 필획은 가늘고 필체는 날카로운 형태이며 매우 장식적이고 예술적인 글자체이다.

춘추전국 시기에는 문자를 철기에 주조하였다는 문헌 기록이 있다. 예를 들어 《좌전(左傳)》 〈소공6년(昭公六年)〉에 기록된 정

▲ 진공궤(秦公簋). 춘추 시기(기원전 7세기)의 유물로, 새겨진 글자가 또렷이 보이는 것은 한꺼번에 여러 자를 주형하지 않고 하나씩 점토로 따로 주형해서 그것들을 이어 붙여 만들었기 때문이다.

(鄭)나라 사람의 '주형서(鑄刑書)' 가 있는데, 이는 형법에 관련된 문자를 철제 솥 위에 주조한 것이다. 또《춘추경전집해(春秋經傳集解)》의 권26에 진(晉)나라 범선자(范宣子)가 '형서(刑書)' 를 썼는데, 이 역시 철제 솥 위에 주조한 것으로 '주형정(鑄刑鼎)' 이라 불렀다. 그러나 현재 이런 솥들은 전해지지 않고 있다.

⑳ 범선자(范宣子) | 진나라의 대부였으며, 큰 권력을 가졌던 인물.

죽목간독(竹木簡牘)

대나무 조각에 쓴 책을 죽간(竹簡)이라고 한다. 이는 가장 널리 쓰였고 가장 오래된 책이다. '간(簡)' 이라는 명칭은 고서에서 '간(簡)', '책(册)', '간책(簡策)' 으로 혼용되고 있는데, 약간씩 차이가 있다. 한 행의 문자를 하나의 대나무 조각에 쓴 것을 '간', 한 편의 문장을 쓴 '간' 을 끈으로 엮은 것을 '책' 또는 '간책' 이라 하는데, 여기에서 '册(책)' 과 '策(책)' 은 같은 뜻이다.《좌전서소(左傳序疏)》에, "한 묶음을 '간(簡)', 여러 개의 '간' 을 연결해 엮은 것을 '책(策)' 이라 한다" 라고 씌어 있다.

나무 조각 위에 글을 쓴 것을 목간(木簡)이라 한다. 목간은 중국의 서북 지역에서 주로 사용되었는데, 이는 그 지역에서 쉽게 구할 수 있는 재료였기 때문으로 보인다. 서북 지역에는 대나무가 나지 않으므로 나무 조각으로 대신한 것이다. 목판의 크기는 각각 다른데, 문장의 길이에 따라 정해진다. 면적이 넓은 목판은 그림을 그리는 데 사용되는데, 그림만 단독으로 그리기도 하

▼ 지도가 그려진 목판. 감숙에서 출토된 한대의 유물이다.

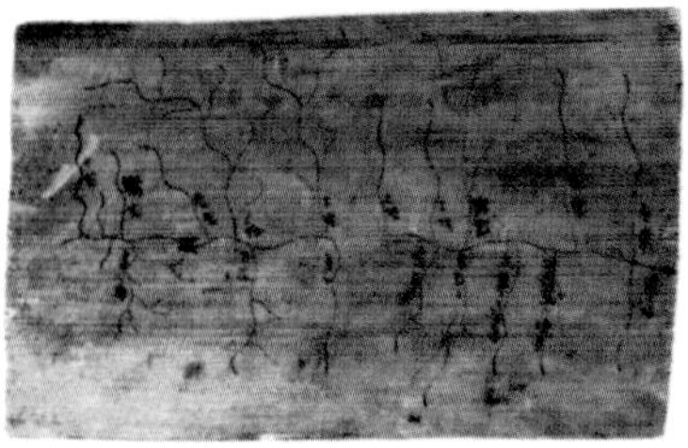

◀ 목판화. 1973년 감숙의 금관(金關) 유적지에서 출토된 한대의 유물이다.

고 간책에 삽화로 그려 넣기도 하였다. 이렇게 문자를 쓴 목판은 명칭이 여러 가지인데, '목독(木牘)', '판독(版牘)', '방독(方牘)' 등으로 불렸다.

문헌 기록에 따르면 죽간과 목독의 사용은 서주 시대로 거슬러 올라가 춘추전국 시대부터 성행하였다. 종이의 발명 후에도 간독을 중요시하고 종이를 경시하는 관념 때문에, 문장은 죽백(竹帛)에 쓰거나 금석(金石)에 새겨야만 오래도록 전할 수 있다고 여겨 간독이 여전히 유행하였다. 동진(東晉) 말년에 이르러 호족(豪族) 환현(桓玄)이 진나라 안제(安帝)를 폐위시키고, 다음과 같이 하명하여 1300여 년 동안 유행한 죽간과 목독은 역사의 무대 뒤로 물러나게 되었다. "옛 사람들은 종이가 없어 간독을 사용

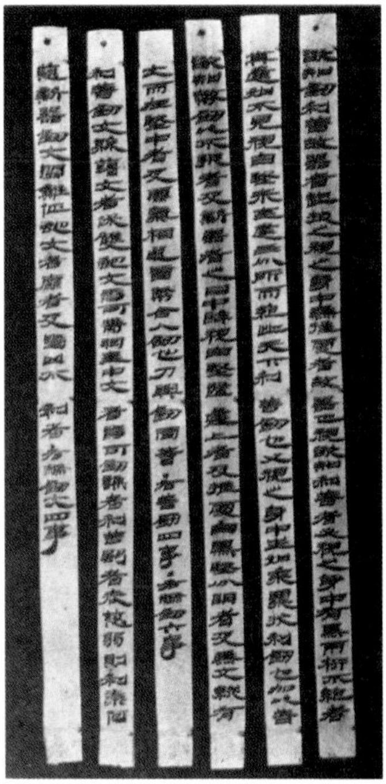

▲ 감숙에서 발굴된 '거연한간' 인데, 글자체는 전형적인 예서이다.

했으나 본받을 만한 것이 아니다. 간독을 사용하는 모든 사람들은 종이로 바꾸도록 하라."

오늘날 출토된 최초의 간독은 전국 시기의 것이고, 출토된 양이 가장 많은 것은 한대의 것이다. 각지에 있는 한대의 묘를 제외하고서 가장 많은 양의 간독이 출토 된 것은 감숙(甘肅)의 '거연한간(居延漢簡)' 이다. 그 이후의 죽간은 아직 발견되지 않고 있다.

간독의 형태와 규격

출토된 유물과 문헌 기록에 따르면 고대의 간독은 일정한 규격을 갖추고 있다. 죽간에는 긴 것, 중간 것, 짧은 것 등 세 종류가 있다. 긴 것은 2자 4치, 중간 것은 2자 내지 1자 4치, 짧은 것은 1자 2치 혹은 1자의 크기이다. 이 수치는 모두 한대의 표준으로, 대략 1자는 현재의 8치에 해당한다. 긴 것은 유가의 경전을 기록하는 데 사용되었다. 정현(鄭玄)이 주석을 단 《논어서(論語序)》에서 그는 《역(易)》, 《시(詩)》, 《서(書)》, 《예(禮)》, 《악(樂)》, 《춘추(春秋)》를 쓴 간독의 길이는 모두 2자 4치라 하였다. 보통의 저작에는 2자나 1자 4치의 중간 길이의 죽간을 사용하였고, 짧은 죽간은 단문을 쓰는 데 사용하였다. 이학근(李學勤)과 같은 사람들은 이러한 규칙이 절대적인 것은 아니라고 보는데, 그는 〈간백 서적의 발견과 그 영향(簡帛書籍的發現及其影響)〉에서, "전국 시대부터 한대 초까지, 경전이나 제자서를 쓴 간백은 내용에 따라 치수를 달리한 것은 아니다"라고 하였다. 그러나 오늘날 책의 크기가 각양각색인 것처럼, 고대 죽간의 길이도 몇 가지의

❀ **자[尺], 치[寸]** | 1자는 대략 30.3센티미터이며, 1치는 1자의 10분의 1이다.

❀ **정현(127~200)** | 후한(後漢) 말기의 대표적 유학자로 평생 동안 거의 벼슬을 하지 않고 재야학자로 지냈다. 훈고학과 경학의 시조로 크게 존경을 받았으며, 경학의 금문(今文)과 고문(古文)에 능통하여 많은 경서들을 주석하였을 뿐만 아니라, 천문(天文)과 역수(曆數)에 이르기까지 폭넓은 지식의 소유자였다.

❀ **이학근** | 중국 고고학계의 거물로, 세계적인 청동기 전문가이다. 현재 중국의 '동북공정'에서 주도적 역할을 하고 있다.

규격을 지니고 있었음은 분명하다.

목독(木牘)의 규격도 여러 종류가 있는데, 긴 것은 2자, 중간 것은 1자 5치, 짧은 것은 1자 1치이고, 너비는 길이의 4분의 1에 해당한다. 이러한 목독은 주로 편지나 상소문, 사건 등 단문을 기록하는 데 사용되었는데, 감숙에서 약방문이 기록된 목독도 출토되었다. 한대의 표준 목독은 길이가 1자 1치인데, 조서(詔書 : 임금의 명령을 백성들에게 알리는 문서—역자), 상소문, 편지 등에 사용되었으며, 후에 척독(尺牘)이라고 간칭하였다. 지척독(咫尺牘)은 가장 작은 목간으로, 길이는 8치 정도이다. 이외에 지도나 그림을 그리는 데 사용한 목독들도 있는데, 이러한 것들은 크기가 더 컸다.

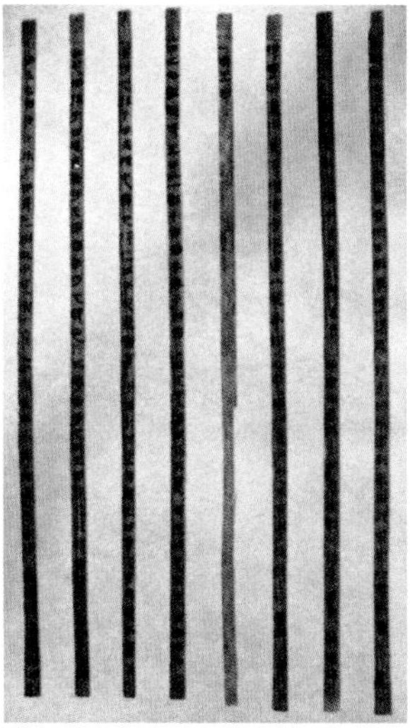

▲ 《손자병법》 죽간. 장사(長沙)의 마왕퇴(馬王堆)에서 출토되었으며, 소전(小篆)에서 예서체로 변하는 과도기의 서체를 사용하였다.

간책(簡册)의 형태와 제작

간책은 중국 최초의 서적 형식이다. 한대 이전에 중국의 도서는 보편적으로 이 형식을 사용하였다. 중국의 서적은 상당히 오랜 기간 동안 세로로 문자를 배열하였는데, 위에서 아래로, 오른쪽에서 왼쪽으로 배열하였다. 이러한 문자 배열은 바로 간책에 뿌리를 두고 있다.

죽간을 제작할 때 일반적으로 길고 얇은 대나무를 사용하였다. 먼저 대나무를 적당한 길이로 토막을 낸 다음 다시 일정한 너비의 조각으로 쪼갠다. 안쪽 면은 평평하게 깎고 사방에 윤을 내어 사용하였다. 막 쪼갠 청죽은 불에 말려야 사용할 수 있었는데, 대나무 조각을 불에 구워서 수분을 제거하면 죽간을 장기간 보존할 수 있었다. 고대인들은 이러한 방법을 '살청(殺靑)' 이

▲ 감숙에서 출토된 한대의 목독.

유향(B.C. 77?~B.C. 6) | 자는 자정(子政). 전한(前漢) 시대의 학자로 궁중 도서의 교정(校訂)에 종사하였으며, 그 해제서(解題書)인 《별록(別錄)》을 편집하였다. 저서로는 《전국책(戰國策)》, 《설원(說苑)》, 《신서(新序)》, 《열녀전(烈女傳)》 등이 있다.

《풍속통》 | 후한 시대의 학자 응소(應劭)가 지은 풍속에 관한 책.

라고 하였는데, 최초로 이 단어를 언급한 사람은 유향(劉向)이다. 《풍속통(風俗通)》에는 다음과 같이 씌어 있다. "유향의 《별록(別錄)》에 이르기를, 살청은 죽간을 제조하는 방법이다. 싱싱한 대나무는 즙이 있어서 잘 썩고 좀이 생기기 때문에 모든 죽간은 불에 굽는다. 진(陳)나라와 초(楚)나라에서는 '한(汗)' 이라 하는데, '한(汗)' 은 즙을 제거하는 것이다. 오월(吳越)에서는 '살(殺)' 이라 하는데, '살' 은 '치(治)' 이다." 이로부터 '살청' 과 '한청(汗青)' 은 같은 뜻임을 알 수 있다. 대나무의 겉에는 먹이 잘 묻지 않으므로 안쪽에 글을 썼는데, 각지에서 출토된 죽간을 살펴보면 대나무의 외피가 잘 보존되어 있음을 볼 수 있다.

후에 죽간은 더 이상 사용되지 않았지만 '살청', '한청', '한간' 등의 용어들은 여전히 사용되었다. 그러나 그 의미는 죽간을 가리키는 것이 아니라 '서적이나 원고를 수정하다' 혹은 '역사 기록' 을 가리키는 의미로 사용되었다. 당나라 때 이선(李善)은 명을 받고 《문선(文選)》에 주석을 달았는데, 작업을 마친 후 그는 황제에게 바치는 글에서, "온갖 방법으로 서적을 얻어 주석을 달고 편집하여 육십 권으로 만들었는데, 이제 막 살청(殺青)을 완성하였습니다"라고 하였다. 여기에서 '살청' 은 《문선》의 편집과 주석 작업이 완료되었다는 의미로 쓰였다. 송나라 시인 육유(陸游)는 〈독서(讀書)〉라는 시에서 "기이한 글자를 이미 살청하였다"라고 하였다. 여기에서 '살청' 은 '문장을 수정하다' 라는 의미로 사용하였다. 또 《신당서(新唐書)》 〈유자현전(劉子玄傳)〉에서는 "사람이 늙는 것은 기약할 수 있지만, 한청은 기약이 없다"라고 하였고, 문천상(文天祥)의 《과영정양(過零丁洋)》에서는, "사람이 살면서 자고로 죽지 않은 이 없었지만, 붉은 마음 갖고 있는 이는 한청(汗靑)에 길이 남는다"라고 하였다. 이 두 곳에서 쓰인 '한청'은 '역사책'이라는 의미로 사용되고 있다.

글씨를 쓰지 않은 죽간을 왼쪽에 두고, 왼손으로 잡고서, 오른손으로 글을 쓴다. 글을 다 쓴 죽간은 순서대로 오른쪽으로 밀어 두기 때문에 그 편찬 순서는 오른쪽에서 왼쪽으로 향한다. 그리하여 먼저 엮은 간독이라도 오른쪽부터 쓰기 시작하는 것이 관례가 되었다. 간독의 제작은 먼저 재료를 골라서 손질하고 정리하여 깎아 손으로 글자를 썼다. 이것을 다시 하나로 엮으면 책(冊)이 되고, 간독의 끝부분을 중심축으로 삼아 왼쪽에서 오른쪽으로 말면 찰(札)이 된다.

※ 문천상(1236~1282) | 자는 송서(宋瑞)·이선(履善), 호는 문산(文山). 남송의 충신으로 옥중에서 굽히지 않는 절개를 노래한 〈정기가(正氣歌)〉로 유명하다. 저서로는 《문산집》이 있다.

'도필(刀筆)'에 대하여

칼[刀]과 붓[筆]은 고대에 서적을 제작하는 데에 반드시 필요한 도구로, 이 둘을 함께 일컬어 '도필(刀筆)'이라 하였다.

상(商)대 갑골문 시기에는 칼과 붓을 모두 사용하였다. 먼저 붓으로 갑골 위에 글을 쓰고, 그것을 다시 칼로 새겼다. 청동기 명문을 만들 때도 칼로 글자판(기물에 그리거나 주조해 낸 도안도 포함하여)을 새기고 나서 주조하였다. 간책을 사용하던 시기에 칼은 죽간을 깎아내는 데에도 사용하였고, 잘못 쓴 글자를 깎아내고 다시 쓸 때에도 사용하였다. 《안씨가훈(顔氏家訓)》 〈서증(書證)〉에는 "옛날에 글이 잘못되면 깎아냈다"라고 기록되어 있다.

▼ 서한(西漢) 시기의 벼루, 붓, 삭도(削刀). 1979년에 감숙의 한대 유적지에서 출토되었다.

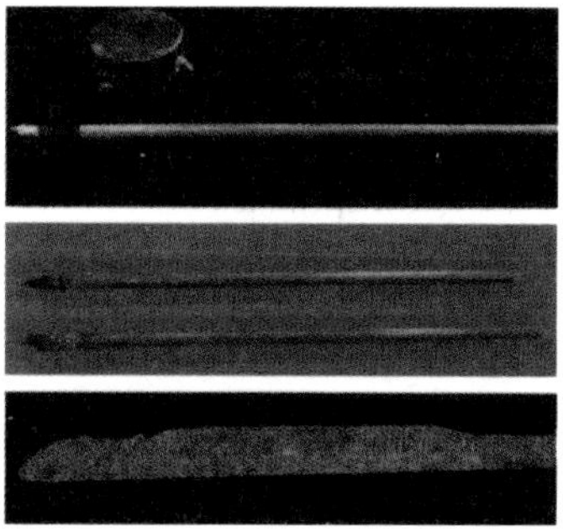

※ 《안씨가훈》 | 북제(北齊) 때 안지추(顔之推, 531~591)가 지은 가훈서로, 7권 20편으로 되어 있다. 가정에서의 수신제가에 대해 서술하고 있으며, 자손들에 대한 훈계의 내용을 담고 있다.

※《회남자》| 회남자는 전한(前漢) 시기의 학자(?~B.C.123)로 성은 유(劉)이고 이름은 안(安)이다. 고조의 손자로 후에 회남왕(淮南王)이 되었다. 《회남자》는 원제가 《회남홍렬(淮南鴻烈)》로, 그가 편찬한 철학서인데, 형이상학과 우주론, 통치론, 도덕 등의 내용을 다루고 있다.

※《전국책》| 전한 시대의 학자 유향이 전국시대(戰國時代) 전략가들의 책략을 엮어 편집한 책이다.

※ 왕응린(1223~1296) | 남송의 학자로, 자는 백후(伯厚), 호는 심령거사(深寧居士)이다. 고증적 학풍으로 후세의 학자들에게 큰 영향을 미친 인물이며, 저서로는 《곤학기문》, 《옥해(玉海)》, 《통감지리통석(通鑑地理通釋)》 등이 있다.

후에 다 쓴 문장을 '도필의 흔적[刀筆之迹]' 이라고 불렀다. 《회남자(淮南子)》〈태족(泰族)〉에는, "상앙(商鞅)의 법이 진(秦)나라를 망하게 하였는데, 도필의 흔적을 자세히 살펴보아도 어지러움을 다스리는 근본을 알 수 없다"라는 문장이 나온다. 또 《전국책(戰國策)》과 《사기(史記)》에서는 문서를 담당하는 관리를 '도필리(刀筆吏)' 라고 하였다. 출토된 유물을 살펴보면 붓이 발견된 곳에서는 항상 칼도 함께 발견되었다. 2000년 5월에 고고학자들은 진시황릉의 병마용 중 문관들을 발견하였는데, 그것들의 왼쪽 겨드랑이 아래에 도삭(陶削)과 숫돌이 있었다. '삭(削)' 은 자루가 있고 약간 구부러진 작은 칼을 말한다. 감숙에서 한대의 붓이 출토되었을 때에도 작은 칼이 동시에 출토되었다.

고대에는 도필에 대한 그릇된 이해로 인해 많은 오해가 있었다. 예를 들면 송대의 왕응린(王應麟)은 《곤학기문(困學紀聞)》에서 "옛날에 붓이 없으면 칼로 글자를 새겼다"라고 하였고, 《사원(辭源)》의 구(舊)판본에서는 "옛날에 간독은 대나무를 사용하였는데, 칼로 붓을 대신하였으므로 도필이라 한다"라고 하였다. 그러나 현재까지 출토된 간독의 글자 중 칼로 새겨진 것은 아직 발견되지 않고 있다.

백서(帛書)

고대 중국의 비단 직조기술은 그 역사가 매우 유구하다. 전설

◀ 그림과 글자가 둘 다 많이 수록된 백서이다. 천문과 기상의 내용이 적혀 있으며, 장사(長沙)의 마왕퇴에 있는 서한 시기의 분묘에서 출토되었다.

에 따르면 기원전 26세기에 뉘조(嫘祖)가 누에를 길러 실을 짜는 법을 발명했다고 한다. 원시 시대의 견직물과 실을 잣는 석기와 도기가 신석기 시대 유적지에서 발견되었다. 고고학적 발굴에 의하면 은(殷)·상(商) 시대에 이미 실의 흔적이 있었고, 갑골문에도 '사(絲)', '잠(蠶)', '상(桑)', '백(帛)' 등의 글자가 있다. 이는 당시의 직조술이 이미 크게 발전했음을 말해준다. 《시경(詩經)》의 여러 부분에서 당시 민간 부녀자들이 뽕잎을 따고, 실을 잣고, 직물을 짜서 견직물을 사고 파는 모습을 묘사하였다.

비단에 문자를 쓰고 그림을 그린 책을 '백서'라고 한다. 고대에 '백(帛)', '증(繒)', '겸(縑)' 등은 모두 비단을 뜻하는 말로, 백서는 '증서(繒書)', '겸서(縑書)' 혹은 '겸백(縑帛)'이라고도 하였다. 옛 사람들은 흰 비단에 편지를 썼는데 이를 '소서(素書)'

※ 뉘조 | 중국 개국신화에 등장하는 약초와 농사의 신인 신농(神農)씨의 8대손인 신농 유망(榆罔)의 딸로, 동이족에서 갈라져 나와 하(夏)나라를 세워 오늘날 한족(漢族)의 시조로 일컬어지는 황제 헌원(軒轅)의 부인이다. 그는 누에를 치고 그 고치에서 비단을 생산해 내는 방법을 발견하여 양잠의 신으로 불린다.

라고 하였다. '소서'의 크기는 1평방척(尺 : 약 90평방센치미터—역자)의 정방형이었는데, 이를 '척소(尺素)'라고도 하였다.

《문선(文選)》에 있는 〈음마장성굴행(飮馬長城窟行)〉이라는 시에 "아이 불러 잉어를 삶아 보니 뱃속에 한 척의 비단 편지 있네. 공손히 무릎 꿇고 편지를 읽으니 그 속에 무엇이라 써 있는가"라는 싯구가 나온다. 종이가 광범위하게 사용되면서 사람들은 때때로 서신(書信)을 '소서(素書)'라고 불렀다. 당나라의 두보는 〈기잠가주(寄岑嘉州)〉라는 시에서, "옛 친구 만나지 못한 지 십여 년, 옛 친구 소서(素書) 없음을 말하지 않네." 이것은 두보가 시인 잠삼(岑參)을 그리워하며 지은 시이다. 여기에서 '소서(素書)'는 바로 고대의 의미로 쓴 것이다.

백서의 사용 연대는 대략 간책의 사용 연대와 비슷하다(단, 종이가 널리 사용된 후에도 백서는 여전히 그림을 그리는 데 사용되었다). 따라서 '죽백(竹帛)'은 보통 함께 사용되었다. 《묵자(墨子)》〈명귀편(明鬼篇)〉에서는, "옛 성왕(聖王)이…… 죽백에 글을 써서 후대 자손에게 전하였다"라고 하였고, 《한비자(韓非子)》〈안위(安危)〉에서는 "선왕(先王)이 죽백에 이치를 썼다"라고 하였다. 또 《안자춘추(晏子春秋)》에는 "백(帛)에 그것을 저술하고, 책(策)에 그것을 펼쳤다"라고 씌어 있다. 백서는 주로 상류층 귀족들이 사용하였으며 일반적으로 널리 사용되진 않았다. 그 출토된 양도 백서가 간책보다 훨씬 적다. 물론 출토된 양으로 백서의 사용 비율을 추측하는 것은 그다지 과학적인 것은 아니니다. 왜냐하면 백서가 간책보다 내구성이 약해 많은 양이 현재까지 보존되

⑱ 《안자춘추》 | 춘추 시대 제나라의 학자이자 정치가인 안영(晏嬰, ?~B.C. 500)의 언행을 기록한 책으로, 안영이 손수 편찬했다고 전해지나, 실제로는 후대에 편찬된 것으로 보인다. 유가와 묵가의 사상을 기초로 절약과 검소를 강조한다.

기는 대단히 어렵기 때문이다.

전국 시대 초(楚)나라의 백서는 이미 여러 차례 발견되었다. 1908년에 헝가리 출신의 영국인 지질학자 마크 오럴 스타인이 돈황에서 문자가 적힌 1세기경의 비단을 발견했다. 1942년에는 호남(湖南) 장사(長沙)의 자탄고(子彈庫)에 있는 전국 시대 초나라 묘지에서 백서가 발견되었다. 이 백서는 길이가 33센치미터, 너비가 35.36센치미터인데, 빨강, 다홍, 파랑의 세 가지 색으로 각종 신기한 도형이 그려져 있고, 900여 자의 문자가 있는데, 어떤 부분은 완전하고 어떤 부분은 불완전하며, 어떤 것은 지금까지도 판독이 어렵다. 그 내용은 술법류의 것들로, 전국 시대의 그림과 글자가 많이 수록된 서적이다. 이 귀중한 초창기 백서는 1646년에 한 미국인에 의해 도난당해 현재 예일대학교 도서관에 보관되어 있다. 같은 묘에서 천문학과 관련된 내용을 적은 많은 백서 조각들이 발견되었다. 이것들의 대부분이 작게 찢겨져 있는데, 그 중에서 제일 큰 조각의 가장 긴 부분이 길이 4.6센치미터, 너비 2.7센치미터로, 위에 먹으로 14자가 쓰여 있고 각 행마다 경계선이 있다. 이것이 중국에 현존하는 가장 오래된 백서 원본이다.

※ 마크 오럴 스타인(Mark Aurel Stein, 1862~1943) | 헝가리 출생의 유태인으로, 후에 영국 국적을 취득했다. 고고학자로서 그는 1900년부터 네 차례에 걸쳐 중국 서북부 지역을 탐사하였는데, 1906년부터 2년 반 동안 이루어진 2차 탐사에서는 돈황의 수많은 유물들을 불법으로 반출해 갔다.

1949년 2월, 장사현 동교진 가대산의 전국 시대 초나라 묘에서 한 폭의 백화(帛畵)가 발견되었다. 이 백화의 길이는 31센치미터, 너비는 22.5센치미터이며, 넓고 긴 윗옷에 허리띠를 하고, 왼쪽을 향해 두 손을 합장하고 기도하는 중년 부인의 모습이 그려져 있다. 그림 속의 하늘에는 용과 봉황을 그려 무덤 주

▲ 전국 시대 초나라의 백화. 1949년 장사의 전국 시대 초나라 분묘에서 출토되었다.

인이 천국에 오르는 모습을 표현하고 있다. 이 백화는 현재 호남성 박물관에 보관되어 있다.

1973년에 호남성 장사현 자탄고의 전국 시대 초나라 묘에서 역시 백화 한 점이 발견되었다. 이 백화의 길이는 37.5센치미터, 너비는 28센치미터로 그림의 정중앙에 관모를 쓰고 두루마기를 입은 한 남자가 그려져 있다. 그림 속의 남자는 왼손에는 검을 쥐고 오른손에는 고삐를 잡은 채 큰 용을 몰아 천국을 향해 날고 있다. 이것이 중국에서 현존하는 가장 오래된 백화이다.

▲ 전국 시대 초나라의 백화. 1973년 장사 자탄고의 전국 시대 초나라 분묘에서 출토되었다.

다른 지역에서는 실제로 출토된 것은 없지만 문헌상의 기록은 많이 남아 있다. 《안자춘추》에 "나의 선군(先君)인 환공(桓公)이……이를 비단에 기록했다"라는 기록이 나온다. 북위의 가사협(25쪽 참조—역자)은 《제민요술(齊民要術)》에서 월(越)나라 범려의 말을 인용하여, "비단에 붉은 색으로 써서 베게 속에 넣고 국보로 여겼다"라고 기록하고 있다. 《국어(國語)》〈월어(越語)〉에는, "월왕은 책을 비단에 썼다"라는 기록이 있다. 이처럼 전국 시대에는 백서가 널리 사용되었다.

한대에 이르러 백서의 수량이 크게 증가하였고, 황실의 장서 중에 백서가 비교적 큰 비중을 차지하였다. 어떤 백서는 몇 가지 다른 색깔의 글자가 씌어 있고, 어떤 것은 붉은 색으로 격자선을 그어 글자를 썼다. 《풍속통》을 인용한 《태평어람(太平御覽)》에는, 유향(劉向; 44쪽 참조—역자)이 효성(孝成) 황제를 위해 20여 년 동안 책을 교정했는데, 초고는 먼저 죽간에 쓰고 수정한 후 다시 비단에 썼다고 기록되어 있다. 동한(東漢) 말기에 정

⊛ **범려(范蠡, 생몰연대 미상)** | 원래는 초나라 사람으로, 자는 소백(少伯)이다. B.C. 494년에 월나라 왕 구천(句踐)이 오(吳)나라 왕 부차(夫差)에게 패하고, 20여 년 뒤 오나라를 멸망시킬 때, 대부(大夫) 종(種)과 함께 부차로 하여금 자살하게 한 인물이다. 그러나 그 후 그는 구천에게 크게 실망하여 제(齊)나라로 건너가 큰 돈을 벌었으며, 제나라 임금은 그의 지혜에 감명을 받아 재상에 등용했다고 전해지는데, 확실치는 않다.

⊛ **효성 황제** | 한나라 12대 황제로, 이름은 오(驁)이며, B.C. 33년부터 B.C. 7년까지 재위했다.

권이 불안정해지자 반란이 빈번하게 일어나 국가의 서고도 자주 피해를 보았다. 《후한서(後漢書)》〈유림전(儒林傳)〉 '서(序)'에, "동탁(董卓)이 천도할 때에 벽옹(辟雍), 동관(東觀), 난대(蘭臺), 석실(石室), 선명(宣明), 홍도(鴻都)에 보관한 서적들을 찢고 비단책으로 휘장과 주머니를 만들었다"라고 기록되어 있다. 이는 황실에서 소장하고 있던 백서가 훼손되었다는 역사적 사실을 보여주는 기록인 동시에, 당시 많은 양의 백서가 소장되어 있었음을 알 수 있는 기록이기도 하다.

한대의 백서는 여러 곳에서 발견되었다.

1908년에 마크 오럴 스타인이 돈황에서 한대의 백서 두 개를 훔쳐갔는데, 이는 기원전 1세기 왕망(王莽) 제위 기간의 것으로 현재 영국의 박물관에 보관되어 있다.

1973년 호남성 장사현 마왕퇴(馬王堆) 3호 한대의 묘에서 20여 종, 총 12만여 자의 백서가 발견되었는데, 이는 한대의 백서가 대량으로 발견된 경우이다. 그 가운데 주요한 것들은 다음과 같다. 첫째, 갑 · 을 두 종의 《노자(老子)》 필사본이다. 이는 〈덕경〉과 〈도경〉을 포함하고 있다. 현재의 판본과 약간 다르며, 갑 · 을 두 종의 판본 중 갑본의 뒷부분 세 편은 소실되었으며, 약 9천 자로 되어 있다. 둘째, 《전국종횡가서(戰國縱橫家書)》로 현재의 《전국책(戰國策)》보다 한 장(章)이 더 많은데, 내용은 거의 같으나 자구(字句)의 차이가 조금 있다. 약 1만 1천 자로 되어 있다. 셋째, 《주역(周易)》이다. 이는 현재의 판본과 내용이 거의 같다. 약 4천 자로 되어 있다. 넷째, 《오성점(五星占)》이다. 이는 목, 금,

※ 동탁(139~192) | 자는 중영(仲穎). 후한 말의 정치가로, 황실을 배경으로 폭정을 휘두르다가 장군 여포(呂布)와 왕윤에 의해 살해 당했다.

※ 왕망(王莽, B.C. 45~A.D. 23) | 전한 말기의 정치가로, 온갖 권모술수를 부려 권력을 찬탈하여 신(新)나라를 세웠다. 그러나 남양(南陽)의 호족이자 후에 후한의 광무제(光武帝)가 되는, 한나라의 황족 유수(劉秀)가 일으킨 군대에게 패하여 쫓기던 중 부하에게 죽임을 당함으로써 15년 만에 멸망했다.

▼ 의방(醫方) 백서. 장사현 마왕퇴의 서한 시대 분묘에서 출토되었다. 108개의 병명이 언급되어 있고, 280개의 처방이 적혀 있다. 내과, 외과, 소아과의 내용을 두루 포함하고 있는, 현존하는 최초의 의학서이다.

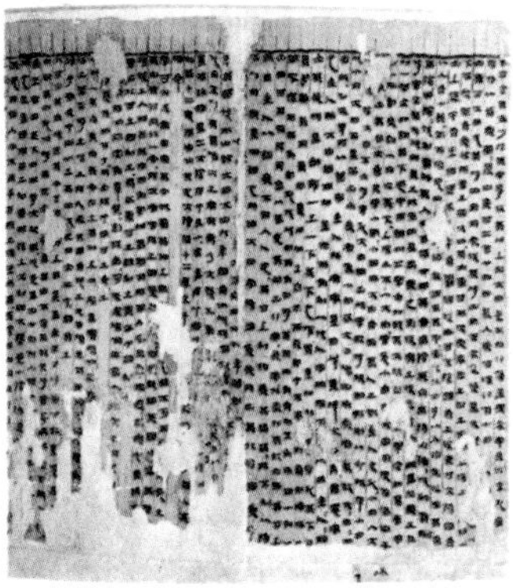

수, 화, 토 5대 행성에 대해 서술한 것인데, 약 6천 자로 되어 있다. 다섯째, 《상마경(相馬經)》이다. 《한서(漢書)》 〈예문지(藝文志)〉의 '상육축(相六畜)'에, 산동(山東) 은작산(銀雀山)에서 출토된 서한의 간책 중 《상구경(相狗經)》이 있다고 기록되어 있다. 이 둘 모두가 《상육축》의 일부분인 것으로 보인다. 여섯째, 《의약방(醫藥方)》이 있다. 이 책에는 각종 질병에 대한 처방이 대량 기록되어 있는데, 약 1만 자이다. 마지막으로 《이십팔수행도(二十八宿行度)》는 별자리와 천문 현상을 소개한 책으로, 약 4천 자이다.

위에서 열거한 백서 이외에도 각종 내용이 그려진 백도(帛圖)와 백화(帛畵)도 발견되었다. 그 중에는 〈지형도(地形圖)〉, 〈주군도(駐軍圖)〉, 〈성색도(城色圖)〉 등 지도 세 폭이 있다. 또 인물의 여러 가지 동작을 그린 〈도행도(導行圖)〉가 있는데, 이는 오늘날의 건강체조와 비슷하다. 고증에 의하면 고대 분묘의 연대가 한나라 문제(文帝) 초원(初元) 12년(기원전 168년)이라고 하는데, 그렇다면 이러한 백서는 2170여 년 전의 것이라 할 수 있다.

▶ 《도행도》. 비단 위에 각종 체조하는 모습들을 그렸다. 장사현 마왕퇴의 서한 시기 묘에서 출토되었다.

마왕퇴의 서한 시기 분묘에서 출토된 백서는 세밀하게 짜인 직물인데, 이는 당시의 견직물 수준이 상당한 수준에 달했다는 것을 보여준다. 견직물의 너비는 48센치미터이고 일반적으로 정방형의 형태이다. 작은 규격의 백서는 너비 24센치미터의 장방형으로, 이는 정폭 직물의 절반 정도이다. 출토된 실물로 보면 상하의 행간에 모두 붉은 색 격자선이 있고, 행간의 너비는 약 7.8센치미터이다. 이는 후에 송대의 난선(欄線)에 영향을 주었다. 후세에는 이런 붉은 선을 '주사란(朱絲欄)' 이라고 했고, 검은 색 난선을 '오사란(烏絲欄)', 상하 경계를 '변란(邊欄)' 이라 했다. 한대 백서의 글자체는 소전(小篆)과 예서(隸書)의 과도기에 속하는 것으로 예서의 필법이 주를 이루었다. 대부분의 백서는 접이형인데, 이는 아직 권축장(卷軸裝; 122쪽 참조—역자)이 나타나지 않았음을 말해준다.

▲ 백서로 된 《춘추사어(春秋事語)》. 장사현 마왕퇴의 서한 시기 분묘에서 출토되었다. 붉은 색의 주사란(朱絲欄)이 있다.

석서(石書)

세계 각지의 고대인들은 일찍이 바위 위에 문자를 새겼다. 그 예로 수메르인, 이집트인, 마야인의 문화유적에 남아 있는 석각 문자를 들 수 있다. 석재는 무한정 공급할 수 있고 가격이 싸며 장기간 보존할 수 있다는 장점을 가진다. 청나라 학자 공자진(龔自珍)은, "돌은 가장 오래된 것으로, 그 재료가 크고, 형태가 다양하며, 옮기기가 어렵고 금속과 같이 오래 보관할 수 있으

※ 공자진(1792~1841) | 일명 공조(鞏祚)라고도 하며, 자는 슬인(璱人)·이옥(爾玉), 호는 정암(定庵)이다. 청나라 말기의 학자이자 시인으로, 시 속에 개혁적인 의지를 표현하여 후세의 개혁적인 인물들에게 큰 영향을 미쳤다. 저서로는 《정암문집(定庵文集)》(3권), 《시집(詩集)》(4권), 《보편(補編)》(4권) 등이 있다.

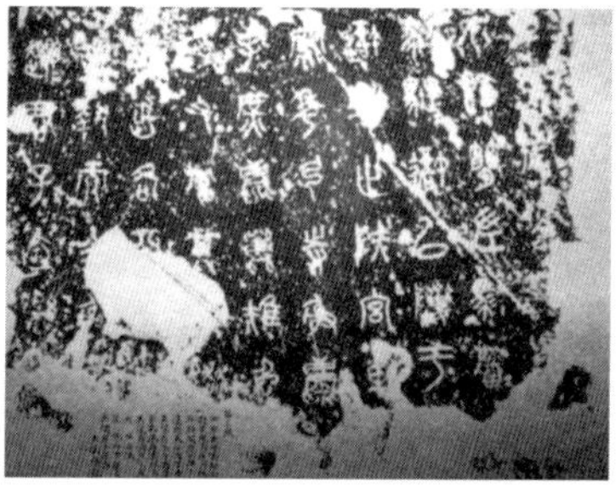

▲《석고문》 제3고의 명대 탁본. 《석고문》은 춘추 시대 진(秦)나라의 유물이다. 이는 열 개의 북 모양의 돌 위에 각각 시 한 수씩을 적은 것이다. 총 700여 자였으나 현재는 200여 자만 남아 있다.

니, 옛 사람들이 금옥을 버리고 돌에 새긴 까닭이 아니겠는가?"라고 하였다.

석각문자의 형식은 비(碑), 갈(碣), 마애(磨崖) 등 몇 가지가 있다. '비'는 일정한 크기로 석재를 가공하여 한 면이나 양 면에 문자를 조각하는 것이다. 이는 석각문자 중에 가장 널리 이용되는 형식이다. '갈'은 천연의 형태 그대로인 돌 위에 글자를 새기는 것으로 고대의 《석고문(石鼓文)》 역시 '갈'의 일종이다. '마애'는 절벽에 새긴 문자로 태산(太山), 화산(華山) 등 유명한 산의 절벽에는 많은 석각문자가 남아 있다.

중국에서 출토된 최초의 석각문자는 상(商)대의 것으로 부호[婦好 : 상왕 무정(武丁)의 비빈(妃嬪)들 중 한 사람. 1976년 은허(殷墟)에서 묘가 발견됨]의 묘에서 출토된 석경각자(石磬刻字)로 겨우 세 글자이다. 많은 글자가 새겨진 석각문자는 사료에서 그 기록을 찾아볼 수 있다. 예를 들어 《관자(管子)》의 기록을 보면, "춘추 초기 제나라 관중(管仲)이 태산에서 72종의 봉선(封禪 : 옛날 중국에서 황제가 흙으로 제단을 만들어 제사를 지내던 일—역자) 석각문자를 보았는데, 그 중 12종만 알 수 있었다"라는 내용이 있다. 현재 이 석각은 존재하지 않는다. 현존하는 글자가 많은 최초의 석각문자는 《석고문》이다. 이는 열 개의 북 모양 바위 위에 4언 시 한 수씩을 각인한 것으로, 사냥과 행락을 즐기는 내용을 기술하고 있어 '엽갈(獵碣)'이라고도 한다. 그 중 한 수의 앞부분에 "내 수레 정교하고 내 말 화합하며, 내 수레 훌륭하고 내 말 진귀하네"라고 읊고 있다. 석고는 당대 초기 섬서성 봉상현(鳳

翔縣)에서 발견되었다. 당나라의 이길보(李吉甫)는 《원화군현도지(元和郡縣圖志)》라는 책에서, "석고문은 현의 남쪽 20여 리 정도에 있다. 돌의 모양이 북처럼 생겼는데 열 개가 있다. 대저 주나라 선왕(宣王)이 사냥하던 일을 기록한 것으로 사주(史籒)의 유적이다"라고 기록하였다.

당나라 시인 한유(韓愈)는 〈석고가(石鼓歌)〉에서 《석고문》의 글자체에 대해 높이 평가하였는데, 주나라 선왕(宣王) 때의 것이라 여겼다. 석고가 출토될 때 글자는 이미 훼손되어 완전하지 못했다. 북송의 구양수(歐陽脩)가 본 석고문에는 485개의 글자만이 남아 있었다. 근대 사람들은 석고문의 글자체를 분석한 결과 전국 시대 진(秦)나라와 춘추 시대 진(秦)나라의 유물로 보았다. 많은 연구자들이 춘추 시대 진나라 경공(景公) 때의 유물로, 제작 연대는 기원전 577~537년 사이로 보고 있다. 아무튼 이 석고문은 현존하는 최초의 '돌로 된 시집[石頭詩集]' 인 셈이다.

《석고문》과 거의 같은 시대의 석각문자로, 1965년에 산서(山西)성 후마(候馬)에서 발견된 《후마맹서(候馬盟書)》(어떤 이들은 옥과 비슷한 재질의 돌이라고 한다)가 있다. 총 5천여 개가 출토되었으며, 문자는 주사(朱沙)를 이용해 썼다. 맹세를 주도한 사람은 진(晉)나라의 여섯 경(卿) 중 한 사람인 조맹[趙孟, 즉 조간자(趙簡子)]이다. 이 연맹서에는 춘추 후기 진나라가 육경전정(六卿專政)에서 사경전정(四卿專政)으로 변화될 때 조맹이 정권을 얻기 위해 무장투쟁을 한 내용을 담고 있다.

또 진(秦)나라 혜문왕(惠文王, 기원전 337~311년) 때의 《저초문

※ **사주(史籒)** | 중국 자서(字書)의 하나. 주나라 선왕(宣王) 때의 태사(太史)인 주(籒)가 편찬하였다고 전해지지만, 실제로는 춘추전국 시대에 편찬된 것으로 보인다. 아이들에게 글을 가르치기 위해 만들어졌으며 사자일구(四字一句)로 9천 자가 있었다고 하나, 진(晉)나라 때에 일부가 없어지고, 오늘날까지 전하는 것은 《설문》과 《옥편》에 일부가 인용되어 있으며, 《옥함산방집일서(玉函山房輯佚書)》에 집본(輯本)이 있다.

※ **육경(六卿)과 사경(四卿)** | 육경은 주(周)나라 때의 최고 관직인 대총재, 대사도, 대종백, 대사마, 대사구, 대사공을 가리키며, 당시 이들이 권력을 분점하고 있었다.
그 후 춘추 시대에 말엽에 진(晉)나라에서는 육경(六卿)간에 치열한 권력 다툼이 벌어졌다. 영토를 나누어 차지하고 있던 육경 가운데 범(范)씨와 사(士)씨가 멸문을 당한 후에는 사경(四卿)으로 불리는 지(智), 조(趙), 위(魏), 한(韓)씨가 전 국토를 장악했다. 조씨는 진문공(晉文公) 때의 충신인 조순(趙盾)의 후예이다. 진나라는 진정공(晉定公)이 죽고 진출공(晉出公)이 즉위해 있었는데, 진출공은 허수아비 임금이었다. 사경은 멋대로 진나라의 광대한 땅을 나누어 갖고 위세를 부렸다. 진출공은 사경을 제거하려고 하였으나, 그 계획이 사전에 탄로나 사경의 공격을 받고 제나라로 도망했다. 그러자 뒤를 이어 진애공(晉哀公)이 왕위에 올랐다. 진나라 사경 중 가장 강대한 가문은 지씨였는데 조, 위, 한씨가 연합하여 지씨를 제거하였다. 진나라는 이때 진애공이 죽고 진유공(晉幽公)이 즉위하였는데, 삼경인 조완과 한호, 위구는 강주와 곡옥만을 진유공에게 식읍으로 떼어 주고 진나라 땅을 삼등분하여 각각 나라를 세우니 이들 나라가 바로, 조나라, 한나라, 위나라이다. 주나라 위열왕은, 삼진이 나라를 세우고 주왕실에 충성을 받치겠다고 다짐을 하자 이들을 제후로 각각 봉하였으니, 위, 조, 한, 제, 초, 진(秦), 연(燕)의 전국 칠웅 시대가 열리게 되었다.

(詛楚文)》이 있다. 이는 세 개의 돌로 되어 있는데, 각각《무함문(巫咸文)》326자,《궐추문(厥湫文)》318자,《아타문(亞駝文)》325자로 모두 969자의 장문이다. 원석은 일찍이 소실되었고, 현재 볼 수 있는 것은 송대 사람이 모방하여 만든 것이다.

진시황은 6국을 멸한 후, 기원전 219년부터 211년까지 천하를 순회하였다. 산동의 역산(嶧山), 태산(泰山), 낭야대(瑯琊臺), 하북의 갈석(碣石)과 절강의 회계(會稽) 등지의 석각은 진시황의 공덕을 칭송한 것으로, 글자체는 소전(小篆)이며 이사(李斯)가 쓴 것으로 전해진다. 현재는 불완전한 탁본만 남아 있다.

진정한 책이라고 할 수 있는 석각은 석경(石經)이다. 이것은 동한(東漢)의 영제(靈帝) 희평(熹平) 4년(서기 175년)에 채옹(蔡邕) 등이 육경(六經)을 교정한 뒤, 영제의 허락을 얻어 돌에 각인한 것이다.《후한서》〈채옹전(蔡邕傳)〉에는《희평석경(熹平石經)》의 각인 과정을 상세히 기술하고 있다. "경서가 성스러움을 잃은 지 오래되었다. 문자가 많이 틀리고, 속된 학자들이 견강부회하여 후학들에게 잘못을 남겼다. 희평 4년에 채옹이 중랑장(中郎將) 당계전(堂溪典), 광록대부(光祿大夫) 양사(楊賜), 간의대부(諫議大夫) 마일제(馬日磾), 의랑(議郎) 장훈(張訓), 한세(韓說), 태사령(太史令) 단양(單颺) 등과《육경》의 문자를 바로잡았다. 영제가 허락하자, 채옹이 스스로 비석에 글을 쓰고 공전(工鐫)에게 새기도록 하였다. 이것을 태학의 문 밖에 세워서 후학들이 바른 것을 취하도록 하였다. 비석이 처음 세워지자 그것을 보고 모사하려고 몰려든 사람들이 타고 온 수레가 천여 대여서 길이 막히고

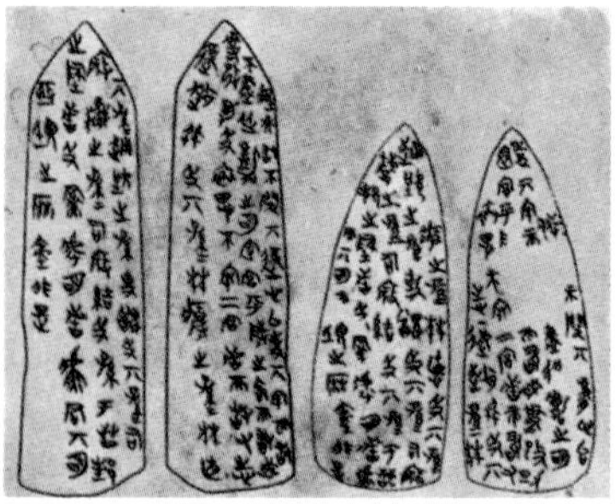

▲《후마맹서》. 1965년 산서성 후마의 진(晉)나라 유적지에서 출토되었다. 약 5천여 개로, 돌 또는 옥 재질이다. 위에 주사를 이용하여 글자를 썼다. 전국 시대 초기(대략 기원전 386년)의 유물이다.

⊛ 이사(?~B.C. 208) | 진나라의 정치가로 법가 사상을 신봉하였으며, 시황제를 도와 주변의 여러 나라를 정복하였다. 승상의 지위에 올랐으며, 군현제의 실시, 문자와 도량형의 통일 등 국가제도의 확립을 위해 노력했다. 그러나 시황제가 죽자, 환관 조고(趙高)와 짜고 맏아들인 부소와 몽염 장군을 자결하게 한 뒤 우둔한 막내 아들 호해를 이세(二世) 황제에 옹립하고 권력을 휘둘렀다. 그러나 결국은 조고의 참소로 실각하여 처형되었다.

⊛ 채옹(133~192) | 자는 백개(伯喈). 후한 때의 문인 겸 서예가로, 영자팔법을 창안한 인물이다. 시문에 능하였으며, 수학 · 천문 · 서도 · 음악 등에도 재능이 뛰어났다. 저서로는 《채중랑집(蔡中郎集)》과 《독단(獨斷)》 등이 있다.

◀ 동한(東漢) 때의 《희평석경》 잔편 탁본. 글자체는 예서이며 채옹이 썼다고 전해진다. 글자체가 점잖고 단정하며 획이 편평하고 두꺼웠다. 한대 예서의 모범이 되었다. 《희평석경》은 고대 중국의 문자 조각 예술의 집대성으로, 후대의 작품에 기술과 경험을 제공하였고, 탁본 인쇄술의 발명을 유도하였다.

복잡하였다." 이런 과정은 희평 4년(175년)에 시작하여 광화(光和) 6년(183년)에 완성되는데, 《역경(易經)》, 《상서(尙書)》, 《시경(詩經)》, 《의례(儀禮)》, 《춘추(春秋)》, 《공양전(公羊傳)》, 《논어(論語)》의 일곱 경전, 총 20만여 자를 46개의 비석에 각인하였다. 《희평석경》 비는 높이 약 3.3미터, 너비 1.2미터로 양면에 글자를 새겼다. 이 비는 U자형으로 낙양(洛陽)의 태학 문 앞 양쪽에 세워져 있다.

위에서 서술한 사료에서도 알 수 있듯이 석경을 제작하는 데는 명확한 목적이 있었다. 이는 유가 경전을 교정하여 사회에 표준적인 판본을 제공하고, 학자들이 읽고 교정하고 필사하는 데 도움을 주기 위함이었다. 석경 제작은 문자 저작을 가장 광범위하고 가장 빠르게 전파하는 형식과 수단의 하나였다. 석경은 책의 기능을 하기 때문에 가장 전형적인 '석서(石書)'라고 할 수 있고, 또한 최초로 정식 출판된 '유가(儒家) 저작 총서'라고 할 수 있다.

《희평석경》이 완성된 후 얼마 지나지 않아 동탁(董卓)의 난이 발생하여 석경이 훼손되었다. 위나라 문제(文帝) 조비(曹丕)가 즉위한 후 하명하여 보수하였으나, 후에 몇 차례의 전쟁과 천도를 겪으면서 당나라 초기에 이르러서는 석경이 10분의 1 정도만 남게 되었다. 현재 석경은 각지에 소수가 남아 전해지고 있다.

《희평석경》의 뒤를 잇는 각 시대의 유명한 석경들은 다음의 몇 가지이다.

《정시석경(正始石經)》은 삼국 위나라 정시(正始) 연간(240~248년)에 각인된 것으로 《상서》, 《춘추》, 《좌전》을 내용으로 하여 모두 35개의 비석에 각인했다. 고문, 소전, 예서 등 세 가지 글자체를 사용하여, 오늘날 《삼체석경(三體石經)》이라고 부르기도 한다. 현재 소수만이 남아 있다.

▼ 오대(五代)의 《촉석경》. 송대 탁본의 일부분이다.

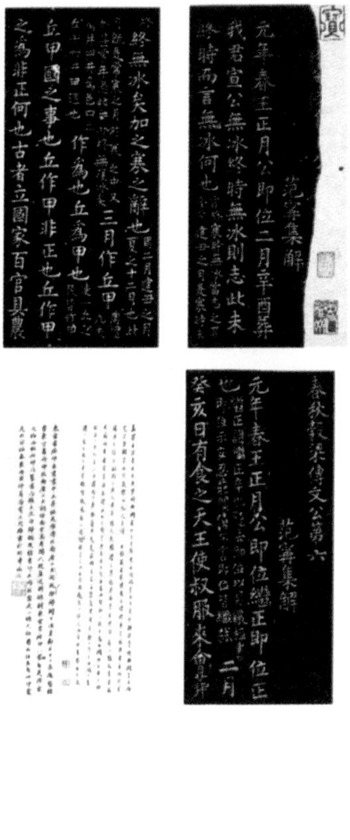

《개성석경(開成石經)》은 당나라 개성(開成) 원년(836년)에 유가의 12경을 새긴 것으로, 당나라 무종(武宗) 회창(會昌) 원년(841년)에 완성되었다. 현재 비교적 완전하게 보존된 것은 서안(西安)의 비림(碑林)에 있다.

《촉석경(蜀石經)》은 오대(五代) 시기 후촉(後蜀) 때 새긴 것으로, 무소예(毋昭裔)가 주관하여 만든 것이다. 이것은 이미 소실되었고, 소수의 탁본 조각만 남아 있다.

《방산석경(房山石經)》은 불교 경전을 각인한 것으로 규모가 크고 각인 기간이 길었다. 통계에 의하면 방산석경은 모두 1122부의 경을 새긴 것으로, 3572권, 1만 4278개의 비석에 각인한

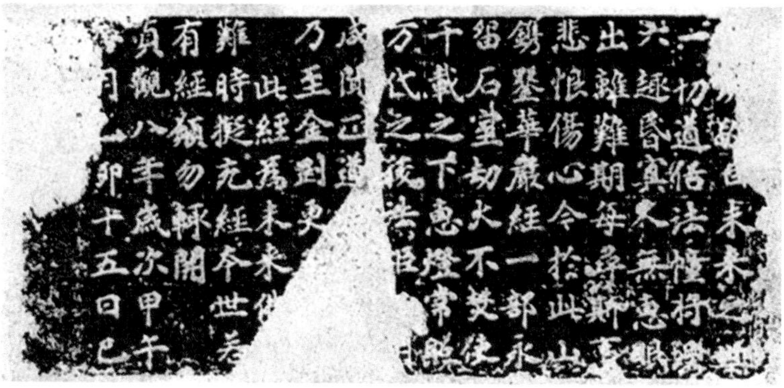

◀ 《방산석경》 중의 하나로 당대 정관(貞觀) 8년(634년)에 새긴 것이다.

것이라고 한다. 이 방산석경은 세계 최고로 손꼽히는 엄청난 규모의 석서로, 현재 세계문화유산 등재를 신청한 상태이다.

‖ 종이의 발명과 종이서적 ‖

종이가 발명되기 이전에 사용되었던 책의 재료는 매우 다양하다.

대나무는 무한정 공급이 가능하고 값이 쌌지만 매우 무거웠다. 《사기》〈진시황전〉에, 진시황이 매일 엄청난 양의 공문을 읽었는데, 그 무게가 120근의 저울로 잴 수 있는 무게였다는 기록이 있다. 백서(帛書)는 가볍고 편리했지만 가격이 비싸 상류층 귀족들도 쉽게 사용할 수 없었다. 이와 관련해서 삼국 시대 조비의 일화를 보면, 비용을 줄이기 위해 《전론(典論)》과 《시부(詩賦)》 등을 비단과 종이에 각각 나누어 베껴 쓴 뒤, 비단에 쓴 것은 오(吳)나라 군주 손권(孫權)에게 주고, 종이에 쓴 것은 장소(張昭)에게 주었다고 한다.

인류는 가볍고 간편하면서도 값이 싼 필기재료를 갈망해 왔다. 이러한 사회적 수요와 역사적 조건에서 종이가 탄생하였다. 가볍고 편리하면서도 저렴한 필기재료인 종이는 책 가격을 대폭 낮추어, 중·하층민들의 수요를 충족시켜 주었다. 또 서적의 양을 크게 증가시켜 사회 문화의 발전 속도를 빠르게 하였다. 진(晉)나라 부함(傅咸, 234~294년)은 《지부(紙賦)》를 써서 종이를 찬미하였다. "무릇 종이, 그 아름다움 가히 귀하게 여길 만하네. 값싸면서도 등급이 있고 성질이 깨끗하고 곧네. 화려한 무

《전론(典論)》 | 위(魏)나라 문제(文帝) 조비(曹丕, 187~226)가 지은 책으로, 육조 시대에 성행한 문학론의 선구적인 책이다. 원래는 5권이었으나 오늘날은 《논문(論文)》 1편만 전해지고 있다.

장소(156~236) | 자는 자포(子布). 오(吳)나라의 문신으로 매우 충직하고 강직한 인물로 알려져 있다. 손책(孫策)이 임종시에 나라의 문무에 관한 모든 것을 장소와 상의하여 처리하라는 유언을 남기자, 왕위를 물려받은 손권은 그 유지를 받들었으며, 바른말을 서슴지 않아 손권도 어려워했다고 전해진다.

늬에 고상하고, 저것들의 단점을 취하여 이것을 새롭게 하였네. 그것을 묶으면 펴지고, 그것을 내버려두면 말리니 접었다 폈다 할 수 있고, 숨겼다 드러냈다 할 수 있다네……."

종이가 인류 문명의 발전에 지대한 공헌을 하였기에 제지술은 '중국의 4대 발명' 중 하나로 꼽힌다.

서한지(西漢紙)

종이가 어느 시대에 발명되었는지에 대해서는 현재까지 정론이 없다. 그러나 종이의 발명 시기는 대략 서한 초기(기원전 2세기)보다 늦지 않는 것으로 보인다.

각종 문헌에 서한 시기에 종이를 사용한 기록이 있다. 《한서(漢書)》에는 한의 성제(成帝) 원연(元延) 원년(기원전 12년)에 종이로 약을 쌌다는 기록이 있고, 《후한서》에는 서기 76년에 《춘추경》과 《좌전》을 종이에 썼다는 기록이 있다. 허신(許愼)이 동한(東漢) 영원(永元) 12년(100년)에 완성한 《설문해자》 중에 '紙'를 '실 찌꺼기'로 해석한 것이 있는데, 이는 솜을 씻은 후 실처럼 찢어 응집시켜 만든 작은 조각을 뜻하는 것이다.

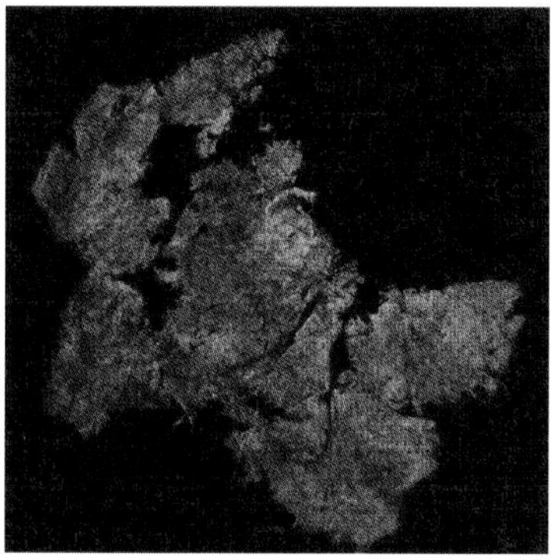

▲ 이것은 서한 시기의 종이로, 1973년 감숙성 거연(居延)의 금관 유적지에서 출토되었다. 지면의 색과 광택이 희고 깨끗하며, 얇고 고르며, 재질이 견고하고 세밀하다.

문헌 기록 이외에도 약 100년 동안 서북 지역에서 서한과 동한 초기의 것으로 추정되는 종이가 끊임없이 출토되었다.

1993년에 신장(新疆) 로브노르[羅布淖爾]에 있는 한대 봉수(烽燧) 유적지에서 마(麻)로 만든 얇은 종이 한 조각이 출토되었다.

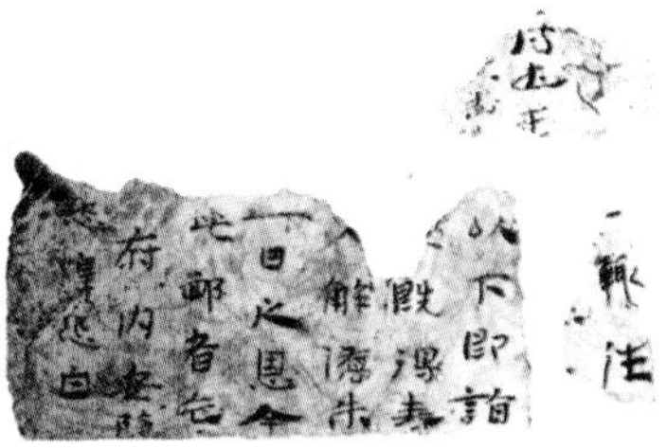
▲ 이것은 문자가 적힌 동한 시기의 종이인데, 1990년 돈황 현천(懸泉) 유적지에서 출토되었다. 풀과 마 섬유로 지면을 편평하고 고르게 만들었다. 대략 채륜(蔡倫)과 동시대이다.

고고학자들은 이 종이를 기원전 49년의 것으로 추정하였다.

1957년에 서안(西安) 파교(灞橋)의 고대 분묘에서 종이 더미가 발견되었다. 총 88개의 얇은 마섬유 조각인데, 미색이고 여러 조각으로 찢겨져 있었다. 그 중 가장 큰 조각의 가장 길고 넓은 부분이 가로 세로 각 10센치미터이고, 가장 작은 조각이 각 3센치미터, 4센치미터이다. 고증에 따르면 대략 기원전 118년(한무제 시기)의 종이라고 한다. 이 종이는 파교에서 출토되었다 하여 '파교지(灞橋紙)' 라고 부른다.

1973년에 감숙성 금관(金關)에서도 서한 시기의 종이가 출토되었다.

1978년에 섬서성 부풍현(扶風縣) 안촌(顔村)의 어느 지하창고에서도 마를 재질로 한 서한 시기의 종이가 출토되었다. 대략 한나라 선제(宣帝) 시기(기원전 73~49년)의 것으로, '중안지(中顔紙)' 라고 부른다.

1979년에 감숙성 돈황(敦煌) 마권만(馬圈灣)에 있는 한대의 봉수 유적지에서 다섯 개의 마 재질의 종이가 발견되었다.

1986년에는 감숙성 천수(天水) 방마탄(放馬灘)에서 마 재질의 종이 한 장이 출토되었는데, 윗면에 지도가 그려져 있었다. 이것 역시 서한 초기의 것으로 고증되었다.

위에서 상술한 문헌 기록과 출토된 물건으로 보아 종이는 서한 초기, 즉 기원전 2세기경에 발명된 것으로 보인다.

채륜(蔡倫)의 불후의 공적

초기의 종이는 실을 표백하는 과정에서 우연히 발견한 것이다. 그 후 약 3백 년 뒤에 제지술을 크게 개량한 사람이 출현했으니 그가 바로 채륜이다.

채륜의 제지법을 기록한 최초의 문헌은, 반고(班固) 등이 편찬한 《동관한기(東觀漢記)》이고, 《후한서》에는 이에 대해 더욱 상세한 기록이 들어 있다.

▲ 고대 제지업에 종사하던 사람들이 받들어 모시던, 판화로 된 채륜의 초상.

> 채륜의 자는 경중(敬仲)이며 계양(桂陽) 사람이다. …… 비단은 귀하고 죽간(竹簡)은 무거워서 불편했다. 이에 채륜이 나무껍질, 마 조각, 찢어진 천, 그물로 종이를 만들었다. 원흥(元興) 원년(105년)에 황제께 아뢰어 올렸더니 황제가 그 기능을 좋다고 여기셨다. 이로부터 종이를 쓰지 않는 자가 없었고, 세상 사람들이 이것을 채후지(蔡侯紙)

▼ 《천공개물(天工開物)》에 있는 제지 공정도. 원료를 분리하고 반죽한 후, 반죽된 것을 대자리에 부어 넓게 편 후 물을 제거한다. 얇은 모양의 젖은 종이를 잘 말리면 종이가 된다.

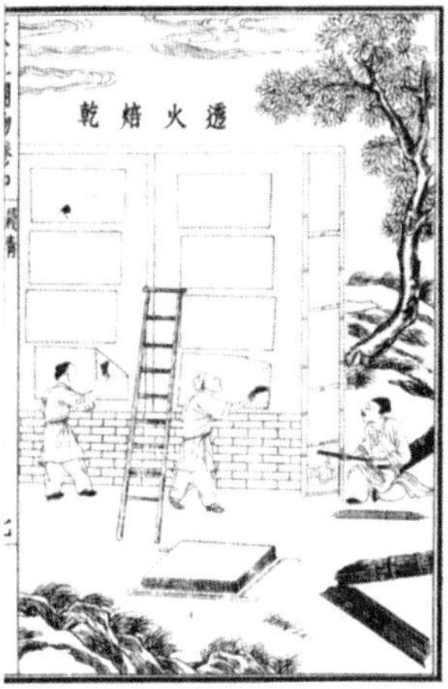

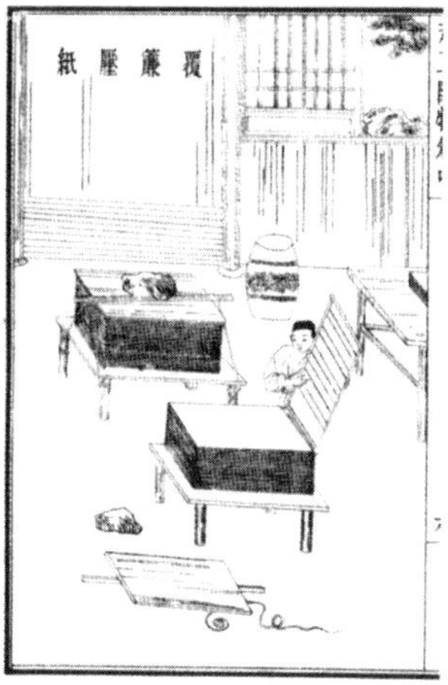

라고 불렀다.

채륜의 가장 큰 공적은 제지의 원료를 확대해서 완전한 제지법을 창조함으로써 종이의 질과 제지 효율을 제고시킨 것이다. 외국의 기록에도 역대의 제지업에 종사하던 사람들은 모두 채륜을 스승으로 삼아 공경하고 받들었다고 기록되어 있다.

종이 사용의 확대

서한 초기의 종이가 여러 곳에서 발견되었지만 대부분 글을 쓴 흔적은 없다. 단지 감숙성 천수의 방마탄에서 발굴된 종이 위에는 지도가 그려져 있는데, 간단한 선만 있을 뿐 문자는 없다. 이는 서한 시기에 종이가 아직 글을 쓰는 정식 재료가 아니었다는 것을 말해준다.

1942년에 지금의 내몽고 서쪽 어지나(Eji Nur, 額濟納) 지역에서 문자가 적힌 종이가 발견되었다. 109년에서 110년 사이의 것으로 보이는 이 종이는 현존하는 최초의 문자가 적힌 종이로, 대만 고궁박물관에 보관되어 있다. 감숙성의 각지에서도 동한 시기의 문자가 적힌 종이가 출토되었으나, 출토되자마자 부서져 남아 있지 않다. 이런 상황으로 미루어 볼 때 채륜이 우수한 종이를 만든 뒤에야 종이는 필기재료로서 광범위하게 쓰였던 것으로 보인다.

그러나 사람들은 '죽간을 중시하고 종이를 경시하는' 관념을 가지고 있었기에, 아직 죽간과 비단을 정통의 필기재료로 보았다. 《북당서초(北堂書鈔)》에 기록된 바에 의하면, 2세기의 유명한 문학가이자 서예가인 최원(崔瑗)이 그의 친구 갈원보(葛元甫)에게 사과의 편지를 쓰면서 《허자(許子)》 필사본 10권을 보냈다. 당시 최원은 경제 사정이 넉넉지 못해 그것을 종이에 베껴 적었다고 한다. 이런 생각이 당시에 대표적이었기에 동한 시기의 종이는 줄곧 통치 지위를 차지하지 못하여, 관방(官方)의 공식적인 공문에서는 여전히 죽간과 비단이 주를 이루었다.

역사 기록에 의하면 동한(東漢) 중평(中平) 2년(185년)에 하남에서 제지기술의 명수가 등장하였는데, 바로 좌백[左伯; 자는 자읍(子邑)]이라는 사람이다. 사람들은 좌백의 종이를 '연묘휘광(姸妙輝光)' 이라고 불렀다. 그 뜻은 좌백이 만든 종이의 지면이 매끄럽고 새하얗다는 뜻이다. 당시의 문인들은 좌백의 종이와 장지(張芝)의 붓, 그리고 위탄(韋誕)의 먹을 가지고 있으면 굉장한 영광으로 생각했다. 동한 후기의 대학자 채옹(56쪽 참조—역자)은 좌

※《북당서초》| 당나라 때 우세남(虞世南, 558~638)이 편찬한 책으로, 그가 수나라 비서랑(秘書郎)으로 있을 때 썼다고 알려져 있다. 160권으로 이루어진 이 책은, 여러 책들에서 일부 구절들을 뽑아 801류(類)로 나누었다. 그 내용들 중에는 오늘날 전해지지 않는 고서(古書)들로부터 인용한 내용도 포함되어 있어, 중국 고대사(古代史) 연구에 매우 중요한 자료이다.

◀ 왕희지(王羲之)의 《평안하여봉귤삼첩(平安何如奉橘三帖)》. 원본은 대만 고궁박물관에 소장되어 있다.

백의 종이에 글을 쓰길 좋아했다. 조조(曹操)가 흉노에게 채옹의 딸 채문희(蔡文姬)를 돌려달라는 글을 써서 보낼 때도 좌백의 종이를 사용했다. 이는 동한 후기에 와서 문인과 학자뿐 아니라 상급 관리까지 종이에 대한 태도가 변했다는 사실을 말해준다. 이 당시 종이의 지위는 상당히 높아졌으며 보편적으로 사용되었다.

'낙양지귀(洛陽紙貴 : 낙양의 종이가 귀해졌다는 의미—역자)' 라는 이야기가 있다. 서진(西晉) 때 좌사(左思)라는 서생이 10년 동안 노력하여《삼도부(三都賦)》를 썼는데, 당시 문단의 유명 인사였던 황보밀(皇甫謐)이 이 글을 읽고 크게 칭찬하며 서문을 지어주었다. 문장가 장재(張載)와 같은 사람들도 좌사의 글을 높이 평가하여 추천했기에 한때 좌사와 그 문장이 낙양성에서 크게 유행하였다.《진서(晉書)》〈좌사전〉에서는 "부귀한 집안은 마침내 서로 좌사의 문장을 전해 썼고, 낙양은 그 때문에 종이가 귀해졌다" 라고 기록하고 있다. 좌사의 문장을 베껴 쓴 사람들이 많아지자 종이 사용량이 증가했고, 상인들은 그 기회를 틈타 종이 값을 올렸던 것이다. 이로 보아 3세기에 종이는 이미 중요한 필기 재료가 되었음을 알 수 있다.

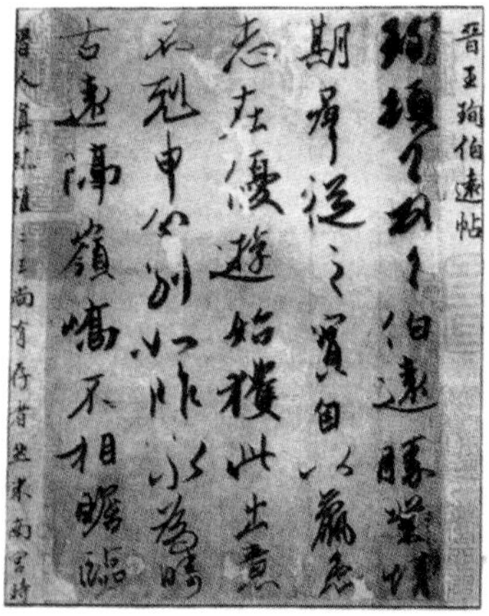
▲ '삼희묵보(三希墨寶)' 중의 하나인 진(晉)나라 왕순의《백원첩》. 원본은 중국 고궁박물관에 소장되어 있다.

현재까지 전해지는 종이에 쓴 서예 작품으로 '삼희묵보(三希墨寶)' 가 있다. '삼희(三希)' 는 동진 시기 왕희지의《쾌설시청첩(快雪時晴帖)》, 왕헌지(王獻之)의《중추첩(中秋帖)》, 왕순(王珣)의《백원첩(伯遠帖)》을 가리킨다. 이것들은 모두 고급 마지(麻紙) 위에 글을 썼는데, 당시의 종이 제조기술이 얼마나 정교했는지를 알 수 있게 한다. 중국 고대의 우수한 필묵지연(筆墨紙硯) 기술은 시대가 거듭될수록 유명한 서예가들을 만들어 냈고, 또 시대가 거듭될수록 진귀한 작품들을 남겼다.

403년에 환현(桓玄)이 진(晉)나라의 안제(安帝)를 내쫓고 조정을 장악하여 나라의 이름을 초(楚)로 바꾸었다. 그리고 바로 모든 공문에 죽간의 사용을 금지시키고 종이를 쓰라고 명령했다. 이로 인해 종이는 필기 재료 중 최고의 위치를 차지하게 된다.

1928년, 신강 투루판에서 진대(秦代, 384~417년)의 종이 파편이 발견되었다. 종이의 질이 비교적 좋고 표면도 매끄러웠다. 이는 현재까지 전해지는 지사본(紙寫本) 중 비교적 이른 시기의 것이다.

현재 동진 시기(317~420년)에 종이에 씌어진 《삼국지》가 남아 있다. 만약 왕희지 같은 사람들의 서예 작품을 완정한 책으로 보지 않는다면, 《삼국지》를 현존하는 최초의 종이책이라 할 수 있다. 《삼국지》가 왕희지의 작품과 같은 시기라는 사실로 미루어 볼 때, 당시에는 분명히 종이로 만든 책이 많았을 것이다. 종이의 질과 양이 끊임없이 향상되고 생산량도 지속적으로 증가하면서 종이책의 황금 시기가 도래한 것이다.

지사본(紙寫本) 시대

2세기부터 10세기까지 약 8~9백 년 동안은 지사본(종이책—역자)의 시대라고 할 수 있다. 초기 지사본의 형식은 완전히 백서

※ 왕희지(307~365) | 자는 일소(逸少)이며, 동진의 서예가로, 힘차고 우아한 서풍을 유지했다. 예서(隷書)에 능통했으며, 당시에는 아직 완성되지 않았던 해서와 행서, 초서를 예술적으로 완성하여 중국에서는 서성(書聖)으로 불리고 있다.

※ 왕헌지(348~388) 진(晉)대의 서예가로, 자는 자경(子敬)이다. 왕희지의 일곱 아들 중 막내로, 아버지로부터 서법을 배워 힘있는 필체를 구사하였으며, 예서와 초서에 능했다.

※ 왕순(350~401) | 자는 원림(元琳)이며, 산동성의 낭야(瑯琊) 출신이다. 왕희지가 그의 재종조부(再從祖父)이다.

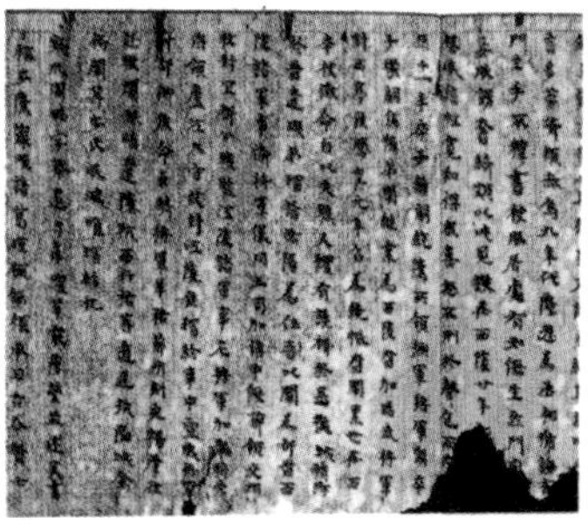

▲ 《삼국지》. 동진 시기의 지사본이다. 그 잔권은 현재까지 전해지는 소수의 초기 지사본 가운데 하나이다. 필조(筆調)가 힘 있고 훌륭하며 진나라의 기풍을 담고 있어 매우 귀중한 보물이다.

(帛書)를 모방했다. 종이가 대량으로 사용된 후에 필사에서부터 권(卷)으로 만드는 것까지, 책을 제작하는 기술은 끊임없이 개선되고 발전하였는데, 형식이 권(卷), 축(軸), 표(縹), 대(帶)의 네 부분으로 조성되어 완전한 권축(卷軸) 제도가 형성되었다. 그렇기 때문에 이 시기는 역사적으로 권축의 시대라 불린다.

동진 시기 연단술사(煉丹術師) 갈홍(葛洪)은 종이의 염색기술을 처음 만든 사람이다. 그는 자신이 쓴 《포박자(抱朴子)》에서 황벽나무를 이용해 종이를 염색하는 방법을 언급했다. 황벽나무를 물에 담가놓아 신선한 즙을 우려내고, 다시 오랫동안 물에 담궈 두었던 황벽나무를 빻아서 물에 넣고 끓인다. 이것을 천 주머니 속에 넣어 즙을 짜낸다. 이렇게 찧고 끓이는 과정을 세 차례 반복하여 얻은 즙과 처음의 신선한 즙을 혼합하면 황색의 액체가 되는데, 이를 종이 염색에 사용하면 좀먹는 것을 방지할 수 있다. 현재 장황(裝潢; 표구—역자)이란 말은 바로 여기에서 나온 것이다. 이러한 염색 작업을 마친 책들이 천 년 뒤 여러 차례 출토되었다. 비록 파손되기는 했지만 종이는 좀먹은 흔적 없이 그대로 보존되었다. 황벽나무를 이용한 종이 염색기술 덕분에 오늘날 우리는 예전의 지사본들을 볼 수 있는 것이다.

㊽ **포박자** | 중국 동진(東晉)의 건무(建武) 원년(317년)에 갈홍(283?~343?)이 지은 도가서(道家書)로 총 8권으로 되어 있다. 총 70편 중, 내편(內篇)에는 도교 사상이 체계적으로 정리되어 있으며, 외편(外篇)에는 유교적 정치론이 서술되어 있다.

▼ 온전하게 보존된 《사기》 〈백이열전(伯夷列傳)〉의 당(唐)대 필사본으로 돈황 장경동에서 출토되었다.

수 · 당 시기의 사회문화는 매우 높은 수준으로 발전하여 도서의 수량이 많아졌는데, 대부분이 지사본이었다. 위진남북조 시기에 책은 사대부나 관리 등 소수의 사회계층만이 소유할 수 있었다. 그러나 수 · 당 시기에 이르러 이러한 상황은 변화하기 시작하였다.

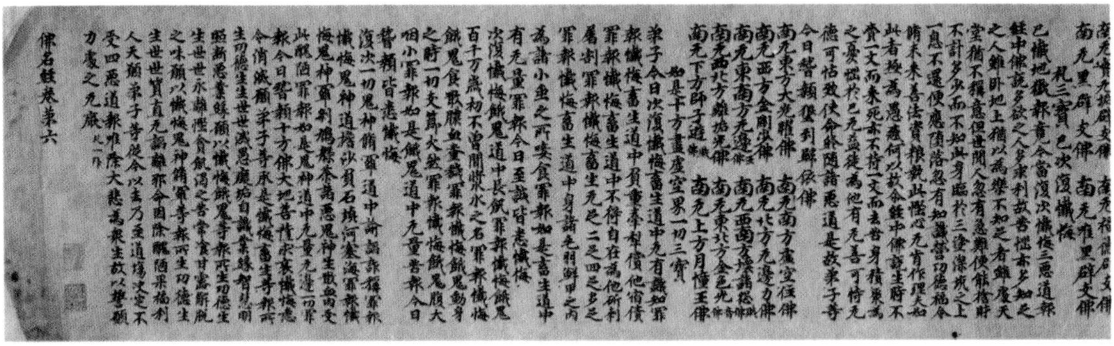

▲ 당대의 필사본인 《불명경권(佛名經卷)》.

과거제도가 시행됨에 따라 많은 평민 자제들이 독서의 대열에 뛰어들었다. 이에 사회에서 책의 수요량이 증가하여 필사를 직업으로 삼는 사람들이 출현했다. 그들은 상인들에게 고용되거나 대부호 집안에 초빙되었는데, 그들이 필사한 도서들은 경서, 역사서, 시집, 혹은 계몽 독서물들이 대다수였다. 조정에서 소장한 책의 수량도 증가했다. 그러나 전문적인 기관이 없었기에 대량의 필사자들을 고용해 책을 베꼈다. 수(隋) 문제(文帝) 시기 낙양의 황실 도서관에 소장된 책만 해도 그 수가 8만 9천여 권에 달했다고 한다.

또 다른 원인은 불교의 성행이다. 수·당 시기에는 나라에서 불교를 제창하여 곳곳에 불교 사원을 세워 승려의 수가 점점 많아졌다. 많은 불교 사원 안에는 전문적으로 불경을 필사하는 승려가 있었는데, 그들을 '경생(經生)'이라고 불렀다. 수많은 신도들의 보시로 불경을 필사했으니, 필사본 불경의 수가 얼마나 많았는지 가히 짐작할 수 있다. 돈황의 장경동에서는 수·당 시기의 필사본 불경이 대량으로 출토되었다.

현재까지 전해지는 당(唐)대의 유명한 서법가들의 필사본은 더욱 귀중하다. 후세에 전해지는 귀중한 필사본으로는 저수량(褚遂良)의 《난정서(蘭亭序)》, 육간(陸柬)의 《문빈(文斌)》, 안진경(顔眞卿)의 《제질문고(祭侄文稿)》, 손과정(孫過庭)의 《서보(書譜)》 등이 있다. 이 작품들은 서법(書法)이 진귀한 작품일 뿐 아니라, 손으로 직접 쓴 필사본으로도 가치가 있다.

▲《문빈》. 당나라 육간의 필사본이다.

송대 이후 인쇄술이 보급됨에 따라 인쇄본의 비율이 점점 증가했지만 필사본도 여전히 존재했다. 필사본의 풍조는 송 · 원에서 명 · 청 시기까지 이어져 판본 학자들에게 서적 연구의 한 분야가 되었다.

필사본이 계속 이어진 데에는 사회적인 원인뿐 아니라 개인적인 원인도 있었다. 사회적인 원인을 분석해보면, 문인들이 한자 서법을 숭상한 것과 관련이 있다. 송나라 사람들이 유명 인사의 서체로 판각하기 위해 노력했지만, 실제로 여러 조각가의 손을 거치면서 판각의 서체가 원래의 풍모를 완벽하게 재현하기는 어려웠다. 판각은 서법의 필의(筆意)를 반영할 수 없었기에 사람들은 필사본만이 진정한 소장 가치가 있다고 생각했다. 이

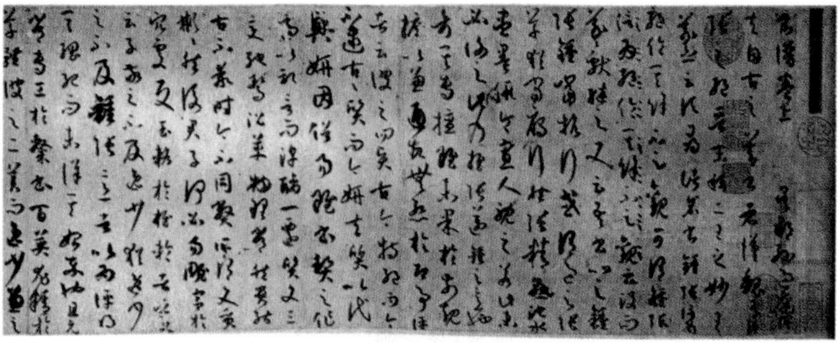

▶《서보(書譜)》. 당대 손과정(孫過庭)의 필사본이다. 현재 대만 고궁박물관에 소장되어 있다.

와 관련하여 명대의 학자 호응린(胡應麟, 1551~1620년)이 쓴《소실산방필총(少室山房筆叢)》은 판본학 연구에서 중요한 저작이다. 호응린은, 모든 책은 "열 권을 새기는 것보다 한 권을 필사하는 것이 더 낫다"라고 하였다. 다시 말하면 열 권의 인쇄본이 한 권의 필사본보다 가치가 떨어진다는 말이다. 이처럼 문인들은 필사본을 좋아했고 장서가들도 필사본을 높이 평가했다. 이는 필사본이 계속 유행한 주요 원인이다.

송대 이후로 역대 조정은 대체로 서적 소장을 좋아하여 전문적으로 서적 필사에 종사하는 사람을 두었다. 이 때문에 황실 장서에서 필사본이 비교적 높은 비율을 차지했다. 송대 가우(嘉祐) 연간(1056~1063년)에 나라에서 소장한 필사본이 1만 6천여 권에 달했다.

개인 장서가도 필사본을 좋아하여 자신의 장서들을 보충했다. 근대의 학자 원동례(袁同禮)는 이렇게 말했다. "송대의 사가(私家) 장서는 대부분 손으로 직접 베낀 것이기에, 소장한 책들은 필사본이 많았다." 개인 저작이나 조상의 저작 역시 직접 손으로 베껴 보존하여 후세에 전했다. 국가 도서관에 소장되어 있는, 송대의 진진손(陳振孫)이 지은《직재서록해제(直齋書錄解題)》와 진여의(陳與義)가 지은《간재시외집(簡齋詩外集)》은 모두 송대의 선조를 기념하고자 만든 원대의 필사본이다.

㊳《직재서록해제》| 남송 때 진진손이 과거의 서적 5만여 권을 해제한 책으로, 총 22권으로 되어 있다. 거의 모든 부문에 걸친 책들을 베껴서 분류하고 고증하였다.

송대의 필사본으로 오늘날까지 전해지는 것은 매우 적다. 여기서 중요한 송대 필사본 두 가지를 소개하겠다. 하나는 돈황 장경동에서 출토된《북송태평흥국삼년역서(北宋太平興國三年歷書)》

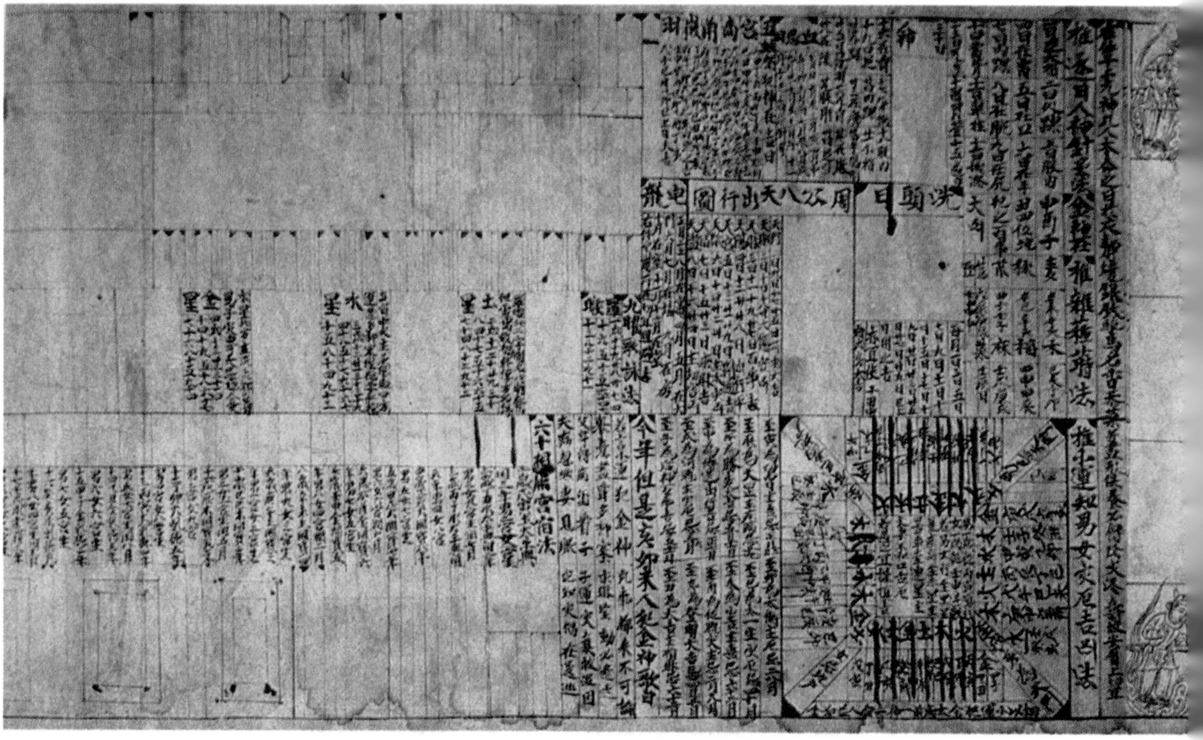

▲《북송태평흥국삼년(978년)수초본역서(北宋太平興國三年手抄本歷書)》는 돈황 장경동에서 출토되었다. 이것은 현존하는 유일한 송대 필사본 역사서이다.

로, 현존하는 유일한 송대 필사본 역사서이다. 다른 하나는 구양수가 직접 쓴《집고록발미(集古錄跋尾)》로, 치평(治平) 원년(元年, 1064년)에 지었으며, 현재 대만 고궁박물관에 소장되어 있다.

현재까지 전해지는 원대의 필사본은 대서예가 조맹부(趙孟頫)의 여러 필사본들이 있다. 가장 유명한 것은《노자도덕경(老子道德經)》과《한거부(閑居賦)》이다. 이 필사본들을 통해 우리는 대서예가의 서체를 직접 볼 수 있다.

명대 이후 인쇄본의 수량은 대단히 많아졌고, 필사본의 수량 역시 적지 않았다. 가장 유명한 필사본은 대형 유서(類書)인《영

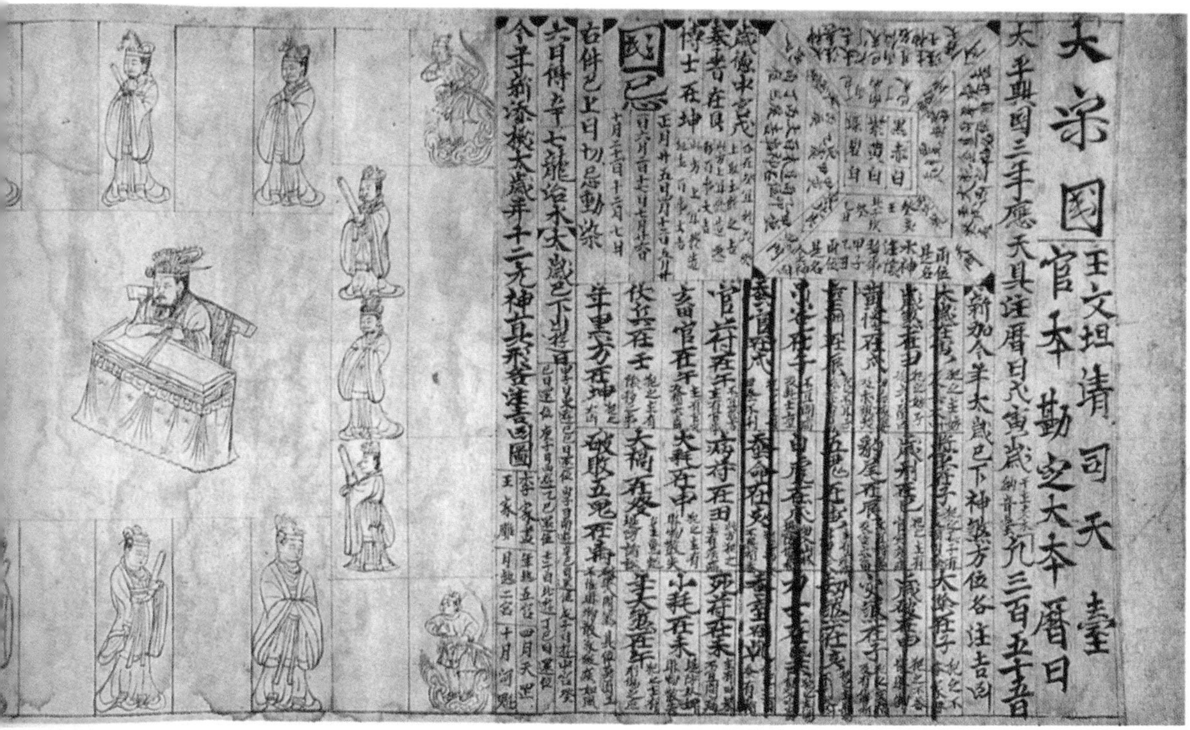

락대전(永樂大典)》인데, 전체가 3억 7천만 자, 2만 2877권, 1만 1095책이며, 8천여 종의 고서를 수록했다. 《명사(明史)》〈예문지(藝文志)〉의 기록에 의하면 선덕(宣德) 4년(1429년)에 "비각(秘閣)에 저장된 책은 대략 2만여 부(部)로, 약 100만 권(卷)에 달하며, 각인본은 13권, 필사본은 17권이다"라고 했다. 이는 당시 황실 소장 서적 가운데 필사본의 수량이 인쇄본을 초과한다는 사실을 말해주는 것이다.

청대에도 필사본은 매우 성행했다. 개인 필사는 앞서 이야기한 여러 상황 외에 청대 강희(康熙)부터 건륭(乾隆) 연간(1662~

▲《수원시고(隨園詩稿)》. 청나라의 대시인인 원매(袁枚)가 직접 쓴 자신의 시 원고이다.

❀ **문자옥** | 중국 황제들의 통치술의 하나로, 황제가 눈에 벗어난 신하의 글을 꼬투리 삼아 그를 투옥하거나 처형하였다. 일종의 필화사건으로, 이는 청나라 때 가장 성행하였다.

1795년)의 문자옥(文字獄)의 영향도 있다. 수많은 사람들은 자신의 저서를 쉽게 각인(刻印)하지 못해 필사로 소장할 수밖에 없었다. 또한 궁정 안의 역대 황제 실록, 보훈(寶訓), 본기(本紀) 등은 일반적으로 인쇄할 수 없었기에 필사하여 보관했다. 궁정의 최대 필사본은《사고전서(四庫全書)》이다. 3470종, 7만 9018권, 3만 6078책으로 남과 북의 일곱 개의 서각에 나누어 소장했다. 황실과 민간에서 필사본은 줄곧 성행하여 상당히 많은 수량을 차지했다. 따라서 필사본은 고대 서적에 있어서 중요한 지위를 차지한다.

탁인본(拓印本) 서적

종이가 널리 사용된 후 지사본 외에 탁인본이 생겨났다. 탁인본은 돌에 글자를 새겨 종이로 찍어낸 뒤 책으로 만드는 것으로 서법을 공부하는 중요한 참고서가 되었다. 게다가 탁인본은 유명한 서예가의 서체 원형을 그대로 재현하여 역대 서예가와 장서가들이 중요시했는데, 따라서 지사본의 중요한 부분이라 할 수 있다. 오늘날까지 많은 출판사들은 각 시대의 탁인본을 영인하고 있다.

중국 고대 석각문자의 원류는 오래되었고 역대로 끊이지 않았으며 수량도 방대했다. 석각문자는 대량의 역사 자료가 될 뿐더러 역대의 서법을 반영한 진귀한 보물이다. 또한 후대의 사람들이 서법을 학습할 때 직접 관찰할 수 있는 교재이다. 석각문자는 대부분 다른 곳으로 이동이 쉽지 않은, 고정된 장소에 있기에 사람들은 탁인(拓印)이란 방법을 창안하여 석각문자를 종이에 찍어 널리 전했다. 탁인하는 방법은 자란[백급(白及, 白芨)이라고도 하며, 지혈제로 쓰이는 한약재—역자]을 녹인 물을 석벽에 바르고 종이를 붙인 다음 종이가 필획에 잘 함입(陷入)되도록 솜방망이로 지면을 두드린다. 종이가 약간 마른 뒤 다시 먹을 묻혀 고르게 종이 위에 바르면 검은 색 바탕에 흰 글씨가 나타나 탁인이 완성된다.

탁인이 언제부터 시작되었는지에 대해 아직까지 정설은 없다. 하지만 종이가 널리 사용되고 난 뒤 출현한 것은 분명하기에 남북조 시대보다 뒤는 아니다. 《수서(隋書)》〈경적지(經籍志)〉에 기록된 내용에 따르면, 수대의 황가(皇家) 장서는 탁인본을 장서 분류의 하나로 쳤다고 한다. 그 가운데 어떤 탁인본은 전대(前代)에서 전해진 것이었다. 이로써 수대 이전 시기에 탁인기술이 있었음이 증명된다. 수대의 탁인 작품은 지금까지 전해지지 않기에 단지 문헌에 기록된 것으로만 알 수 있는데, 당시 탁인으로는 진(秦), 한(漢)부터 남북조까지 비석에 새겨진 것들이었다. 현재 볼 수 있는 가장 이른 시기의 탁인 작품은 당 태종(太宗) 이세민(李世民)의 서법 작품인 《온천명(溫泉銘)》으로, 당대 초기에 탁인한 것이다.

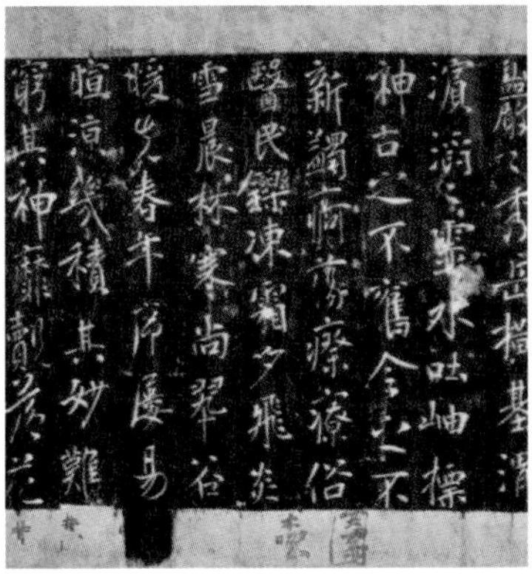
▲ 《온천명》은 당 태종 이세민의 서법으로 당대 초기에 탁본한, 현존하는 것들 중 가장 이른 시기의 탁인 작품이다. 돈황 장경동에서 출토되었다.

당대는 역사적으로 서법이 매우 홍성한 시기이다. 구양순(歐陽詢), 우세남(虞世南), 저수량(褚遂良), 안진경(顔眞卿), 유공권(柳

公權) 등의 서예 대가들이 출현하여, 서법을 배우는 것은 학생들의 필수과목이 되었다. 학생들은 역대 유명 인사들의 서법을 탁인한 것들로 공부했고, 그로 인해 탁인의 수요가 크게 증가했다. 사회의 수요에 충족하기 위해 당시 어떤 이들은 역대 유명한 서법 작품들을 석판이나 목판에 모각(摹刻)한 뒤 대량으로 탁인하여 내다 팔았다. 두보의 시 가운데, "봉산의 비석 밤에 불태우니, 대추나무 전각 그 진면목을 잃었네(峰山之碑野火焚, 棗木傳刻肥失眞)"란 시구가 있다. 이는 당시 상인들이 진시황 때 이사(李斯)가 쓴 소전체(小篆體) '봉산비(峰山碑)'를 대추나무에 새겨 탁본한 뒤 팔았는데, 글자를 새길 때 자체와 필획이 기울고 굵어 원래의 수준에 미치지 못했음을 꼬집은 것이다.

▲ 《낙신부(洛神賦)》. 당의 유공권(柳公權) 서법으로, 북송의 탁인본이다.

송대에 이르러 탁인은 더욱 성행했고 고대 서예가의 진품을 모각하는 유행은 여전히 이어졌다. 가장 유명한 것은 북송의 《순화각첩(淳化閣帖)》과 남송의 《순희각첩(淳熙閣帖)》을 비롯해, 왕희지체를 본떠 새긴 《난정서(蘭亭序)》가 있다. 북경의 방산석경(房山石經) 역시 권축서(卷軸書)의 크기와 비슷하게 석판에 새긴 후 탁인하여 책으로 묶은 것이다.

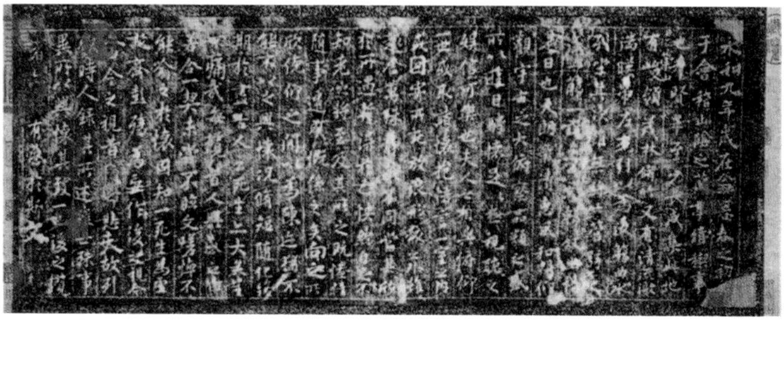

▶ 《난정서》. 동진 때 왕희지의 서법이며, 송대 탁무정본(拓武定本)이다.

청대 건륭 시기의 석각 탁인본은《삼희당법첩(三希堂法帖)》이 가장 유명하다. 이른바 '삼희'는 현존하는 가장 이른 세 가지 서법으로, 왕희지의《쾌설시청첩(快雪時晴帖)》, 왕헌지의《중추첩(中秋帖)》, 왕순의《백원첩(伯遠帖)》을 말한다. '삼희'는 고대 서법 학습자에게 자료를 제공하기 위해 건륭의 명령으로 돌에 새겨 탁인했다. 이 세 가지 진(晉)대의 서법 작품 외에 위진 시기부터 명대에 이르는 유명한 작품들도 골라 32권으로 만들었다. 책으로 엮기 위해 새기는 크기는 모두 통일되었으며, 원석(原石)은 현재 북경의 북해(北海)에 소장되어 있다.

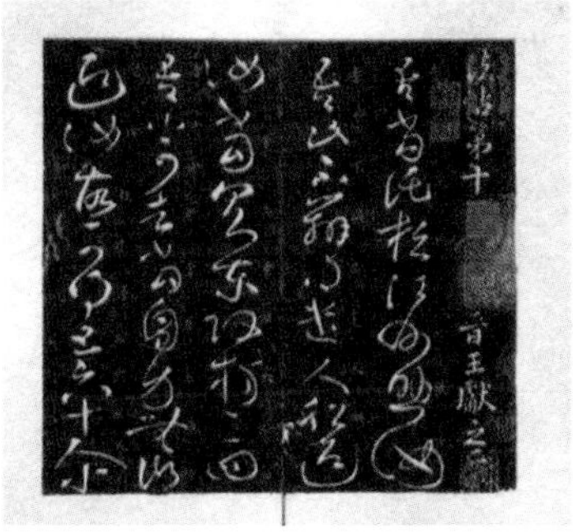

▲《순화각첩》. 동진(東晉) 왕희지의 서체로 명대에 번씨(藩氏)가 탁본했다.

탁인본의 장첩(裝帖) 형식은 권축장(卷軸裝)과 경절장(經折裝) 두 종류가 있다. 탁인하여 새긴 문자는 지면의 크기가 어떤 장첩이든 그 수요와 부합되어야 탁인한 뒤 직접 묶어 책으로 만들 수 있었다. 서안(西安)의 비림(碑林)에 있는 어떤 고대 비석은, 문자의 판면 치수와 책 판면의 크기가 비슷한 것으로 보아 전문적으로 탁인한 것임을 알 수 있다. 그러나 역대 수많은 석각문자는 당시 탁인을 위하여 새긴 것이 아니었기에 비석, 묘지, 마애(摩崖) 등의 치수와 크기는 서로 달랐다. 이런 석각문자의 원형을 그대로 탁인하기 위해 재단하는 방법이 필요했다. 재단하는 방법은 우선 큰 종이에 탁인을 한 뒤 글씨의 행에 맞추어 길게 자른다. 그 다음 서첩의 치수에 따라 일정한 길이로 잘라 묶으면 책 한 권이 완성된다. 오늘날 시장에서 살 수 있는 각종 서첩은 대부분 이런 식으로 만든 것이다. 현재 탁인 기술은 더욱 새롭게 발전했다. 석각문자 외에도 청동기 문양, 벽돌, 갑골문처

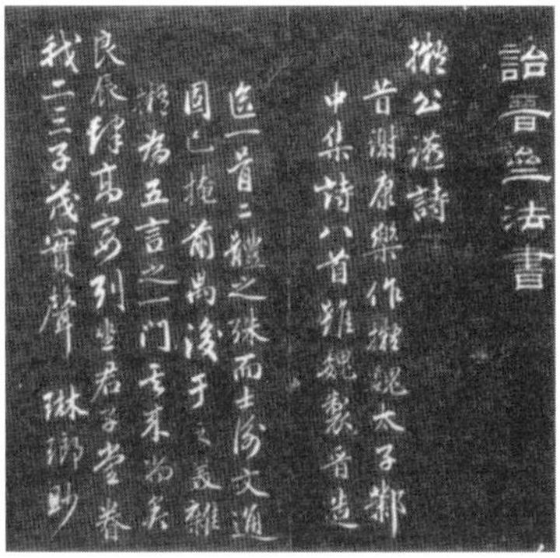

▲《삼희당법첩》의 청대 탁본.

럼 요철(凹凸)형의 도형들도 탁인이 가능해졌다.

유래가 깊은 중국의 문자 석각기술은 뛰어난 제지기술과 결합하여 탁인이라는 특수한 서적 형식을 창조했다. 많은 고대의 서예기술 역시 탁인이 있었기에 전해질 수 있었다. 오늘날 수많은 문자 석각은 이미 사라져 버렸지만 그 풍모를 간직한 탁인본은 남아 있다. 서적의 대량 복제와 생산은 당시 지식을 전파하는 역할뿐 아니라, 문화의 보존이라는 역할도 한 것이다. 인류의 역사는 문자 기록의 전래 덕분에 현재까지 보존될 수 있었던 것이다.

‖ 인쇄술의 발명 ‖

인쇄술 발명의 4대 조건

일반적으로 인쇄술이 발명되기 위해서는 반드시 4대 조건을 갖춰야 한다. 이 4대 조건이란 문자의 보급, 공예기술, 물질적 재료, 사회적 수요이다.

중국의 한자는 세계적으로 역사가 가장 오래된 문자 중 하나인데, 원시문자에서 갑골문으로 발전하면서 한자는 이미 성숙단계에 접어들었다고 할 수 있다. 또 춘추전국 시기에 이르러서는 대량의 저작물들이 출현하였다. 한자의 서체 또한 끊임없이 변화하였는데, 진시황 때 '문자 통일'을 추진하여 한자를 간략화 · 통일화 · 규범화시킴으로써 한자는 대전(大篆) 시대에서 소전(小篆) 시대로 넘어가게 되었다. 한대에는 예서(隸書)가 통용되었고, 동한 후기에는 해서(楷書)가 등장하면서 한자의 서체 변화가 완성되었다. 또 사회적으로 독서 인구가 증가하고 책에 대한 수요가 증가하면서, 한편으로 서적을 빠르게 생산하는 방법에도 관심이 증가하였다. 이러한 상황들은 인쇄술의 발명을 촉진하였다.

인쇄술에 필요한 공예기술 중 하나가 글자를 새기는 기술인데, 이 기술은 중국에서도 오랜 역사를 지니고 있다. 갑골문은

▲ 진시황릉에서 출토된 도안이 새겨진 와당. 볼록 판화 형식으로 제작하여 먹물을 묻혀 바로 찍어낼 수 있어 인쇄판과 매우 유사하다.

▼ 한대의 와당. 소전(小篆)체 글자를 볼록 판화 형식으로 제작하였는데, 인쇄판과 매우 유사하다.

▶ 날인법으로 인쇄한 불상. 돈황의 장경동(藏經洞)에서는 날인법으로 인쇄한 불상들이 많이 출토되었다. 이것들은 불상을 목판에 새겨서 종이에 한 장씩 날인하였는데, 날인한 것이 많으면 많을수록 부처님의 보살핌을 받을 수 있다고 생각했기 때문이다. 이런 모양의 작은 불상들은 인장(印章)에서 조판(雕版)으로 넘어가는 과도기적인 형태를 띠고 있으며, 판화의 기원이라고 할 수 있다.

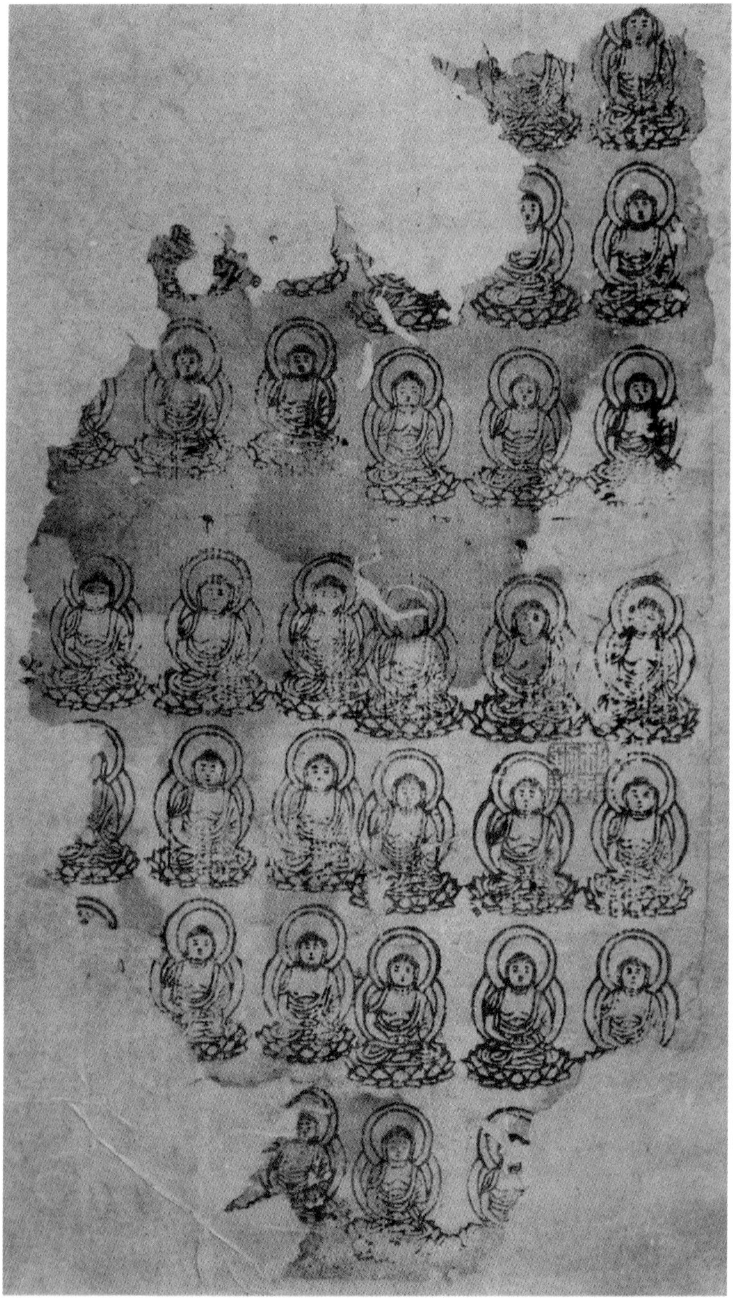

먼저 갑골에 글자를 쓰고 그대로 조각하였다. 서주(西周) 시기의 청동기 명문 또한 먼저 글자를 새겨서 만든 거푸집에 다시 주물을 부어서 제작하였다. 석각문자의 연대는 더욱 오래되었는데, 수량도 방대할 뿐만 아니라 기술 또한 매우 섬세하였다. 위진(魏晉) 시기에 도가(道家)에서는 목판에 글자를 새겨서 사악한 것을 물리치는 용도로 사용하였다. 때로는 목판에 120여 자를 새기기도 하였는데, 이는 후대의 인쇄판과 매우 유사하였다. 인장(印章) 또한 중국 특유의 조각 예술이라고 할 수 있는데, 인장은 반각(反刻)으로 새겨야 하기 때문에 더더욱 각판이 필요하였다. 인장의 날인법은 일종의 초기 문자 복제기술이라 할 수 있으며, 그 원리는 인쇄와 매우 비슷하다.

글자를 새겨 만든 인쇄판, 인쇄를 찍어내는 재료, 인쇄를 위한 색료(色料)는 인쇄술의 3대 기본 조건이다. 붓은 인쇄판에 글자를 쓸 때 사용하고, 먹물은 인쇄판에 묻히는 물감으로 사용되며, 종이는 인쇄물을 찍어내는 재료로 사용된다. 이러한 도구와 재료는 중국에서 매우 오래 전부터 사용된 것들이다.

남북조 시기에는 이미 인쇄에 필요한 모든 재료와 환경이 갖추어져 있었다. 그러나 현재까지도 남북조 당시 인쇄술이 존재하였다는 사실이 밝혀지지 않고 있는데, 이는 아마도 당시 사회에서는 인쇄술의 필요성을 그다지 크게 느끼지 못했기 때문이었던 것으로 보인다. 즉 당시에는 아직 사회 · 문화적 조건이 갖추어지지 않았던 것이다. 중국의 문자는 그 기원은 이르지만 오랜 기간 동안 소수의 귀족계층만이 사용하였다. 남북조 시기에 이르러서 문화가 어느 정도 보급되기는 했지만 그것 역시 상류 계층에만 한정되었다. 이런 사회·문화적 배경하에서 책에 대한 수요도 어느 정도 한정되어 있었기에 필사본만으로도 사회적 수요를 충족시킬 수 있었다. 수대에 이르러 역사적으로 커다란 두 사건이 발생하였다. 하나는 과거제의 실시이고, 다른 하나는 국가적으로 불교를 숭상한 것이다.

과거제 실시는 귀족계층에서만 문화를 향유해 왔던 역사를 깨트렸으며, 중하층민의 자제들에게 과거를 통해 관직을 얻을 수 있는 기회를 제공하였다. 그리하여 사회적으로 더 많은 사람들이 적극적으로 배움을 추구하여 교육적 풍조가 크게 성행하게 되었으며, 책에 대한 수요가 이전의 어떤 시기보다 대폭 늘어나게 되었다. 수 문제(文帝)가 불교를 국교로 정하자, 순식간에 사찰이 늘어나고 승려 또한 많아져서 많은 백성들이 불교를 신봉하게 되었다. 불경을 손으로 베껴 쓰고 불상에 공양하는 것이 불가의 주요 활동이었다. 그래서 사찰에는 '경생(經生)' 이라는, 전문적으로 불경을 베껴 쓰는 일을 하는 사람들이 생겨났고, 사회적으로는 불경 필사본 판매를 주업으로 하는 사람들이 생겨났다. 이러한 상황에서 일부 사람들은 불경을 보다 빠르게 보다 많은 양을 복제할 방법을 생각해냈다.

지금까지 발견된 초기 인쇄물의 거의 대부분이 불경과 불상인 것으로 미루어 볼 때, 불교의 승려들이 가장 먼저 인쇄술을 사용했던 것으로 보인다. 인쇄술을 가장 활발하게 전파한 것도 승려들이라 할 수 있다. 이는 중국의 동쪽에 위치한 한반도나 일본에 현존하는 가장 오래된 인쇄물들이 대부분 불경이라는 점을 보아도 짐작할 수 있다.

조판(雕版) 인쇄술

조판 인쇄의 원리는 다음과 같다.

글자와 그림을 뒤집어서 목판 위에 붙여 조각한 다음, 다 조각한 목판을 인쇄대에 고정시킨다. 그리고 붓으로 인쇄판 표면에 고루 먹물을 묻힌 후 그 위에 종이를 펼친 다음 솜 뭉치로 종이에 그림과 글자가 나오도록 살살 두드린다. 종이를 떼어 내면 그림이 선명하게 나타난다. 이렇게 만들어진 인쇄지를 배절(配折), 표구, 포장 작업을 거쳐 모양에 맞게 자르면 책 한 권을 만드는 모든 공정이 끝나게 된다.

조판은 나무의 결이 비교적 곱고 경도(硬度)가 적당한 목재를 많이 사용하는데, 배나무, 가래나무, 대추나무, 회양목 등이 주로 사용된다. 먼저 이런 나무들을 대략 3센치미터 정도의 두께로 켜서 원하는 길이로 자른 다음, 방부제를 풀어 놓은 물에 수십 일 동안 담가 놓는다. 그 다음에 불에 살짝 굽는 등 탈수 작업을 한다. 마지막에는 바람이 통하고 그늘지며 서늘한 곳에 보관한다. 이렇게 만들어 놓은 목판은 표면이 평평하고 윤이 나고 깨끗하며, 크기와 길이도 매우 적당하다. 목판에 조각을 할 때 원자재를 아끼기 위해 목판의 양쪽 면에 다 글자를 새긴다.

▼ 조판 인쇄에 사용하는 공구들.

목판에 조각하는 과정 중 첫 번째로 하는 것은 판 위에 새길 글씨를 쓰는 것이다. 글씨를 쓰는 사람은 대부분 어느 정도 서에 실력을 갖춘 사람으로, 책을 만드는 사람의 요구에 따라 다양한 서체를 쓸 수 있었다. 판 위에 새길 글씨를 쓸 때에는 얇으면서도 결이 매끄럽고도 고운 질 좋은 종이를 사용해야 하며, 판 표면의 규격과 글씨가 찍히는 행간과 크기를 살펴서 써야 한다. 일단 글씨를 쓰고 나면 정성스럽게 교정 작업을 하게 되는데, 틀리거나 빠진 부분을 확인한 다음에야 판을 새기는 작업을 시작하였다.

▼ 문자 조판.

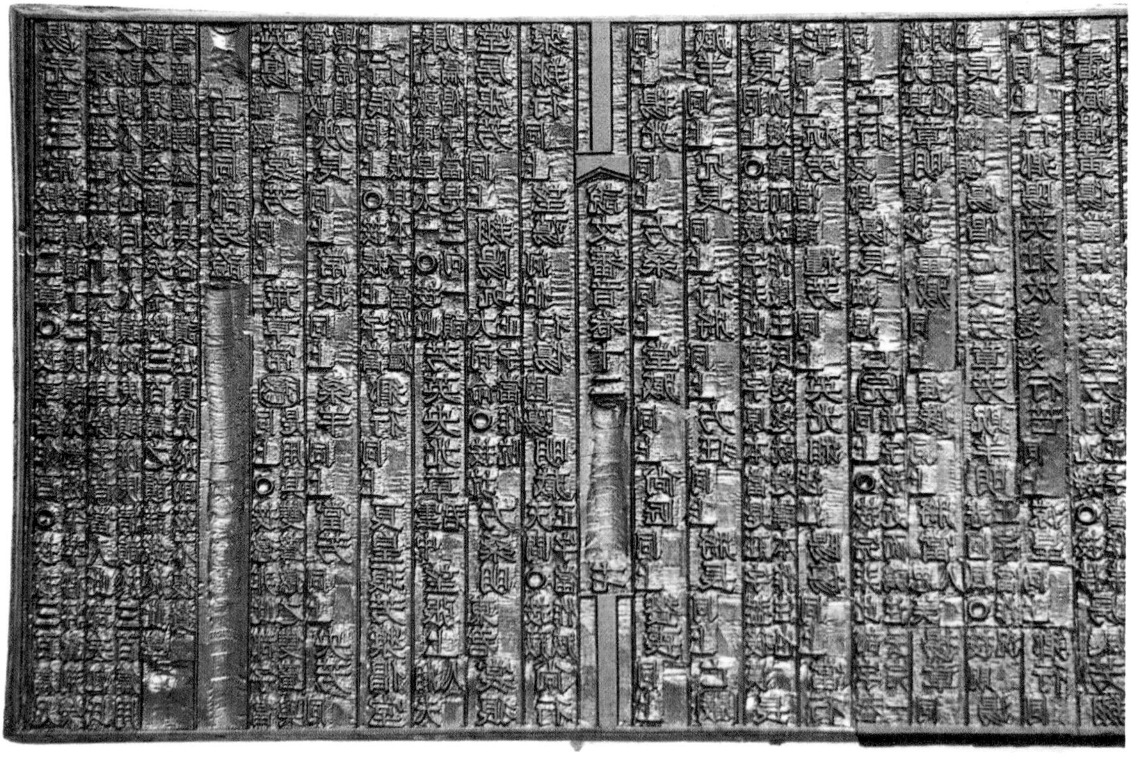

판을 새기기 전에 글자를 다 써놓은 종이를 준비된 목판에 뒤집어서 붙인다. 그 구체적인 방법은 다음과 같다. 우선 목판 표면에 고르게 풀칠을 하고, 글씨를 쓴 종이를 뒤집어서 목판에 붙인 다음, 목판과 종이가 잘 밀착되도록 여러 번 두드려준다. 이렇게 하면 방향이 뒤바뀌어 있는 글자가 분명하게 잘 나타나게 된다. 마지막으로 판을 새기는 장인이 글자대로 잘 파내면 인쇄판이 완성된다.

▲ 그림 조판.

조판의 규격은 책을 펼쳤을 때의 크기, 그리고 장첩의 형식과 관련이 있다. 권축장(卷軸裝) 인쇄판은 위아래 변광(邊框 : 테두리 선—역자)을 통일시키는 것만 주의하면 될 뿐, 가로의 길이는 임의대로 할 수 있다. 경절장(經折裝) 인쇄판은 위아래 변광 선을 통일시키는 것 이외에도 쪽과 쪽 사이에 어느 정도 여백을 주어 장정을 하면서 여러 겹으로 접을 수 있도록 한다. 책엽식(冊頁式) 장정은 모두 책 한 쪽이 판 하나로, 판의 크기는 반드시 책을 펼쳤을 때의 크기와 일치해야 한다.

88 책엽식 장정 | 오늘날의 책 장정과 같은 방식으로, 한 장 한 장 넘기면서 볼 수 있도록 제본한 형태.

조판 인쇄는 일반적으로 단색으로 인쇄하지만 여러 가지 색을 사용하기도 한다. 그리하여 두세 가지 색을 사용하거나 많게는 여섯 가지 색을 사용하기도 한다. 이렇게 여러 색으로 인쇄하려면 색깔 하나당 판 하나씩 새겨야 하고, 인쇄할 때에도 색의 순서에 따라 인쇄해야 한다. 여러 가지 색을 넣는 또 하나의 방법이 있는데, 그것은 인쇄판의 부분마다 다른 색을 입혀서 한 번에 여러 가지 색이 찍히도록 하는 것이다.

인쇄술의 기원에 관한 논쟁

현재까지도 인쇄술이 발명된 연대는 확실하지 않다. 이것에 대해 몇 백 년 동안 여러 사람들이 다양한 설을 제기해 왔다.

명대의 학자 호응린은 《소실산방필총(少室山房筆叢)》에서 다음과 같이 언급하였다. "조판은 수나라 때 시작되어 당나라 때 행해졌으며, 오대 시기에 널리 유포되었고, 송대에 이르러서는 매우 정밀해지고 섬세해졌다." 후대에 대부분의 사람들이 호응린의 의견을 따랐다. 명대의 또 다른 학자 육심(陸深)은 《하분연한록(河汾燕閑錄)》에서 다음과 같이 말하였다. "수 문제는 개황(開皇) 13년(593년) 12월 8일에 불상을 폐하고 경전을 남기도록 칙명을 내려, 평전을 조찬(雕撰)하도록 명하였다. 이것이 책을 인쇄한 시초이며, 풍영왕(馮瀛王)보다도 먼저 있었던 일이다." 여기에서는 조판 인쇄의 연대를 좀 더 정확하게 제시하고 있는데, 그 시기를 594년으로 보았다. 이 관점에 대해서 몇몇 사람들은, 여기에서 말한 '새기다[雕]'는 불상을 새기는 것이고, '편찬하다[撰]'는 불경을 베껴 쓰는 것이지 인쇄를 했다는 것이 아니라고 주장하였다. 하지만 '조찬(雕撰)'이란 불경과 불상을 조판 인쇄했다는 것이라고 주장하는 사람들도 있다. 중국 국가박물관의 유명한 학자 사숙청(史淑青)은 불상을 조각하는 것을 옛 사람들은 습관적으로 '造像(조상)'이라 하였고, '雕像(조상)'이라는 단어는 드물게 사용하였다고 주장하였다. 그렇기에 육심의 문장에서 말하는 '조찬(雕撰)'이란 분명 조판 인쇄를 말하는 것

※ 풍영왕(882~954) | 후당(後唐)의 정치가로, 본명은 풍도(馮道)이며 자는 가도(可道)이다. 재상에 오른 뒤 5왕조의 8성(姓) 11임금을 섬겼을 정도로 지조가 없는 사람으로 알려져 있다. 최초로 구경(九經)을 조판에 의해 인쇄하여 출판하였다. 그 공로를 인정받아 제후가 되어 풍영왕에 봉해졌다.

이라고 하였다. 풍붕생(馮鵬生)은 《목판수인개설(木版水印概說)》이란 책에서, 수나라 대업(大業) 3년(607년)에 '조판 인쇄한 채색 불상'을 소개하면서, 그것은 먼저 조판을 사용하여 글자와 그림의 선들을 인쇄하고, 다시 손으로 일일이 색을 칠한 것이라고 하였다. 만약 그의 관점이 옳다면, 이것은 지금까지 알려진 것들 중 최초의 조판 인쇄물이라 할 수 있다. 관련 자료에 따르면 이것은 돈황의 장경동에서 나온 것으로, 일본인에 의해 도굴되었다가 몇 년 전 미국의 경매시장에 매물로 나왔다고 한다. 장수민(張秀民)은 인쇄술의 발명 연대를 당나라 정관(貞觀) 10년(636년)으로 보았다. 그 해에 장손황후(長孫皇后)가 세상을 떠나자 그를 기리기 위해 태종(太宗) 이세민(李世民)이 장손황후가 지은 《여칙(女則)》을 조판하여 발행하도록 명령을 내려서 이 책이

⑱ 《여칙》 | 당 태종의 황후 장손씨(長孫氏)가 부녀자들을 위해 지은 책으로, 옛날 부인들의 행실을 모아 10편으로 편찬하였기에 십칙(十則)이라고 불린다.

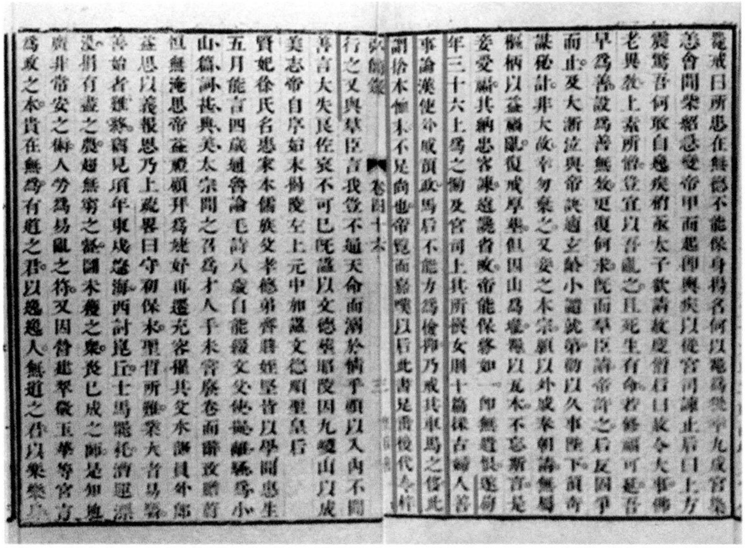

◀ 명대 소경방(邵經邦)의 《홍간록(弘簡錄)》.

널리 유포되었다. 이 일은 명나라 소경방(邵經邦)의 《홍간록(弘簡錄)》에 기록되어 있다. 현재 많은 사람들이 이 사료가 신빙성이 있다고 보고 있다. 그러나 황제인 이세민이 당시 갑작스레 이전에 없었던 조판 인쇄를 사용하도록 제의하는 것은 불가능하므로, 조판 인쇄의 사용은 분명 이보다 앞선 시기에 출현한 것으로 보는 것이 타당하다.

널리 인용되는 사료 중 하나는 당나라 풍지(馮贄)가 쓴 《운선산록(雲仙散錄)》에 나오는, "현장(玄奘)이 봉지(鋒紙)에 인쇄한 보현상(普賢像)을 가지고 돌아와 여러 중생들에게 보시하였는데, 해마다 다섯 수레를 싣고 와도 남는 것이 없었다"라는 내용이다. 현장은 정관(貞觀) 3년(629년)에 처음 인도로 건너갔다가 정관 19년(645년)에 장안으로 다시 돌아와 경전의 번역과 전파에 온 힘을 기울였다. 불상을 대량으로 새겨 이것들을 백성들에게 보시한 것은 그가 장안으로 돌아와서 했던 불가 활동이었다. 이처럼 현장과 관련된 사료는 당대에 이미 조판 인쇄술이 존재했다는 것을 증명해주지만, 정확한 시작 연대는 밝히지 못하였다.

1966년에 한국 경주의 석가탑에서 수진본(袖珍本) 권축장으로 조판 인쇄된 《무구정광대다라니경(無垢淨光大陀羅尼經)》이 발견되었다. 이것은 당시 발견된 것 중 세계적으로 가장 이른 인쇄물이었기에 전 세계 사람들이 놀라움을 감추지 못했다. 그 후 이 인쇄물을 인쇄한 지역에 대해 30여 년 동안 논쟁이 끊이지 않았다. 한국의 전문가들은 이 경전이 한국의 고대 시기에 인쇄된 것이며, 이를 통해 인쇄술이 한반도에서 시작되었다고 결론

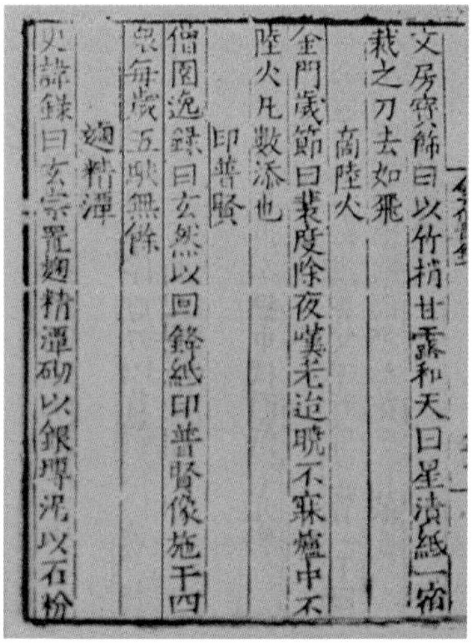
文房寶飾曰以竹精甘露和天曰星漬紙一宿
裁之刀去如飛
商陸火
金門歲節曰裴度除夜嘆老迨曉不寐爐中不
陸火凡數添也
印普賢
僧園逸錄曰玄奘以回鋒紙印普賢像施于四
衆每歲五馱無餘
麹精潭
史諱錄曰玄宗置麹精潭砌以銀甎泥以石粉

▲ 《운선산록(雲仙散錄)》의 일부분. 현장법사가 경전을 가지고 돌아와 대량으로 불상을 각인한 일을 기록하고 있다.

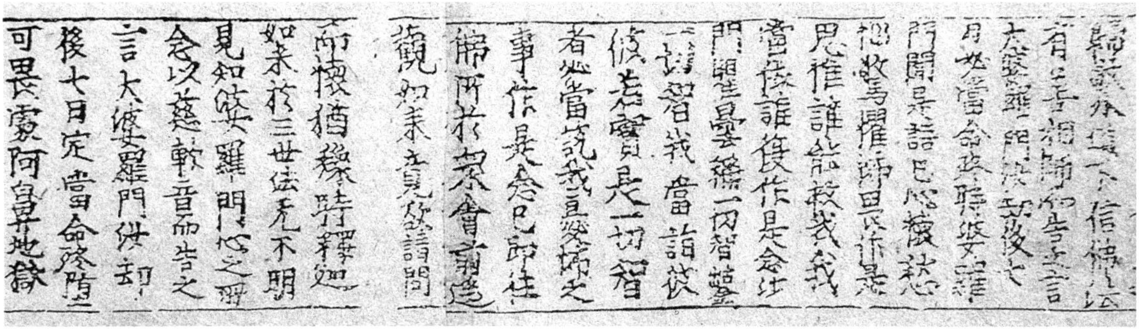

▲ 《무구정광대다라니경(無垢淨光大陀羅尼經)》.

을 내렸다. 그러나 일본과 미국의 학자들은 당시 한국의 사회·문화적 배경으로 보건대 인쇄술이 있을 수 없었기 때문에 이 경전이 중국의 당나라에서 인쇄된 것이라는 설이 더 설득력이 있다고 보았다. 이 인쇄물이 발견된 뒤에 중국 학자들은 연구를 진행하여 많은 논문들을 발표하였다. 학자들은 한결같이 이 경전이 중국 당나라의 인쇄물이며, 신라의 승려가 그것을 가지고 돌아간 것이라는 공통된 의견을 제시하였다. 이 설보다 더 적절한 것은, 이 장경은 측천무후(則天武后)가 집정했던 말기인 장안(長安) 연간(702~704년)에 낙양(洛陽)에서 인쇄한 것이라는 의견이다. 왜냐하면 이 경전의 인쇄본에 무주제자(武周制字 : 측천무후가 집정했을 당시 만들었던 글자)라는 글귀가 들어 있는데, 이는 측천무후 통치 당시에만 통용되었으며, 측천무후가 죽은 뒤에는 바로 사용을 중지하였기 때문이다.

1974년에 서안(西安) 근교에 있던 당대 초기의 무덤군에서 30센치미터 정도 크기의 《다라니경주(陀羅尼經咒)》 인쇄본이 출토되었다. 이것은 범어로 새겨져 있는데 상당히 심하게 훼손되어

▲ 무주제자(武周制字).

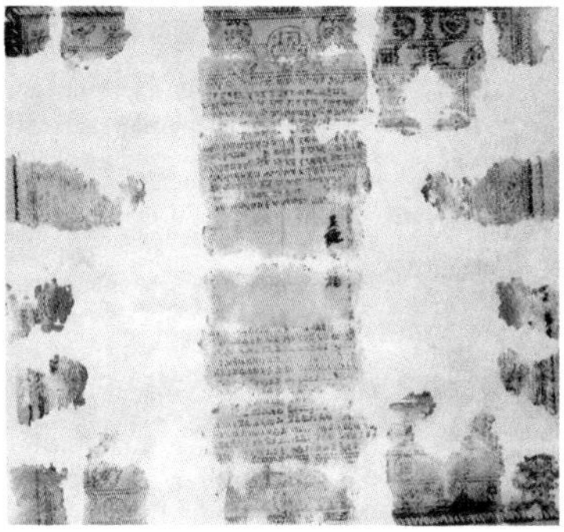

▲ 범어로 된 《다라니경주(陀羅尼經咒)》. 삼베에 경문을 인쇄하였고 높이는 27센치미터이다.

있었다. 섬서성 지역의 고고학 전문가가 고증한 결과, 이 경전은 당대 초기의 인쇄물로 밝혀졌다.

같은 해에 서안 근교의 또 다른 당대의 무덤에서도 비교적 상태가 양호한《다라니경》이 출토되었다. 이것은 한자로 각인되어 있는 것으로 보아, 대략 당대 중기에 만들어진 것으로 추정된다.

여러 사료들과 출토된 실물을 통해 인쇄술의 발명 연대가 수대부터 당대 초기라는 것과, 인쇄술의 발원지가 중국이라는 것을 알 수 있다.

동방의 지혜의 빛

인쇄술이 발명되자 세계적으로 큰 변화가 생겨났다.

"舊時王謝堂前燕, 飛入尋常百姓家(예전에 왕씨와 사씨 가문 집 앞에만 둥지를 틀던 제비, 이제는 자주 백성들의 집으로 찾아 날아 들어오네)."

이것은 당나라 시인 유우석(劉禹錫)의 싯구로, 과거에는 그저 소수의 귀족 사대부 계층만 읽을 수 있었던 책이 인쇄술의 발달로 이미 광범위하게 보급되었다는 것을 묘사한 것이다. 인쇄술의 발달은 책의 생산량을 크게 증가시켰을 뿐만 아니라 책을 만드는 생산단가 또한 크게 떨어뜨려 책이 일반 백성에게도 보급되게 되었다. 이런 상황은 당시 사회의 문화적 면모를 완전히 변모시켰다.

선진(先秦) 시기의 제자백가(諸子百家) 철학은 시, 사(詞), 산문 등 문학작품들을 수없이 많이 써냈다. 그것들은 5천 년 이상의 유구한 역사를 기록한 역사 서적과 의학, 과학 기술, 제자백가의 학설을 담고 있는 학술 저작인 동시에 유가, 도가, 불가의 경전 저작들로 각양각색의 저작물들이었다. 이러한 저작들은 모두 인쇄술의 발달로 대대손손 전해지게 되어 중국 고대 문화를 보여주는 증거들이 되었다. 그리하여 중국이, 고대 문화 전적들이 가장 많이 남아 있는 나라가 될 수 있었던 것이다.

88 사(詞) | 중국 운문문학의 한 형식으로, 민간의 가곡에서 발달하여 당 이후 오대(五代)를 거쳐 송(宋) 시기에 크게 성행했다. 시에 장단구가 섞여 있어 장단구라고도 하며, 시여(詩餘) · 의성(倚聲) · 전사(塡詞)라고도 한다.

인쇄술은 또 인류 역사상 가장 위대한 발명이라 할 수 있다. 인쇄술의 광범위한 응용은 세계적으로 전파되어 책을 생산하는 방식에도 거대한 변화를 일으키게 되었다. 그리하여 인류의 누적된 지식과 정보가 좀더 빠른 속도로 전파되어 사회 문명의 발전을 대대적으로 촉진시키게 되었다. 이 때문에 인쇄술은 '문명의 어머니' 라는 명예로운 칭호를 얻게 되었다.

프랜시스 베이컨은 다음과 같이 말하였다.

"우리는 반드시 여러 발명들의 위력과 효능, 그리고 그것을 통해 얻은 결과에 대해 주목해야 할 필요가 있다. 그 중에서도 가장 훌륭한 예는 인쇄술, 화약 그리고 나침반이다. 이 세 가지의 발명은 이미 전 세계 사물의 모습과 상태를 뒤바꾸어 놓았다. …… 이런 변화는 실로 대단히 커서, 어느 한 제국, 어느 한 종파, 그 어떤 유명한 사람이라도 이 세 가지 발명이 인류의 생활에 가져다 준 큰 힘과 영향에 비길 수 없을 것이다."

인쇄술은 인류의 공동 재산이기 때문에 전 세계 사람들이 인쇄술을 일컬어 '동방에서 비춰온 지혜의 빛' 이라고 하는 것이다.

‖ 역대 각인본(刻印本) 책 ‖

조각 인쇄기술로 찍어낸 책을 조판 인쇄본 혹은 각인본(刻印本)이라고 하는데, 줄여서 조본(雕本) 혹은 각본(刻本)이라고도 한다. 조판 인쇄는 고대 중국에서 서적을 생산하는 주된 방식으로, 사용된 기간이 가장 길다. 조판 인쇄 방식으로 찍어낸 책의 양 또한 가장 많고 인쇄물의 종류도 가장 다양하다. 중국의 방대한 고대 전적과 문헌은 바로 이러한 각인본 형식을 통해 지금까지 전해져 내려온 것이라고 해도 과언이 아니다.

당(唐)대의 각인본

당대는 조판 인쇄술에 있어 초기 단계에 해당된다. 그때 당시의 서적 생산 방식은 여전히 필사본이 대세였고, 조판 인쇄서의 비율은 비교적 낮았다. 게다가 연대가 오래되어 이 시기에 인쇄된 책들은 거의 전해지지 않고 있다. 다만 근 백 년 동안 계속해서 당대의 각인본들이 출토되면서 당시 각인본의 실제 모습을 어느 정도 재현할 수 있게 되었다. 또한 이러한 출토물들을 통해 인쇄술이 당대 중 · 후기에 이미 상당한 경지에 도달했음을 알 수 있다. 당대에는 인쇄된 책들의 수량도 눈에 띄게 증가하였을 뿐만 아니라 책을 인쇄하던 지역 또한 넓게 확대되었고, 불경 외에 자서(字書), 계몽서적, 역법서 등 다양한 내용의 책들이 인쇄되었다.

1900년에 돈황의 장경동에서 대량의 필사본 외에도 당대와 오대 시기의 인쇄물들 몇 가지가 발견되었다. 이 인쇄물들은 중국 내에는 극소수만 남아 있고, 대부분이 외국인들의 도굴로 인해 영국, 프랑스, 러시아, 일본 등 외국의 여러 박물관들에 나뉘어 보관되고 있다. 이제 이러한 인쇄물들 중 몇 가지를 중점적으로 소개하겠다.

권축장으로 된 《금강반야바라밀경(金剛般若波羅密經)》은 7개의 인쇄판을 사용하여 인쇄한 것으로, 앞부분에는 그림과 책의 이름이 있고, 뒷부분에는 "함통(咸通) 9년(868년) 4월 15일 왕개(王玠)가 양친을 위해 삼가 보시합니다"라고 각인한 연대와 시주의 이름이 들어 있다. 이 책은 매우 완정한 각인본 책이라고 할 수 있다. 그림의 조각도 매우 정밀하고 글자의 조각도 숙련

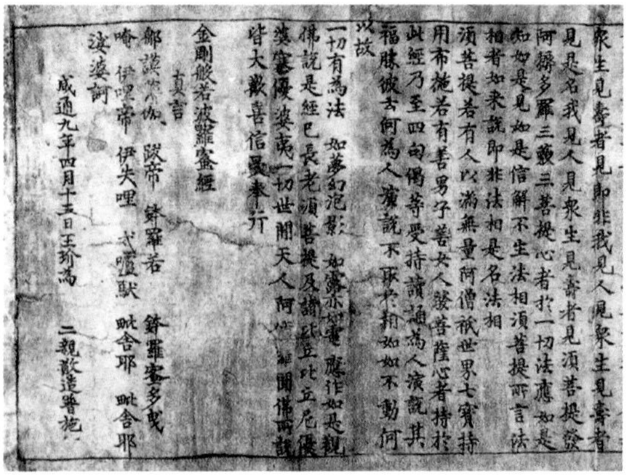
衆生見壽者見即非我見人見衆生見壽者
見是名我見人見衆生見壽者見須菩提發
阿耨多羅三藐三菩提心者於一切法應如是
知如是見如是信解不生法相須菩提所言法
相者如來說即非法相是名法相
須菩提若有人以滿無量阿僧祇世界七寶持
用布施若有善男子善女人發菩薩心者持於
此經乃至四句偈等受持讀誦為人演說其
福勝彼云何為人演說不取於相如如不動何
以故
一切有為法 如夢幻泡影 如露亦如電 應作如是觀
佛說是經已長老須菩提及諸比丘比丘尼優
婆塞優婆夷一切世間天人阿修羅聞佛所說
皆大歡喜信受奉行
金剛般若波羅蜜經
真言
那謨婆伽 跋帝 鉢羅若 鉢羅蜜多曳
唵 伊哩帝 伊失哩 式嚧馱 毗舍耶 毗舍耶
娑婆訶
咸通九年四月十五日王玠為 二親敬造普施

▶ 《금강반야바라밀경(金剛般若波羅密經)》의 뒷부분. "함통 9년 4월 15일에 왕개가 양친을 위해 삼가 보시합니다"라고 인쇄되어 있다. 이것은 만들어진 연대가 확실한 초기 인쇄물로, 매우 섬세하고 정밀하게 인쇄되어 있어, 당시의 뛰어났던 인쇄 수준을 보여주며, 당(唐)대 인쇄본 중 가장 유명하다. 경전은 돈황의 천불동(千佛洞)에서 발견되었으나 현재 영국 런던박물관에 소장되어 있다.

된 솜씨를 보여주고 있다. 또 선도 뚜렷하게 표현되었고 종이의 품질도 뛰어나며 먹물도 상당히 잘 인쇄되었다. 이를 통해 당시에 상당히 뛰어난 각인기술이 있었음을 알 수 있고, 조판 인쇄술도 성숙했었음을 짐작할 수 있다.

《절운(切韻)》은 수(隋)대에 육법언(陸法言) 등 여러 사람이 편찬한 것인데, 낱장으로 수십 장 정도만 남아 있어 장첩 형식은 짐작하기 어렵다. 아마도 인쇄한 뒤에 장첩하지 않았거나 선풍장(旋風裝)이었을 것으로 짐작된다. 이 책은 현재 발견된 것 중 최초의 운서(韻書) 인쇄본이며 인쇄 연대는 나타나 있지 않다. 아마도 당대 중 · 후기에 인쇄한 것으로 추정되는데, 그 이유는 당나라 때에는 시가가 매우 홍성하여 운서의 수요가 많았기 때문이다.

세 가지 역법서 중 하나는 당대 중화(中和) 2년(882년)에 만든 역법서로 잔편만 남아 있는데, 사천(四川)의 성도부(成都府) 번상가(樊賞家)에서 각인한 것이다. 다른 하나는 상도(上都) 동시(東市)의 대조가(大刁家)에서 책력(册曆)에 주석을 단 것이다. 연대는 나타나 있지 않지만 당나라 수도였던 장안(長安)의 동시에 있던 조가(刁家) 공방에서 인쇄한 방각본임을 알 수 있다. 마지막 하나는 당대 건부(乾符) 4년(877년)에 만든 역법서로, 비교적 온전한 상태로 보관되었으며 내용 또한 풍부하다. 인쇄판 표면에 그려진 그림도 많고 비교적 수준 높은 각인기술을 표현하고 있지만, 인쇄한 사람과 지역이 나타나 있지 않다. 하지만 사천의 성도에 있던 한 인쇄 공방

《절운》 | 수나라 인수(仁壽) 원년(601년)에 육법언이 펴낸 운서(韻書)로, 모두 5권으로 되어 있다.

육법언 | 수나라 때의 학자로, 음운학(音韻學)에 한 획을 그을 정도로 뛰어난 업적을 남겼다.

선풍장 | 옛날 동양의 서적 장정 방식의 하나인데, 한 장의 표지로 책의 앞뒤와 책등을 덮어 싸는 형태로 선풍엽(旋風葉)이라고도 한다. 범협장(梵夾裝), 경접장(經摺裝), 경절장(經折裝)이라고도 부르는 등 명칭이 다양한데, 그 이유는 이러한 장정 방식이 불교의 경전에 많이 사용되었기 때문이다.

▼ 《대당간류보결절운(大唐刊謬補缺切韻)》. 당대의 각인본으로 돈황의 장경동에서 출토되었으며, 현재 프랑스에서 소장하고 있다.

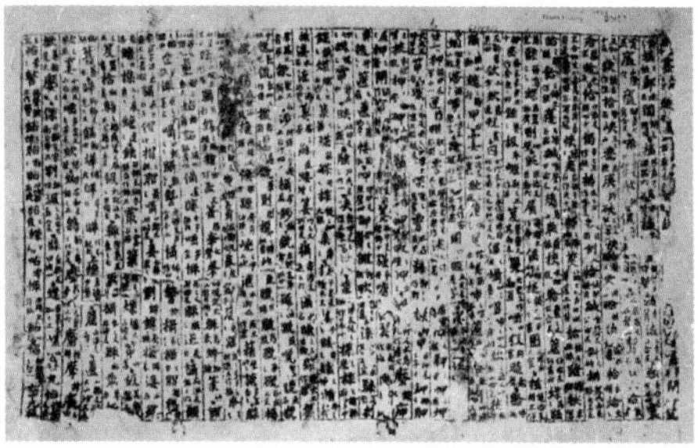

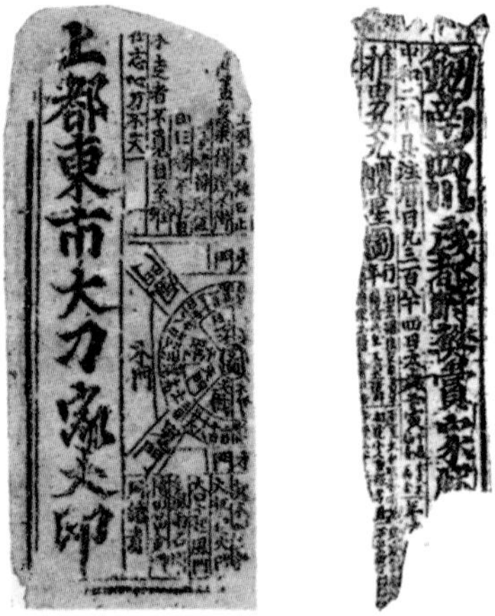

▲ 당대 중화(中和) 2년(882년) 사천(四川)의 성도부(成都府) 번상가(樊賞家)에서 인쇄한 역법서의 조각들과 상도(上都) 동시(東市)의 대조가(大刁家)에서 인쇄한 책력의 조각들. 대화(大和) 9년(835년)에 비록 황제가 이미 민간에서 사사로이 일력(日曆)을 인쇄하는 것을 금지하도록 명을 내렸지만 여전히 그치지 않고 있었다.

에서 각인한 것이 아닐까 추정된다.

고대에는 매년 역법서를 발행하여 보급하는 것은 황실에서 독점하였고, 민간에서는 사적으로 역법서를 인쇄할 수 없었다. 그렇다면 돈황의 장경동에서 발견된 몇몇 역법서들은 어째서 모두 민간의 공방에서 인쇄한 것일까? 그 이유는 당대 후기에 이르러서는 황제의 정권이 이미 미약해져서 정부 차원에서의 배포가 제때에 이루어지지 않았기 때문이다. 그런데 민간에서의 수요는 매우 커서 역법서를 인쇄하면 큰 이윤을 남길 수 있었다. 이 때문에 민간의 공방에서 대량으로 역법서를 인쇄하여 판매하기 시작했던 것이다.

대화(大和) 9년(835년)에 동천절도사(東川節度使)였던 풍숙(馮宿)은 이런 상황을 바꾸기 위해서 황제에게 다음과 같은 상소를 올렸다. "칙명에 따라 절대로 역서(曆書)를 인쇄하지 못하도록 금지하고 있으나, 검남(劍南)과 양천(兩川), 회남도(淮南道)에서는 모두 인쇄된 역서가 저잣거리에서 팔리고 있습니다. 그리하여 해마다 사천대(司天臺)에서 새로운 역서를 배포하지 않았는데도 인쇄된 역서들이 이미 천하에 넘쳐납니다. 이리하여 경건하게 하사받는 도를 어그러트리고 있사오니 삼가 그것을 금지하도록 명해주십시오." 풍숙의 상소에 따라 당 문종(文宗)은 바로, "명령을 내리노니, 각 도부(道府)에서는 사사로이 책력 인쇄판을 둘 수 없다"라고 칙명을 내렸다. 돈황의 장경동에서 출토된 두 가지 역법서는 모두 당 문종이 민간에 "사사로이 역서 인쇄판을 둘 수 없다"라고 명령을 내린 뒤에 인쇄한 것이다. 이를 통해 당시 정부의 금지 명령이 그다지 효과가 없었고, 민간에서 역법서를 인쇄하는 것 또한 여전히 그치지 않았음을 알 수 있다.

장경동에서 출토된 인쇄물들 외에도 20세기 초에 신강(新疆)의 투루판[吐魯番]에서 당대의 인쇄물들이 몇 가지 발견되었다. 하나는 측천무후가 집정했을 당시의 불경이고, 다른 하나는 당대 중기의 불경인 《묘법연화경(妙法蓮華經)》이다. 이 두 불경은 원래 신강 포정사(布政使)였던 왕수남(王樹枏)이 소장하고 있던 것인데, 후에 일본인 나카무라 후세스(中村不折)의 손에 들어가 현재 동경의 서예박물관에 소장되어 있다.

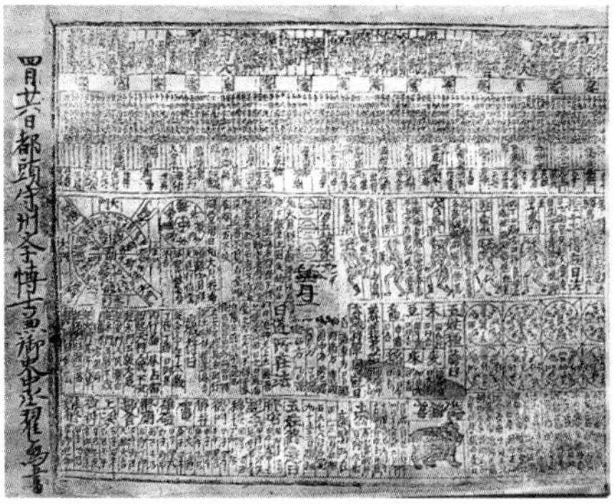

▲ 당대 건부(乾符) 4년(877년)의 역법서. 이것은 현존하는 것들 중 비교적 온전한 상태의 당대 역법서로, 판식(版式)이 복잡하고 그림도 매우 많이 들어 있다.

포정사 | 명 · 청대의 지방관직명으로 지방장관에 해당하며, 정식 명칭은 승선포정사(承宣布政使)이다.

오대십국(五代十國)의 각인본

907년부터 960년까지는 중국 역사상 오대십국에 해당된다. 이 시기는 각 왕조가 빈번하게 바뀌고 군웅들이 각 지역을 할거하고 있었기에 매우 혼란스러운 시기였다. 하지만 서적 인쇄업만큼은 계속 발전하여 책을 인쇄하는 일이 전국 각지로 널리 보급되었다. 그리하여 개봉(開封), 성도(成都), 항주(杭州), 강녕(江寧), 청주(青州), 복건(福建) 등 여러 지역에서 책을 인쇄하였다. 이 시기에 가장 두드러지는 것은 정부 차원에서 책을 인쇄하기 시작했다는 것과 개인적으로 책을 인쇄하는 것이 활발했다는 점이다.

최초의 국자감(國子監) 인쇄서

《오대사(五代史)》에 따르면 후당(後唐) 명종(明宗) 장흥(長興) 3년(932년)에 재상이었던 풍도(馮道; 86쪽 '풍영왕' 참조—역자) 등은 국자감에서 유가 경전을 편찬하는 사업을 시작하였다고 한다. 풍도의 상소문에 다음과 같은 내용이 있다.

"한나라 때 유가를 숭상하여 (희평)석경(56쪽 참조—역자)을 만들었으며, 당나라 때 또한 국자학에서 간각(刊刻)하였습니다. 오늘날 조정(朝廷)은 연일 눈코 뜰 새 없이 바빠 따로 간각하는 곳을 세울 수가 없었습니다. 오나라 땅과 촉나라 사람들이 인쇄판과 인쇄한 책들을 팔러 오는 것을 자주 볼 수 있는데, 그 책들은 종류가 다양하여 경전이라 할 수 없습니다. 만약 경전 교감 작업을 다 마친 후 조판하거나 모각하여 유포한다면 경전 교육에 대단히 도움이 될 것입니다."

이것으로 미루어 볼 때 그 당시 사천(四川)과 강소(江蘇) 일대의 시장에 이미 많은 인쇄서들이 유통되고 있었지만 아직까지 유가 경전은 없었다는 것을 알 수 있다. 국가적으로 유가사상을 제창하게 되면 봉건 통치를 공고하게 하는 데 도움이 되기 때문에, 후당(後唐)의 명종은 그의 의견을 채택하였다. 그리하여 국자감에서 박사들과 유가 학자들을 모아 서경석경본(西京石經本)을 만들게 되었는데, 경전의 각 구절을 옮겨 쓰고 주석을 달아 내용을 자세하게 볼 수 있도록 하였다.

황제의 승인을 얻은 뒤 풍도의 주도하에 국자감에서는 학자들을 불러들이고 각인(刻印)할 장인들도 고용하여 경전의 인쇄

▼ 문수보살상(文殊菩薩像). 오대 시기의 각인본. 국가도서관 소장.

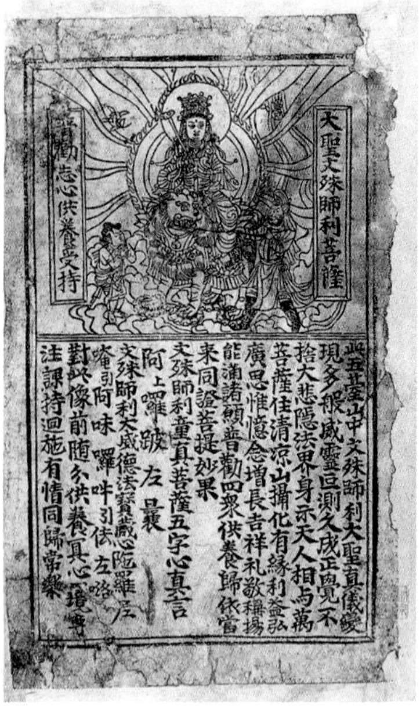

편찬 작업을 빠르게 시작하였다. 이 작업은 후당(後唐) 장흥(長興) 3년(932년) 2월부터 시작하여 후진(後晉), 후한(後漢)을 거쳐 후주(後周) 광순(廣順) 3년(953년) 정월에 비로소 마무리되었다. 22년 동안 《주례(周禮)》, 《의례(儀禮)》, 《예기(禮記)》, 《춘추좌씨전(春秋左氏傳)》, 《춘추공양전(春秋公羊傳)》, 《춘추곡량전(春秋谷梁傳)》, 《시경(詩經)》, 《서경(書經)》, 《역경(易經)》 등 아홉 가지 유가 경전들을 각인하였다. 이것이 바로 중국 서적의 역사에서 유명한 '오대국자감본(五代國子監本) 《구경(九經)》'이다. 교감 작업을 책임졌던 전민(田敏)은 또 후주(後周) 현덕(顯德) 2년(955년)에 《경전석문(經典釋文)》의 인쇄 편찬 작업을 완성했다.

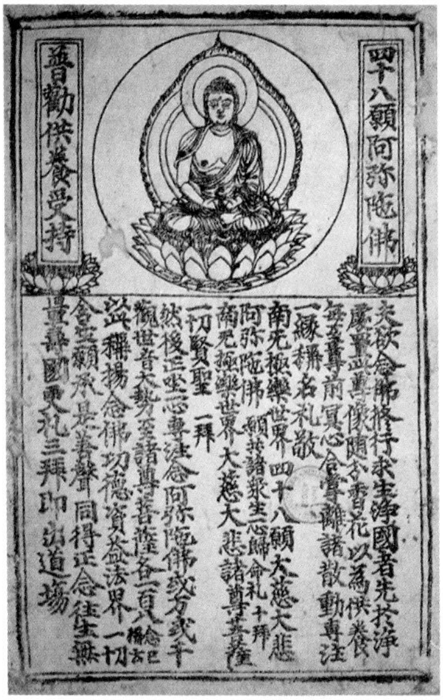

▲ 아미타불상(阿彌陀佛像). 오대 시기의 각인본으로, 돈황의 장경동에서 출토되었다.

풍도는 역사적으로 많은 폄하와 질책을 받아왔다. 왜냐하면 그는 후당과 후진의 재상을 지내다가, 거란에게 후진이 멸망하자 거란에 빌붙어 태부(太傅)를 지냈기 때문이다. 그는 후한과 후주에서도 태사(太史)와 중서령(中書令)을 지냈다. 이렇게 위아래로 다섯 왕조를 섬겼으니 그야말로 절개가 없는 사람이었다. 하지만 인쇄사와 서적사에 있어서 그의 공적은 결코 무시할 수 없다. 객관적으로 말해서 그가 다섯 왕조를 섬기면서도 계속해서 책의 인쇄 작업을 진행하였기에 아홉 가지 유가 경전을 완성할 수 있었으며, 그로 인해 정부 차원의 국자감서(國子監書) 인쇄라는 역사가 시작된 것이다. 풍도가 서적들을 인쇄한 것은 서적사와 인쇄사에서 상당히 중요한 위치를 차지한다고 할 수 있다.

오대 국자감본 《구경》은 현재 전해지지 않고 있지만, 역사 기록에 따르면 북송 시기 국자감에서 만든 장경 인쇄판 중에는 오대 국자감본 인쇄판을 가지고 인쇄한 부분이 있다고 한다. 일본의 인쇄사 관련 저작 중에도 일찍이 《이아(爾雅)》에 대해 언급한 책이 있는데, 책의 뒷부분에 오대 국자감에서 인쇄판을 만들었던 이악(李鶚)의 이름이 들어 있는 것으로 보아 오대 국자감에서 만든 인쇄판을 가지고 찍은 것으로 볼 수 있다.

❀ 《이아》 | 기원전 2세기 무렵에 주공(周公)이 지었다고 전해지며, 중국에서 가장 오래된 3권으로 된 자서(字書)이다. 《시경》과 《서경》에 있는 글자들 중에서 골라내어, 고어를 용법과 항목에 따라 19편으로 나누고, 그 뜻을 전국 시대와 진한(秦漢) 시기의 말로 풀이했다고 전해진다.

오월국(吳越國)에서 대량으로 각인한 불경들

절강(浙江), 소남(蘇南), 민북(閩北) 지역은 옛날 오나라와 월나라 지역으로 물고기와 쌀 등의 물산이 풍부한 곳이다. 또한 조정 역시 이 지역에 대해 '백성들에게 좀 더 관대한 정책'을 실시하여 황무지 개척과 농경생활을 장려하였다.

오월국의 왕이었던 전(錢)씨 가문은 여러 대에 걸쳐 불교를 신봉하여 불교의 사원과 불탑을 대대적으로 세웠다. 서호(西湖)의 뇌봉탑(雷峰塔), 전당강(錢塘江) 유역의 육화탑(六和塔)이 모두 이때 만들어진 것들이다. 전씨가 실행한 또 하나의 불교활동은 바로 불경을 대량으로 각인한 것이다.

1917년, 호주(湖州) 천영사(天寧寺)에 있는 코끼리석상의 코에서 《일체여래심비밀전신사리보협다라니경(一切如來心秘密全身舍利寶篋陀羅尼經)》 각인본 세 권이 발견되었다. 이 책의 앞머리에 부채꼴 모양의 그림이 있으며, 앞부분에는 "천하도원수 오월국왕 전홍숙(錢弘俶)은 《보협인경(寶篋引經)》 8만 4천 권을 인쇄하여 보탑 안에 공양한다. 현덕(顯德) 3년 병진년(丙辰年, 956년)에 기록하다"라는 글귀가 각인되어 있다. 경문은 모두 338행으로

▼ 지장보살상(地藏菩薩像). 위에는 그림, 아래에는 글을 넣는 형식이며, 오대 시기의 각인본이다. 돈황의 장경동에서 출토되었다.

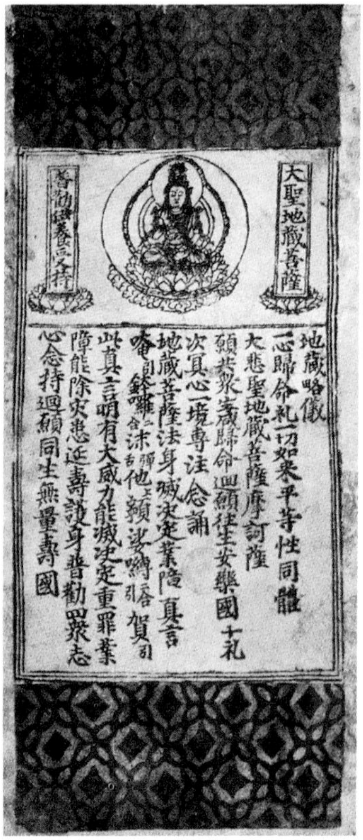

되어 있고, 각 행은 89자로 되어 있으며, 형식은 펼쳐서 보는 소형 권축장에 속한다. 경서의 글자체로 볼 때 서로 다른 두 가지 인쇄판을 가지고 인쇄했다는 것을 알 수 있는데, 이는 아마 인쇄하고자 하는 양이 워낙 많아서 대량의 인쇄판을 가지고 인쇄해야 했기 때문이었을 것이다.

같은 해 안휘성(安徽省) 무위현(無爲縣)에 있는 송대 사리탑의 목관에서 같은 불경 한 권이 발견되었다. 이곳은 당시 오월국 지역에 속하는 곳이 아니었음에도 불구하고 전씨 가문의 불경이 발견된 것으로 보아, 당시 오월 지역에서 인쇄한 불경의 유포 범위가 상당히 넓었다는 것을 알 수 있다.

1924년에 항주 서호(西湖)의 뇌봉탑이 기울어졌을 때, 탑을 이루고 있던 벽돌의 구멍 속에서 금색 비단으로 윗부분을 감싼 《보협인경(寶篋印經)》이 발견되었다. 경전의 부채꼴 그림 앞부분에 마찬가지로 "천하병마대원수 오월국왕 전숙(錢俶)이 이 경전 8만 4천 권을 만들어 서관(西關) 전탑(磚塔)에 넣어 오래도록 공양하고자 한다. 을해년(乙亥年) 8월에 적다"라고 새겨져 있었다.

을해년(乙亥年)은 송대 개보(開寶) 8년으로, 이 시기에 송나라

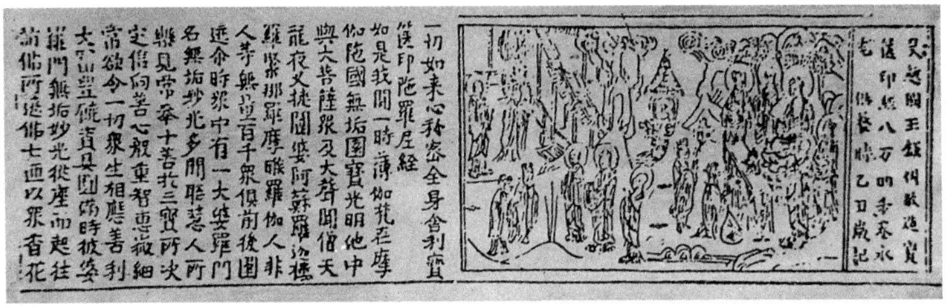

◀ 《보협인경》. 오대 시기 오월국의 각인본으로 1917년 소흥(紹興)에서 출토되었다.

의 통치는 아직 여기까지 미치지 않았었다. 이 경전은 폭이 7센치미터, 길이 2미터로 죽지(竹紙)와 면지(綿紙) 두 가지 종이를 사용하여 인쇄하였다. 뇌봉탑의 벽돌 안에서 경전 인쇄본이 발견되었다는 소식은 빠르게 전파되어 많은 외국인들도 항주에 와서 그것을 비싼 값에 구매하려고 하였다. 그리하여 가격이 솟구치자 수많은 내국인들이 몰려와서 보물을 찾으려고 벽돌들을 마구 부수고 허물어 버렸다. 원래는 탑의 일부분만 허물어졌던 것이 이로 인해 전부 훼손되어 탑의 벽돌이 거의 모두 무너져 버렸다. 발견된 경전 인쇄본의 구체적인 숫자는 집계가 불가능한데, 이는 인쇄본의 절대 다수가 외국인들의 손에 들어가 버리고, 몇 안 되는 장경만을 중국의 박물관들과 개인들이 소유하고 있기 때문이다. 이 장경의 가치는 현재 중국 돈 수십만 원에 달한다(중국 원화의 환율은 한국 원화의 약 140배 정도이다—역자). 하지만 이 경전만큼 귀한 문물이었던 뇌봉탑은 모두 파괴되어 더 이상 존재하지 않게 되었다.

오월 지역에는 통치자가 불경을 대대적으로 인쇄한 것 외에도, 당시 항주의 유명한 승려였던 연수화상(延壽和尙)도 불경 인쇄 작업을 하였다. 932년부터 972년까지 그는 《미타경(彌陀經)》, 《능엄경(楞嚴經)》, 《법화경(法華經)》, 《관음경(觀音經)》, 《불정주(佛頂呪)》, 《대비주(大悲呪)》 등의 불경들을 각인하였다.

과사주(瓜沙州)의 인쇄물

과사주는 지금의 돈황 일대로, 현재까지도 웅장한 불교 동굴들이 많이 남아 있다. 이는 이 지역에 일찍부터 불교 문화가 꽃피었음을 알 수 있게 해준다. 돈황 장경동에서 오대 시기 과사주에서 인쇄한 인쇄물들이 발견되었는데, 대부분 한 폭짜리 불상 그림이며, 윗쪽에는 그림이 있고 아랫쪽에는 글이 있는[上圖下文] 형식이었다. 그 중 진정한 책이라 할 만한 것은 그 지역에 주둔하고 있던 군대의 수령 조원충(曹元忠)이 사람들을 모아 각인한 경절본(經折本) 《금강경(金剛經)》이다. 이 책의 뒷부분에는 책의 각판자였던 뇌연미(雷延美)의 이름이 새겨져 있다. 그는 지금까지 알려진 각판 장인 중 가장 이른 시기의 사람이다. 같은 시대에 출토된 것 중에 권장본(卷裝本) 《이십사효압좌문(二十四孝押座文)》이 있다. 이것은 각인된 시기가 오대라는 설과 당대라는 설이 있는데, 오대 시기에 과사주에서 각인한 것이라고 보는 것이 더 타당하다.

▼ 오대 시기에 돈황에서 각인한 《금강경(金剛經)》. 윗부분에 각판 장인인 뇌연미(雷延美)의 이름이 있다. 경절장(經折裝)이다.

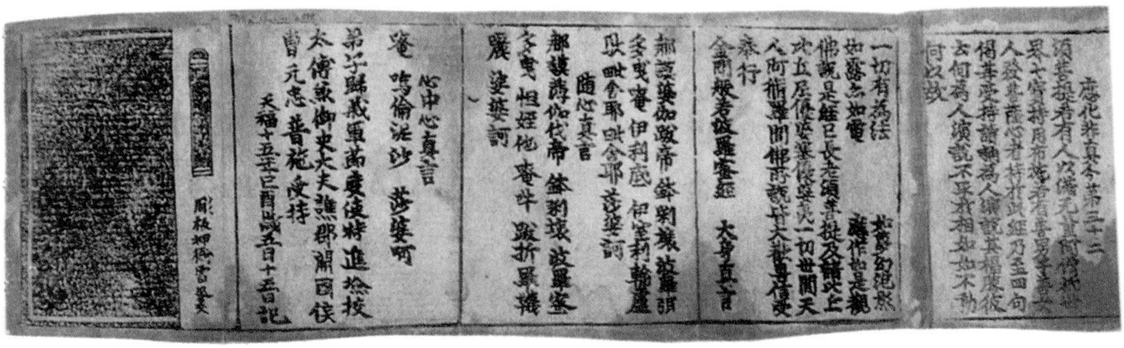

사적(私的)으로 책을 인쇄한 최초의 인물, 무소예

가장 먼저 사적으로 사람을 고용해서 책을 인쇄한 사람은 오대 시기 촉(蜀)나라의 재상 무소예(毋昭裔)이다. 역사서의 기록에 의하면 무소예는 포진[浦津 : 지금의 산서성(山西省) 영제현(永濟縣)] 사람으로, 어렸을 때 집이 가난하여 다른 사람에게《문선(文選)》, 《초학기(初學記)》 등의 책을 빌리려다 거절당하자 다음과 같은 결심을 하였다고 한다. '훗날 내가 뜻을 이루면 책을 판에 새기고 인쇄하여 천하의 모든 독서인들이 편리하게 하겠다.' 오대 시기 후촉(後蜀) 명덕(明德) 3년(935년)에 무소예는 재상이 되자 자신의 문하에 있던 구중정(勾中正)과 손봉길(孫逢吉)을 시켜《문선》,《초학기》,《백씨육첩(白氏六帖)》 등을 필사하게 하고, 장인들을 고용하여 자신의 집안에서 그것을 각인하였다. 일설에 따르면 그는《구경(九經)》과《촉석경(蜀石經)》도 각인하였다고 하니 문화 사업에 열정을 다한 사람이었다고 할 수 있다. 송대에 이르러 그의 아들 무소수(毋素守)가, 아버지가 소장하고 있던 인쇄판들을 국자감에 기증하여 국가적으로 표창을 받았다.

▼《춘추번로(春秋繁露)》. 한대에 동중서(董仲舒)가 편찬한 것을 송대 가정(嘉定) 4년(1211년)에 강서(江西) 계대(計臺)에서 각인한 각인본. '천록계감(天祿繼鑑)', '천록임랑(天祿琳琅)' 등 소장인의 낙인이 있다.

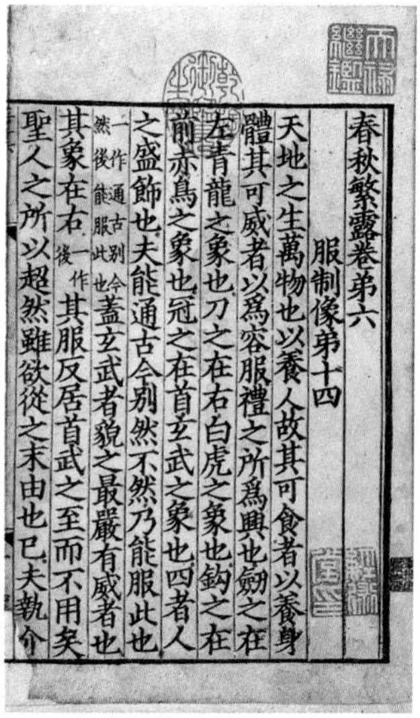
春秋繁露卷第六
服制像第十四
天地之生萬物也以養人故其可食者以養身體其可威者以爲容服禮之所爲興也劒之在左青龍之象也刀之在右白虎之象也鉤之在前赤鳥之象也冠之在首玄武之象也四者人之盛飾也夫能通古今別然不然乃能服此也一作通古別今然後能服此也蓋玄武者貌之最嚴有威者也其象在右一作後其服反居首武之至而不用矣聖人之所以超然雖欲從之末由也已夫執介

송(宋)대의 각인본

송대는 인쇄술이 최고의 정점에 달한 시기로, 조판기술 또한 가장 섬세하고 뛰어났다. 그리하여 인쇄 출판업이 전국 각지에 보급되었고, 인쇄한 책의 수와 종류도 크게 증가하여 인쇄 출판

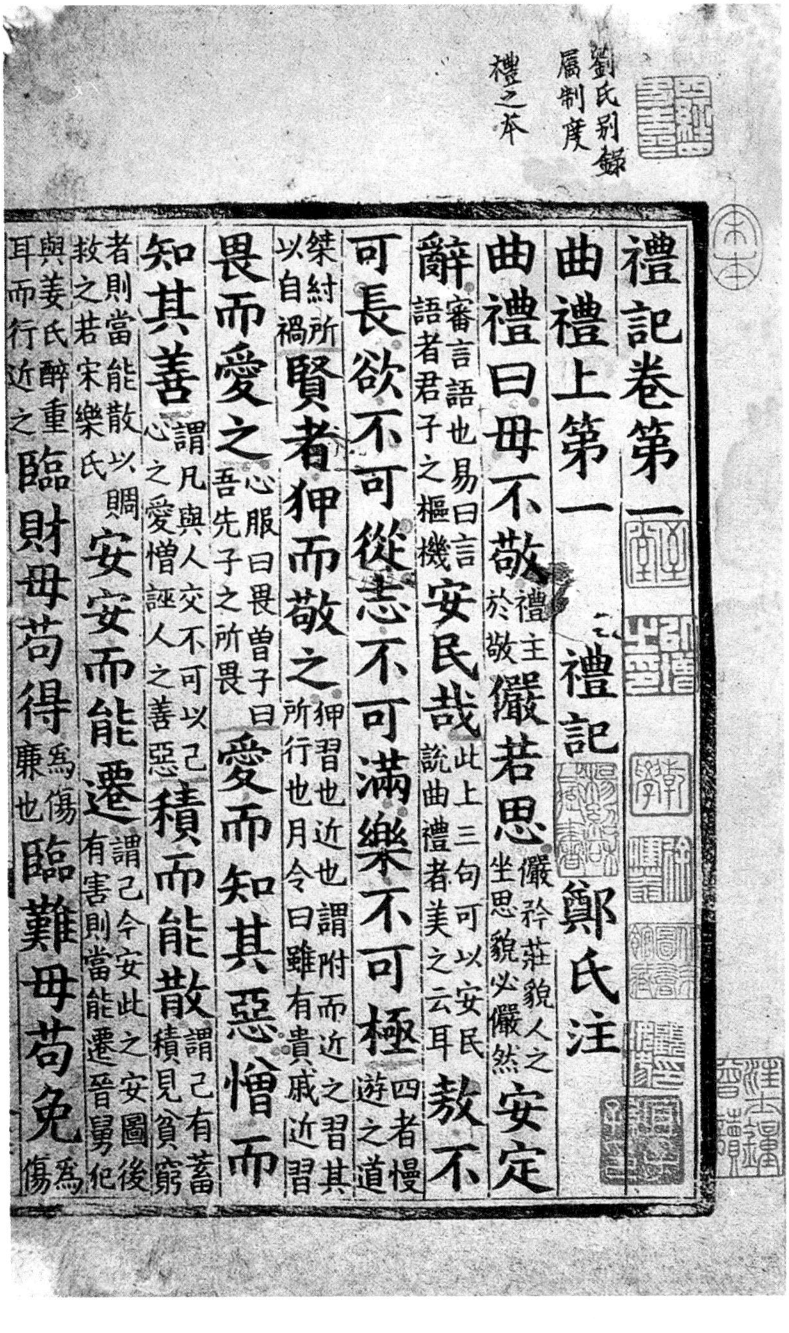

劉氏別錄
屬制度
禮之本

禮記卷第一
曲禮上第一　禮記　鄭氏注
曲禮曰毋不敬（禮主於敬）儼若思（儼矜莊貌人之坐思貌必儼然）安定辭（審言語也易曰言語者君子之樞機）安民哉（此上三句可以安民說曲禮者美之云耳）敖不可長欲不可從志不可滿樂不可極（四者慢游之道桀紂所以自禍）賢者狎而敬之（狎習也近也謂附而近之習其所行也月令曰雖有貴戚近習）畏而愛之（心服曰畏曾子曰吾先子之所畏）愛而知其惡憎而知其善（謂凡與人交不可以己心之愛憎誣人之善惡）積而能散（謂己有蓄積見貧窮者則當能散以賙救之若宋樂氏）安安而能遷（謂己今安此之安圖後有害則當能遷晉舅犯與姜氏醉重耳而行近之）臨財毋苟得（為傷廉也）臨難毋苟免（為傷

◀ 《예기(禮記)》. 한대 정현(鄭玄)이 주를 달았다. 송대 순희(淳熙) 4년(1177년)에 만든 무주공사고각본(撫州公使庫刻本)이다. '건학(乾學)', '고광기(顧廣圻)', '왕사종(汪士鍾)' 등의 장인(藏印)이 찍혀 있다. 이 책은 글자체가 단아하면서도 장중하며, 인쇄판도 매우 섬세하고 정밀하여 송대 관각본을 대표하는 책이 되었다. 현재 중국 국가도서관에서 소장하고 있다.

사상 가장 찬란했던 시기이다.

송대에는 중앙 정부에서부터 지방 관청에 이르기까지 모두 책 인쇄 작업에 참가하였는데, 책들을 인쇄한 기관에 근거하여 다르게 불렀다. 국자감본(國子監本), 안무사본(按撫使本), 차염사본(茶鹽司本), 조사본(漕司本), 전운사사본(轉運使司本), 공사고본(公使庫本) 및 각 주(州)와 현(縣)에서 찍은 각인본들이 있는데, 관청에서 세운 학교에서 찍은 책의 양이 가장 많았다. 정부의 적극적인 지원하에 민간에서도 책 인쇄 작업이 매우 활발하게 진행되어 방각본(坊刻本), 가각본(家刻本) 및 각 사원에서 인쇄한 책들도 나오게 되었다.

송대 각인본은 각인이 매우 정밀하고 교감도 정확하게 이루어져 역대 장서가들이 애호하였다. 연대가 오래되고 또 천재지변과 인재를 수차례 거치면서 송대 각인본 중 지금까지 남아 있는 것들이 매우 적어 현재는 그 가치는 더욱 높다.

관각본(官刻本)

송나라 정부는 문치(文治)를 국가 이념으로 삼았기 때문에 문인도 많이 배출되었고 저작도 많이 출현하였다. 국가의 여러 부서와 지방 관청은 모두 적극적으로 서적 인쇄 활동에 참여했는데, 이들이 발행한 서적을 관각본이라 하였다. 각 지방 관청은 경제적으로 어느 정도 여유가 있었기 때문에 물심 양면으로 투자를 아끼지 않았으며, 뛰어난 장인들을 고용할 수 있었기 때문에 민간에서 인쇄한 책들보다 품질이 훨씬 뛰어났다. 그래서 질적으로나 양적으로 관각본은 당시 각인의 최고 수준을 나타내며, 이 때문에 역대 장서가들이 송대 판본을 앞다투어 구하고자 하였다.

송대에 중앙 정부에서 가장 크게 출판 인쇄 활동을 한 곳은 국자감(國子監)이다. 《송사(宋史)》의 기록에 따르면 북송 경덕(景德) 3년(1005년)에 국자감에서 보관하고 있던 경전, 역사서, 제자백가서들을 새긴 인쇄판이 이미 10만 장을 넘었다고 한다. 그래서 소식(蘇軾)도 국자감에서 책을 인쇄하면서, "제자백가의 책들은 매일 만 장이 인쇄되어 나간다"라고 하였다. 북송의 국자감에서 인쇄한 판본 중 가장 유명한 것은 《십삼경(十三經)》과 《십칠사(十七史)》이다. 오대 시기 국자감에서 《구경(九經)》과 《경전석문(經典釋文)》을 인쇄한 이후, 북송의 국자감에서는 거기에 '주소(注疏)'와 '정의(正義)'를 덧붙이고 《맹자(孟子)》를 더하여 유가(儒家)의 《십삼경》을 완성하였다. 또 다른 인쇄사업이었던 《십칠사》는 사마천(司馬遷)의 《사기》 이래로 편수된 역대 정사(正史)들과 송대에 편찬하였던 《오대사(五代史)》를 추가하여 매우 체계적으로 인쇄한 역사서이다. 이는 역사상 처음으로 정부 조직 차원에서 역대 정사를 각인한 것이다. 이렇게 북송 국자감에서 인쇄한 책들은 금나라 군대가 개봉(開封)을 침입하였을 때 약탈당하고 훼손되어 오늘날에는 거의 찾아볼 수 없게 되었다.

남송 이후에 임안(臨安)에 새로 국자감을 세웠는데, 이곳에서 인쇄한 책들도 매우 많다.

송대에 각 관청들에서는 그림과 책을 인쇄하는 풍조가 생겨

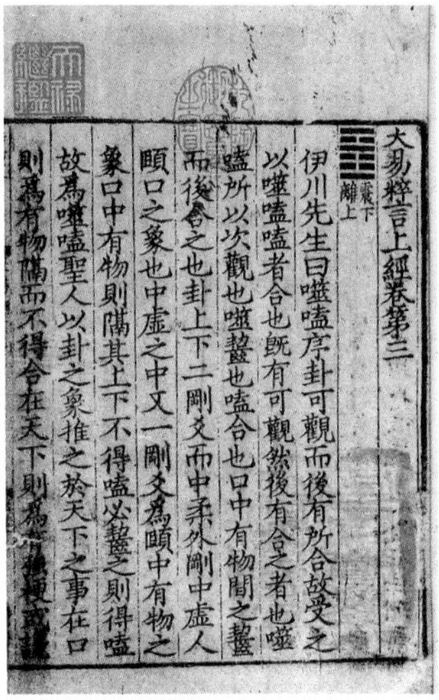

▲ 《대역수언(大易粹言)》. 송대 순희(淳熙) 3년(1178년)의 서주공사고각본(舒州公使庫刻本)이다.

※ 주소(注疏)와 정의(正義) | 경문(經文)의 자구(字句)를 전문적으로 해석한 저작(著作)을 '주(注 또는 註)'라 하며, '주'를 기초로 하면서 더욱 의미를 잘 알 수 있게 한 것을 '소'라 한다. 즉 주를 다시 풀어 쓴 것을 소라 한다. '정의(正義)'는 표준적인 해석을 의미한다.

※ 개봉(카이펑) | 중국 하남성(河南省) 북쪽, 황하(黃河) 강 남쪽 기슭에 있는 도시로, 전국시대 위나라와 송나라의 도읍지였다.

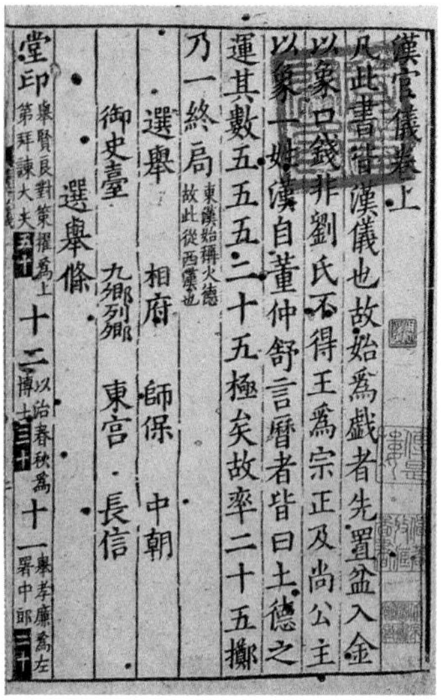

▲《한관의(漢官儀)》. 송나라 유반(劉攽)이 편찬하였다. 송(宋) 소흥(紹興) 9년(1139년) 임안부(臨安府) 각본이다.

났다. 어떤 관직에 오르면 적어도 어느 정도의 책을 인쇄하여 자신의 정치적 업적을 표현하고자 하였다. 이렇게 발행한 책들은 당연히 모두 나라의 공금을 사용하여 인쇄한 것들이었다. 인쇄한 책들 중 일부분은 상급 관청이나 동료들에게 보내거나 지방의 현인들에게 보내기도 하였고, 남은 것은 판매하여 공금에 보탬이 되도록 하였다. 이런 분위기에서 각급 정부 관청들이 인쇄한 책들은 수량과 종류가 매우 많고 다양하였다. 가장 홍성했던 곳은 절강(浙江), 복건(福建), 강서(江西) 등지이다. 유명한 관각본 중에는 강서조대(江西漕臺)에서 각인한《여씨가숙독시기(呂氏家塾讀詩記)》, 형호북로안무사사(荊湖北路安撫使司)가 각인한《건강실록(建康實錄)》, 임안부(臨安府)에서 각인한《한관의(漢官儀)》와《군경음변(群經音辨)》, 그리고 관각본《삼국지》와《신서(新序)》가 있다. 이것들은 모두 높은 가치를 지니고 있다.

송대 관각본 중에는 공사고본(公使庫本)이라는 특이한 판본이 있다. 공사고란 정부에서 각지에 이동하는 관원들을 접대하기 위해 세운 건물이다. 충분한 경비가 있었기 때문에 공사고에서도 서적 인쇄 활동에 참여하였는데, 그 과정에서 인쇄한 그림과 책을 일러 공사고본이라 한다. 양절(兩浙) 동로(東路)의 공사고에는 인쇄를 할 수 있는 공방을 세워 오랜 기간 동안 책을 인쇄하였기에, 이곳에서 인쇄한 책들이 유독 많다. 가장 유명한 인쇄본은 송대 소흥(紹興) 2년(1132년)에 인쇄한《자치통감》이다. 이것은 송나라 신종(神宗) 때 사마광(司馬光)의 주도하에 편찬하였던 대형 편년체 역사서이다. 이 책은 역사적으로, 위로는 전국

(戰國) 시기부터 아래로는 오대에 이르기까지 총 1362년 간의 역사를 기록하고 있다. 신종이 직접 서(序)를 쓰고 서명(書名)을 하사하였다. 치평(治平) 2년(1065년)에 시작하여 원풍(元豊) 7년(1084년)에 완성하였으며, 총 294권에 달한다. 공사고본은 유명한 학자들이 교감작업에 참여하기도 했고, 인쇄하는 데 사용한 종이와 먹물 모두 상등의 것들이었기 때문에 관각본 중에서도 상품으로 친다.

송대의 관각본 중에는 학교의 각인본도 꽤 중요한 위치를 차지하고 있다. 송대에는 교육을 매우 중시하여 각급 지방 정부에서는 모두 서원(書院), 군학(郡學), 부학(府學), 현학(縣學)과 같은 학교를 세웠다. 남송 시기에 이르러서는 태학에 들어가려고 시험을 준비하는 사람들이, 많을 때는 3만 7천 명에 달했다. 학생 수가 증가하고 책에 대한 수요도 늘어나 학교에서 책을 인쇄하는 일이 매우 홍성하였다. 책을 가장 많이 인쇄하였던 곳은 경제나 문화가 비교적 발달했던 지역들이었는데, 강소(江蘇), 절강(浙江), 복건(福建), 강서(江西) 지역의 각급 학교에서 발행한 유명한 각인본들은 지금까지도 전해진다. 예를 들자면 천주주학(泉州州學) 각본인《정상서우공론(程尚書禹貢論)》, 무주학(婺州學) 각본인《고삼분서(古三墳書)》, 고우군학(高郵軍學) 각본인《회해집(淮海集)》, 고숙군재(姑孰郡齋) 각본인《양한박문(兩漢博聞)》, 화정현학(華亭縣學) 각본인《육사용문집(陸士龍文集)》, 우강군재(盱江郡齋) 각본인《역대기년(歷代紀年)》등이 있다. 인쇄소가 있던 비교적 발달한 지역의 각인 실력은 매우 높은 수준에 달했었다.

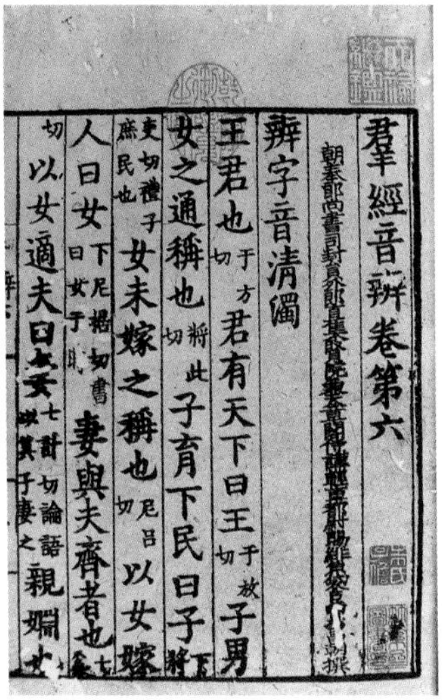
▲《군경음변(群經音辨)》, 송나라 가창조(賈昌朝)가 편찬하였다. 송대 소흥(紹興) 9년(1139년) 임안부(臨安府) 각본이다.

또 그 지역의 유명한 학자가 교정 작업에 참여하여 틀린 부분이 매우 적었다. 그래서 이런 각인본들은 장서가들에게 주목을 받았다.

방각본(坊刻本)

민간 각인본은 판본학에서 방각본과 가각본(家刻本) 두 종류로 나뉘지만, 사실 이 둘은 그다지 차이가 없다. 방각본은 서적 인쇄를 주업으로 하는 서방(書坊)에서 각인한 책들을 말한다. 서방에는 자신들만의 인쇄공방과 책을 파는 점포, 그리고 장기간 고용한 인쇄공들과 장정을 하는 장인들을 보유하고 있었다. 때로는 필사를 잘 하는 사람과 교감 작업을 할 사람을 따로 고용하기도 했고, 인쇄한 책들을 여러 곳으로 유통시키기도 하였는데, 이는 모두 이윤을 목적으로 한 것이다.

▼ 송대에 건안(建安)의 황씨(黃氏)가 각인한 《사기(史記)》의 뒷부분에 있는 패기(牌記). '건안황씨초재(建安黃氏初梓)'라고 씌어 있다.

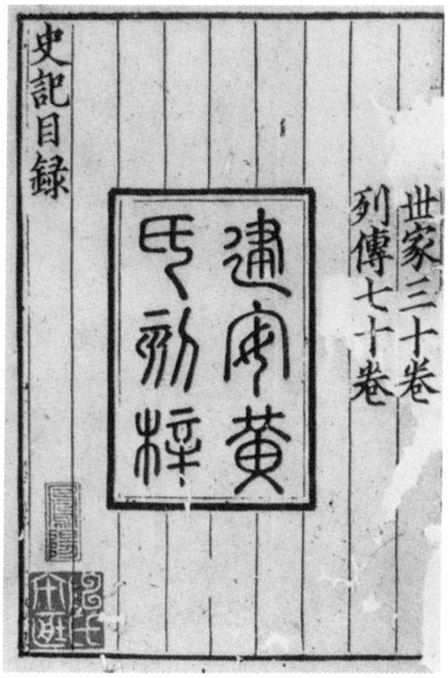

서방에서 책을 인쇄한 것은 송대에 매우 홍성하여 전국 각지로 보급되었다. 서적들은 상품(商品)으로서 사회에 유통되었는데, 특히 인쇄업이 비교적 집중되어 있는 지역에서는 상권 경쟁으로까지 나타나기도 했다. 특히 유명한 작가들의 베스트셀러 같은 경우 다른 사람의 판권을 침해하는 경우가 발생하기도 하였다. 대학자였던 주희(朱熹)의 책과 같은 경우 미처 다 완성하지 않은 책을 어떤 사람이 미리 출판해버리는 웃지 못할 일이 발생하기도 했다. 또 판권 다툼으로 인해 소송을 거는 사람들도 꽤 많았다. 이런 상황으로 인해 송대 방각본에는 '패기(牌記)'라는 것이 등장하게 되었는데, 이것이 바로 역사상 최초의 판권 표시라 할 수 있다. 미산(眉山) 방각본《경도사략(京都事略)》의 뒷부분에서 다음과 같은 패기를 볼 수 있다. "미산의 정사인(程舍人) 집에서 이윤을 목적으로 발행하였고, 이미 관청에 신고를 마쳤으므로 복제를 불허한다(眉山程舍人宅利行, 已申上司, 不許覆板)."

아래에서는 송대의 유명한 서방들과 그곳에서 인쇄한 책들을 중점적으로 소개하겠다.

《청명상하도(淸明上河圖)》는 그 당시 수도였던 개봉(開封)의 번화한 모습을 묘사한 작품이다. 죽 늘어선 상점들 중에 책을 파는 서포(書鋪)도 있다. 개봉의 상국사(相國寺) 일대에는 꽤 많은 서포들이 밀집되어 있었다. 1127년에 금나라 병사들이 개봉을 함락했을 때, 이곳의 인쇄업도 큰 타격을 받아 그때부터 몰락하기 시작했다. 항주(杭州)의 유명한 서방 중 하나였던 영육랑서방(榮六郞書坊)에서 인쇄한《포박자내편(抱朴子內篇)》의 간기(刊記)에 보면, "예전에 동경(東京) 대상국사(大相國寺)의 동쪽에 위치하였던 서방"이 현재 "임시로 임안부(臨安府)의 와남(瓦南)"으로 옮겼다고 밝히고 있다. 이것은 그 당시 전란을 피해 많은 서방들이 남쪽으로 이주했음을 말한다.

항주의 인쇄업은 그 기원을 오대까지 거슬러 올라가는데, 남송 시기에는 이미 정점에 이르러 수십 개의 서방들이 있었다. 그 명칭도 '서포(書鋪)', '경적포(經籍鋪)', '경방(經坊)', '문자포(文字鋪)' 등 다양하였다.

항주의 서방들 중 가장 유명했던 곳은 '붕북목친방남진택서

※ 간기(刊記) | 동양의 서적에서, 출판한 일자, 장소, 발행자 등을 기록한 부분을 가리킨다.

▼《청명상하도》 중 '서방도(書坊圖)'. 이런 서방은 대부분 앞에는 책을 파는 점포가 있고, 뒤에는 책을 인쇄하고 각판하는 공방이 있었다. 자신들이 인쇄한 책들을 판매하는 것 외에도 전국 각지의 여러 각인본들도 판매하였다. 북송 시기 수도였던 변경(汴京)에 서적 인쇄업이 매우 번성하였음을 알 수 있다.

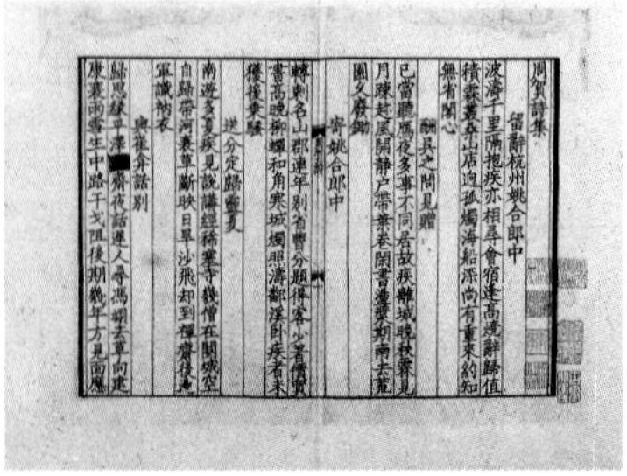

▲ 《주하시집(周賀詩集)》. 남송 시기 항주의 진택서적포(陳宅書籍鋪)에서 각인하였는데, 좌우 쌍변, 중봉 쌍어미(雙魚尾)이며, 책의 이름과 쪽수가 표시되어 있다. 책의 중간에 까맣게 된 부분은 '묵등(墨等)'이라 하는데, 원본에 빠진 글자가 있는 부분을 표시해놓은 것이다. 송대 항주 지역의 대표적인 각인본이다.

적포(棚北睦親坊南陳宅書籍鋪)' 인데, 진기(陳起) 부자(父子)가 세운 서적포이다. 진기는 자(字)가 종자(宗子)이고, 호(號)는 운거(蕓居)로, 시와 문장에 능했고, 그 지역의 여러 사람들과 교분이 두터웠다. 그의 서방에서 파는 책들은 가격이 비교적 저렴하기도 했고, 외상으로 구매도 가능했으며, 또 빌려 볼 수도 있었다. 그는 또 시와 사(詞)를 좋아하여 당 · 송 시기 유명 작가들의 시문집도 백여 종 이상 각인하였는데, 그 중에는 상당히 유명한 판본들도 많이 있다.

송대에는 항주의 방각본이 사람들에게 최고의 판본으로 평가받아, "천하의 인쇄서 중 항주의 것이 최고다"라고 할 정도였다. 항주 판본은 글자체가 단아하고, 인쇄와 각판도 매우 섬세하고 훌륭하여 다른 지역들의 인쇄본보다 월등히 뛰어났다. 항주 부근의 무주(婺州)는 지금의 금화현(金華縣)인데, 무녀성(婺女星)이 비추어 훌륭한 인물이 많이 나오는 영험한 땅으로 소문나 있었다. 이곳은 인쇄업도 매우 홍성하였는데, 무주(婺州) 시문항 당택(門巷唐宅)이 가장 유명한 서방이었다. 이 서방에서 각인한 《주례(周禮)》가 가장 유명한 판본이다.

복건(福建)은 송나라 때 인쇄업이 가장 홍성했던 지역이다. 복주(福州)에서는 이미 일찍이 두 번이나 대대적으로 《대장경(大藏經)》을 인쇄한 적이 있었는데, 이는 이곳에 각인 장인들이 많았음을 증명하는 것이다. 무이산(武夷山) 지역의 건양(建陽) 일대는 서방들이 더욱 밀집되어 있었다. 이 밖에 건양의 숭화(崇化)와 마사(麻沙) 두 지역은 '서적의 고장[書籍之府]'이라고 불릴 정도였다.

남송 시기 대학자 주희는 일찍이 건양 지역에 서원을 세워 학생들에게 강의를 함으로써 이 지역의 문화적 기풍을 더 강하게 하였다. 이곳의 서적 인쇄사업에 대해 주희는, "건양의 서적들은 위로는 육경(六經)부터 아래로는 훈전(訓傳)에 이르기까지, 전국 각지로 유포되어 먼 곳까지 이르지 않은 곳이 없었다"라고 하였다.

가장 번성할 당시 이곳에는 30여 곳 이상의 서방들이 있었다. 가장 유명했던 곳은 여씨(余氏) 가문의 '만권당(萬卷堂)'과 '근유당(勤有堂)'이다. 여씨 가문에서 책을 인쇄하기 시작한 것은 북송 말기부터인데, 대대로 가업을 이어서 청대까지 지속되었으니 장장 600년 이상의 역사를 지녔으며, 문화를 전파하는 데에서 뛰어난 역사적 공로가 있다 하겠다. 여씨 가문에서는 주로 《상서(尙書)》, 《춘추삼전(春秋三傳)》, 《주례》, 《예기》 등과 같은 유가 경전들을 위주로 인쇄하였다. 이곳의 각본들 중에는 《활인사증방(活人事證方)》, 《유증선제본사방(類證善濟本事方)》 등과 같은 한의학 관련 서적들도 있었다. 그리고 삽도본(揷圖本) 《고열녀전(古列女傳)》과 같은 경우는, 위에는 그림을 넣고 아래에는 글을 싣는 방식으로 각인하였는데, 이 책은 중국 책의 역사에서 이른 시기의 삽도본 중 하나이다.

건양의 유일신삼계당(劉日新三桂堂) 각본인 《동계왕선생역전(童溪王先生易傳)》은 글자체가 행서(行書)와 해서(楷書)의 중간 정도 되며, 각판과 인쇄가 모두 정밀하여 송대 판본 서적들 중 상

※ 육경 | 춘추 시대의 여섯 경서(經書)로, 《역경》, 《서경》, 《시경》, 《춘추》, 《예기》, 《악기》를 이르는 말이다. 육적(六籍)이라고도 하는데, 《악기》 대신 《주례》를 포함하기도 한다.

※ 훈전 | 경서를 풀이한 책을 말한다.

▶ 《주례주(周禮注)》. 한나라의 정현(鄭玄)이 주를 달았다. 남송 초기의 무주(婺州) 당봉의택각본(唐奉議宅刻本)이다. 좌우 쌍변에, 반쪽이 13행으로 되어 있다. 1행은 25자 내지 27자로 되어 있으며, 주(注)는 2행으로 되어 있으며, 1행이 35자 내지 36자로 되어 있다. 글자체가 구양순(歐陽詢)의 서체와 비슷하며, 매우 단정하게 씌어 있고, 인쇄 상태 또한 조금도 흐트러짐이 없다. 심형(沈亨), 여굉(余竑) 등 절강(浙江) 지역의 유명한 장인들이 각판 작업에 참여했다.

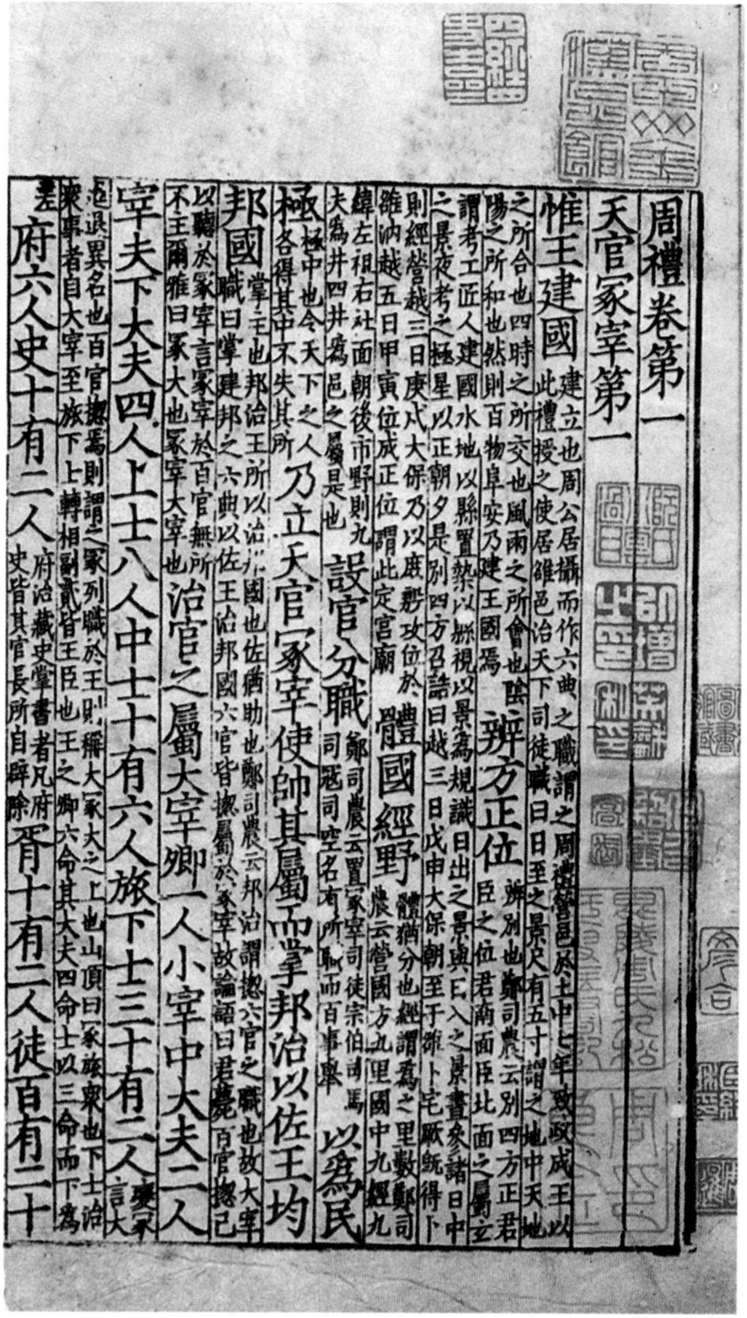
周禮卷第一

天官冢宰第一

惟王建國 辨方正位 體國經野 設官分職 以為民極 乃立天官冢宰使帥其屬而掌邦治以佐王均邦國 治官之屬大宰卿一人小宰中大夫二人宰夫下大夫四人上士八人中士十有六人旅下士三十有二人府六人史十有二人胥十有二人徒百有二十

품에 속한다.

건양에서는 채씨(蔡氏)들도 서방을 몇 군데 운영하였는데, 그 중에서 채몽필(蔡夢弼)이 각인한 《두공부초당시전(杜工部草堂詩箋)》은 두보의 시를 인쇄한 것들 중 비교적 괜찮은 판본으로 친다.

건양의 마사진(麻沙鎭)에도 송대에 서방들이 매우 많았는데, 그래서 이곳에서 인쇄한 서적들을 모두 '마사본(麻沙本)' 이라고 한다. 책의 단가를 낮추기 위해 마사의 서방들은 글자를 작게 인쇄하기도 하였고, 인쇄판으로 부드러운 목재를 사용하기도 하였다. 그리고 가격이 저렴한 죽지를 사용하기도 하였으며, 심지어 어떤 책은 일부 내용만 잘라서 싣는 방식을 택하기도 하였다. 이런 방식은 장서가들의 비판을 받아 마사본은 대표적인 저급 인쇄본이 되었다. 하지만 이런 판본은 가격이 저렴했기 때문에 당시 가난한 학생들에게 인기가 있어 매우 잘 팔렸다. 따라서 이런 판본을 완전히 무시하는 것은 객관적이지 않다고 할 수 있다.

사천(四川) 지역은 예로부터 물산이 풍부하고 토지가 비옥하여 천혜(天惠)의 보고로 일컬어졌다. 대대로 우수한 문인들도 많이 배출되었는데, 송대에는 소(蘇)씨 3부자(蘇洵, 蘇軾, 蘇轍—역자)가 모두 과거에 합격하는 영예를 누리기도 했다. 이곳은 당(唐)대부터 인쇄업이 시작되었으며 오대 시기에 서적 인쇄업이 매우 흥성하였다. 북송 초기에 정부 차원에서 13만 장에 달하는 《개보장(開寶藏)》을 성도(成都)에서 각인하였으니, 사천 지역에

▼《두공부초당시전(杜工部草堂詩箋)》. 당나라의 두보가 편찬하였고, 송나라의 채몽필(蔡夢弼)이 편주(編注)하였다. 주석은 두 줄이며 작은 글자로 되어 있다. 송대 가태(嘉泰) 원년(1201년)의 건양서방 채몽필 각본이다.

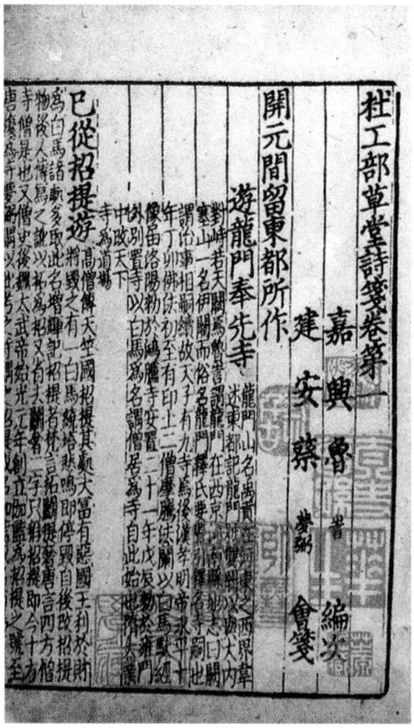

뛰어난 각판 장인들이 많았음을 알 수 있다. 이후에 사천 지역의 인쇄업은 미산(眉山)에 집중되었는데, 이곳에서 출판된 책들을 '미산본(眉山本)' 혹은 촉각본(蜀刻本)이라고 한다. 미산에서 각인한 책들은 글자체가 매우 장중하고, 판의 형식이 깔끔하며 시원스럽기로 유명하다. 예를 들어 미산에서 각인한 《소문충공문집(蘇文忠公文集)》과 같은 경우, 촉(蜀) 지역에서 각인한 대자본(大字本)으로 유명하며, 게다가 소동파(蘇東坡)의 고향에서 인쇄한 것이기 때문에 이 판본은 더욱 가치가 있다. 이외에 미산에서 각인한 책으로는 《이태백문집(李太白文集)》과 《맹호연시집(孟浩然詩集)》이 있다. 이 책들 또한 글자체가 장중하고, 각판에 있어서도 조금도 소홀한 부분이 없으며, 인쇄에 사용한 먹물 또한 농도가 짙고 적당하여 송대 인쇄서들 중에서도 훌륭한 작품들이다.

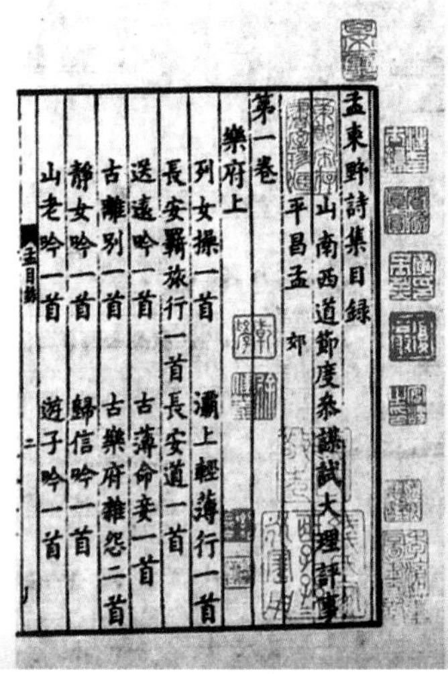
孟東野詩集目録
山南西道節度參謀試大理評事
平昌孟　郊
第一卷
樂府上
列女操一首　灞上輕薄行一首
長安羈旅行一首長安道一首
送遠吟一首　古薄命妾一首
古離別一首　古樂府雜怨二首
靜女吟一首　歸信吟一首
山老吟一首　遊子吟一首

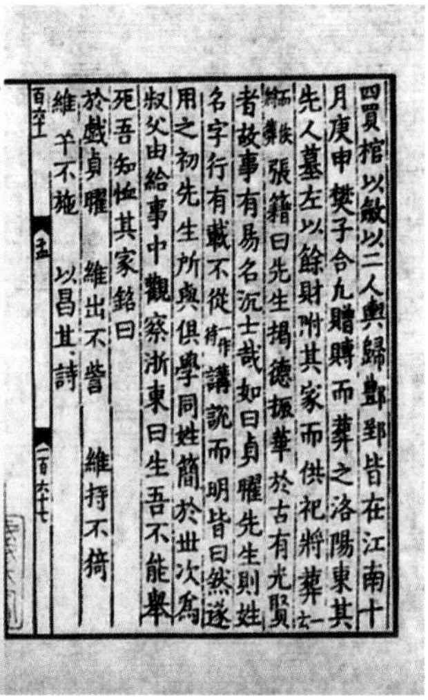
四買棺以斂以二人輿歸酆郢皆在江南十
月庚申樊子合凡贈賻而葬之洛陽東其
先人墓左以餘財附其家而供祀將葬
張籍曰先生揭德振華於古有光賢
者故事有易名况士哉如曰貞曜先生則姓
名字行有載不從講說而明皆曰然遂
用之初先生所與俱學同姓簡於世次爲
叔父由給事中觀察浙東曰生吾不能舉
死吾知恤其家銘曰
於戲貞曜　維出不訾　維持不猗
維卒不施　以昌其詩

▶ 《맹동야시집(孟東野詩集)》. 당나라 맹교(孟郊)가 편찬하였고, 남송 초기에 강서(江西) 지역에서 각인한 것으로 추정된다. 판의 길이가 16.2센치미터이고, 반판의 너비는 10.6센치미터이며, 11행으로 되어 있다. 각 행은 16자로 되어 있고, 좌우 쌍변, 중봉(中逢) 쌍어미이며, 책 이름과 쪽수를 간략하게 표시하였다. 글자체는 구양순의 서체와 유사하며, 맹교집(孟郊集) 중에서는 비교적 이른 시기의 판본이다.

강서(江西) 지역 또한 송대에 문인들을 많이 배출한 지역으로, 이런 문화적인 환경은 분명히 인쇄업이 발달하기에 적합한 지역이라 하겠다. 강서 지역의 인쇄업은 항주나 건양 등 앞에서 언급한 지역들과는 달리 여러 지역에 분산되어 발달하였다. 심양(潯陽), 지주(池州), 요주(饒州), 신주(信州) 등 여러 곳에서 책을 인쇄했다는 기록도 있고, 전해 내려오는 각본들도 비교적 많다. 유명한 각본으로는 《맹동야시집(孟東野詩集)》과 심양(尋陽; 九江) 각본인 《방언(方言)》 등이 있다.

가각본(家刻本)

가각본은 문인들이나 학자들 혹은 부유한 집안에서 각인한 책들을 가리킨다. 문인들이나 부유한 집안에서 책을 인쇄할 때에는 임시로 장인들을 고용하여 자신의 저작이나 조상들의 작품들을 새기고 인쇄하였는데, 어떤 때는 자기가 좋아하는 책이나 소장하고 있는 고본(孤本 : 세상에 오직 한 권뿐인 책—역자)을 인쇄하기도 하였다. 어떤 인쇄본은 현재 방각본인지 가각본인지 확실하게 분간할 수 없는 것들이 있다. 가각본 중 대부분은 매우 정밀하고 섬세하게 각인되었다.

건안(建安)의 황선부(黃善夫)가 소희(紹熙) 연간(1190~1194년)에 각인한 《사기집해색은정의(史記集解索隱正義)》는 현존하는 삼가합주본(三家合注本) 중 가장 이른 것이다. 삼가합주본이란 남조(南朝) 시기 송나라의 배인(裴駰)이 쓴 《사기집해(史記集解)》, 당나라 사마정(司馬貞)의 《사기색은(史記索隱)》, 당나라 장수절(張

▶ 《창려선생집(昌黎先生集)》. 당나라의 한유(韓愈)가 편찬하고, 송나라의 요형중(廖瑩中)이 교정하였으며, 송대 함순(咸淳) 연간(1265~1274년)의 항주(杭州) 요씨(廖氏) 세채당(世彩堂) 각본이다. 사주쌍변(四周雙邊)으로 되어 있고, 반판 9행이며, 1행이 17자로 되어 있다. 주석은 작은 글자를 사용하여 2행으로 처리했으며, 중봉에 쌍어미를 넣었다. 책 이름과 쪽수, 인쇄자와 각판 장인의 이름도 들어 있다. 글자체는 단아한 해서체이며, 필획이 가늘고 마른 것이 저수량(褚遂良)과 유공권(柳公權)의 아름다우면서도 절도 있는 서풍(書風)이 느껴진다. 종이는 무주(撫州)에서 생산한 청강지(淸江紙)를 사용하였고, 정제된 먹물을 사용하여 송대에 항주의 일반 서방에서 인쇄한 책들 중에서 상품에 속한다.

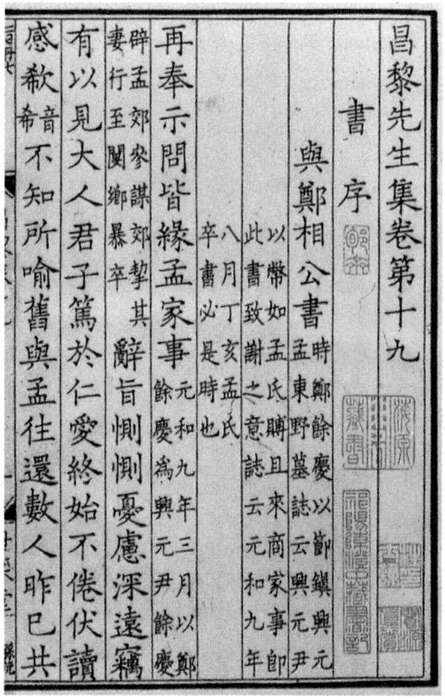
昌黎先生集卷第十九
書序
與鄭相公書 時鄭餘慶以節鎮與元 孟東野墓誌云與元尹 以幣如孟氏賻且來商家事郎 此書致謝之意誌云元和九年 八月丁亥孟氏 辛書必是時也
再奉示問皆緣孟家事 元和九年三月以鄭 餘慶爲與元尹餘慶 辟孟郊參謀郊摯其 妻行至閿鄉暴卒 辭旨惻惻憂慮深遠竊
有以見大人君子篤於仁愛終始不倦伏讀
感欷 音希 不知所喻舊與孟往還數人昨已共

守節)의 《사기정의(史記正義)》를 가리킨다. 황선부의 판본은 이 세 사람의 주석을 한 권으로 합쳐 더욱 실용적으로 만들었다는 의미가 있다. 그래서 후대의 여러 판본들은 모두 황선부의 판본을 기본으로 삼아 책을 만들었다. 이 밖에 황선부의 판본 중 《한서(漢書)》와 《동파선생시(東坡先生詩)》 등도 유명하다.

복건(福建)의 소무(邵武)에는 요형중(廖瑩中)이 세운 세채당(世彩堂)이 있는데, 이곳에는 남송 말기에 각인한 《구경(九經)》이 보관되어 있다. 이 책은 수십 종의 판본을 참고하여 교정하였는데, 교정 작업에 참가한 사람만 해도 백여 명이었으니 매우 정밀하게 교감하였음을 알 수 있다. 지금 전해 내려오는 것으로는 《춘추경전집해(春秋經傳集解)》와 《논어집해(論語集解)》 등이 있다. 그가 각인한 《창려선생집(昌黎先生集)》은 글자체도 아름다울 뿐만 아니라 매우 정교하게 조각되어, 송대 판본들 중 상품으로 여겨진다. 육유(27쪽 참조—역자)의 아들인 육자휼(陸子遹)은 건강부(建康府) 율양현(溧陽縣)의 현령으로 있었던 가정(嘉定) 13년(1220년)에 자신의 부친인 육유의 《위남문집(渭南文集)》을 각인하였고, 소정(紹定) 원년(1228년)에 엄주(嚴州)의 지사였을 때에는 또 《거록동관집(巨鹿東觀集)》을 각인하였다. 악비(岳飛)의 손자

❀ 악비(1103~1141) | 남송 초기의 무인이자 학자였으며 서예에 뛰어났다. 북송이 멸망할 무렵에는 의용군에 지원하여 큰 전공을 세웠으며, 남송 시기에는 호북(湖北) 일대를 지배하는 대군벌(大軍閥)이 되었다.

악가(岳珂)가 각인한《간정구경삼전연혁례(刊正九經三傳沿革例)》는 자신이 직접 교감한 전문서적인데, 대대로 계속 완벽하다는 평가를 받고 있는 판본이다.

개인적으로 각인한 책들은 교감 작업과 각판 작업에서부터 종이와 먹물에 이르기까지 엄격하고 정확성을 요구하였기 때문에 역대 장서가들이 매우 귀중하게 여겼다.

요(遼)대의 각인본

북송과 동시대에 거란족이 세운 정권이 바로 요나라이다. 오대 시기 이후에 석경당(石敬瑭)의 장수였던 연운(燕雲)이 16주를 거란의 군주에게 바침으로써 거란족의 세력이 남쪽까지 커지게

▼《묘법연화경(妙法蓮華經)》의 첫 삽도이며, 요나라의 연각본(燕刻本)이다. 도판 조각기술이 매우 섬세하고 정밀하며 선의 표현이 매우 시원스럽다. 요대 북경 지역의 높은 인쇄기술을 보여준다.

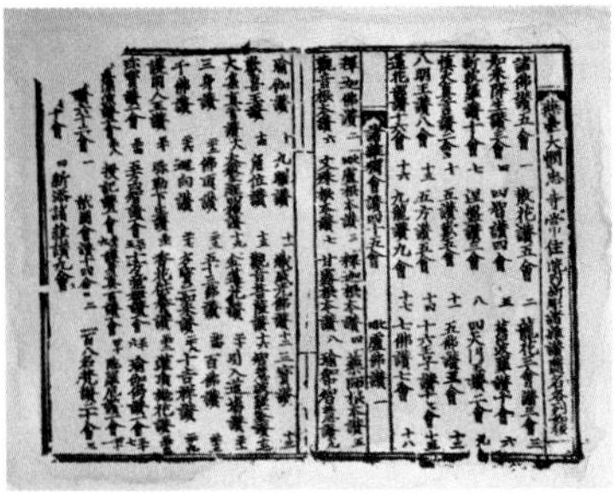

▲《연대대민충사상주원내신조제잡찬(燕臺大憫忠寺常住院內新雕諸雜贊)》 도서 목록. 이것은 연경의 한 서방에서 만든 책들의 목록으로, 모두 65가지의 책 제목이 들어 있으며, 최초의 서적 선전 광고물이라 할 수 있다.

되어 그 정치의 중심을 연경(燕京, 지금의 북경)으로 옮기게 되었다. 요나라의 통치자는 적극적으로 중원의 문화를 모방·흡수하였는데, 북송에서 여러 가지 서적들을 들여와 유가 사상을 두루 발양하고, 적극적으로 불교를 숭상하면서 서적 인쇄업을 발전시켰다.

요나라 정부의 서적 인쇄사업 중 가장 컸던 것은《거란장(契丹藏)》의 발간인데, 총 5천여 권에 달한다. 각 사원마다 장경을 소장했을 뿐만 아니라, 고려와 일본 등 주변 국가에 보내기도 하였다. 당시 연경에는 매우 많은 민간 서방과 사원들에서 인쇄한 책들이 많았는데, 대부분 불경이었다. 지금까지 살펴본 이런 각인본들은 모두 이미 매우 높은 수준에 이른 것들이다.

요대의 각본 중에는 또 자서(字書), 사서(史書), 의서, 시문집 등이 있다. 소식(蘇軾)의 시사(詩詞) 작품은 연경에도 각인본이 있을 정도였다. 산서성 응현(應縣)의 목탑에서 출토된 것 중에 '연대대민충사상주원내(燕臺大憫忠寺常住院內)' 서방(書坊)의 각본 서목(書目)이 있는데, 윗면에 그 서방의 각인본이 60여 종 있다고 씌어 있다. 이는 오늘날 발견된 것들 중에서 최초의 도서 목록 광고라 하겠다.

서하(西夏)의 각인본

서하는 당항족(黨項族)이 세운 정권으로, 오대 시기 서북 지역

일대에서 위세를 떨쳤던 나라이다. 1030년에 원호(元昊)가 자신을 황제로 칭하기 시작하면서 대하국(大夏國)을 세웠지만, 1227년에 몽고군에 의해 멸망함으로써 200년의 역사를 가지고 있다. 가장 강성했던 시기의 서하는 지금의 영하(寧夏) 지역 전부와 감숙성의 대부분, 섬서성의 북부, 그리고 내몽고 서쪽 지역 등에 걸쳐 넓은 영토를 차지하고 있었으며, 홍경부[興慶府; 지금의 은천(銀川)]를 수도로 하였다. 중국어를 사용하였지만 서하 자체에도 자신들의 민족문자인 서하문(西夏文)을 가지고 있었다. 과거에는 일반적으로 서하의 역사를 전쟁사의 일부분으로 편입시켜, 요·금·송나라와 끊임없이 전쟁을 지속하였다고 했지만, 여러 역사 사료들과 출토된 문물들로 볼 때 서하 또한 찬란했던 문화사를 지니고 있었음을 알 수 있다.

《송사(宋史)》에 북송 초기 서하가 여러 번 많은 말을 이끌고 와서, 그것들을 송나라의 서적들과 맞바꾸려 했다는 기록이 있다. 여기서 말하는 서적들은 불경뿐만 아니라 유가의 여러 책들

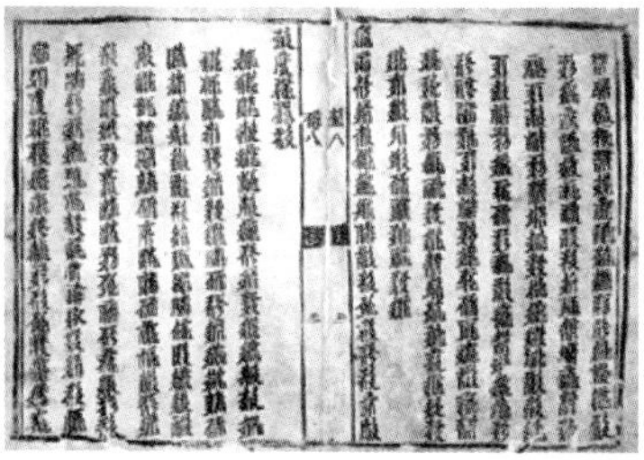

▲ 《논어전해(論語全解)》. 12세기에 서하문(西夏文)으로 인쇄한 각인본으로 추정되며, 호접장(胡蝶裝)이다. 좌우 쌍변이며, 행과 행 사이에 선이 없고, 중봉의 형식도 송대 판본에서는 볼 수 없는 양식이다. 이 책의 발견으로 서하인들도 유가 경전들을 학습했다는 것을 알 수 있다.

◀ 《묘법연화경(妙法蓮華經)》의 책머리 삽도로 경절장(經折裝)이며 서하 각본이다. 12세기 말에 간행한 것으로 추정된다. 서하의 뛰어난 인쇄기술을 잘 보여주고 있다. 흑수성 유적에서 출토되었다.

과 역사서들이다. 후에 서하가 자신들만의 인쇄업을 발전시키기 시작하면서, 여러 가지 서적들을 대량으로 인쇄하였는데, 인쇄본뿐만 아니라 필사본 또한 매우 많은 양을 차지하고 있다. 근 100년 동안 서하의 서적들이 계속해서 출토되고 있는데, 그 중에서도 서하의 유적이 있는 흑수성(黑水城)에서 대량으로 출토되었다. 이는 기본적으로 서하 시기 서적들의 대체적인 상황을 반영하고 있다 하겠다. 서하의 서적들 중에는 불경이 가장 큰 비율을 차지하고 있고, 그 밖에도 유가와 도가의 서적들, 역사서, 문학 작품들, 병서, 법률서, 의서, 역법서, 점복서(占卜書), 자서(字書) 등 매우 다양한 내용의 것들이다. 현재 알아볼 수 있는 서하의 불경 인쇄물들은 대략 200여 종인데, 가장 많이 사용한 어떤 것은 한 번에 20만 번을 찍었다고 한다. 이로 보아 서하에도 이미 서적의 출판 인쇄사업이 홍성했다는 것을 알 수 있다.

서하 서적들의 장정은 송대의 것들과 유사하여, 권축장(卷軸裝), 호접장(蝴蝶裝), 경절장(經折裝)의 형식이었다. 서적의 인쇄 수준도 매우 높아 많은 책들 속에 삽도를 넣었다. 삽도의 인물은 생동감이 있고, 선 또한 시원스럽게 표현되어 있어 송대의 각인본에 뒤지지 않았다. 경절장 중 《관세음보살보문품(觀世音菩薩普門品)》은 책 첫머리에 삽도가 들어 있을 뿐만 아니라 본문 위에는 그림을 넣고 아래에는 글을 넣어 후대의 연환화(連環畵 : 글과 그림이 함께 나오는, 일종의 만화책—역자)와 매우 유사하다.

중국의 고대 서적사에서 서하는 상당히 중요한 위치를 차지

❀ **권축장** | 도서 장정의 가장 오래된 형태로, 권자본(卷子本)이라고도 한다. 글이나 그림이 그려진 종이를 길게 이어 붙이고, 끝 부분에 축을 붙여 둘둘 말아서 겉으로 드러나는 부분에 표지를 겹쳐 붙이고 끈으로 묶어 보존하는 두루마리 형태의 장정 방식을 말한다.

❀ **호접장** | 책장의 인쇄된 면이 안쪽으로 오도록 가운데를 접고, 그 접혀진 판심의 바깥쪽에 풀칠을 한 뒤에, 한 장의 표지를 가운데에서 둘로 접은 책등의 안쪽에 붙인다. 이 경우 책을 펼치면 나비가 나는 모양과 같다고 하여 붙여진 이름이다.

❀ **경절장** | 글이나 그림이 그려진 종이를 길게 이어 붙이고, 이를 일정한 크기의 장방형으로 접은 다음 맨 앞과 뒤에 두꺼운 표지를 이어 붙여 병풍처럼 접는 장정 방식이다. 절첩장(折帖裝)이라고도 한다.

하고 있다. 서하는 200여 년의 역사를 가지고 있을 뿐만 아니라, 그들이 인쇄한 책 또한 매우 중요한 역사적 가치를 지니고 있으며, 고대 서적에 있었던 여러 공백을 메워주었다. 중국 고대 문명 중 소수민족 문화 또한 무시할 수 없는 매우 중요한 일부분이라 하겠다.

금(金)대의 각인본

금나라는 여진족이 설립한 정권으로, 원래는 백산(白山)과 흑수(黑水) 사이를 중심으로 거주하다가 그 세력을 끊임없이 남쪽으로 넓혀 나갔다. 1125년에 요나라를 멸망시킨 뒤 금나라를 세우고, 북경을 중도(中都)라 하여 수도로 정하였다. 1127년에는 금나라 군대가 변경(汴京)을 침략하여 북송을 멸망시키고 오랜 기간 동안 남송과 대치하다가 1234년에 원나라 군대에 의해 멸망하였다.

변경(汴京) | 지금의 하남성(河南省) 개봉(開封; 카이펑)으로, 주변에 변하(汴河)가 있어 유래한 지명이다. 오대와 북송 시기의 수도이다.

금나라의 통치자들은 적극적으로 중원의 문화를 흡수하여 유가 사상을 제창하고 불교를 숭상하였다. 북경, 하북, 산동 등지에서도 어느 정도 출판 인쇄업이 시행되었지만, 가장 홍성했던 곳은 진남(晉南) 지역 일대이며, 그 중에서도 평양부[平陽府, 지금의 임분(臨汾)]에 가장 집중되어 있었다.

진남 각인본 중에서 가장 유명한 것은 《금장(金藏)》인데, 금나라 천권(天眷) 연간(1138~1140년)에 강주(絳州) 태평현(太平縣) 천

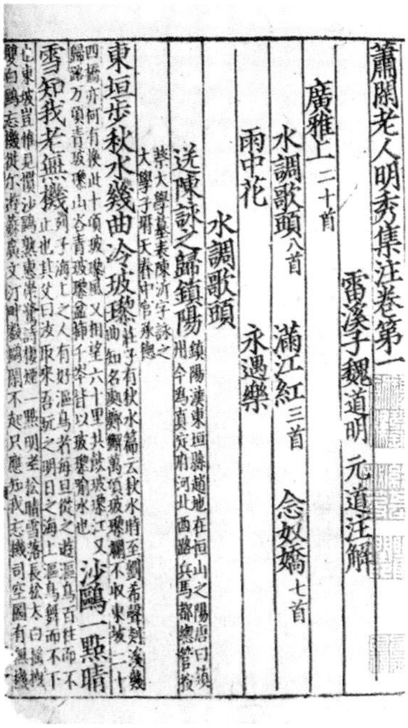
蕭閑老人明秀集注卷第一 雷溪子魏道明元道注解

廣雅上 二十首

水調歌頭 八首 滿江紅 三首 念奴嬌 七首

雨中花 永遇樂

水調歌頭

送陳詠之歸鎮陽

東垣步秋水幾曲冷玻瓈

沙鷗一點晴

雪知我老無機

▶ 《소한노인명수집(蕭閑老人明秀集)》. 금나라의 채송년(蔡松年)이 짓고 위도명(魏道明)이 주석을 달았다. 금대의 평양서방(平陽書坊) 각인본이다. 채송년은 자(字)가 백견(伯堅)이고 호(號)는 소한노인(蕭閑老人)이다. 원호문(元好問)이 일찍이 그의 시를 《중주집(中州集)》에 선별하여 넣을 정도였으니, 금대의 중요한 사(詞) 작가라 할 수 있다.

영사(天寧寺)에서 각판을 시작하여 대정(大定) 13년(1173년)에 완성하였다. 30여 년에 걸쳐서 7천여 권을 찍었으며, 권축장으로 되어 있다. 《금장》은 민간인이 자금을 모아 출판한 책이다. 일설에 의하면 노주(潞州)의 최법진(崔法珍)이라는 여인이 팔 하나를 잘라 내고 고행을 하면서 진남 일대의 신도들에게 탁발과 보시를 하였다고 하는데, 그의 이런 행동에 감동받은 많은 사람들이 지원을 아끼지 않아 경전을 각판하는 일이 매우 순조롭게 진행되었다고 한다.

평양(平陽) 일대의 인쇄업은 북송 시기에 매우 흥성하였는데, 금나라와 송나라 사이에 일어난 전쟁 기간 중에도 이 일대는 전란의 피해를 거의 입지 않아 책 인쇄사업은 여전히 북방에서 제일이었다. 민간 서방 중에서도 주목할 만한 곳이 10여 곳 정도 된다. 러시아가 소장하고 있는 흑수성(黑水城) 문헌 중에 《육임과비결(六壬課秘訣)》, 《유지원제궁조(劉知遠諸宮調)》, 《여관문진장자내편(呂觀文進莊子內篇)》이 있는데, 모두 평양에서 인쇄한 것들이다. 이는 당시 평양에서 출판한 책을 대량으로 서하에 수출하였다는 것을 짐작케 해준다. 그 중에서 평양의 희(姬)씨 가문

흑수성(黑水城) | 서하(西夏)의 옛 수도로 내몽고 서부 어지나치(額濟納旗)의 바단지린(巴丹吉林) 사막 북부에 위치하고 있으며, 서하와 원대(元代)에 가장 번성했다. 실크로드의 중요한 도시이다.

에서 각인한 〈사미도(四美圖)〉는 역사상 현존하는 최초의 연화(年畵)로, 판화사에서 매우 중요한 가치를 지니고 있는 작품이다.

원대(元代)의 각인본

원대의 서적은 송대의 우수한 전통을 계승하는 한편, 또 여러 방면에서 자신만의 특징이 있었다. 서사(書史)와 판본학에서는 일반적으로 송과 원을 함께 거론하는데, 이는 원대 각본의 질이 송대의 각본에 뒤지지 않는다는 것을 말해준다. 원대에는 서적을 인쇄하면서 새로운 시도를 많이 하였다. 포배장(包背裝)의 시행, 조체자(趙體字 : 조맹부체를 말함—역자)의 폭넓은 응용, 화본(話本)의 출현, 삽도본의 증가, 겉표지와 속표지의 장식, 참신한 판식(版式) 등이 모두 원대 서적의 새로운 면을 대표하는 것들이다.

원대의 판본도 관각본과 민간 방각본으로 나눌 수 있다. 관각본은 서원과 학교에서 가장 활발하게 각인되었다. 원대에는 가까운 몇몇 유학(儒學) 조직이 연합하여 편폭이 방대한 책들을 인쇄하였는데, 이는 서

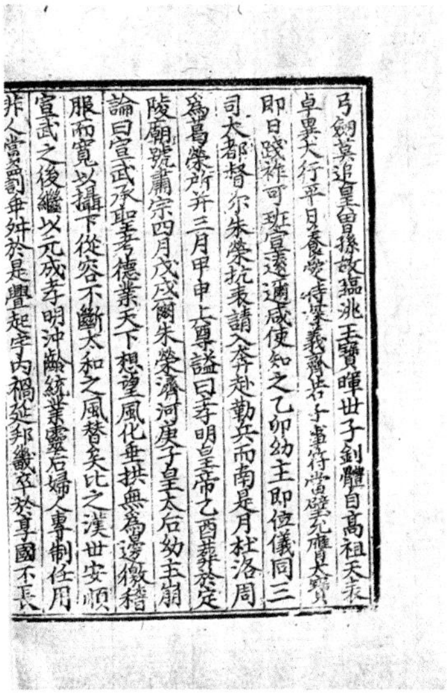

◀ 《북사(北史)》. 당대에 이연수(李延壽)가 편찬하였다. 원대 대덕(大德) 연간(1297~1307년)에 신주로유학(信州路儒學) 각인본이다. 대덕 연간에 구로(九路) 유학연합이 《십칠사(十七史)》를 각인하였는데, 연합을 이루어 빠른 속도로 책을 내는 효시가 되었다.

※ 연화 | 정월에 민가의 벽 등에 장식되는 중국의 민중회화를 말하며, 세화(歲畵)라고도 한다. 일반 민중들의 생활에 깊이 뿌리박고 있었는데, 주로 민중의 이상이나 생활 감정을 표현한 것들이 많다.

※ 포배장 | 서적의 장정 방식의 하나로, 책장 절단면의 가까운 곳을 끈 등으로 하철(下綴)한 다음, 한 장의 종이로 책의 등에서부터 앞 · 뒷면을 실을 사용하지 않고 풀로 붙이는 방식이다.

※ 화본(話本) | 당(唐)대에 등장한 문학 형식으로, 송 · 원대에 성행한 구어체 소설, 즉 백화소설을 가리킨다. 통속적인 문자로 당시의 생활상이나 역사적인 고사를 주로 표현했는데, 당시의 연예인들이 이용한 대본이었다. 현재 《청평산당화본(淸平山堂話本)》, 《전상평화오종(全相平話五種)》 등이 전해지고 있다.

※ 판식 | 판본의 형식을 일컫는 말로, 책의 사방을 둘러싸고 있는 선인 광곽(匡郭), 행의 간격, 판심(版心) 등 판 전체의 모양새와 특징을 이르는 말이다.

적 출판의 새로운 방법이었다. 이 방법은 서적을 각인할 때 공동으로 계획하고 판식을 통일하여 인쇄함으로써 비교적 짧은 시간 내에 책을 만들어낼 수 있었다. 이런 출판 방식은 역사상 매우 드문 것으로, 단시간 내에 책을 만들어내는 데 매우 효율적이었다.

학교에서 서적 인쇄 작업을 활발히 진행했던 것은 중앙 정부가 학교에 많은 땅을 주고, 거기에서 나오는 수입 중 일부를 서적을 인쇄하는 데 쓸 수 있게 하였기 때문이다. 학교에서 책을 인쇄한 곳 중 가장 유명한 것은 항주(杭州)의 서호서원(西湖書院)으로, 남송 국자감 자리에 지어진 것이다. 그리하여 남송 국자감에 있던 기존의 인쇄판을 계승하여 인쇄 작업장을 설치하였다. 이곳에서 실시한 가장 큰 인쇄 작업은 남송 국자감의 인쇄판을 보수하고 각판 장인 92명이 경(經), 사(史), 자(子), 집(集)의 각 부분 중 빠진 인쇄판 7893개, 343만 6352자를 보충하여 각인하고, 훼손된 판 1671개를 보수한 것이다.

역대 왕조의 역사를 편수하는 것은 중국 고대국가의 관례였다. 원나라 정부 역시 《송사(宋史)》, 《금사(金史)》, 《요사(遼史)》 등의 사서를 편찬하였다. 새로 편찬한 이 사서들은 모두 강절등처행중서성(江浙等處行中書省)이 주관하고 항주에서 인쇄하였다. 당시 항주의 인쇄업은 전국 최고의 기술을 보유하고 있었기 때문에 인쇄의 질을 어느 정도 보장할 수 있었다. 이 무렵 항주의 각본들을 보면 항주의 인쇄업이 최고 수준이었음을 충분히 짐작할 수 있다. 《송사》와 같은 책을 보면 글자체는 당시 유행

경사자집(經史子集) | 중국 육조 시대(六朝時代)에 비롯된 서적 분류법이다. 경은 경서(經書), 사는 역사서, 자는 《맹자(孟子)》, 《노자(老子)》 등 제자(諸子)의 자서(子書), 집은 시(詩) · 부(賦) 등을 말한다.

행중서성(行中書省) | 원나라 때의 지방관제에서 최고의 지방관직으로, 정식 명칭은 모모등처행중서성(某某等處行中書省)이며, 줄여서 행성(行省) 혹은 성(省)이라고 부른다.

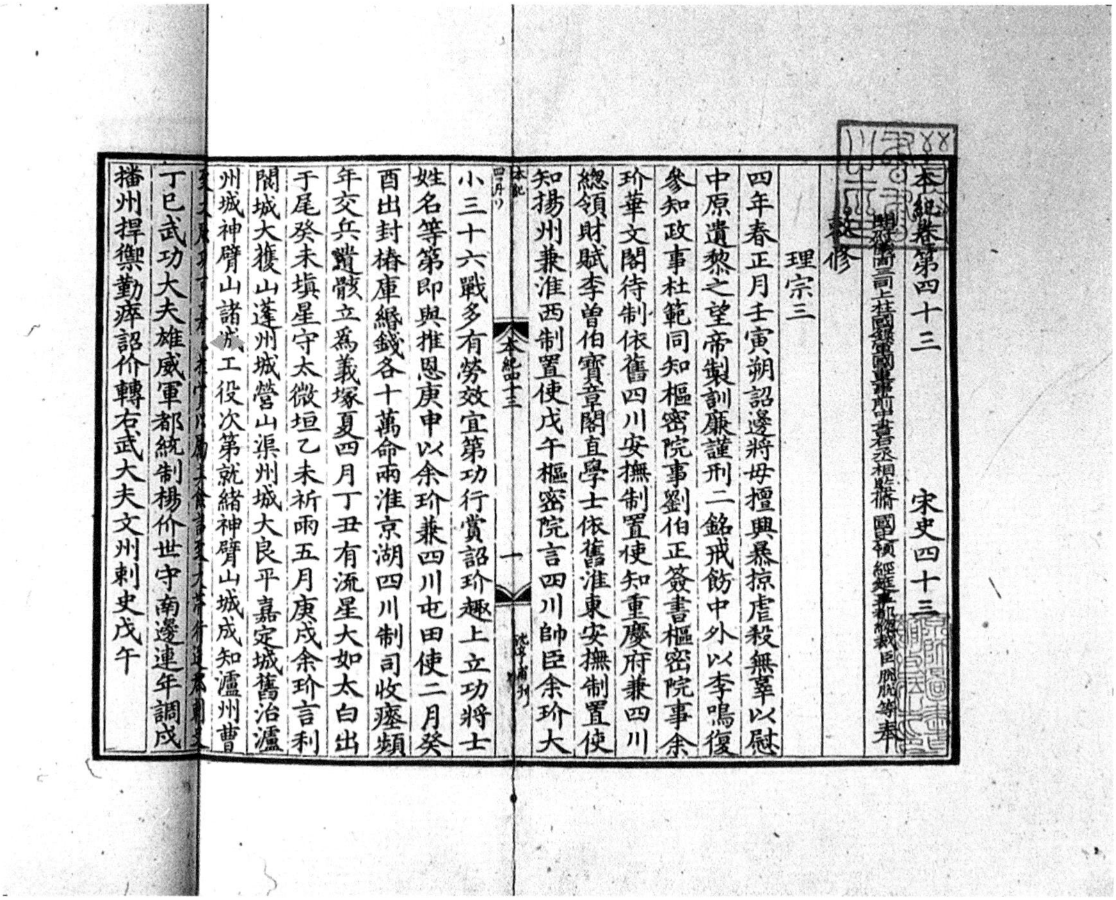
本紀卷第四十三　宋史四十三
開府儀同三司上柱國錄軍國重事中書右丞相監修國史領經筵事都總裁臣脫脫等奉
勅修
理宗三
四年春正月壬寅朔詔邊將毋擅興暴掠虐殺無辜以慰
中原遺黎之望帝製訓廉謹刑二銘戒飭中外以李鳴復
參知政事杜範同知樞密院事劉伯正簽書樞密院事余
玠華文閣待制依舊四川安撫制置使知重慶府兼四川
總領財賦李曾伯寶章閣直學士依舊淮東安撫制置使
知揚州兼淮西制置使戊午樞密院言四川帥臣余玠大
本紀四十三　一
小三十六戰多有勞效宜第功行賞詔玠趣上立功將士
姓名等第即與推恩庚申以余玠兼四川屯田使二月癸
酉出封樁庫緡錢各十萬命兩淮京湖四川制司收瘞頻
年交兵遺骸立爲義冢夏四月丁丑有流星大如太白出
于尾癸未塡星守太微垣乙未祈雨五月庚戌余玠言利
閬城大獲山蓬州城營山渠州城大良平嘉定城舊治瀘
州城神臂山諸城工役次第就緒神臂山城成知瀘州曹
[illegible]
丁巳武功大夫雄威軍都統制楊价世守南邊連年調戍
播州捍禦勤瘁詔价轉右武大夫文州刺史戊午

▲《송사》. 원나라의 탈탈(脫脫) 등이 편찬한 것으로, 원대 지정(至正) 6년(1346년)에 강절등처행중서성에서 각인하였다. 관청에서 역대 왕조의 사서(史書)를 개정하는 것은 중국 고대의 전통으로, 원대 초기에 정부는 요, 금, 송의 세 나라 역사 편찬에 착수하여 지정(至正) 연간 초에 완성했다. 정부에서는 강절등처행중서성이 항주에서 각인하도록 명하였다. 책의 글자체는 단정한 해서체로 되어 있고, 판식은 탁 트이고 대범하며, 사주쌍변(四周雙邊)으로 되어 있다. 또 중봉(中縫)에 쌍어미가 있고 여백이 비교적 넓다. 이것은 원대의 대표적 관각본으로 인정받고 있다.

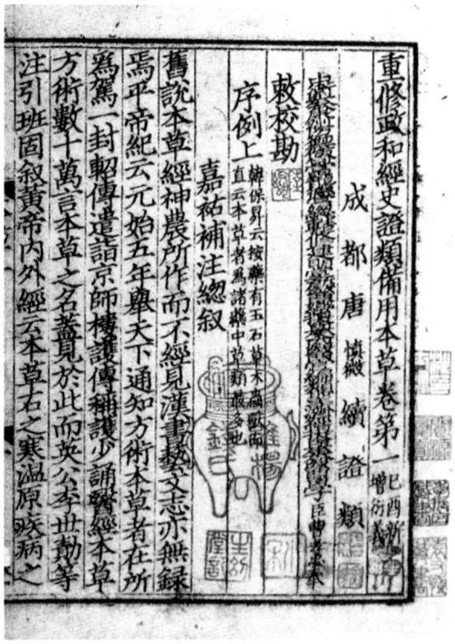
重修政和經史證類備用本草卷第一
成都 唐 愼微 續 證 類
敕校勘
序例上
嘉祐補注總叙
舊說本草經神農所作而不經見漢書藝文志亦無録
焉平帝紀云元始五年舉天下通知方術本草者在所
爲駕一封軺傳遣詣京師樓護傳稱護少誦醫經本草
方術數十萬言本草之名蓋見於此而英公李世勣等
注引班固叙黃帝内外經云本草石之寒溫原疾病之

▲《중수정화경사증류비용본초》. 송대에 당신미가 편찬하였다. 몽고 정종(定宗) 4년(1249년)에 평양에 있던 장존혜의 회명헌에서 각인하였다. 중봉에 쌍어미가 있고, 사주쌍변이며, 글자체가 조금 기울어져 있는, 매우 특색 있는 판본이다.

하던 연체정해(軟體正楷)를 사용하였고, 판식이 시원하고 대범하여 사방에 비교적 큰 여백이 있었다.

원대의 민간 각인본 역시 송대와 마찬가지로 여전히 평양, 항주, 건양 등지가 가장 유명하였다. 이곳의 많은 작업장이 송대부터 전해 내려오던 곳이었으며, 인쇄본의 질도 매우 우수하였다.

산서(山西)의 평양(平陽)은 원나라 때 북방의 주요 인쇄업 근거지여서 서방(書坊)이 많았는데, 그 중 장존혜(張存惠)의 회명헌(晦明軒)이 가장 유명하였다. 장존혜는 자가 위경(魏卿)으로 역학(曆學)에 뛰어났고 지역에서 일을 잘하기로 정평이 나 있었다. 그는 일찍이 금대에 《부수문집(滏水文集)》 등의 책을 각인하였고, 원대로 넘어와서는 송대 당신미(唐愼微)의 《중수정화경사증류비용본초(重修政和經史證類備用本草)》 30권을 각인하였다. 이것은 장존혜의 각인본 중 가장 유명한 것으로, 책 속에 많은 삽도가 들어 있고 각인이 정밀하고 아름다워 역대 장서가들의 사랑을 받아왔다.

원나라의 수도인 대도(大都)에도 당시 몇 군데의 서방이 있었다. 그 중 몽고 헌종(憲宗) 원년(1256년)에 조연(趙衍)이 각인한 당(唐)대 시인의 시집인 《가시편(歌詩編)》이 가장 유명하다. 이 각인본은 글자체에서 각인까지 모두 상당히 높은 수준을 보여준다. 이 외에도 연산(燕山) 두계방(竇桂芳)의 활제당(活濟堂)에서 많은 의약서를 각인하였고, 또 몇몇 서방들에서는 일찍이 많은 종류의 화본(話本)들을 각인하기도 하였다.

복건(福建) 건양(建陽)의 인쇄업은 지속적으로 발전하여 서방이 40개가 넘었는데, 대부분이 남송 시기부터 전해 내려오는 오래된 것들이었다. 여씨(余氏), 유씨(劉氏), 우씨(虞氏)의 서방이 가장 유명했고, 인쇄한 책도 가장 많았다. 펴낸 서적의 종류도 경, 사, 자, 집을 포함하여 의학 서적까지 수백 가지가 넘었다. 후에 지원(至元) 6년(1340년)에 유씨의 일신당(日新堂)에서 《백생시독편(伯生詩續編)》을 각인하였는데, 명인(名人)이 글씨를 쓰고 각판 장인의 기술도 뛰어나 원래의 서법체를 그대로 담아냈다.

항주(杭州)도 원대의 유명한 인쇄업 근거지였지만, 많은 각판 장인이 정부에 고용되어 민간 서방에는 소수만 있었기에 남송 시기만큼은 흥성하지 못했다. 그러나 항주의 방각본 중 희곡본(戲曲本)이 몇 종 있는데, 《고항신간관대왕단도부회(古杭新刊關大王單刀赴會)》, 《위지공삼탈삭(尉遲恭三奪槊)》, 《풍월자운정(風月紫雲庭)》, 《이태백폄야랑(李太白貶夜郎)》, 《곽광귀간(霍光鬼諫)》, 《보성왕주공섭정(輔成王周公攝政)》, 《소장도분아구모(小張屠焚兒救母)》 등 7종이다. 이런 희곡본들은 각인이 그다지 정밀하지는 않지만 출판의 역사에서 중요한 위치를 차지하고 있다. 왜냐하면 새로운 종류의 서적이 출현하였음을 알 수 있게 해주기 때문이다.

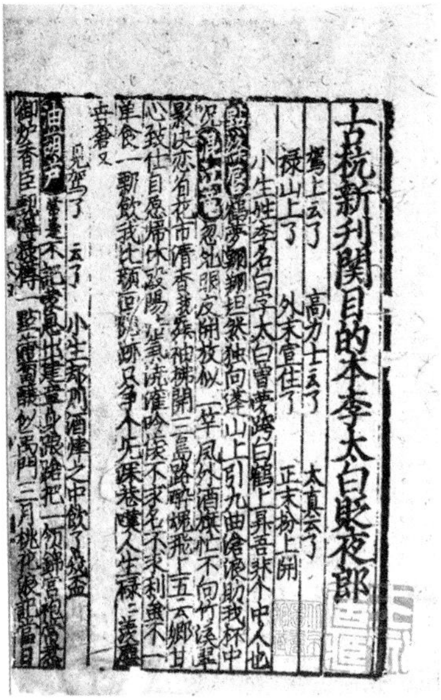
古杭新刊關目的本李太白貶夜郎

▲ 《고항신간관목적본이태백폄야랑(古杭新刊關目的本李太白貶夜郎)》. 원나라 관한경(關漢卿)이 편찬했는데, 이는 원대에 항주에서 각인한 7종의 희곡본 중 하나이다.

원대의 민간 서적 인쇄업은 매우 광범위하게 퍼져 있었다. 비교적 서적 인쇄업이 집중되어 있던 평양, 건양, 항주 외에도 동남쪽 지역 일대의 민간 서방들에서 양질의 책들을 각인하였다. 송강남부서당(松江南阜書堂)에서 원대 연우(延祐) 7년(1320년)에 각인한 소식(蘇軾)의 《동파악부(東坡樂府)》는 글자체가 뛰어나고 아름다우며 판면이 자연스러워 원대의 방각본 중에서도 상품에 속한다. 소주(蘇州)의 각인본인 《통감총류(通鑑總類)》는 글자체가 아름답고 각인이 정밀한데, 이는 원대의 각인본 중에서 보기 드물게 뛰어난 것이다.

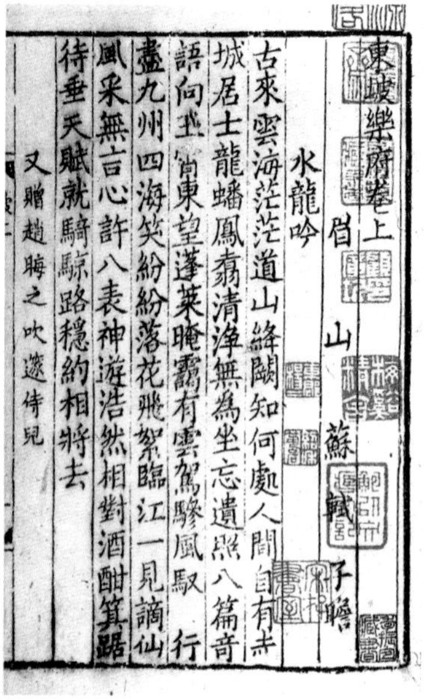
東坡樂府卷上
眉山 蘇軾 子瞻
水龍吟
古來雲海茫茫道山絳闕知何處人間自有赤
城居士龍蟠鳳翥清淨無為坐忘遺照八篇奇
語向玉霄東望蓬萊晻靄有雲駕驂風馭行
盡九州四海笑紛紛落花飛絮臨江一見謫仙
風采無言心許八表神遊浩然相對酒酣箕踞
待垂天賦就騎鯨路穩約相將去
又贈趙晦之吹笛侍兒

▲ 《동파악부》. 송나라의 소식이 지었으며, 원대 연우(延祐) 7년(1320년)에 송강남부서당에서 각인하였다. 이는 원대의 각인본 중 비교적 잘 만들어진 소식의 사(詞) 판본이다. 글자체가 수려하고 판면이 자연스러우며 전아(典雅)하다.

명(明)대의 각인본

서적 출판 인쇄사에서 명대는 황금기라고 할 수 있다. 정부와 민간에서 발행한 서적의 수량과 종류가 역사상 가장 많았다. 명나라 정부가 서적 출판에 채용한 정책은 민간 인쇄업이 번영하는 데 주요 조건이 되었다. 그리하여 민간 인쇄업의 분포가 더욱 확대되어 궁벽한 시골 지역에도 서적 인쇄업이 보급되었다. 각인본의 종류도 전통적인 경(經), 사(史), 자(子), 집(集) 외에 민간에서 즐겨 듣고 보던 통속물, 희곡, 소설 및 각종 서적이 대량으로 출판되었다. 명대에는 상업과 수공업의 번영과 함께 시민들이 서적의 가장 큰 독자층이 되었고, 책의 소비량도 크게 증가하였다.

관각본(官刻本)

명대의 관각본 출판은 역사상 규모가 가장 컸다.

중앙 정부는 사례감경창(司禮監經廠)을 설치하였는데, 가장 홍성하던 시기에는 각판, 인쇄, 장정을 담당하는 장인들이 천 명

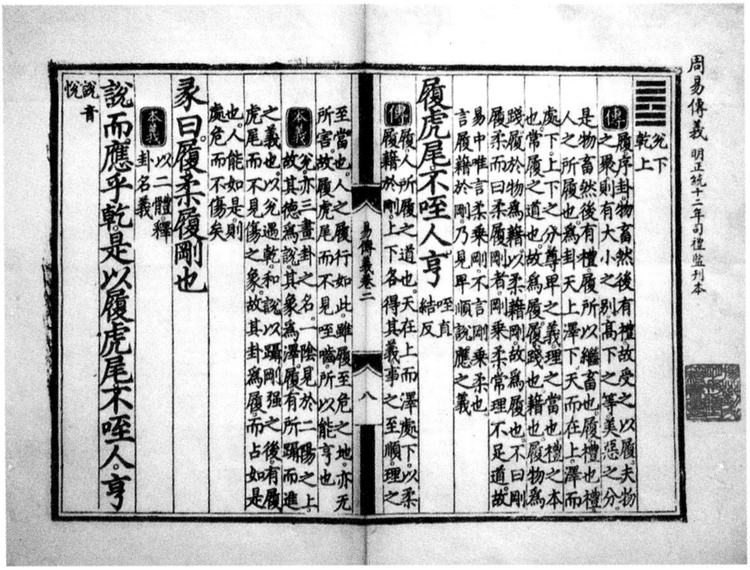
周易傳義 明正統十二年司禮監刊本

乾上兌下

傳 履序卦物畜然後有禮故受之以履夫物之聚則有大小之別高下之等美惡之分是物畜然後有禮履所以繼畜也履禮也禮人之所履也爲卦天上澤下天而在上澤處下上下之分尊卑之義理之當也禮之本也常履之道也故爲履履踐也藉也履物爲踐履於物爲藉以柔藉剛故爲履也不曰剛履柔而曰柔履剛者剛乘柔常理不足道故易中唯言柔乘剛不言剛乘柔也言履藉於剛乃見卑順說應之義

履虎尾不咥人亨 咥直結反

傳 履人所履之道也天在上而澤處下以柔履藉於剛上下各得其義事之至順理之至當也人之履行如此雖履至危之地亦无所害故履虎尾而不見咥嚙所以能亨也

易傳義卷二 八

本義 兌亦三畫卦之名一陰見於二陽之上故其德爲說其象爲澤履有所躡而進之義也以兌遇乾和說以躡剛强之後有履虎尾而不見傷之象故其卦爲履而占如是也人能如是則處危而不傷矣

彖曰履柔履剛也

本義 以二體釋卦名義

說而應乎乾是以履虎尾不咥人亨

說音悅

◀ 《주역전의(周易傳義)》. 《역경(易經)》은 유가의 주요 저작으로, 당나라 공영달(孔穎達)이 《주역정의(周易正義)》를 가지고 있었는데, 이것이 일반적으로 통용되던 판본이었다. 이것은 명나라 정통(正統) 12년(1447년)에 사례감경창에서 각인하였는데, 판식과 글자체가 모두 명대 궁정의 내부본(內府本) 형식이다.

에 이르러 역대 가장 규모가 큰 인쇄 작업장이었다. 당시 황실의 출판물은 모두 이 경창(經廠)을 거쳐 각인되었는데, 이것들을 판본학에서는 '경창본(經廠本)'이라 부른다. 이곳은 자금이 풍부하여 뛰어난 각판 장인들을 고용할 수 있었기 때문에 각인본의 질이 매우 뛰어났다. 여기서는 또한 매년 수많은 역서(曆書)를 출판하였다. 매년 역서를 간행하는 것은 과거부터 이어져온 황실의 특권이었다. 명대에 이르러 이러한 제도는 더욱 엄격해져 민간에서는 절대로 사적으로 역서를 인쇄할 수 없었고, 흠천감(欽天監)에서 역서의 편제(編制)를 담당하였다. 흠천감에서는 먼저 소수의 샘플을 인쇄하여 황제에게 보내 감수를 받은 후 사례감경창에 넘겨 대량으로 인쇄하였다. 이러한 역서를 대통력(大統曆)이라고 불렀다. 현재까지 전해지고 있는 《대명성화사년

※ 흠천감(欽天監) | 명 · 청 시기에, 천문과 역수(曆數) 및 점후(占候) 등을 관장하던 관청.

대통력(大明成化四年大統曆)》을 통해 명대 역서의 양식을 엿볼 수 있다. 이 역서의 표지에는 다음과 같이 씌어 있다. "흠천감이 상주하여 허가를 받아 인장을 찍고 대통력을 만들어 천하에 배포하였다. 위조자는 법률에 의거하여 참형에 처하고, 체포하는 자는 관에서 은자 오십 냥을 상으로 내리겠다. 만일 본 감(監)의 관인(官印)이 없는 것은 개인이 만든 것으로 간주하겠다." 이처럼 명대에는 역서에 대한 법령이 엄격하여, 당시 사사로이 역서를 인쇄하는 자가 거의 없었다. 사례감경창에서 각인한 《대통력》은 각지의 관청에 보내지는 것 외에도 민간에 팔거나 선물로 조선과 일본 등의 이웃나라에 보내졌다.

일찍이 홍무(洪武) 연간(1368~ 1398년)에 명나라 정부는 《원사》

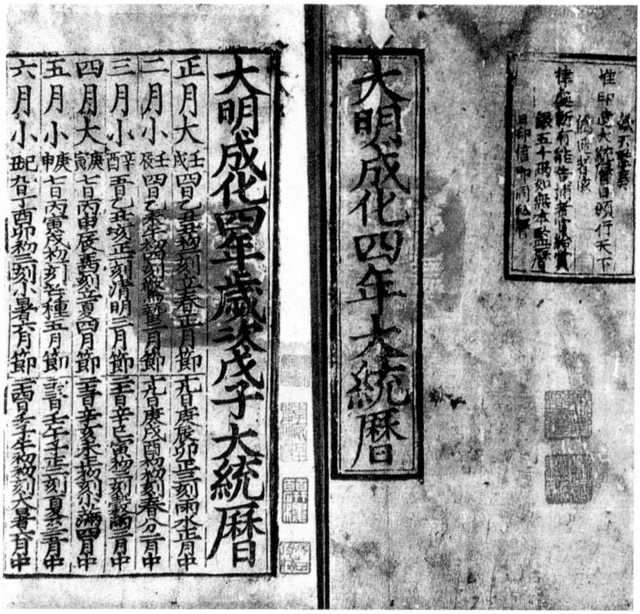

▶ 《대명성화사년대통력(大明成化四年大統曆)》의 명나라 흠천감 각인본. 이 역서의 겉표지에는 "흠천감이 상주하여 허가를 받아 인장을 찍고 대통력을 만들어 천하에 배포하였다. 위조자는 법률에 의거하여 참형에 처하고 체포하는 자는 관에서 은자 오십 냥을 상으로 내리겠다. 만일 본 감의 관인이 없는 것은 개인이 만든 것으로 간주하겠다"라고 씌어 있다. 명대는 중국 고대 인쇄업의 전성기로, 인쇄 규모가 크고 분포 지역이 넓었으며, 종류가 많고, 질이 뛰어나며, 양이 많다는 점이 특징이다.

210권을 편수하는데, 송렴(宋濂) 등이 주관하여 채 1년이 되지 않아 완성하여 홍무 3년(1370년)에 남경에서 출판하였다. 이 책은 당시 급하게 편집과 각인이 이루어져 그다지 정밀하지 못하고 틀린 곳도 비교적 많다.

명대에는 관방 각인본 중 국자감 각인본이 매우 큰 비율을 차지하였다. 명대 초기에 수도를 남경으로 정하고 거기에 국자감도 설립하였다. 그 후 수도를 북경으로 천도한 후 다시 북경에 국자감을 설립하였는데, 이 둘을 각각 구별하여 '남감(南監)'과 '북감(北監)'이라 불렀다. 남경 국자감의 규모는 비교적 커서 가장 흥성할 당시에는 학생이 9천 명이었고, 국자감 내에 전문적으로 서적을 인쇄 · 제작하는 공방을 설치했었다. 여기에서 출판한 책은 대략 270여 종으로, 경, 사, 자, 집류가 많았으며, 천문, 농학, 수학, 의학 등과 관련된 책들도 있었다. 《남옹지(南雍志)》의 기록에 따르면 가정(嘉靖) 7년(1538년)에 요사(遼史)와 금사(金史)를 각인하였는데, 판각 비용이 은자 1175냥이었다고 한다. 후에 만력(萬曆) 24년(1596년)에 《삼국지》와 비교적 완정한 《이십일사(二十一史)》를 각인하였다. 이 책들은 모두 만력 연간(1573~1619년)에 각인된 것으로, 그 비용으로 은자 6만 냥 정도가 소요되었다.

명대에 황실의 자제들은 모두 번왕(藩王)에 봉해져 각각 자신들의 봉지에 주재하였다. 정부에서는 역대 왕조에서 일어났던 번왕의 난을 방지하기 위해 번왕의 병권을 규제하고 정치에 간섭할 수 없도록 하였다. 이런 환경에서 어떤 번왕은 학문을 연

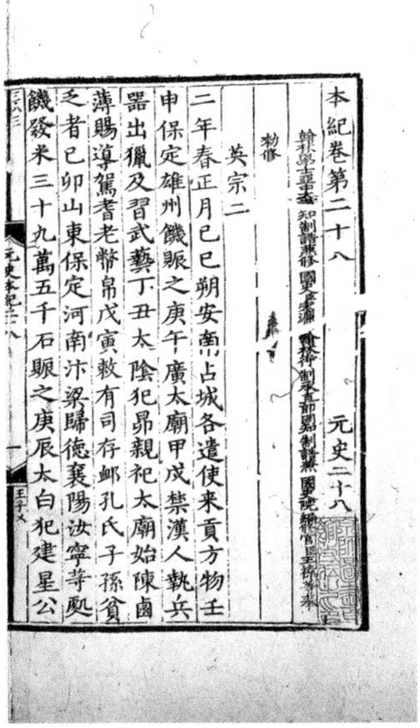

▲ 《원사(元史)》. 명나라의 송렴 등이 편찬하였다. 모두 210권, 명대 홍무(洪武) 2년(1369년)에 편집하기 시작하여 1년 만에 완성했다. 홍무 3년(1370년)에 내부(內部)에서 각인했다. 책을 내는 것이 급하여 격식이 엉성하고, 연대 사실에 틀린 점이 많으나, 이 책은 원시자료를 많이 보존하고 있고, 각인도 잘한 편이며, 판식이 통쾌하고 대범하여 황가의 패기가 있다. 중봉에 쌍어미와 흑구(黑口)가 있고 사방이 두 줄로 되어 있으며, 글자체가 부드럽고 단정하다.

※ 흑구 | 옛날 책들은 판심(版心)의 위쪽과 아래쪽에 검은 선을 넣었는데, 이 선을 가리키는 말이다. 굵은 것은 대흑구(大黑口) · 관흑구(寬黑口) · 조흑구(粗黑口)라 하고, 가는 것을 소흑구(小黑口) · 세흑구(細黑口) · 선흑구(線黑口)라 한다.

구하고 책을 썼으며, 어떤 번왕은 열심히 서적을 각인하였다. 이런 판본들을 번부본(藩府本)이라고 불렀다. 통계에 따르면, 명대에 40여 명의 번왕이 책을 각인하였고, 각인한 책의 종류가 5백 종이 넘었다고 한다. 번부에는 풍족한 물품이 제공되었기 때문에 번부 각인본은 모두 양질의 종이와 먹을 사용하였다. 번부 각인본들 중에 특별한 판본들이 있는데, 장기를 두거나 차를 마시는 등의 내용을 다룬 여가용 서적들이 그것이다.

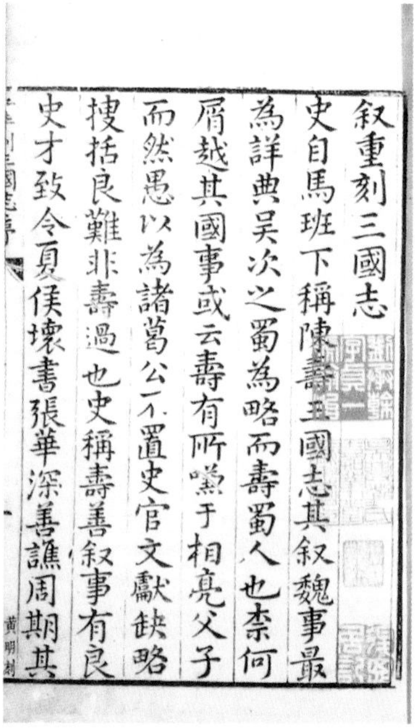
叙重刻三國志
史自馬班下稱陳壽三國志其叙魏事最
為詳典吳次之蜀為略而壽蜀人也柰何
屑越其國事或云壽有所嫌于相亮父子
而然愚以為諸葛公不置史官文獻鈌略
搜括良難非壽過也史稱壽善叙事有良
史才致令夏侯湛書張華深善譙周期其
黃明刻

▲ 《삼국지주(三國志注)》. 유(劉)나라 송배송(宋裴松)의 저작이다. 명대 만력(萬曆) 24년(1596년)에 남경의 국자감에서 각인하였다. 중봉에 판을 새긴 사람의 이름이 있는데, 휘파(徽派)의 황씨 각판공 황명(黃明)이 판각한 것이다.

명대에는 지방 정부의 서적 인쇄도 매우 보편화되어 있었다. 각지에서 발행한 책들의 내용 중, 하나는 지방지(地方志)이고 또 다른 하나는 그 지역 유명 인사의 저작이었다. 특히 지방지의 편찬은 명대에 거의 하나의 유행을 이루다시피 하였다. 그래서 많은 지방관들이 자신의 임기 동안 그 지방의 지방지를 각인하여 정치적 업적으로 삼고자 하였다. 이러한 까닭에 명대에 각인된 각지의 지방지가 9백여 종이나 된다.

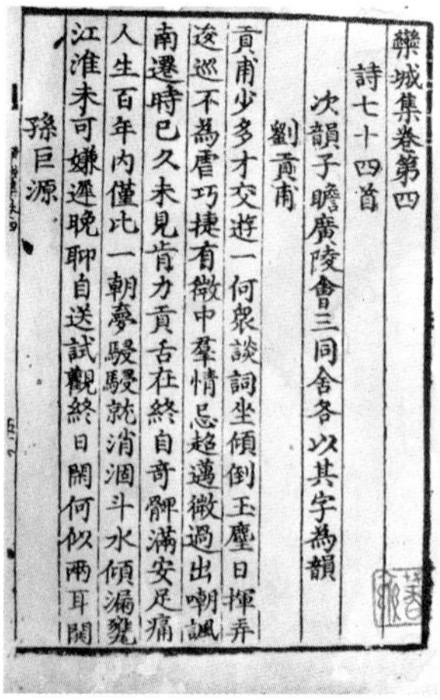
欒城集卷第四
詩七十四首
次韻子瞻廣陵會三同舍各以其字為韻
劉貢甫
貢甫少多才交遊一何衆談詞坐傾倒玉麈日揮弄
逡巡不為曆巧捷有微中羣情忌超邁徹過出嘲諷
南遷時已久未見肯力貢舌在終自奇髀滿安足痛
人生百年内僅比一朝夢騷騷就消涸斗水傾漏甕
江淮未可嫌遷晚聊自送試覩終日閑何似兩耳鬨
孫巨源

▶ 《란성집(欒城集)》. 송대 소철(蘇轍)의 저작이다. 명대 가정 25년(1546년)에 촉번주(蜀藩朱)가 상수리나무에 새겼다. 명대에 40여 곳의 번씨 집안이 모두 책을 간행한 적이 있는데, 그 수는 5백 종을 넘어 명대의 특이한 현상이라 할 수 있다.

민간 각본

명대의 민간 각인본은 분포 지역이 매우 넓어서, 중국 서부의 외딴 지역에도 민간 서적 인쇄 작업장이 있었다. 양절(兩浙 : 강소와 절강 지역을 일컬음—역자) 일대는 명대에도 여전히 인쇄업이 집중되었던 곳인데, 특히 휘주(徽州), 소주(蘇州), 호주(湖州),

남경(南京) 등지는 당시 출판 인쇄업의 신흥 기지로 떠올랐다.

이 중 가장 눈에 띄는 것은 휘주의 서적 인쇄업이다. 휘주의 많은 상인들이 부를 축적한 뒤 인쇄업에 뛰어들었는데, 휘파(徽派) 각판 장인들의 발흥은 휘주의 인쇄업을 더욱 발전시켰고, 후에 인쇄업에서 높은 위치를 차지하는 요인이 되었다. 당시 휘파의 각판 장인은 수도 많고 기술도 뛰어난 각판 장인 집단이었다. 특히 흡현(歙縣) 비규촌(非蚪村)의 황(黃)씨 성을 가진 각판공들은 기술도 좋고 그 수도 많았다. 그리하여 당시 그들이 각판한 출판물은 강남(江南)의 여러 지역들뿐만 아니라 멀리 북경에까지 전파되었다. 당시 항주, 남경, 소주, 호주의 많은 각인본은 모두 그들의 손에서 나온 것들이다. 그들이 각판한 서적 삽도의 도법(刀法)은 매우 정밀하고 숙달되어 있는데, 선이 뚜렷하면서도 부드럽고 인물이 생동적이어서 진귀한 예술품이 되었다.

명대에 소주 부근의 상숙현(常熟縣)에 유명한 서방인 급고각(汲古閣)이 있었다. 그곳의 주인이었던 모진(毛晉, 1599~1659년)은 이름이 봉포(鳳苞)이고, 자가 자진(子晉)이며, 호는 잠재(潛在)였다. 그의 집안은 대대로 강소성(江蘇省) 상숙현의 영춘문(迎春門) 밖에 있는 칠리교(七里橋)에 살았으며, 그의 선조는 농사를 지었다. 모진은 일찍이 전겸익(錢謙益)의 문하에서 수학하였으며, 책 모으는 것을 좋아하였다. 그는 집에 서적 인쇄 작업장을 설치하고 장인 백여 명을 두어 책을 각인하였는데, 가장 유명한 각인본으로 《십삼경(十三經)》과 《십칠사(十七史)》가 있다. 그는 이 두 책을 인쇄하기 위해 모든 정력을 기울였는데, 심지어는 전답을

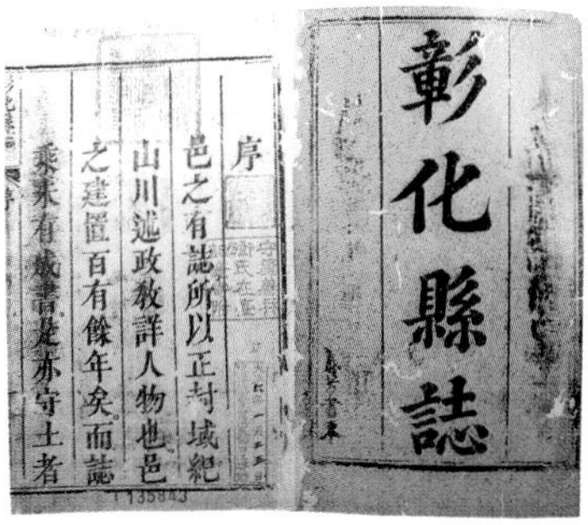

▲ 《창화현지(彰化縣誌)》. 명대에 대만(臺灣) 지역에서 인쇄한 책이다. 지방지의 편집과 인쇄는 명대 당시에 유행하여, 거의 대부분의 지방에서 지방지를 편찬하였다. 지금까지 남아 있는 것이 약 9백여 종이며, 영파(寧波)의 천일각(天一閣)에만도 280여 종이 보관되어 있다.

전겸익(1582~1664) | 명말 · 청초의 정치인이자 문인으로, 자는 수지(受之)이며, 호는 목재(牧齋) · 어초사(漁樵史) · 우산종백(虞山宗伯) 등 여러 가지이다. 여러 부문의 학문에 통달하였고, 시부(詩賦)에 뛰어나 오위업(吳偉業), 공정자(龔鼎孳)와 함께 강좌(江左)의 3대 시인으로 불렸다. 저서로는 《초학집(初學集)》과 《유학집(有學集)》 등이 있다.

▶ 《광여도(廣輿圖)》. 명대 나홍선(羅洪先)이 원대의 주사본(朱思本) 《여지도(輿地圖)》를 근거로 하여 증보 편찬하였다. 가정 32년(1553년)의 각본인데, 도폭은 가로 세로 각 34센치미터로 행정구역과 변방, 특별 지역, 인접국가 주변 지역 등 4대 부분을 포함하고 있는, 고대 최초의 종합 지도집이다.

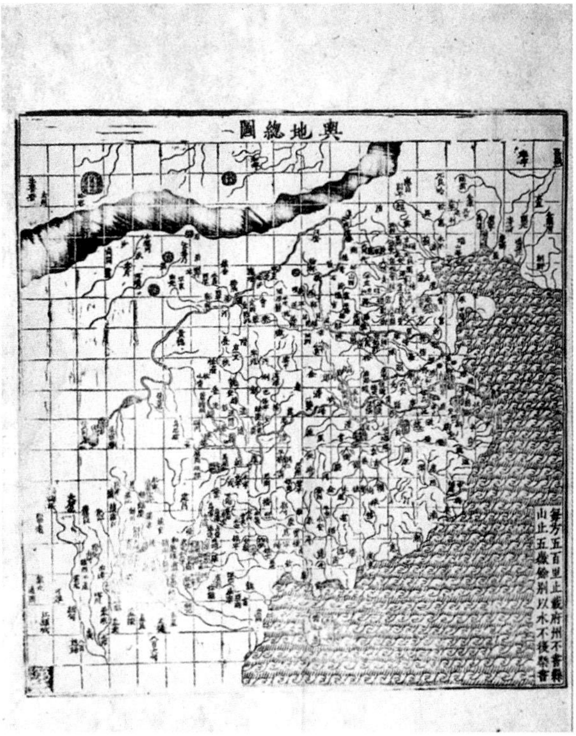

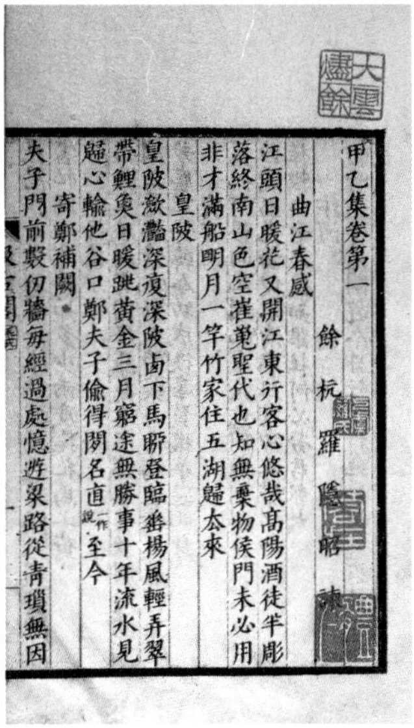
甲乙集卷第一
餘杭 羅隱 昭諫
曲江春感
江頭日暖花又開江東行客心悠哉高陽酒徒半彫
落終南山色空崔嵬聖代也知無棄物侯門未必用
非才滿船明月一竿竹家住五湖歸去來
皇陂
皇陂欹瀲深復深陂由下馬野登臨鵁鶄風輕弄翠
帶鯉魚日暖跳黃金三月窮途無勝事十年流水見
歸心輸他谷口鄭夫子偷得閒名直一作至今
寄鄭補闕
夫子門前數仞墻每經過處憶遊梁路從青瑣無因

▲ 《갑을집(甲乙集)》. 나은(羅隱, 833~910년)의 저작이다. 나은은 자가 소간(昭諫)이며, 당대 말 여항(餘杭) 사람이다. 시로 유명하고 세상에 아첨하는 역사를 쓰는 데 능하였으며, 오월(吳越)의 왕 전류(錢鏐)를 위해 종사하였다. 이 책은 명나라 숭정 연간(1628~1644년)에 상숙현(常熟縣)에 있는 모진의 급고각(汲古閣) 판본이다.

팔아 책을 인쇄하는 데 썼다. 모씨 판본은 현재까지도 전해지는 것이 많은데, 《갑을집(甲乙集)》, 《송명가사육십일종(宋名家詞六十一種)》, 《투각연극육십종(綉刻演劇六十種)》, 《명승홍수집(明僧弘秀集)》 등이 있다. 이것들은 모두 모씨 각인본의 뛰어난 점을 그대로 반영하고 있다. 모씨 각인본은 그 수도 많고 품질도 매우 뛰어난데, 이는 출판의 역사에서 매우 보기 드문 현상이다.

소주의 서방인 원경(袁褧)의 가취당(嘉趣堂)에서 펴낸 각인본도 매우 많다. 현재까지 전해지고 있는 《세설신어(世說新語)》는 명대 가정 14년(1535년)에 각인된 것이다. 이 책은 남조(南朝) 송나라의 유의경(劉義慶)이 지은 것인데, 문체가 간결하고 문학적 재능이 있어 후대의 소설 및 필기문학에 큰 영향을 주었다. 이 각인본의 판식(版式), 자체(字體), 각판기술은 모두 당시의 우수한 판본으로 손꼽을 수 있다.

희곡 화본(話本)은 명대의 각인본 중 매우 큰 비율을 차지하고 있다. 이러한 것들은 시민 계층을 겨냥한 것이었기 때문에 독자층도 많고 각인본의 유통량도 매우 많았다. 그래서 각지의 서방(書坊)들은 경쟁적으로 이러한 책들을 출판하게 되었다. 독자의 구미에 맞추기 위해 이러한 종류의 각인본들은 많은 삽도를 넣는 경우가 종종 있었는데, 어떤 삽도는 유명한 화가가 그리기도 하였다. 이러한 각인본은 항주, 호주, 소주, 휘주 등지에서 가장 발달했다. 《서상기(西廂記)》, 《비파기(琵琶記)》, 《홍불기(紅佛記)》, 《옥합기(玉合記)》, 《홍리기(紅梨記)》 등은 모두 일찍이 많은 서방들에서 인쇄되었다. 항주의 용여당(容與堂) 각본인 《이탁오선생비평충의수호전(李卓吾先生批評忠義水滸傳)》은 표준적인 송체자(宋體字)를 사용하였으며, 정밀하고 아름다운 삽도를 곁들였는데, 판각공은 휘파 황(黃)씨로 항주 각인본의 최고 수준을 대표한다. 북경의 금대악가(金台岳家)는 당시 수도에 있던 유명한 서방으로, 일찍이 홍치(弘治) 11년(1498년)에 《기묘전상서상기(奇妙全像西廂記)》를 인쇄하였다. 이 판본은 위에는 그림이 있고 아래에는 글자가 있는[上圖下文] 형식을 취했는데, 인쇄 수준이 상당히 높았다.

남조 | 남북조 시대 중 5~6세기에 양자강 하류 지역을 차지하고 건강(建康; 南京)을 수도로 삼았던, 송(宋, 420~479) · 제(齊, 479~502) · 양(梁, 502~557) · 진(陳, 557~589)을 가리키며, 북위 · 북제 · 북주를 통칭하는 북조(北朝)에 대하여 남조라고 부른다.

유의경(403~444) | 송나라의 문인으로, 그가 쓴 《세설신어》는 후한 말부터 동진까지의 정치가, 문인, 사대부, 승려, 서인 등 6백 명에 이르는 인물의 이야기를 담고 있다. 이 작품은 중국 문학사에서 매우 중요한 위치를 차지하는 작품이다. 《세설신어》는 원래 8권이었으나 현재는 3권의 판본만 전해지고 있다. 다른 저작으로 《유명록(幽明錄)》이 있었으나 지금은 전해지지 않고 있다.

송체자 | 책을 만드는 데 사용되었던 송나라 때의 인쇄용 서체.

▶《세설신어(世說新語)》. 남조 송나라 유의경의 저작이다. 양(梁)나라의 유효(劉孝)가 주석을 달았다. 명대 가정 14년(1535년), 소주의 원(袁)씨 가취당(嘉趣堂) 판본이다. 책의 글자체는 전형적인 명대의 송체(宋體)이며, 특히 작은 글자로 된 주(注)는 필획이 세밀하며 균일하고 구조가 빈틈없다. 또한 해서체(楷書體)의 흔적이 남아 있는 것은 인쇄 송체자(宋體字)가 성숙했음을 나타내주는 것이다.

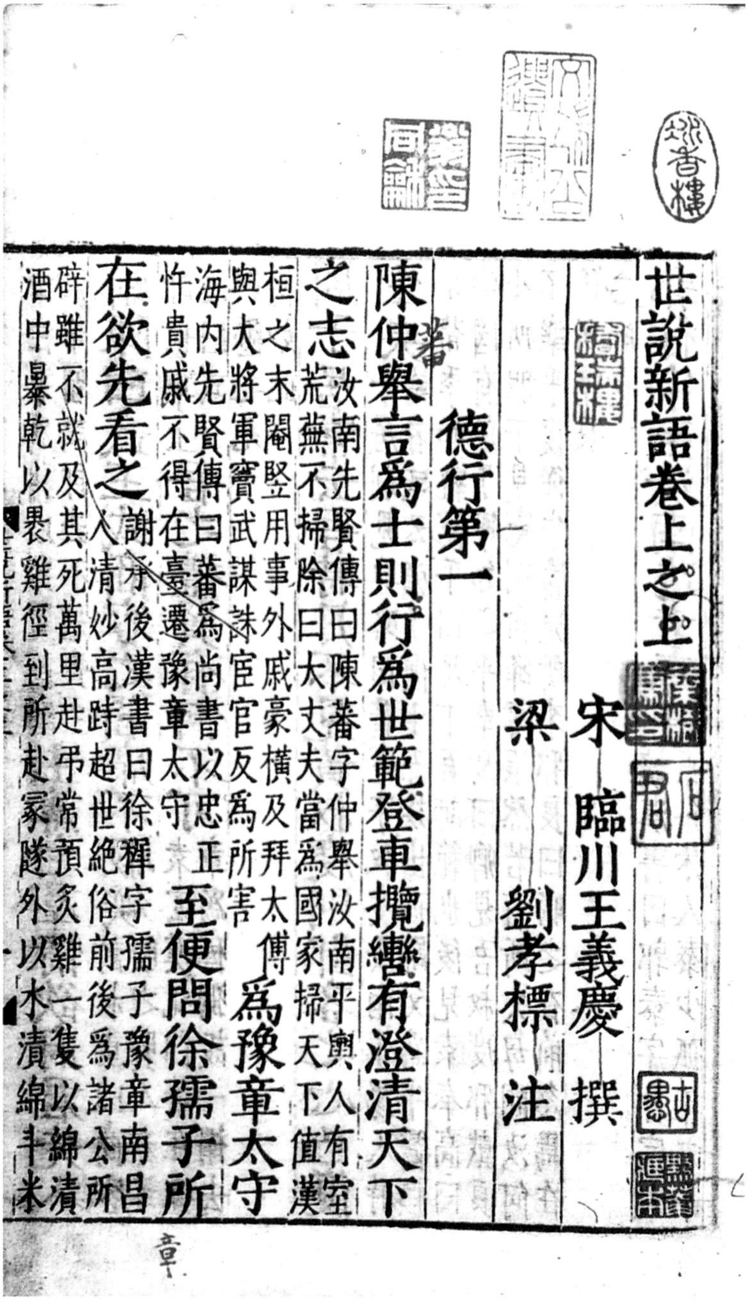

청(淸)대의 각인본

1644년에 청나라 군대가 북경에 입성하면서 청 왕조 200여 년의 통치가 시작되었다. 청나라 강희(康熙), 옹정(雍正), 건륭(乾隆) 황제는 통치를 공고히 하기 위해 문자옥(文字獄)을 실시하여 많은 지식인들을 박해하였는데, 당시 서적 인쇄업을 하던 사람들도 연루되어 한동안은 함부로 서적을 각인할 수 없었다. 그럼에도 불구하고 청대의 전체적인 각인본 서적의 양은 매우 많았다.

청나라 군대가 북경에 들어간 지 4일째 되던 날, 청나라 정부는 《안민고시(安民告示)》를 각인하여 각지에 붙였다. 이것은 청나라 정부의 각종 정책들을 간단히 소개하여 민심을 안정시키고 사회를 평온하게 하고자 만든 것이다. 이 '고시'의 각인은 명대의 각인기술을 이용했던 것으로 보인다. 그 후 청나라 정부에서는 각종 서적을 편찬·인쇄하기 시작했는데, 이런 책들을 '내부본(內府本)'이라고 통칭하였다.

강희(康熙) 19년(1680년)에 고궁인 서화문(西華門) 안의 무영전(武英殿)에 수서처(修書處)를 설립하고 편수와 교정을 담당하는 관원 및 글자를 쓰고 각판하는 장인들을 모아 전문적으로 편찬 작업을 진행하였다. 그 당시 황제가 허락한 각종 서적을 '무영전본(武英殿本)'이라 불렀다. 이러한 무영전본 서적은 각판이 비교적 정확하고 최상품의 종이와 먹을 사용하였으며, 글자체가 매끄럽고 판식이 또렷하며 장정이 단정하여 당시에 유명하였다. 무영전의 유명한 판본으로 《십삼경(十三經)》과 《이십일사(二

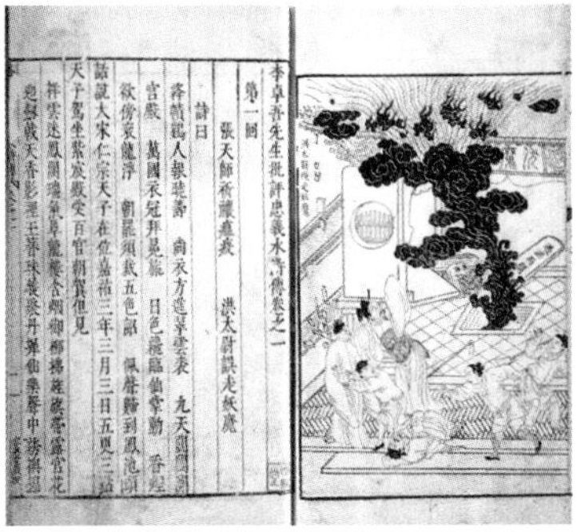

▲ 《이탁오선생비평충의수호전(李卓吾先生批評忠義水滸傳)》. 원나라 시내암(施耐庵)이 편찬하고, 명나라 이지(李贄)가 평을 달았다. 명대 항주의 용여당(容與堂) 각인본이다. 이 책의 글자체는 성숙한 송체이며 삽도가 있다. 각판의 풍격으로 본다면 분명 휘파 황씨 각판공의 기법이며, 항주 각본의 대표작이다.

※ 강희, 옹정, 건륭 | 청대의 연호이며, 강희는 청의 4대 황제인 성조(聖祖) 때의 1661년부터 1722년까지, 옹정은 5대 황제인 세종(世宗) 때의 1722년부터 1735년까지, 건륭은 6대 황제인 고종(高宗) 때의 1735년부터 1795년까지를 말한다.

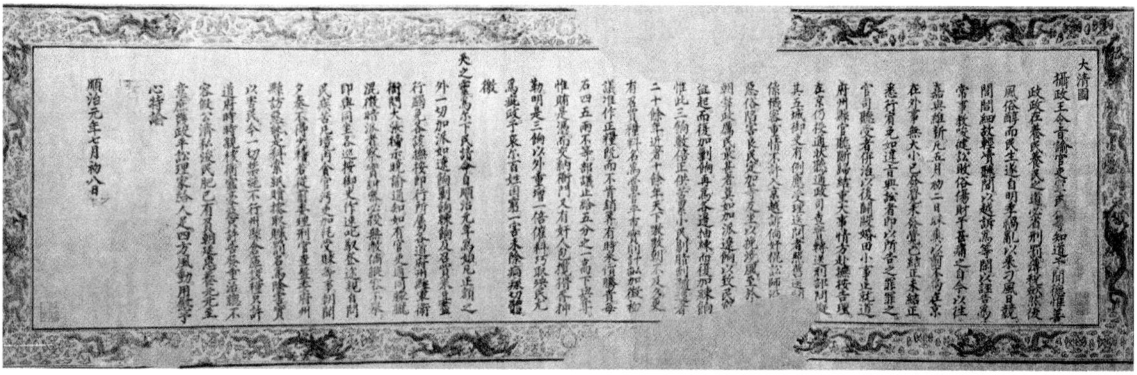

大清國

順治元年七月初八日

▲ 《안민고시(安民告示)》. 청나라 순치(順治) 원년(1644년) 7월 8일에 각인했다. 판면의 폭은 대략 1.5미터인데, 청 왕조의 방침에 대해 서술하는 내용으로, 곳곳에 붙여놓아 민심을 안정시키기 위한 용도였다. 이 날은 청나라 군대가 북경에 들어온 넷째 날인데, 명대 경창(經廠)의 각인기술을 사용했을 것이며, 청나라 군대가 북경으로 입성한 후 만든 첫 번째 인쇄물이다. 고시(告示)는 통째로 하나의 판에 글을 새겼으며, 현재 발견된 것 중 폭이 가장 큰 고대의 조판이다.

十一史)》가 있다. 청대 판본의 전문가인 섭덕휘(葉德輝)는, "무영전 각인본은 당시 관원들이 교감할 때 주로 송대 각인본에 근거하였고, 또한 매우 엄격하게 처리하여 오류도 적었다"라고 하였다. 무영전본은 경, 사, 자, 집 등 여러 종류를 포함하고 있는데, 강희, 옹정, 건륭 때 가장 성행하였다. 관련 자료에 따르면 강희 때 각인한 책이 63종, 옹정 때 각인한 책이 71종이며, 건륭 때 각인한 책이 100여 종으로 가장 많았다. 그러나 도광(道光) 이후에는 무영전본의 수량이 대폭 감소했다.

청대 지방 정부의 서적 인쇄는 조설근(曹雪芹)의 조부인 조인(曹寅)이 설립한 양주시국(揚州詩局)이 가장 유명하다. 조인은 당시 강녕직조(江寧織造)를 맡고 있으면서 회남(淮南)과 회북(淮北)의 염정(鹽政)을 겸하고 있었다. 강희 황제의 허락을 얻어 양주시국이 설립되었는데, 이곳은 내부(內府)의 서적을 편집 교정, 간행, 각인을 주로 하는 출판기구가 되었다. 이곳에서 각인한 책은 판서(版書), 교감, 각판, 인쇄, 종이, 장정 등 모든 방면에서

※ 도광 | 청의 8대 황제인 선종(宣宗)의 재위 기간인 1820년부터 1850년까지의 연호이다.

※ 강녕직조 | 청나라 때 남경에 설치되었던 관청으로, 비단을 짜고 황실에 각종 물품을 조달하였다.

※ 염정 | 소금을 관할하던 직책.

뛰어났기에 관각본 중 비교적 높은 수준을 보여준다. 여기서는 주로 시사집(詩詞集)을 각인하였는데, 유명한 각인본으로《송금원명사조시(宋金元明四朝詩)》,《역대부휘(歷代賦彙)》,《역대시여(歷代詩餘)》,《패문재서화보등(佩文齋書畵譜等)》등 10여 종, 약 3천 권이 있다. 강희 44년(1705년)에 간행한《전당시(全唐詩)》는 글자체가 수려하고, 먹의 색이 균일하며, 종이의 질이 좋고, 장식이 정미하여 청대 관각본의 대표작으로 불린다. 강희 황제는 이 책을 본 후 "각인한 책이 매우 훌륭하다"라고 평하였다. 동치(同治) 연간에(1862~1874년) 이르러서는 각 성에 관서국(官書局)을 세우고 많은 경, 사, 자, 집을 간행하였다. 가장 유명한 것으로《이십사사(二十四史)》,《이십이자(二十二子)》,《옥해(玉海)》등이 있다.

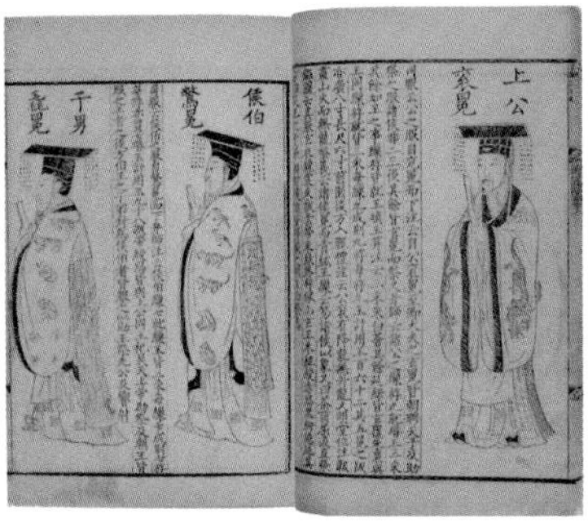

▲《신정삼례도(新定三禮圖)》. 송대 섭숭의(聶崇義)가 집주(集注)하였고 청대 강희 19년(1680년) 납란성덕(納蘭成德)이 각인하였다. 납란성덕은 명주(明珠)의 아들로, 강희 12년에 진사가 되었으며, 경학에 정통하였는데, 저명한 각인본으로는《통지당경해(通志堂經解)》가 있다. 사(詞)로 유명하다.

청대에는 사가(私家) 각인본도 한동안 유행하였는데, 그 중에는 시문을 짓고 읊는 달관현신(達官顯宦 : 고관대작—역자)도 있었는데, 이들은 공금이나 개인의 돈으로 책들을 간행했다. 일부 문인 학자들은 옛 사람들의 시 작품이나 자신의 저작을 각인하였고, 유명한 장서가 중에는 자신의 집안에 소장하고 있던 책을 정밀하게 교정한 후 각인하기도 하였다. 건륭 때 안휘성 흡현(歙縣)의 유명한 장서가 포정박(鮑廷博)은 한대부터 청대까지의 저작 207종을 편집하여《지부족재총서(知不足齋叢書)》30집을 완성하였다.

포정박과 같이 적극적으로 책을 각인하는 사람이 청대에는 매우 많았다. 통계에 따르면 청대에 개인적으로 찍어낸 책이 약

2천 종이 넘는다고 한다. 당시 개인적으로 책을 각인한 장회붕(張晦鵬)은 다음과 같이 말하기도 하였다. "장서는 독서보다 못하고, 독서는 책을 간행하는 것만 못하다. 독서는 자신만을 위한 것이나, 책을 간행하는 것은 사람들에게 은혜를 베푸는 것이다. 위로는 작자의 정신을 장수하게 하고, 아래로는 후대의 수학(修學)에 은혜를 베푸는 것이므로, 그 도(道)가 더욱 크고 넓다." 장지동(張之洞)은 또 적극적으로 책을 간행할 것을 주장하면서 다음과 같이 말하였다. "오늘날의 사람들은 각자의 덕업과 학문이 남을 뛰어넘을 길이 없으니, 이는 옛 사람들의 서적을 각인하는 것만 못하다. 오현(吳縣)의 황비열(黃丕烈), 흡현(歙縣)의 포정박, 남해(南海)의 오숭요(伍崇曜), 금산(金山)의 전조조(錢照祚) 같은 이들은 그 이름이 100년 안에 분명히 사람들에게 알려질 것이다." 많은 사람들이 서적을 간행하는 것을 음덕을 쌓는 일일 뿐만 아니라 명리(名利)에도 이익이 되는 일이라고 보았다.

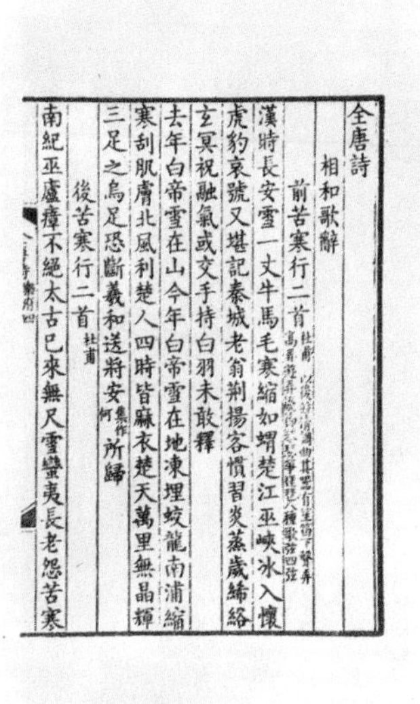

全唐詩
相和歌辭
前苦寒行二首 杜甫
漢時長安雪一丈牛馬毛寒縮如蝟楚江巫峽冰入懷
虎豹哀號又堪記秦城老翁荆揚客慣習炎蒸歲絺綌
玄冥祝融氣或交手持白羽未敢釋
去年白帝雪在山今年白帝雪在地凍埋蛟龍南浦縮
寒刮肌膚北風利楚人四時皆麻衣楚天萬里無晶輝
三足之烏足恐斷羲和送將安集作何所歸
後苦寒行二首 杜甫
南紀巫廬瘴不絕太古已來無尺雪蠻夷長老怨苦寒

▲《전당시(全唐詩)》. 청대 강희 46년(1707년)에 양주시국(揚州詩局)의 각인본으로 총 900권이다. 시는 4만 8900여 수가 수록되어 있으며, 작자는 2200여 명이다. 역대 당시(唐詩)를 가장 많이 수록한 판본으로, 글자체는 단정한 해서로 깔끔하다. 각인이 정교하고 섬세하여 청나라 초기 관각본의 걸작으로 꼽힌다.

▶ 청대에 무영전에서 책을 간행하는 과정을 그린 그림. 무영전은 청대의 황실을 위해 책을 편찬한 곳으로, 현재 고궁 서화문(西華門) 안에 있다.

청대에도 역시 서적 각인을 주도한 것은 여전히 민간 서방들이었다. 당시 서방들은 각지에 분포되어 있었는데, 인쇄된 서적들은 서적상을 거쳐 전국 각지로 팔려 나갔다. 이러한 서적의 종류는 민간에서 좋아하는 책들이 대부분이었다. 그리하여 책에 대한 수요는 주로 서방들로부터의 공급에 의존했다.

북경의 유리창(琉璃廠)과 융복사(隆福寺) 일대에는 100여 개의 서방들이 집중해 있었는데, 경전, 사서, 팔고문(八股文) 등과 같은 서적을 북경에 와서 회시(會試)를 보는 사람들에게 공급하였다. 또 희곡, 소설, 자전(字典), 의서, 식자(識字) 교재 및 민간의 일상용 서적을 간행하였다. 그 중 문광당(文光堂), 영화당(英華堂), 삼괴당(三槐堂), 홍원당(鴻遠堂)은 만주어와 한어로 함께 씌어진 책을 많이 각인하였다. 당시 유명한 학자인 황비열, 왕사정(王士禎), 손성연(孫星衍) 등은 자주 유리창에 가서 책을 샀다.

소주에는 서방이 50여 곳 있었는데, 명대부터 내려오는 오래된 소엽산방(掃葉山房)이 가장 유명했다. 당시의 주인이었던 석

※ 장지동(1837~1909) | 청나라 말기의 개화파 정치가이자 학자로, 자는 고달(考達)이며 호는 향도(香濤)이다. 경사실학(經史實學)을 제창하였고, 경한(京漢) 철도 부설과 한양(漢陽) 제철 · 평향(萍鄉) 탄광을 창설하는 데 관여하였으며, 양무운동에 참여하였다. 저서로는 변법유신운동을 비판한 《권학편(勸學篇)》 등이 있다.

※ 팔고문 | 한시(漢詩)에서 사용되는 여덟 개의 짝으로 된 문체를 가리킨다. 명초부터 청말까지 과거시험의 답안을 작성하는 데에 사용되었다.

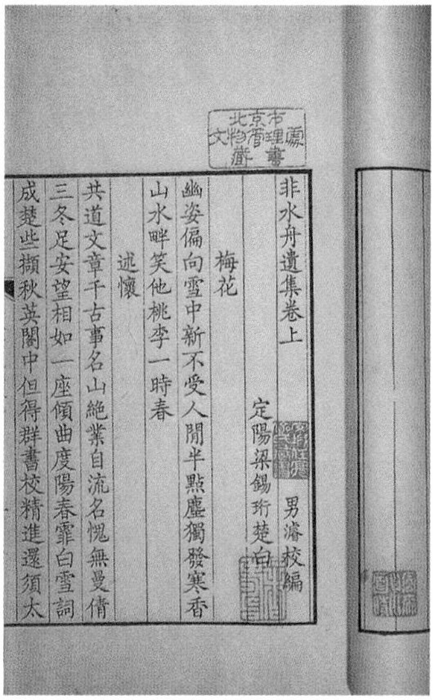
非水舟遺集卷上　男濬校編
定陽梁錫珩楚白
梅花
幽姿偏向雪中新不受人間半點塵獨發寒香
山水畔笑他桃李一時春
述懷
共道文章千古事名山絕業自流名愧無曼倩
三冬足安望相如一座傾曲度陽春霏白雪詞
成楚些擷秋英閣中但得群書校精進還須太

▲ 《비수주유집(非水舟遺集)》. 청나라 양석형(梁錫珩)이 편찬하였으며, 건륭 연간(1735~1795년)에 작자의 아들인 양준(梁浚)의 검홍재(劍虹齋)에서 각인하였다. 청대의 가각본으로 글자체가 수려하고 아름답다.

▶ 《유림외사(儒林外史)》. 청나라 오경재(吳敬梓)의 저작이다. 가경(嘉慶) 21년(1816년)의 예고당(藝古堂) 각인본이다. 《유림외사》는 청대의 유명한 풍자소설로, 1751년에 책이 만들어졌다. 이것은 이 책의 초기 판본 중 하나이다.

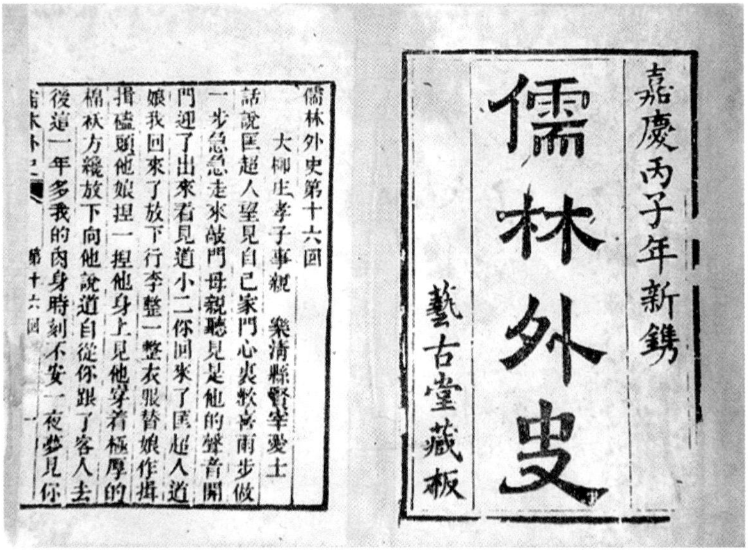

세신(席世臣)은 장서가로서 자신이 소장한 좋은 책을 스스로 교열하고 각인하여 책으로 만들었다. 이 중 가장 유명한 각인본으로는 《동관한기(東觀漢記)》(한대에 반고가 편찬함), 《오월비사(吳越備史)》, 《동도사략(東都事略)》, 《정관정요(貞觀政要)》를 비롯한 많은 사서(史書)들이 있다.

그 외에도 강절, 복건, 안휘, 광주 등지에도 일정 수의 서방들이 분포하고 있어서 민간에서 필요로 하는 각종 도서들을 각인하였다.

‖ 활자 인쇄술과 활자판 인쇄 서적 ‖

조판(雕版) 인쇄서에서 활자판 인쇄서로 발전한 것은 서적 역사상 하나의 큰 변혁이었다.

조판 인쇄서는 각인할 서적의 문자를 일일이 목판에 새겨야 했기 때문에 시간과 공력이 많이 들었다. 만약 비교적 짧은 시간에 책을 출판하고자 한다면 비교적 많은 각판 장인이 필요하였다. 송대 소희(紹熙) 연간(1190~1194년)에 각인한 《논형(論衡)》은 30명이 넘는 각판공이 각판에 참여하였다. 만일 분량이 방대한 책을 출판하고자 한다면 출판 기한을 수 년에서 십수 년까지 연장해야 했다. 송대 초기에 정부는 성도(成都)에서 《개보장(開寶藏)》(165쪽 참조—역자)을 각인했는데, 12년간 모두 13만 개의 판을 새겼다. 남송 시기 복주(福州)에서 《비로대장경(毘盧大藏經)》 6천여 권을 각인했는데, 39년의 시간을 들여서야 완성할 수 있었다. 명나라 정부가 설립한 인쇄 작업장인 '사례감경창(司禮監經廠)' 에는 약 1천 명이 있었다. 이곳은 중국 고대의 최대 인쇄창으로, 거기에서 일하는 각판공이 350명에 달했다.

조판 인쇄의 또 다른 문제는 양질의 목재를 너무 많이 필요로 한다는 것이다. 문헌의 기록에 따르면 원대에 항주의 서호서원(西湖書院)에서 진행한 인쇄 작업에서 모두 7893개의 판을 새기는 데 930그루의 나무가 필요했다고 한다. 만약 전국 각지에서

1년 동안 책을 각인하는 데 쓰인 나무를 모은다면 그 수량이 엄청날 것이다. 조판은 한 번 찍은 후 재판을 인쇄하기 위해 인쇄판을 보존해야 하는데, 이때 또 인쇄판들을 보관할 수 있는 커다란 공간이 필요하다.

인쇄업이 발전함에 따라 사회의 책에 대한 수요도 끊임없이 증가하면서 조판 인쇄술의 단점들이 갈수록 더 두드러지게 되었다. 이러한 이유에서 사람들은 새로운 인쇄 방법을 통해 전통적인 조판 인쇄를 대체하고자 시도하였고, 이것이 활자판의 발명을 촉진시켰다. 한 세트의 활자를 만들기만 하면 빨리 배열하여 한 권의 책을 만들 수 있었다. 또한 활자의 반복 사용이 가능하여 재료의 비용이 대폭 감소하였다. 활자판의 발명은 인쇄 기술에 있어서 일대 혁명이었으며, 인쇄술이 조판에서 활자판으로 진입하는 시대를 맞게 하였다.

▼ 현재 중국 인쇄박물관 내에 있는 필승(대략 990~1052년)의 동상. 필승은 유명한 각판 장인으로 장기간 항주에서 일했으며 활자판의 위대한 발명자이다.

필승(畢昇)이 발명한 활자판

필승과 그의 업적에 대해서는 북송의 유명한 학자 심괄(沈括, 1031~1095년)의 《몽계필담(夢溪筆談)》에 상세하게 기록되어 있다. 이것은 활자판의 발명에 대한 사료 중 가장 이르면서도 가장 믿을 만한 문헌 자료인데, 심괄의 이 책은 필승이 활자판을 발명한 연대를 기록하고 있을 뿐만 아니라, 활자를 제조하는 재료, 방법, 필승의 활자 배판(排版) 공예와 활자의 보존 방법까지

기술하고 있다. 그러나 심괄은 필승이 활자판을 이용하여 어떤 책을 인쇄했는지는 기록하지 않아 그가 인쇄한 책에 대한 내용은 전해지지 않고 있다.

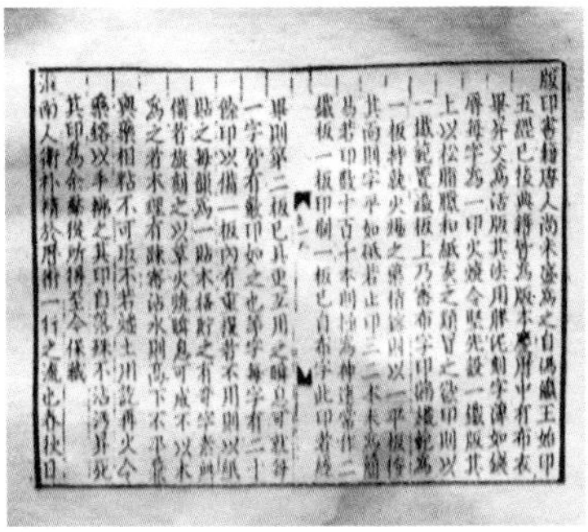

▲ 송나라 심괄(沈括)의 《몽계필담(夢溪筆談)》 중 필승이 활자판을 발명한 것을 소개하는 내용의 한 단락이다.

심괄은 필승을 포의(布衣)라고 불렀는데, 이것은 고대에 평민 백성에 대한 통칭이다. 그는 각판 장인으로 오랫동안 항주에서 작업을 하였다. 1993년, 호북성(湖北省) 영산현(英山縣) 초반(草盤) 지역의 한 산비탈에서 필승의 묘비를 찾았다. 전문가의 고증을 통해 이것이 활자판을 발명한 필승의 묘지임이 밝혀졌고, 필승의 본적을 알아낼 수 있었다.

심괄의 기록에 따르면 필승이 활자판을 발명한 연대는 북송 경력(慶曆) 연간(1041~1048년)으로 그가 활자를 제조한 재료는 점토[泥]였다. 그는 먼저 점토를 이용해 글자벽돌[字坯]을 만들고, 글자를 새긴 후 불에 구워 더욱 단단하게 하였는데, 구운 후의 활자는 이미 도자기의 재질로 변하여 인쇄할 때의 압력을 완벽하게 견뎌낼 수 있게 된다. 활자를 만든 후 운(韻)의 순서에 따라 나무 격자에 배열한다. 배판(排版)할 때 먼저 철판을 준비해 놓고, 활자 위에 밀랍과 종이를 태운 재의 혼합물을 발라 다시 철 틀에 넣는다. 활자는 철 틀 안에 배열한다. 한 판을 채워 배열한 후 철판을 불에 가열하여, 발라놓은 약 가루가 녹으면 다시 평평한 판으로 글자 면을 눌러 자면을 평평하게 하여 인쇄하기 편하게 만든다. 철판이 냉각되면 활자는 곧 철판 위에 견고하게 고착되어 인쇄를 할 수 있는 상태가 된다. 인쇄한 후 다시 철판을 가열하고 활자를 떼어내어 다시 사용할 수 있도록 원래의 자리에 꽂아둔다.

필승의 활자는 각각의 글자를 몇 개씩 만들어야 한다. '지(之)'나 '야(也)' 등 자주 쓰이는 글자는 각각 20여 개씩 만들어야 한다. 판을 배열할 때 없는 글자를 발견하면 임시로 하나를 만들어서 불에 구우면 사용할 수 있다. 심괄이 필승 활자의 총 수량을 소개하지는 않았지만, 당시 서적의 일반적인 글자 사용 상황에 따라 결정했으리라고 추측할 수 있다.

필승의 활자판 기술은 심괄의 소개로 광범하게 전해졌다. 문헌의 기록에 따르면 후대의 많은 사람들이 심괄의 소개에 따라 니활자(泥活字)를 이용해 책을 인쇄하였다. 그러나 송대의 활자판 인쇄본은 아직까지 발견되지 않고 있다.

필승의 발명은 출판·인쇄사에서 한 시대의 획을 긋는 것으로, 그것은 활자판 인쇄 서적 시대의 개막을 알리는 것이었다.

역대 니활자판(泥活字版) 인쇄본

매우 다행스럽게도 최근에 초기의 니활자판 인쇄본이 몇 군데에서 발견되었다.

1987년 5월 감숙성(甘肅省) 무위시(武威市) 신화향(新華鄉) 전산촌(纏山村)의 해모동(亥母洞) 유적지에서 서하문(西夏文)으로 각인된《유마힐소설경(維摩詰所說經)》한 권이 출토되었다. 경절장으로 총 54쪽이며, 1면에 7행, 1행에 17자로 되어 있다. 고증에 따르면 이 책은 12세기 중기의 니활자판 인쇄본이라고 한다. 이는 필승이 활자판을 발명한 지 약 100년 후 니활자판이 이미 서북 지역에서 사용되었음을 말해준다.

서하학(西夏學) 연구자인 사금파(史金波) 선생은 러시아 과학원 동방학연구소 상트페테르부르크 분소에 소장된 '흑수성(黑水城) 문헌'에서 서로 다른 판본의《유마힐소설경》몇 종을 발견했는데, 이것들은 모두 12세기 중기의 니활자 판본이다.

원대 초기에 요구(姚樞)와 양고(楊古)는 일찍이 필승의 방법을 이용하여 니활자판을 이용해《소학(小學)》,《근사록(近思錄)》,《동채경사론설(東萊經史論說)》등의 책들을 인쇄하였다.

청나라 강희 57년(1708년)에 태안(泰安)의 서지정(徐志定)이《주역설략(周易說略)》을 인쇄하였는데, 이 책의 겉표지에는 '태

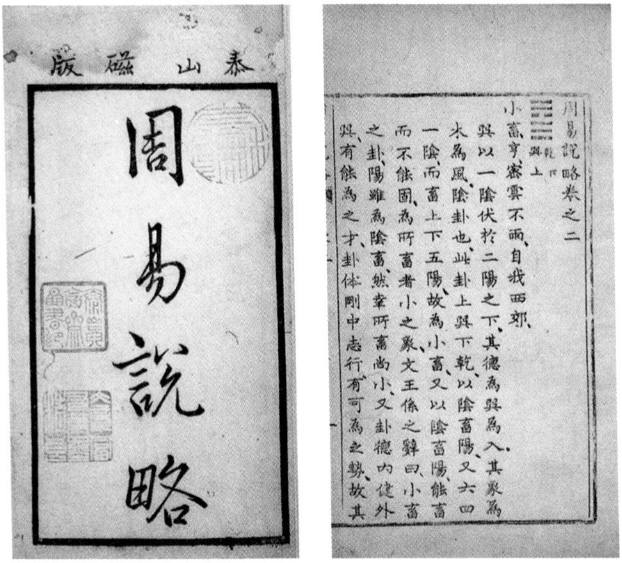

◀《주역설략(周易說略)》. 청나라 강희 58년(1719년)에 서지정이 활자로 인쇄하였고, 겉표지에 주를 달아, '태산자판(泰山磁版)'은 니활자 위에 유약을 발라 만든 것이라고 상세히 밝혔다. 이는 필승의 니활자판을 개량한 것이다.

산자판(泰山磁版)' 이라는 네 글자가 씌어 있었다. 어떤 사람은 이 '자판(磁版)' 이라는 것을 니활자판으로 추정했다. 추측컨대 니활자에 유약을 한 층 바르고 구운 후 도자기 재질과 비슷하게 된 것을 '자판' 이라고 부른 듯하다.

청대 도광(道光) 10년(1830년)에 소주 사람인 이요(李瑤)가 항주에서 10여 명을 고용하여 니활자를 만들어 책을 인쇄하였다. 그는 8개월에 걸쳐 《남강역사감본(南疆繹史勘本)》 80부를 활자로 인쇄[排印]하였는데, 이 책의 속표지 앞에 "칠보전륜장정본(七寶轉輪藏定本), 송의 니판(泥版) 인쇄법을 모방하였다"라는 문장이 적혀 있다. 책의 범례에서는 "이 책은 필승의 활자를 예로 하여 인쇄하여 만들었다"라고 밝히고 있다. 후에 이요는 같은 방법으로 《교보금석례사종(校補金石例四種)》을 활자로 인쇄하였다.

청대 도광 연간(1820~1850년)에 안휘 경현(涇縣) 수동촌(水東村)의 적금생(翟金生)은 30년 동안 심혈을 기울여 니활자판 약 10만 개를 만들었는데, 각각 큰 것, 중간 것, 작은 것, 조금 작은 것, 아주 작은 것 등 다섯 종류의 크기로 만들었다. 도광 24년(1844년)에 적금생은, 70세에 자신이 만든 니활자를 이용해 자신의 시집을 인쇄하였는데, 책 이름이 《니판시인초편(泥版試印初編)》이다. 이 책 첫 장의 이름 밑에 "경현의 적금생 서원씨(西園氏)가 저술하고 인쇄함"이라고 인쇄되어 있다. 그 후 적금생은 많은 책들을 인쇄하였는데, 그의 나이 83세이던 함풍(咸豊) 7년(1857년)에 손자인 적가상(翟家祥)을 지도하여 인쇄한 《수동적씨가보(水東翟氏家譜)》가 마지막으로 인쇄한 책이다.

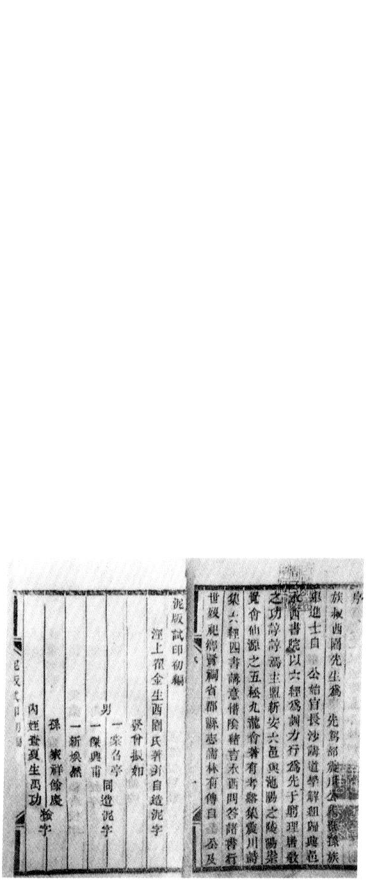

▲ 《니판시인초편(泥版試印初編)》. 청대 도광 24년(1844년)에 안휘 경현의 적금생이, 자신이 제작한 니활자를 이용해 인쇄한 것인데, 이 책은 그가 니활자를 제조하여 인쇄한 것을 기념하기 위해 만든 것이다.

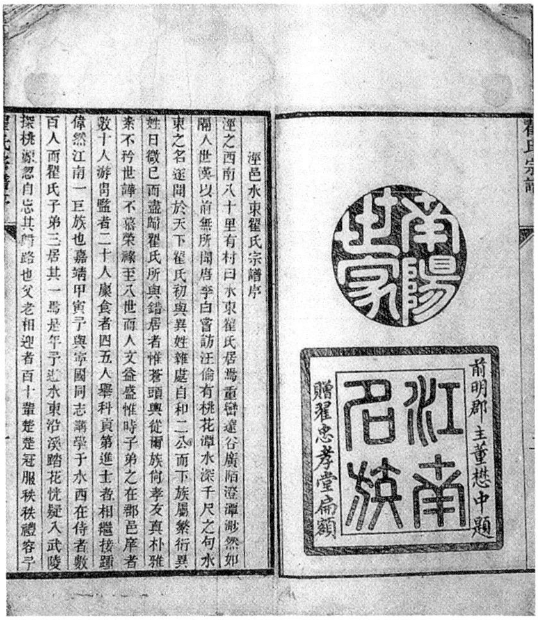

◀《경읍수동적씨종보(涇邑水東翟氏宗譜)》. 이는 적금생이 스스로 제조한 니활자를 이용하여 인쇄한 또 하나의 책이다.

적금생의 니활자판은 '니두판(泥斗版)', '징니판(澄泥版)', '니취진판(泥聚珍版)' 등으로 불리기도 한다. 적씨와 동향 사람인 포세신(包世臣)은《니판시인초편》을 위해 쓴 서(序)에서, 적씨 니활자판 인쇄본의 훌륭한 품질과 적씨의 지치지 않는 장인정신을 높게 평가하는 한편, 적금생이 제조한 활자의 제작 방법을 소개하였다. 적씨가 만든 활자에 사용된 진흙을 '징니(澄泥)'라고 불렀다. 이는 진흙을 물에 풀어 침전시켜 깨끗하게 순화시킨 후 다시 니활자를 제조하는 것이었다. 활자를 만들 때는 나무틀과 구리 주형을 합쳐서 눌러 만들었다. 적씨 니활자판 인쇄본 중 몇 가지가 현재까지 전해지고 있는데, 그 인쇄 상태는 좋은 것으로 평가된다. 그래서 필승의 활자판 인쇄법을 계승한 좋은 본보기가 되었다.

목(木)활자판 인쇄본

필승의 니활자판이 발명된 이후, 대략 남송 때부터 목활자판이 나타나 활자판 기술은 한 단계 더 발전하게 되었다.

서하문(西夏文) 목활자판 인쇄본

원(元)대의 농학자(農學者)인 왕정(王禎)은 목활자판 기술에 중대한 공헌을 한 인물이다. 그는 안휘(安徽) 정덕현(旌德縣)의 현령으로 있을 당시 농경을 제창하고 농업기술을 개선하였으며, 수리 공사를 하고 《농서(農書)》를 편찬하였다. 그는 또 대덕(大德) 2년(1298년)에 《농서》를 활자로 인쇄하기 위해 목활자 배판 기술을 발명하였는데, 각판공을 고용하여 3만여 개의 목활자를

▶ 왕정이 설계한 '회전배자판'. 두 개의 활자판으로 되어 있으며, 목활자를 운(韻)의 순서대로 배열했다. 앉아서 글자를 고를 수 있으며, 멀리 있는 글자도 가까이 옮겨놓을 수 있다. 이것은 중국 인쇄박물관에서 복원한 모형이다.

새겼고, 회전배자판을 설계하였다. 그는 이 모든 기술을 〈조활자인서법(造活字印書法)〉(‘활자를 만들어 책을 인쇄하는 방법’이라는 의미—역자)이라는 글에 담아 《농서》의 부록으로 실었다. 당시 그가 활자 제작을 완성하였을 때 사람들은 이미 《농서》를 조판(雕版)하여 인쇄했다. 그는 목활자를 이용해 자신이 주관하여 편수한 《정덕현지(旌德縣志)》를 찍어냈는데, 모두 6만여 자이며, 한 달도 채 안 되어 100부를 인쇄하였다.

왕정의 〈조활자인서법〉은 인쇄 출판의 역사에서 중요한 문헌이다. 사운각자법(寫韻刻字法)과 수자수자법(鎪字修字法), 작회감자법(作盔嵌字法), 조륜법(造輪法), 취자법(取字法), 작회안자쇄인법(作盔安字刷印法) 등 여섯 가지의 인쇄 방법을 포함하고 있으며, 목활자판 기술의 모든 내용이 담겨 있다.

그는 두 가지 방면에서 커다란 공헌을 하였다. 첫째는 한자의 실제 사용 상황을 근거로 활자의 수량을 확정하였다는 점이다. 둘째는 운의 순서에 따라 회전배자판 안에 배열하여 활자를 채자(採字)하는 사람이 필요한 활자를 빨리 찾을 수 있도록 했다는 점이다. 멀리 있는 활자는 회전판을 움직여 가까이에서 뽑을 수 있었고, 활자를 뽑는 전체 과정은 모두 앉아서 조종할 수 있었다.

남송 초기에 어떤 사람이 목활자판 인쇄서를 사용하면서 이 새로운 기술은 서북 지역에 빠르게 전해졌다. 그리하여 당시 서하(西夏) 사람들은 12세기 후기부터 목활자판으로 인쇄한 서적을 사용하게 되었으며, 여러 종류의 인쇄 서적들이 출토되었다. 아래에 몇 가지 목활자판 인쇄 서적을 소개한다.

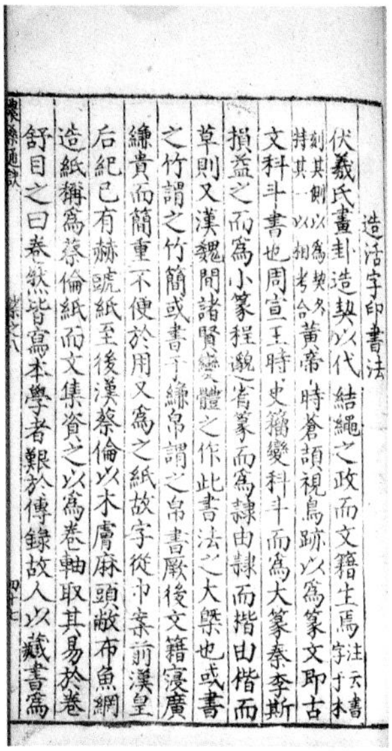
造活字印書法
伏羲氏畫卦造契以代結繩之政而文籍生焉注云書字於木刻其側以為契各持其一以相考合黃帝時蒼頡視鳥跡以為篆文即古文科斗書也周宣王時史籀變科斗而為大篆秦李斯損益之而為小篆程邈省篆而為隸由隸而楷由楷而草則又漢魏間諸賢變體之作此書法之大槩也或書之竹謂之竹簡或書于縑帛謂之帛書厥後文籍寖廣縑貴而簡重不便於用又為之紙故字從巾案前漢皇后紀已有赫蹏紙至後漢蔡倫以木膚麻頭敝布魚網造紙稱為蔡倫紙而文集資之以為卷軸取其易於卷舒目之曰卷然皆寫本學者艱於傳錄故人以藏書為

▲ 왕정의 《농서(農書)》에 있는 〈조활자인서법(造活字印書法)〉의 일부분으로, 문장에서 그가 설계한 목활자판 기술을 상세하게 설명하고 있다. 이 책은 인쇄의 역사에서 중요한 문헌이다.

▲ 서하문 목활자판 인쇄본인 《길상편지구화본속(吉祥遍至口和本續)》의 표지.

1991년에 영하(寧夏 : 중국 서부 내륙의 회족 자치구—역자)의 고고학자들은 하란산(賀蘭山 : 중국 서북부, 내몽골과의 경계 부근에 있는 높이 3556미터의 산—역자) 배사구(拜寺溝)에 있는 서하 시기의 방탑(方塔) 안에서 한 무더기의 고대 문물을 발견했다. 그 가운데 서하문 불경인 《길상편지구화본속(吉祥遍至口和本續)》 9권이 있었는데, 호접장으로 되어 있고, 모두 449쪽이었다. 불경 연구자는 이것이 12세기 후기의 목활자판 인쇄본이며, 당시 발견된 목활자판 인쇄본 중 최초의 것이라고 하였다.

최근 민족연구소의 사금파(史金波) 선생은 러시아에 소장되어 있는 흑수성(黑水城) 문헌을 연구하던 중 몇 종의 서하문 목활자판 인쇄본을 발견했는데, 그 중에는 다음과 같은 책들이 있었다.

《대승백법명경집(大乘百法明鏡集)》은 경절장이며, 서하 후기에 인쇄한 목활자판 인쇄본이다.

《삼대상조언문집(三代相照言文集)》은 호접장으로 중봉(中縫)과 테두리가 있다. 책 뒤의 서명 부분에 '字活新印(자활신인)' 등의 글자가 있다. 이것은 의심할 여지없이 활자판 인쇄본이 분명하다는 의미이다.

《덕행집(德行集)》은 호접장이며 종교서적은 아니다. 각 면에 7행, 각 행마다 14자가 적혀 있는데, 판면은 활자판의 특징이 뚜렷하고 인쇄의 질이 비교적 좋다.

위에서 언급한 흑수성 문헌의 활자판 인쇄본 외에도, 중국 고고학자들은 돈황 북부의 동굴에서 서하문 서적의 잔여 부분들을 계속해서 발견했다. 예를 들면 《지장보살본원경(地藏菩薩本願

※ 중봉 | 동양의 서책, 특히 목판본 책들에서 인쇄된 양면의 책장이 접히는 부분을 판구(板口) 또는 판심(版心)이라고 하며, 여기에서 그 접히는 선(線)을 중봉이라 한다. 옛날 동양의 서책에서는 이러한 중봉에 묵선(墨線)을 넣기도 했는데, 이를 흑구(黑口)라고 하며, 흑구 대신 글자를 넣는 경우를 화구(花口)라고 한다. 또 흑구나 화구를 넣지 않은 경우를 백구(白口)라고 한다.

經)》과 《제밀주요어(諸密呪要語)》 등이 바로 그것들이다.

1917년에 영하(寧夏)의 영무현에서 서하문 불경 인쇄본이 발견되었다. 그 중에 《대방광불화엄경(大方廣佛華嚴經)》이 있는데, 경절장으로 되어 있고 약 80권이다. 이 불경은 여러 사람의 손을 거쳐 현재 북경 국가도서관에 58권, 영하에 3권, 감숙에 5권, 일본 교토(京都)대학에 11권이 나뉘어 소장되어 있다. 이는 현존하는 송·원 시기 최대의 활자판 인쇄본이라 할 수 있다. 과거에 수많은 사람들이 이 불경을 조판(雕版) 인쇄본으로 보았는데, 최근 일부 학자들의 연구에 의해 이것이 활자판이라는 많은 증거가 제시되고 있다. 이 불경의 인쇄 연대에 관해서는 서하라는 주장과 원(元)대 초기라는 주장이 있다.

명대에 이르러 목활자판 인쇄서는 매우 보편화되기에 이른다. 명대의 학자 호응린(胡應麟)은 이에 대해 다음과 같이 언급하였다. "오늘날 서적 간행이 급속히 이루어지는 것은 활자가 있기 때문이다. 그런데 이는 송대부터 이미 이루어져 왔다. ……지금은 물에 갠 진흙으로 만든 것은 없고, 오로지 나무로 만든 것

▲《덕행집》. 서하 유적지인 흑수성에서 출토된 호접장이다. 이것은 통치자의 덕행과 언어를 논한 책으로, 서하 말기(13세기 초)의 목활자판 인쇄본이다.

▼ 회골문(回鶻文) 목활자로 돈황 동굴에서 13세기에 출토되었다. 역사상 가장 이른 자모활자(字母活字)이다. 1906년 프랑스인이 돈황에서 960개의 활자를 도굴하여 현재 프랑스의 기메박물관(Muse Guimet)에 소장되어 있다. 최근 돈황에서 40여 개의 회골문 목활자를 추가로 발견했다[회골은 중국 당나라 덕종 때의 부족 이름으로, 회흘(回紇)이 스스로 고쳐 부른 이름이다-역자].

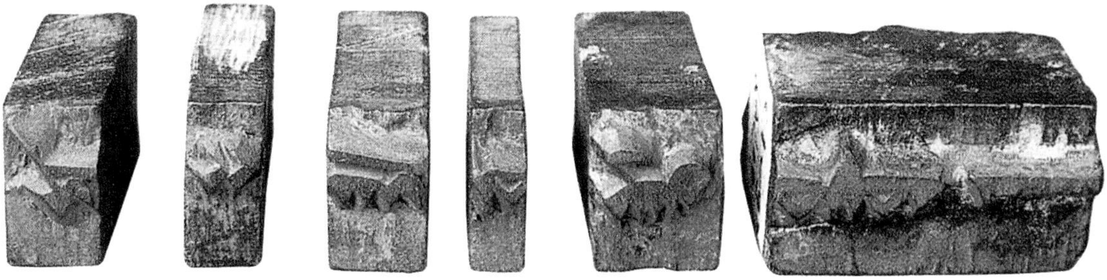

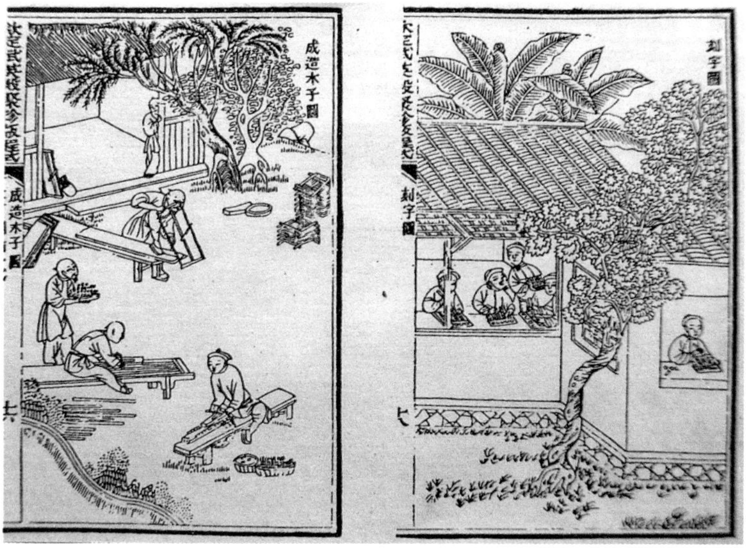

▶ 《무영전취진판정식(武英殿聚珍版程式)》에 실린 네 폭의 삽도. 왼쪽부터 〈성조목자도(成造木子圖)〉, 〈각자도(刻字圖)〉, 〈조판도(槽版圖)〉, 〈파판도(擺版圖)〉.

을 활자라고 한다." 청나라의 공현(龔顯)은 이르기를, "명나라 사람들은 목활자로 책을 인쇄했는데, 그 풍조가 크게 성행하였다"라고 하였고, 또 섭덕휘(葉德輝)도 "명대 이래 활자판이 성행했다"라고 하였다. 이와 관련된 역사서의 통계에 따르면 명대의 목활자본은 대략 100여 종이 있었다고 한다. 소주, 항주, 남경, 복건, 사천, 운남 등지에 모두 목활자로 인쇄한 서적들이 있었고, 번부(藩府), 서원(書院), 서방(書坊), 사가(私家) 할 것 없이 모두 목활자를 이용하여 책을 인쇄하였다.

무영전(武英殿)은 청대 황실에서 도서를 찍어내던 기관이었다. 청대 건륭 38년(1773년)부터 시작하여 김간(金簡)의 주관하에 6천여 개의 글자를, 각각 10개 내지 20개씩 대추나무 활자로 새겼다. 크고 작은 것 각각 한 쌍씩 모두 25만여 개였다. 건륭

※ 공현(1619~1689) | 청나라 초기의 문인화가. 금릉팔대가(金陵八大家)의 우두머리이다. 명암이 뚜렷하고 박력이 넘치는 화풍은 서양의 화법에서 영향을 받은 것으로 보이며, 명나라 유민의 의식에서 영향을 받아 화풍이 신비스러운 분위기를 느끼게 한다.

※ 섭덕휘(1864~1927) | 청나라 말기의 역학자로 사주(四柱)에 밝았다. 평생 수많은 장서들을 모았으며, 저서로는 《성명진원(星命眞原)》, 《장서십약(藏書十約)》, 《서림청화(書林淸話)》, 《관고당장서(觀古堂藏書)》, 《자원독서지(自園讀書誌)》 등이 있다.

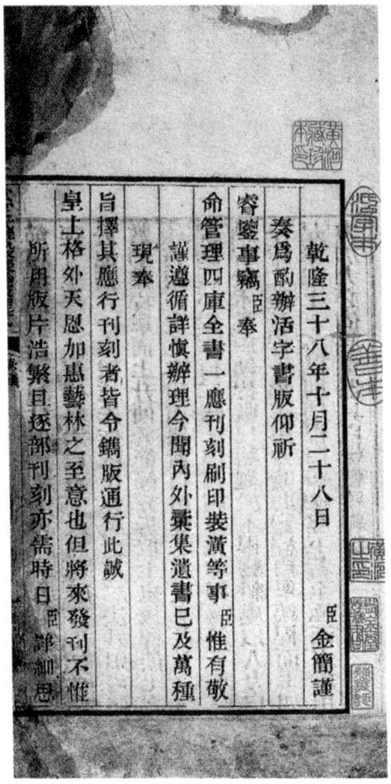

乾隆三十八年十月二十八日 臣金簡謹
奏爲酌辦活字書版仰祈
睿鑒事竊臣 奉
命管理四庫全書一應刊刻刷印裝潢等事臣惟有敬
謹遵循詳愼辦理今聞內外彙集遺書已及萬種
現奉
旨擇其應行刊刻者皆令鐫版通行此誠
皇上格外天恩加惠藝林之至意也但將來發刊不惟
所用版片浩繁且逐部刊刻亦需時日臣詳細思

▲《무영전취진판정식(武英殿聚珍版程式)》. 청대 건륭 38년(1773년)의 무영전 목활자본이다. 목활자 인쇄기술을 체계적으로 소개한 책으로 목활자의 최고 수준을 대표한다.

황제는 정사를 처리할 때 인쇄 상태와 글자체에 만족하였으나, '활자(活字)'라는 명칭만은 고상하지 않다는 이유로 '취진(聚珍)'이라고 고쳐 불렀다. 그래서 이 당시 목활자로 인쇄한 서적을 '무영전취진판총서(武英殿聚珍版叢書)'라 부른다. 총서는 크게 경(經), 사(史), 자(字), 집(集)의 네 부분으로 분류하고, 총 138종, 2414권, 1428책을 21년에 걸쳐 완간하였다. 이는 역사상 최초로 정부에서 목활자를 사용하여 인쇄한 것이며, 가장 큰 규모의 서적 인쇄 작업이었다.

이 총서 가운데《무영전취진판정식(武英殿聚珍版程式)》이 있는데, 그 주요한 내용은 두 부분으로 나뉜다. 하나는 목활자 제작을 위해 올린 상소문과 건륭 황제의 비시(批示)와 제시(題詩)이고, 다른 한 부분은 목활자 제작기술과 공예, 그리고 규모 등에

※ 비시 | 비사(批辭) 또는 비지(批旨)라고도 한다. 임금이 상주문의 말미에 기록하여 가부를 나타내는 말을 비답이라 하는데, 이 비답의 말이나 글을 비시라 한다.

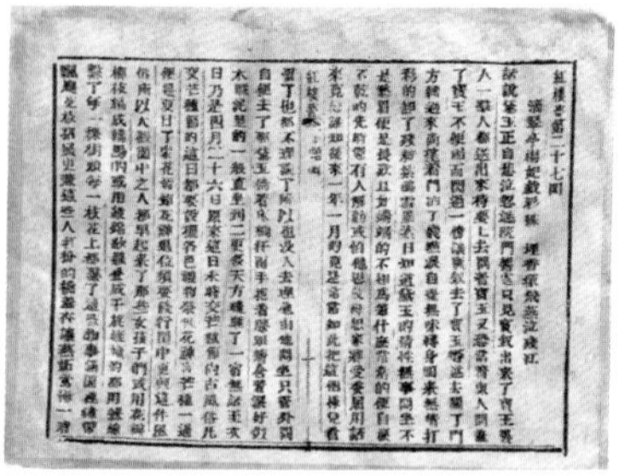

▼ 《홍루몽(紅樓夢)》. 청대 건륭 56년(1791년)에 췌문서옥(萃文書屋)의 목활자본으로, 초기 판본이다.

관한 내용이다. 목활자판 기술의 표준으로, 목활자판 공예기술의 각 방면에 대해 매우 상세하고 정확하게 적었다. 이는 인쇄출판사에서 최초의 전문 인쇄 기술서라 할 수 있다. 건륭 황제는 이처럼 빠르고 간편한 인쇄 방법을 전국에 확대하여 각지에서 《무영전취진판정식》을 인쇄하도록 했다. 그리고 오래지 않아 절강 지방에서 인쇄되어 강절(江浙) 일대의 목활자 인쇄가 일시에 성행하게 된다.

청대에는 민간의 목활자 인쇄서 역시 매우 홍성했다. 절강의 호주, 강서의 무원, 강소의 상숙과 소주, 그리고 안휘, 복건, 북경 등지에 모두 목활자 인쇄서가 남아 있다. 가장 유명한 것으로는 《당미산시집(唐眉山詩集)》, 《무원산수유기(婺源山水遊記)》, 《홍루몽(紅樓夢)》 등이 있다.

동(銅)활자판 인쇄본

금속판을 이용하여 인쇄한 것은 송대의 지폐에서 기원한다.

금속판과 목조판(木雕版)의 인쇄에는 각각 다른 종류의 먹이 사용된다. 목판 인쇄에 사용하는 것은 수성먹이지만 금속판은 유성먹을 쓰거나 점성이 높은 수성먹을 사용해야 한다. 송대에 동판으로 인쇄한 지폐가 사용되었다는 것은 당시 이미 금속판용 먹이 사용되었다는 사실을 말해준다. 그러나 지폐 발행은 정부에서 주관하였기 때문에 먹 제작 방법은 소수의 사람들만이 알 수 있었다. 원대 초기에 어떤 사람은 주석(朱錫)으로 먹 만드는 것을 시도했지만 사용에 적합하지 않아 결국 금속판용 먹 제작에 실패하였다. 명대 중기에 금속판용 먹 인쇄 방법이 밖으로 전해지면서부터 동활자판 인쇄 서적이 광범위하게 사용되었다.

명대에 동활자판을 사용하여 최초로 최대 규모의 책을 인쇄한 것은 무석(無錫)의 화씨(華氏)라고 할 수 있다. 또한 화씨 집안에서도 화수(華燧)가 가장 유명했다.

화수(1439~1513년)의 자는 문휘(文輝)이고 호는 회통(會通)이다. 어려서부터 많은 책을 읽어 경사(經史)에 능통하였던 그는 당시 유명한 장서가였다. 그는《구경운람(九經韻覽)》과《십칠사절요(十七史節要)》등의 책을 펴냈고, 중년 이후에는 많은 자금을 들여 동활자판을 제작하여 수십 종의 책을 간행하였다. 명대 홍치(弘治) 3년(1490년)에 화수는 처음으로 동활자판 인쇄서를 간행하였는데, 그것이 바로 150권의《송제신주의(宋諸臣奏議)》이며, 모두 50질을 찍었다. 이후《금수만화곡(錦綉萬花谷)》120권,《용재수필(容齋隨筆)》74권,《문원영화찬요(文苑榮華纂要)》84권,《고금합벽사류전집(古今合璧事類前集)》63권 등등을 연이어 출판하였다.

무석 사람인 안국(安國, 1487~1534년)은 자가 민태(民泰), 호는 계파(桂坡)이다.《무석현지(無錫縣志)》의 기록에 따르면, 안국은 계수나무가 우거진 산골에 살면서 고서적과 골동품 수집을 좋아했다고 한다. 그는 오랑캐를 물리치는 데 도움을 주었고, 흉년이 들면 자신의 재산으로 구휼하여 당시 사람들에게 평판이

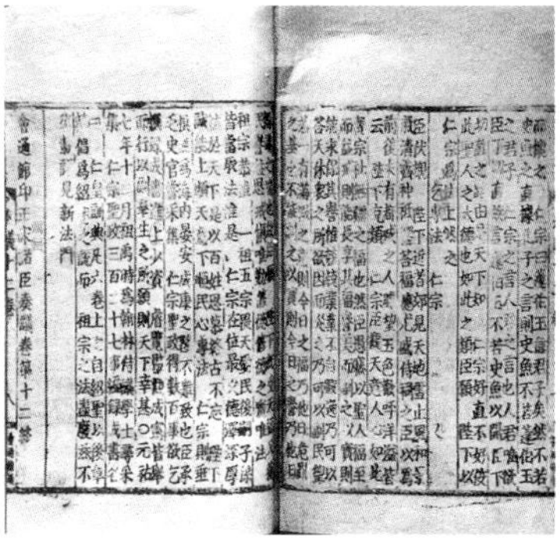

▲《송제신주의(宋諸臣奏議)》. 명대 홍치(弘治) 3년(1490년)에 무석의 화수의 회통관(會通館) 동활자 인쇄본으로, 명대 최초의 동활자본이다.

▼《회통관집구경운람(會通館集九經韻覽)》. 명대 홍치(弘治) 11년(1498년)에 무석 화수의 회통관에서 동활자로 인쇄하였다.

會通館集九經韻覽卷第一

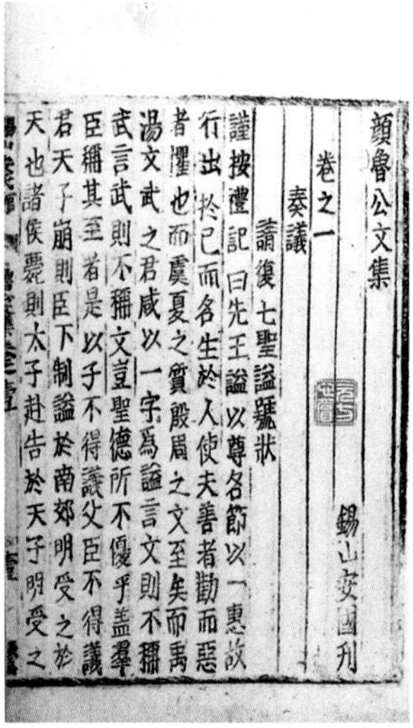

▲ 《안노공문집(顔魯公文集)》. 당대 안진경(顔眞卿)의 저작이다. 명대 가정 연간(1524~1534년)에 무석의 안국이 만든 동활자 인쇄본이다.

좋았다. 명대 정덕(正德) 7년(1512년)부터 안국은 동활자판 인쇄서를 간행하기 시작하였다. 그가 인쇄한 첫 번째 책은《동광현지(東光縣志)》로, 역사상 동활자판으로 인쇄된 최초의 지방지이다. 그러나 안타깝게도 현재 전해지지 않고 있다. 가정(嘉靖) 3년(1524년)에 인쇄한《오중수리통지(吳中水利通志)》 17권에는 "가정갑신안국활자동판간행(嘉靖甲申安國活字銅版刊行)"이란 글귀가 인쇄되어 있다. 안국이 동활자판으로 간행한 책들 중에는《중교위학산선생대전(重校魏鶴山先生大全)》,《안노공문집(顔魯公文集)》,《고금합벽사류비요(古今合璧事類備要)》,《초학기(初學記)》,《춘추번로(春秋繁露)》,《오경설(五經說)》,《웅명채집(熊明采集)》,《석전시집(石田詩集)》 등이 있다. 안국의 동활자본은 인쇄와 교감이 훌륭하여 장서가들에게 높은 평가를 받았다. 그러나 안국이 죽은 뒤 아들들이 분가하면서 그의 책들을 나누어 소장하였는데, 훗날 모두 팔아버렸다.

명대의 동활자판 인쇄본 중 현재까지 전해지는 것이 약 100여 종 있다. 무석 외에도 소주, 상주(常州), 항주, 건양, 남경, 광주 등지에 동활자판으로 인쇄된 서적들이 남아 있다.

역사상 가장 규모가 크고 인쇄가 정밀한 동활자본은 청대 무영전(武英殿)의 《고금도서집성(古今圖書集成)》이다. 진몽뢰(陳夢雷)는 복건 민현(閩縣) 사람으로 강희(康熙) 9년(1670년)에 진사가 되었다. 그는 칙명을 받아 셋째 왕자 윤지(胤祉)의 시독(侍讀)으로 있는 기간 동안, "크기가 일관되고 상하고금의 도서를 총망라하여 종류별로 분류하고 체계가 있는" 백과사전을 편찬할 결

88 시독 | 왕이나 왕의 자제에게 학문을 가르치는 벼슬.

◀ 《고금도서집성(古今圖書集成)》의 장정 겉모습.

심을 하게 된다. 그는 황실과 자신이 소장한 도서를 이용하여 56년 동안 노력한 끝에 《휘편(彙編)》을 완성하였다. 이것을 강희 황제가 직접 열람한 뒤 다시 수정하여 《고금도서집성》으로 명칭을 바꾸었다. 《고금도서집성》은 역상(曆象), 방여(方輿), 명륜(明倫), 박물(博物), 이학(理學), 경제 등 총 여섯 부분으로 나뉜다. 전체 1억 6천만 자, 6109부이며, 강희 59년(1720년)에 인쇄를 시작하여 대략 옹정 4년(1726)에 완성하였다. 당시 총 64질을 인쇄하여, 일부는 궁정에서 소장하고 일부는 황실 귀족과 조정 대신들에게 한 질씩 하사하였다. 또한 강남에서 500부가 넘는 책을 바친 장서가들에게도 한 질씩 상으로 주었다. 이 도서는 현재 중국 국가도서관, 고궁과 영파(寧波)의 천일각(天一閣)에 각각 한 질씩 소장되어 있다.

방여 | 곤의(坤儀), 곤여(坤輿)라고도 하며, 대지(大地) 혹은 지구를 가리킨다.

▶ 《고금도서집성》. 진몽뢰(陳夢雷)가 편찬하였다. 청대 옹정 4년(1726년)의 무영전 동활자판 인쇄본인데, 고대 최대의 동활자판 인쇄본이다.

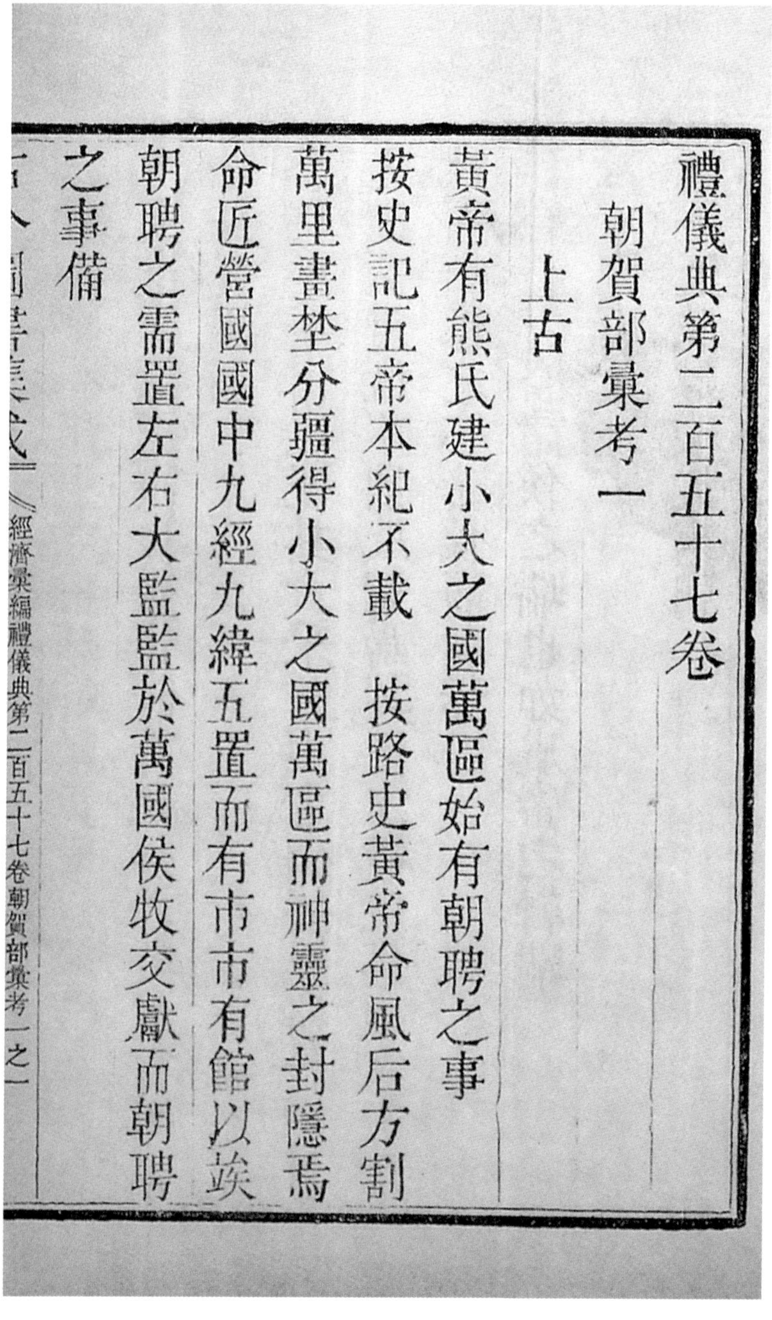
禮儀典第二百五十七卷
朝賀部彙考一
上古
黃帝有熊氏建小大之國萬區始有朝聘之事
按史記五帝本紀不載 按路史黃帝命風后方割
萬里畫埜分疆得小大之國萬區而神靈之封隱焉
命匠營國國中九經九緯五置而有市市有館以竢
朝聘之需置左右大監監於萬國侯牧交獻而朝聘
之事備
古今圖書集成 經濟彙編禮儀典第二百五十七卷朝賀部彙考一之一

그러나 이 도서를 편찬한 주요 인물인 진몽뢰는 조정의 권력 다툼에 연루되어 유배를 떠나게 된다. 옹정 황제는,《고금도서집성》은 "모두 선친께서 지시하고 훈유하고 조례를 친히 제정하여 수십 년의 성심을 들여 만든 것"이라고 선포하였다. 그러고는《고금도서집성》을《흠정고금도서집성(欽定古今圖書集成)》으로 명칭을 바꿔버림으로써 진몽뢰의 수십 년간의 노력을 완전히 말살해버렸다.

《고금도서집성》을 인쇄하기 위해서 약 25만 자의 동활자를 제작하였다. 글자의 크기를 대소 두 종류로 나누었는데, 큰 글자는 크기가 약 1평방센치미터로 본문에 사용했으며, 작은 글자는 큰 글자의 절반 크기로 주석에 사용하였다. 이 동활자는 책이 완성된 후에 무영전에 보관되었으나 따로 관리하는 사람이 없어 많은 사람들이 훔쳐갔다. 건륭 초기 북경의 화폐가 귀해지자 동활자를 훔친 사람들은 처벌을 면하기 위해 그것을 돈으로 만들자고 건의하였다. 그리하여 남아 있던 모든 동활자들을 동전으로 만들어버렸다.

‖ 역대 도서에 관한 보론 ‖

중국 고대의 서적은 그 종류가 다양하고 양이 방대하며 매우 진귀한 것들이기 때문에 일반인들이 그 전모를 살펴보기란 매우 어렵다. 많은 양의 서적은 역사 속에서 사라져 단지 기록을 통해서만 추측할 뿐이고, 다행히 현존하고 있는 서적이라고 해도 도서관이나 개인의 서재에 숨겨져 있어 찾아보기가 어렵다. 여기에서는 앞에서 소개했던 서적 이외에 특색 있고 영향력과 대표성을 지니며 역사상 대량으로 간행된 서적에 대해 보충 소개함으로써 독자들이 중국 고대의 서적에 대한 전모를 파악하는 데 도움을 주고자 한다.

역대 《대장경(大藏經)》의 각인

불교의 승려들이 최초의 인쇄술 사용자이며, 그들이 적극적으로 사용함으로써 인쇄술이 발전하고 각종 서적에 이용될 수 있었다. 지금까지 전해오는 초기 인쇄물들의 대부분이 불경이나 불상이다. 《대장경》은 불경의 종합 모음집으로 규모가 매우 커서, 적어도 5천 권 이상이 된다. 이와 같이 대규모의 불경에 역대 각인이 더해져서 오늘날 많은 경전들이 전해지고 있다.

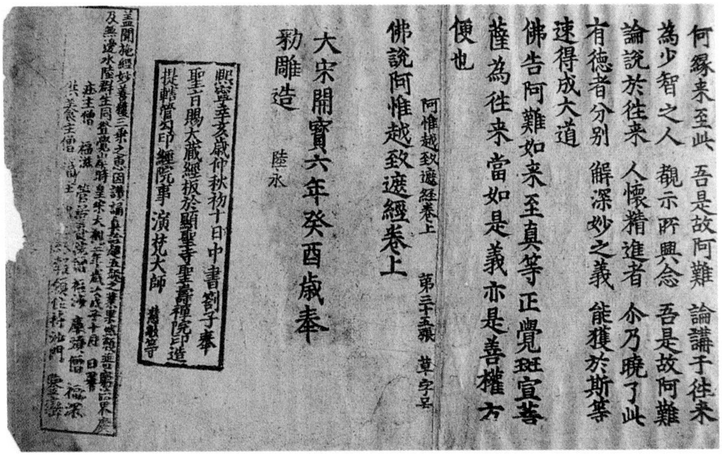
阿緣来至此 吾是故阿難 論講于往来
為少智之人 覩示所興念 吾是故阿難
論説於往来 人懷精進者 亦乃曉了此
有德者分別 解深妙之義 能獲於斯等
速得成大道
佛告阿難如来至真等正覺班宣菩
薩為往来當如是義亦是善權方
便也
阿惟越致遮經卷上 第三十五張 草字号
佛説阿惟越致遮經卷上
大宋開寶六年癸酉歲奉
勑雕造 陸永
熙寧辛亥歳仲秋初十日中書劄子奉
聖旨賜大藏經板於顯聖寺聖壽禪院印造
提轄管勾印經院事 演梵大師 慧敏等

◀《개보장(開寶藏)》. 송대 개보 4년(971년)부터 태평흥국 8년(983년)까지 정부 조직이 성도(成都)에서 각인한 것으로, 13만 개의 각판, 약 5천여 권으로 된 권축장이다. 역사상 처음으로 각인된 대장경인데, 지금까지 남아 있는 것은 단지 몇 권뿐이다. 이는 개보 6년에 각인한 《불설아유월치차경(佛說阿惟越致遮經)》이다. 사천 성도 일대의 인쇄업은 당(唐)대에 시작되었고, 송대에 이르러 이곳은 당시의 4대 인쇄 기지 중 하나가 되었다.

《개보장(開寶藏)》. 정부 조직이 성도(成都)에서 각인한 첫 번째 대장경이다. 이것은 송대 개보(開寶) 4년(971년)에 만들기 시작하여 태평흥국(太平興國) 8년(983년)에 완성하였다. 총 12년에 걸쳐 5천여 권, 총 13만 개의 각판으로 만들어진 권축장이다. 각판을 완성한 후 수도인 개봉으로 옮겨와, 인쇄를 전문으로 하는 인경원(印經院)에서 인쇄하였다. 인쇄된 경전은 남북의 큰 사원들에 나누어 보관하였다.

《만수대장(萬壽大藏)》, 일명 **《숭령장(崇寧藏)》**. 북송 시대 원풍(元豊) 3년(1080년)부터 숭녕(崇寧) 2년(1103년)까지 복주(福州)의 백마산(白馬山) 동선사원(東禪寺院)에서 각인하였다. 모두 6434권이고, 5백여 개의 함(函)으로 된 경절장이다. 이는 승려 충진(冲眞), 지화(智華), 계장(契璋) 등이 탁발하여 모은 돈으로 각인한 것인데, 역사상 최초의 민간자본으로 새긴 대장경이다.

《비로장(毘盧藏)》. 송대 정화(政和) 2년(1112년)부터 소흥(紹興)

▶ 《만수대장(萬壽大藏)》 〈장아함경권 제오(長阿含經卷第五)〉. 송대 소성(紹聖) 2년(1095년)에 복주(福州)의 동주(東州) 동선사원(東禪寺院) 대장경방에서 각인한 경절장으로, 1면이 6행이고, 모두 580함, 6400여 권이다.

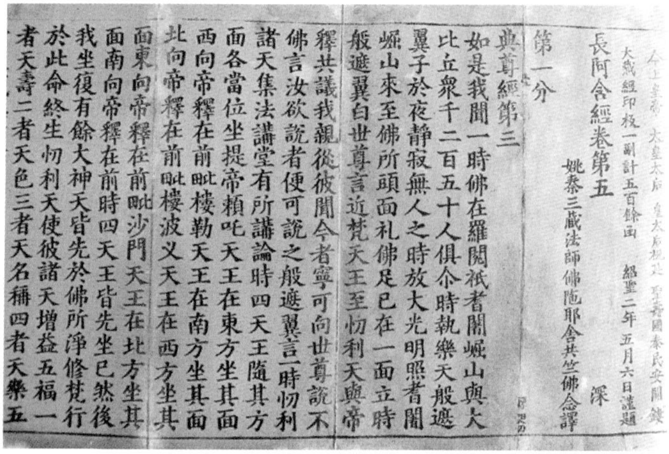
今上皇帝 太皇太后 皇太后祝延 聖壽國泰民安開鏤
大藏經印板一副計五百餘函 紹聖二年五月六日謹題
長阿含經卷第五 深
姚秦三藏法師佛陀耶舍共竺佛念譯
第一分
典尊經第三
如是我聞一時佛在羅閱祇耆闍崛山與大
比丘衆千二百五十人俱介時執樂天般遮
翼子於夜靜寂無人之時放大光明照耆闍
崛山來至佛所頭面礼佛足已在一面立時
般遮翼白世尊言迸梵天王至忉利天與帝
釋共議我親從彼聞今者寧可向世尊說不
佛言汝欲說者便可說之般遮翼言一時忉利
諸天集法講堂有所講論時四天王隨其方
面各當位坐提帝賴吒天王在東方坐其面
西向帝釋在前毗樓勒天王在南方坐其面
北向帝釋在前毗樓波叉天王在西方坐其
面東向帝釋在前毗沙門天王在北方坐其
面南向帝釋在前時四天王皆先坐已然後
我坐復有餘大神天皆先於佛所淨修梵行
於此命終生忉利天使彼諸天增益五福一
者天壽二者天色三者天名稱四者天樂五

▼ 《비로장(毘盧藏)》 〈불설우전왕경(佛說優塡王經)〉. 송대 선화(宣和) 6년(1124년)에 만들어진 복주의 개원사(開元寺) 각본이다.

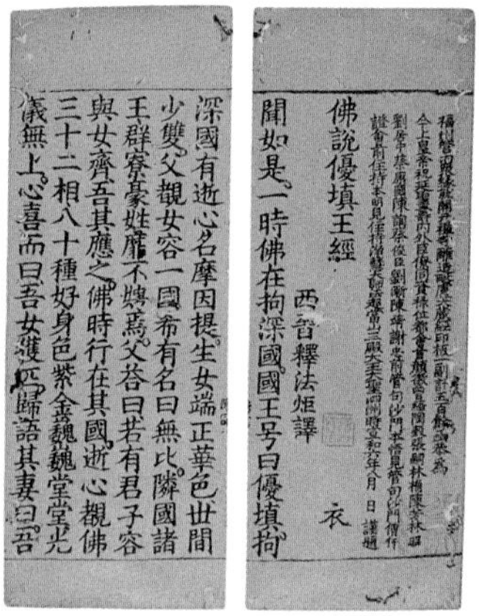
佛說優填王經
西晉釋法炬譯 衣
聞如是一時佛在拘深國國王号曰優填拘
深國有逝心名摩因提生女端正華色世間
少雙父覩女容一國希有名曰無比隣國諸
王群寮豪姓靡不娉焉父答曰若有君子容
與女齊吾其應之佛時行在其國逝心覩佛
三十二相八十種好身色紫金巍巍堂堂光
儀無上心喜而曰吾女獲匹歸語其妻曰吾

21년(1151년)까지 복주의 개원선사(開元禪寺)에서 각인하였다. 6천여 권의 경절장이며, 역시 민간자본을 모금하여 새긴 것이다.

《원각장(圓覺藏)》과 《자복장(資福藏)》. 남송 시대 절강(浙江)의 호주(湖州)에서 두 번에 걸쳐 증보하여 각인한 《대장경》이다. 첫 번째는 소흥 2년(1132년)에 지역의 부호인 왕씨 형제가 출자하여 호주의 원각선원에서 각인한 《대장경》으로, 약 550개의 함으로 되어 있는데, 이를 《원각장》이라 부른다. 가희(嘉熙) 3년(1239년)에 호주(湖州)의 자복사(資福寺)에서, 첫 번째 각인했던 《대장경》을 약 5740권의 경절장으로 천자문 순서대로 각인하였는데, 민간자본에 의해 만들어진 이 대장경을 《자복장》이라 부른다.

《적사장(磧砂藏)》. 남송 소정(紹定) 4년(1231년)에 소주(蘇州) 적사(磧砂)의 연성원(延聖院)에서 설립한 경방(經坊)에서 자본을 모금하여 《대장경》을 각인하기 시작하였다. 이 과정은 원대 지

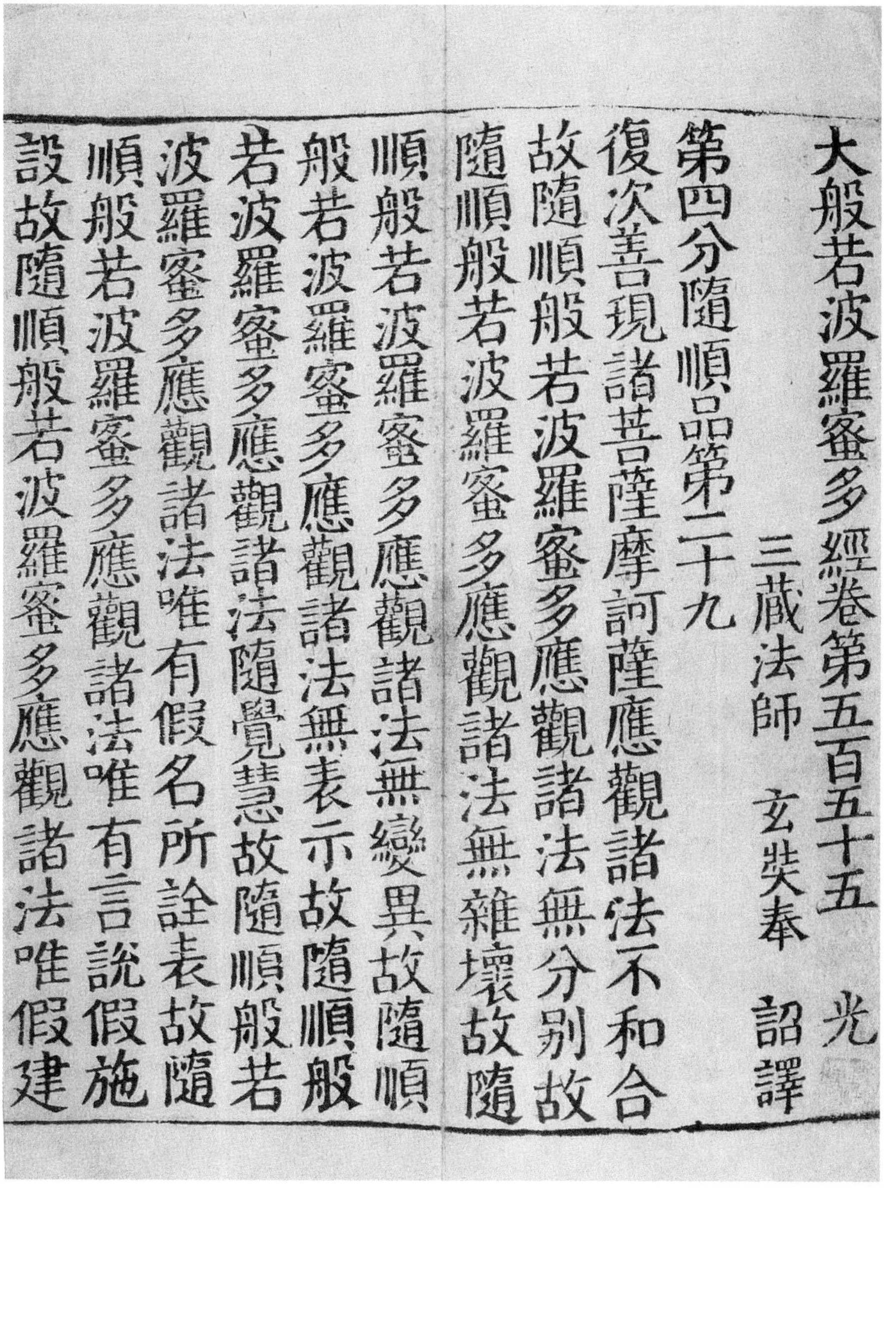
大般若波羅蜜多經卷第五百五十五　光
三藏法師　玄奘奉　詔譯
第四分隨順品第二十九
復次善現諸菩薩摩訶薩應觀諸法不和合
故隨順般若波羅蜜多應觀諸法無分別故
隨順般若波羅蜜多應觀諸法無雜壞故隨
順般若波羅蜜多應觀諸法無變異故隨順
般若波羅蜜多應觀諸法無表示故隨順般
若波羅蜜多應觀諸法隨覺慧故隨順般若
波羅蜜多應觀諸法唯有假名所詮表故隨
順般若波羅蜜多應觀諸法唯有言說假施
設故隨順般若波羅蜜多應觀諸法唯假建

◀ 《사계자복장(思溪資福藏)》〈대반야바라밀다경(大般若波羅蜜多經)〉. 호주 자복사에서 가희(嘉熙) 3년(1239년)부터 각인하였다. 총 5740권의 경절장으로, 1면이 6행이고, 1행이 17자이며, 천자문 순서로 편성되었다.

▲ 《요장(遼藏)》 〈대법거다라니경(大法炬陀羅尼經)〉의 앞부분에 있는 그림이다. 그림의 구도가 세밀하고 인물이 생동감 있게 표현되었으며 선이 자유분방하다. 이는 요대 연경(燕京)의 발달된 각인 수준을 보여준다.

치(至治) 2년(1322년)까지 계속되었고, 완성되는 데에 91년이 걸렸다. 총 1532종의 불경이 수록되어 있고, 천자문 순서대로 배열된 경절장이며, 591개의 함으로 이루어져 있다.

《거란장(契丹藏)》, 일명 《요장(遼藏)》. 이는 요나라 정부가 출자하여 연경(오늘날의 북경)에서 각인한 것으며, 각인 착수 시기는 요나라 통화(統和) 8년(990년)보다 이르며, 중희(重熙) 23년(1054년)에 완성하였다. 5천여 권, 5백여 질로 구성된 권축장이다. 이 경권은 각 사원에 보내어 보관한 것 이외에 고려 왕실에도 보내져 한반도의 인쇄업에 영향을 주었다.

《금장(金藏)》, 일명 《조성장(趙城藏)》. 금나라 황통(皇統) 9년(1149년)부터 대정(大定) 13년(1173년)까지 대장경판회(大藏經版會)가 주도하여, 민간자본으로 강주(絳州)의 천영사(天寧寺)에서 각인하였으며, 총 7천여 권이다. 당시 노주(潞州)의 여인인 최법진(崔法珍)이 비구니가 되어 팔을 잘라 고행하며 탁발하여 진남

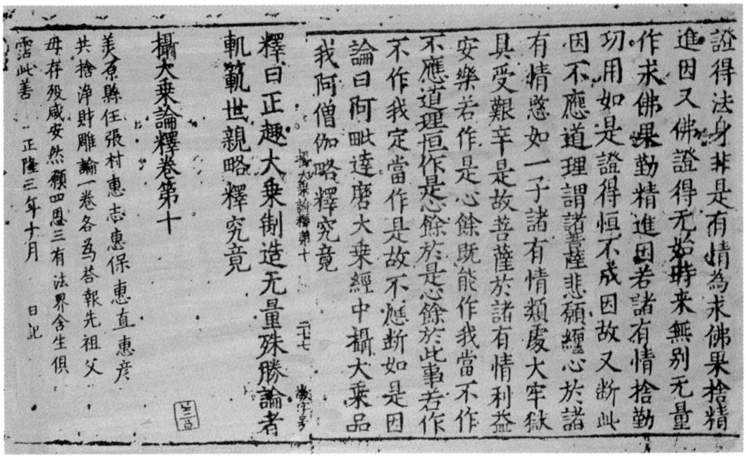
證得法身非是有情為求佛果捨精
進因又佛證得无始時来無別无量
作求佛果勤精進因若諸有情捨勤
功用如是證得恒不成因故又斷此
因不應道理謂諸菩薩悲願纏心於諸
有情慈如一子諸有情類處大牢獄
具受艱辛是故菩薩於諸有情利益
安樂若作是心餘既能作我當不作
不應道理恒作是心餘於此事若作
不作我定當作是故不應斷如是因
論曰阿毗達磨大乘經中攝大乘品
我阿僧伽略釋究竟 攝大乘論釋第十 二十七
釋曰正趣大乘御造无量殊勝論者
軌範世親略釋究竟
攝大乘論釋卷第十
美原縣任張村惠志惠保惠直惠彥
共捨淨財雕論一卷各為答報先祖父
母存殁咸安然願四恩三有法界含生俱
霑此善 正隆三年十月 日記

▶ 《금장(金藏)》은 《조성장(趙城藏)》이라고도 한다. 금나라 황통(皇統) 9년(1149년)부터 대정(大定) 13년(1173년)까지 진남 강주의 천영사에서 각인하였다. 민간자본으로 각인한 총 7천여 권의 권축장이며, 현재 4천여 권이 남아 있다.

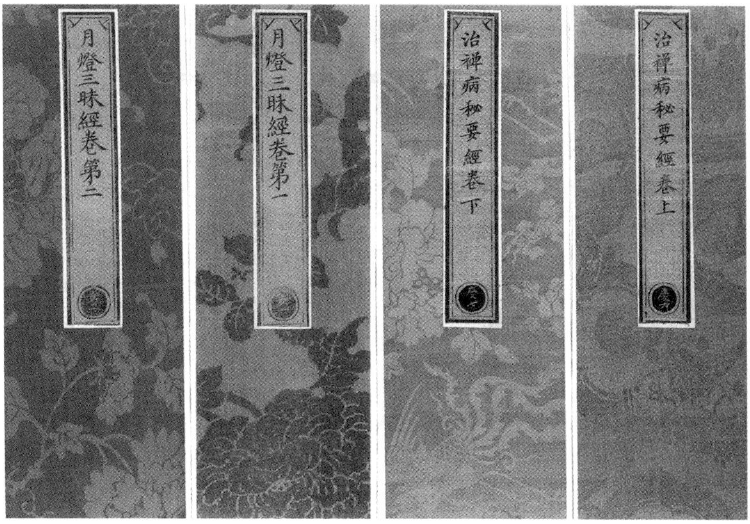

◀《대명삼장성교북장(大明三藏聖敎北藏)》. 명대 궁중의 내부(內府) 각인본이다. 천자문 순서로 편성된 경절장으로, 1면이 5행, 1행이 17자이다. 앞면은 채색 비단으로 표구하였고, 서명(書名)은 황색 비단을 사용하여 매우 정성스럽게 표구하였다. 영락(永樂) 18년(1420년)에 각인을 시작하여 정통(正統) 5년(1440년)에 완성하였다. 총 678함, 6771권으로, 역대의《대장경》중 가장 정밀하게 만들어진 판본이다.

(晉南) 일대의 신도들에게 큰 감동을 주었다. 이에 빈부를 막론하고 돈 있는 자는 돈으로, 돈 없는 자는 당나귀·옷감·목재 등의 물건으로 기부하였고, 한인(漢人) 이외에 여진인과 몽고인들도 기부하였다. 1934년에 산서성(山西省) 조성현(趙城縣) 광승사(廣勝寺)에 숨겨져 있던 한 부를 발견하였다. 1943년에 일본군이 이 경권(經卷)을 강탈하려 하자 팔로군과 지역 주민들이 안전한 곳으로 옮겼다. 해방 후 북경도서관에 4330권을 보관·정리하였고, 산서성 박물관에 132권이 보관되어 있다. 현재 이 경전은 모두 4462권으로 2천여 권은 소실되었다.

《남장(南藏)》과 《북장(北藏)》. 명나라 조정에서 출자하여 각인한《대장경》이다.《남장》은 홍무(洪武) 5년(1372년)에 조정의 명을 받아 남경(南京)의 대보은사(大報恩寺)에서 각인한《대장경》이다. 636함 6330권의 경절장이며, 천자문 순서로 편집되어

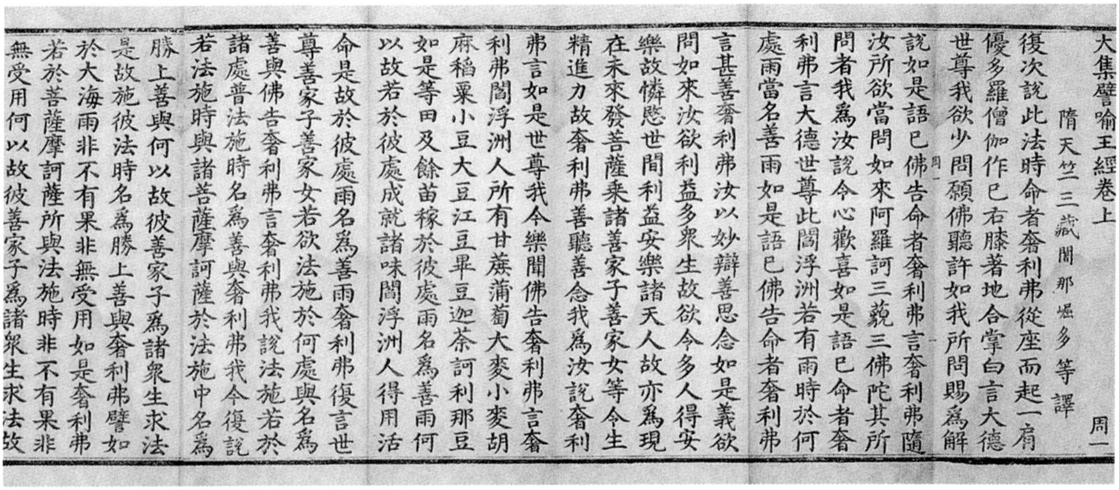

大集譬喻王經卷上　周一
隋天竺三藏闍那崛多等譯
復次說此法時命者舍利弗從座而起一肩
優多羅僧伽作已右膝著地合掌白言大德
世尊我欲少問願佛聽許如我所問賜為解
說如是語已佛告命者舍利弗言舍利弗隨
汝所欲當問如來阿羅訶三藐三佛陀其所
問者我為汝說令心歡喜如是語已命者舍
利弗言大德世尊此閻浮洲若有雨時於何
處雨當名善雨如是語已佛告命者舍利弗
言甚善舍利弗汝以妙辯善思念如是義欲
問如來汝欲利益多眾生故欲令多人得安
樂故憐愍世間利益安樂諸天人故亦為現
在未來發菩薩乘諸善家子善家女等令生
精進力故舍利弗善聽善念我為汝說舍利
弗言如是世尊我今樂聞佛告舍利弗言舍
利弗閻浮洲人所有甘蔗蒲萄大麥小麥胡
麻稻粟小豆大豆江豆畢豆迦荼訶利那豆
如是等田及餘苗稼於彼處雨名為善雨何
以故若於彼處成就諸味閻浮洲人得用活
命是故於彼處雨名為善雨舍利弗復言世
尊善家子善家女若欲法施於何處與名為
善與佛告舍利弗言舍利弗我說法施若於
諸處普法施時名為善與舍利弗我今復說
若法施時與諸菩薩摩訶薩於法施中名為
勝上善與何以故彼善家子為諸眾生求法
是故施彼法時名為勝上善與舍利弗譬如
於大海雨非不有果非無受用如是舍利弗
若於菩薩摩訶薩所與法施時非不有果非
無受用何以故彼善家子為諸眾生求法故

▲《북장(北藏)》〈대집비유왕경(大集譬喻王經)〉. 명대 정통 5년(1440년)에 만들어진 궁중의 내부(內府) 각인본이다. 경절장이고 글자체는 해서이며 각인이 정교하다.

▲《북장(北藏)》의 권 앞부분 그림이다. 부처가 가운데에서 설법하고 있으며, 제후, 보살, 승려들, 무사, 여러 신들, 백관들이 양 옆에 줄지어 있다. 인물의 형상이 매우 정교하고 완정하여 명대 판화의 걸작으로 손꼽힌다.

있다. 후에 이 《대장경》을 《남장》이라고 불렀다. 영락 연간(1403~1424년)에 명나라 성조(成祖)인 주체(朱棣)의 명령에 따라 《대장경》을 각인하여, 정통(正統) 5년(1440년)에 완성하였는데, 637함 6361권의 경절장이다. 만력 연간에 41함 410권을 다시 각인하였는데, 이후에 이를 《북장》이라 불렀다.

《용장(龍藏)》. 청대의 유명한 《대장경》으로, 옹정(雍正) 13년(1735년)에 조정의 명을 받아 《북장》을 교정하여 각인하였으며, 건륭 3년(1738년)에 완성하였다. 총 7168권 718함의 경절장인데, 이는 현재 유일하게 각판이 보존된 《대장경》이다. 20세기 90년대에 문물출판사(文物出版社)가 보존된 각판을 보수하고 몇 부를 인쇄하여 국가 공예품으로 태국 왕실에 증정하였다.

放光般若波羅蜜經卷第一
西晉三藏無羅叉共竺叔蘭譯
放光品第一
聞如是一時佛在羅閱祇耆闍崛山中與大
比丘衆五千人俱皆是阿羅漢諸漏已盡意

▲ 《용장(龍藏)》. 청대 옹정 53년(1735년)에 각인을 시작하여 건륭 3년(1738년)에 완성하였다. 총 7168권 718함의 경절장으로, 각판이 현재까지 전해지고 있다.

유서(類書)

'유서'는 고서 중에서 같은 성격, 같은 문제를 다룬 것에 속하는 자료를 발췌하여 그 내용에 근거하여 범주별로 분류한 책이다. 천문, 지리, 인사, 경제, 과학기술, 문학, 사회 등 각 방면의 내용들을 포괄하고 있다. 수록된 자료가 비교적 완전하고 범주별로 구분되어 있어 검색이 편리하여, 독자들에게 환영받았다.

유서의 기원은 삼국 시기 왕상(王象)이 조비(曹丕)의 명을 받들어 40개 범주, 8만여 자의 《황람(皇覽)》을 만든 데에서 비롯된다. 남북조 시기 《화림편략(華林遍略)》 7만 권, 《수문전어람(修文

▶ 《문선(文選)》. 남조 시기 양나라의 소명태자인 소통(蕭統)이 편찬한 것으로, 선진(先秦) 시대부터 양(梁)나라 때까지의 역대 시문들을 선별하였다. 37류, 30권으로 분류한 역사상 최초의 문학작품 총서이다. 소통이 서문에서, "일은 깊은 생각에서 나와서 아름다운 문장으로 귀결된다"라고 했는데, 이는 문학작품만을 선정하고 경서, 역사서, 백가서의 문장은 선정하지 않았음을 말한다. 이 책은 송나라 때 항주의 종가서방(鍾家書坊)에서 각인한 것이다.

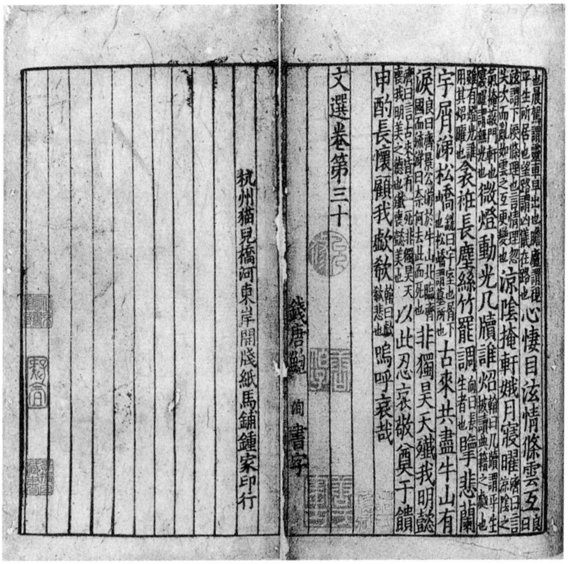

殿御覽)》 360권이 있었는데 전해지지는 않는다.

당대 초기부터 유서를 편찬하는 풍조가 활발해졌다. 당나라 고조(高祖)는 구양순(歐陽詢) 등에게 명하여 《예문유취(藝文類聚)》 100권을 편찬하게 하였는데, 1천여 종의 책을 수집하여 세시, 정치, 산업 등 48개 부문, 총 727개 항목으로 분류하였다. 당시의 책은 소실되었고, 송대의 각인본만 전해지고 있다. 당대 초기의 유서에는 우세남(虞世南) 등이 만든 《북당서초(北堂書鈔)》가 있는데, 고서 자료에서 발췌한 160권, 801류(類)로 되어 있다. 당나라 현종(玄宗) 때의 학자인 서견(徐堅) 등에게 명하여 《초학기(初學記)》를 편찬하도록 하였는데, 이 책은 천(天), 지(地), 주군(州郡) 등 21류 313자목(子目)으로 이루어진 총 30권의 책이다. 백거이(白居易)의 《백씨육첩(白氏六帖)》은 총 30권으로,

고서에 실려 있는 명언명구를 수록하여, 시를 짓는 데 중요한 참고서가 되었다. 이 책은 당대의 필사본만 남아 있다. 오대 시기에 일찍이 무소예(毋昭裔)가 각인한 《초학기》와 《백씨육첩》은 인쇄본도 소실되었다.

송대부터 황실에서 유서의 편찬을 매우 중시하여 규모가 커졌으며, 많은 인쇄본들이 전해진다. 가장 유명한 4개의 유서는 《태평어람(太平御覽)》, 《태평광기(太平廣記)》, 《문원영화(文苑英華)》, 《책부원귀(冊府元龜)》이다.

《태평어람》은 태평흥국(太平興國) 2년(977년)에 이방(李昉)과 호몽(扈蒙) 등이 송 태종의 명을 받들어 만든 것이다. 총 1천 권으로 되어 있으며, 천(天), 지(地), 직관(職官), 병(兵), 인사(人事), 예의(禮儀), 방술(方術) 등 55부(部)이고, 각 부 아래 또 약간의 자목으로 분류하였다. 포함된 고서가 690종에 달하고 내용이 매우 포괄적이어서 종합적 성격을 띤 유서이다. 송 태종이 열람하고 난 뒤 《태평어람》이라 명하여 이름 붙였다.

《태평광기》는 태평흥국 3년(978년)에 송 태종이 이방, 호몽, 이목(李穆) 등에게 명하여 편찬한 것으로, 총 92개 문(門), 150여 류(類)이다. 인용한 고서는 475종으로 야사, 소설, 필기 등의 고사가 많이 실려 있는 소설의 성격을 띤 유서이다.

《문원영화》는 역대의 대형 시문집으로 총 1천 권이며, 태평흥국 7년(982년)에 시작하여 옹희(雍熙) 3년(986년)에 완성된 것이다. 편집에 참여한 사람은 이방, 호몽, 서현(徐鉉), 송백(宋白) 등이고, 후에 소이간(蘇易簡), 왕우(王佑) 등이 계속 수정하였다.

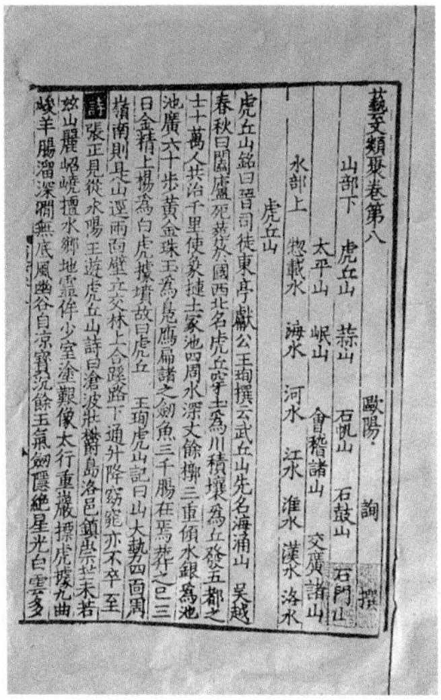
藝文類聚卷第八　歐陽詢　撰
山部下　虎丘山　蒜山　石帆山　石鼓山　石門山
太平山　岷山　會稽諸山　交廣諸山
水部上　總載水　海水　河水　江水　淮水　漢水　洛水
虎丘山
虎丘山銘曰晉司徒東亭獻公王珣撰云武丘山先名海涌山　吳越
春秋曰闔廬死葬於國西北名虎丘穿土為川積壤為丘發五都之
士十萬人共治千里使象摙土冢池四周水深丈餘槨三重傾水銀為
池廣六十步黃金珠玉為鳧鴈扁諸之劍魚三千腸在焉葬之已三
日金精上揚為白虎據墳故曰虎丘　王珣虎丘山記曰山大勢四面周
嶺南則是山逕兩面壁立交林上合蹊路下通升降窈窕亦不卒至
詩 張正見從永陽王遊虎丘山詩曰滄波壯鬱島洛邑鎮崇岳未若
茲山麗嶤嶢擅水鄉地靈侔少室塗艱像太行重巖標虎據九曲
峻羊腸溜深澗無底風幽谷自涼寶沉餘玉氣劍隱絶星光白雲多

▲ 《예문유취(藝文類聚)》. 당대 구양순 등이 무덕(武德) 5년(622년)에 칙명을 받들어 편찬한 것으로 30년이 걸려 완성되었다. 48부로 나누었고, 727개의 자목(子目)으로 이루어진 100권의 책이다. 사류(事類)를 앞에, 시문을 뒤에 두었다. 고대의 유서(類書) 가운데 체제가 가장 완정한 것이며, 이 책으로 인해 고대의 많은 작품들이 전해질 수 있었다. 이는 송나라의 때 엄주(嚴州) 각본이다.

▶ 《문원영화(文苑英華)》. 송대에 이방, 호몽, 서현, 송백 등이 편찬한 것으로, 태평흥국 7년(982년)에 각인을 시작하여 옹희 3년(986년)에 완성하였다. 총 1천 권이고 남조 시기 양나라 말부터 당나라 말까지의 작가 2200여 명을 수록하였다. 작품은 2만 편 정도이고, 부, 시 등 38류로 나누었다. 남송 시기에 주필대(周必大)가 교정을 더하고 강서에서 각인을 하였다. 이것은 주필대 각본이다.

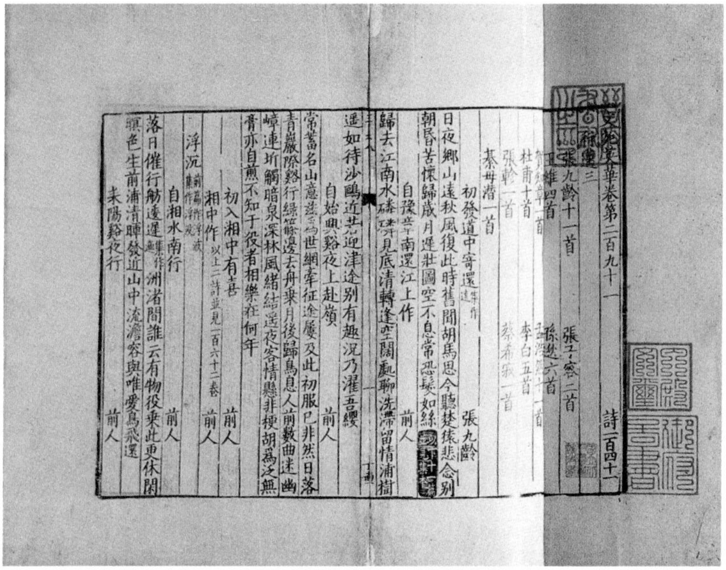

文苑英華卷第二百九十一　詩一百四十一

行邁三

張九齡十一首　張子容二首

王維四首　孫逖六首

賀知章一首　孟浩然十一首

杜甫十首　李白五首

張說一首　蔡希寂一首

綦毋潛一首

初發道中寄遠 集作還　張九齡

日夜鄉山遠秋風復此時舊聞胡馬思今聽楚猿悲念別朝昏苦懷歸歲月遲壯圖空不息常恐鬢如絲

自豫章南還江上作　前人

歸去江南水磷磷見底清轉逢空闊處聊洗滯留情浦樹遙如待沙鷗近若迎津途別有趣況乃濯吾纓

自始興谿夜上赴嶺　前人

常蓄名山意茲爲世網牽征途屢及此初服已非然日落青巖際谿行綠篠邊去舟乘月後歸鳥息人前數曲迷幽嶂連圻觸暗泉深林風緒結遙夜客情懸非梗胡爲泛無膏亦自煎不知于役者相樂在何年

初入湘中有喜　前人

湘中作 以上二詩並見一百六十二卷　前人

浮沉

自湘水南行　前人

落日催行舫逶遲 集作 洲渚間誰云有物役乘此更休閑暝色生前浦清暉發近山中流澹容與唯愛鳥飛還

耒陽谿夜行　前人

이 책은 남조(南朝)부터 당대 말까지의 작가 2200여 명의 2만 편에 가까운 작품들을 편집하여 수록하였는데, 시문체로 시, 부 등 38류로 나누었다. 그 중 당대의 시문이 대부분을 차지한다. 많은 당대의 소실된 시문들이 이 책에 수록되어 전해질 수 있었다. 남송 가태(嘉泰) 원년(1201년)에 주필대(周必大) 등이 강서(江西)의 길안(吉安)에서 이 책을 교정하여 각인하였고, 《문원영화변증(文苑英華辨證)》 10권을 보충해 넣었다.

《책부원귀》는 대형 역사 유서이다. 경덕(景德) 2년(1005년)에 송나라 진종(眞宗)이 왕흠약(王欽若)과 양억(楊億) 등에게 명하여 편찬한 것으로, 총 1천 권이다. 역대 군신들의 사적을 수록하였는데, 인사와 인물에 따라 31부(部) 1104문(門)으로 나누었다. 부에는 총서(總序)가, 문에는 소서(小序)가 있고, 대중상부(大中祥

※ 대중상부 | 송나라 진종 때의 연호로, 1008년부터 1016년까지 사용되었다.

符) 6년(1013년)에 완성되었다. 정사(正史)를 위주로 하고 경서와 자서(字書)를 포괄하였는데, 특히 당과 오대의 사료가 매우 풍부하고 상세하여 후대의 역사 연구에 중요한 저작으로 간주된다. 송의 진종이 직접 보고 책명을 정하였다. 현존하는 판본으로는 송대 성도(成都)의 미산(眉山) 각본이 있다.

명대의 중요한 대형 유서로 《영락대전(永樂大典)》이 있다. 영락 원년(1403년)에 영락 황제가 해진(解縉)을 문연각 대학사(文淵閣大學士)로 임명하였고, 그 해 7월에 주체(朱棣 : 명나라 성조—역자)가 그에게, "천하고금의 사물이 여러 책들에 산재되어 있고, 그 수가 매우 많아 열람하기가 어렵다. …… 그대들이 뜻을 합쳐 각 책에 수록된 사물들을 모으도록 하라. 서계(書契) 이래로 경사자집(經史子集), 백가(百家)의 책, 천문(天文), 지리(地理), 음양(陰陽), 의(醫), 복(卜), 승(僧), 도(道), 기예(技藝)에 이르기까지 각각을 한 권의 책으로 편집하여 번잡함을 없애도록 하라"라고 명하였다. 해진은 호광(胡廣), 황유(黃維), 양사기(楊士奇) 등에게 요청하여 이 일에 참여하게 하고, 천하의 서적을 널리 수집하고 편집하여 1년여 만에 완성하였다. 이를 《문헌대성(文獻大成)》이라 하였다. 성조가 열람한 후 빈약하다고 여겨 요광효(姚廣孝), 유계호(劉季篪) 등에게 명하여 참여하게 하고, 감수(監修), 부총재(副總裁), 찬수(纂修) 등의 직책을 부여했다. 이 책을 편찬하는 데에 황실에 소장된 책들 외에 민간의 많은 서적들을 사들여서 사용하였다. 많은 서적들 중 8천여 종을 선정하여 '홍무정운(洪武正韻)'의 운목을 따라 편(篇), 단(段), 부(部)를 정리하고 운에 따라

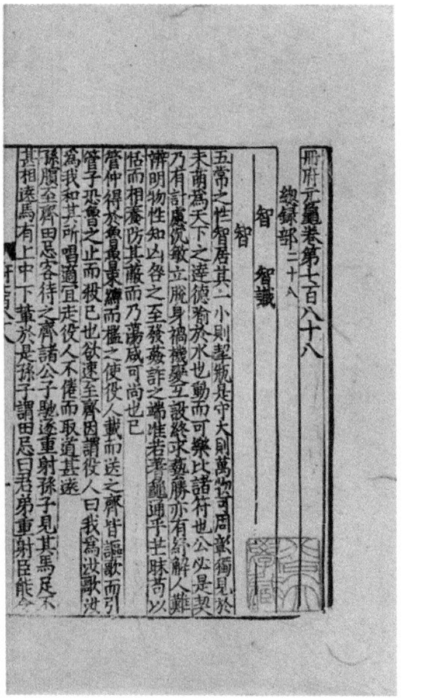

▲ 《책부원귀(冊府元龜)》. 송대 진종 때인 경덕 2년(1005년)에 왕흠약, 양억 등이 황제의 명을 받아 편찬한 유서로, 총 1천 권이다. 역대 황제와 신하의 사적을 내용으로 하였고, 사건과 인물에 따라 31부(部)로 나누고 자목을 1104문(門)으로 하였다. 부에는 총서(總序)가 있고 문에는 소서(小序)가 있다. 대중상부 6년(1013년)에 완성되었다. 이는 송대의 미산(眉山) 각본이다.

홍무정운 | 명나라 태조 때인 홍무 8년(1375년)에 악소봉(樂韶鳳) 등이 왕명에 따라 펴낸 운서로, 총 15권으로 되어 있다. 남조 시기 양나라의 심약(沈約, 441~513)이 제정한 이래 8백여 년 동안이나 통용되어 온 사성(四聲) 체계를 모두 북경 음운을 표준으로 하여 개정하였다. 훈민정음을 만드는 데 참고 자료가 되었다고 한다.

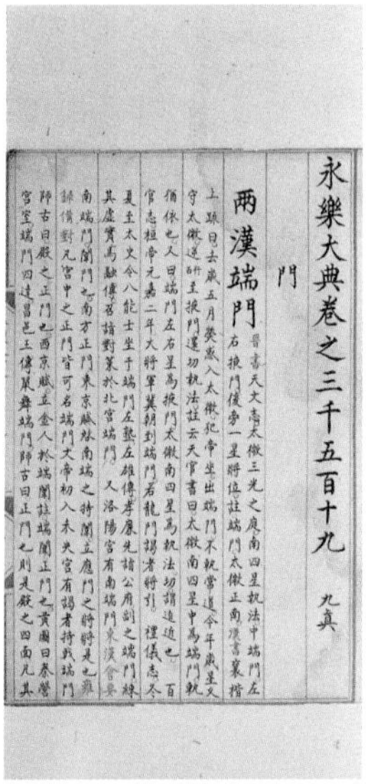
永樂大典卷之三千五百十九

門

兩漢端門

▶ 《영락대전(永樂大典)》. 명나라 성조가 영락 원년(1403년)에 해진, 요광효 등에게 명하여 편집한 것으로, 8천여 종의 책을 널리 취하여 5년 동안에 완성하였다. 본문 2만 2877권, 범례와 목록 60권을 포함하여 1만 1095권으로 이루어졌다. 포배장으로 엮었으며 운에 따라 배열했다. 경사자집(經史子集), 천문(天文), 지리(地理), 음양(陰陽), 의(醫), 복(卜), 승(僧), 도(道), 기예(技藝) 등을 내용으로 수록하였다. 원본과 사본을 문연각과 황사성(皇史宬)에 각각 보관하고 있다.

편집했다. 영락 5년(1407년)에 완성되었을 때, 성조 주체가 《영락대전》이라는 명칭을 하사하였고, 서문을 직접 썼다. 이 책은 모두 3억 7천여만 자, 2만 2877권의 필사본으로 역사상 가장 규모가 큰 유서이다. 영락 19년(1421년)에 《영락대전》이 북경의 문연각으로 옮겨졌다. 안전을 위해 가정(嘉靖) 41년(1562년)에 부본(副本) 한 질을 베껴놓았으나 안타깝게도 거의 다 소실되어 현존하는 것은 200권 정도이다. 역대의 천재(天災)와 인화(人禍)를 제외하고, 1900년에 8국 연합군의 침입으로 강탈당한 것이 가장 큰 손

※ 8국 연합군 | 청나라 말기인 1900년, 각종 천재지변과 경제적 궁핍으로 인해 유민과 빈민, 실업자 등이 세력화하기 시작하자, 서태후를 비롯한 반외세 보수파는 이들을 조종하여 외세 배격운동을 전개하였다. 이들이 그리스도교와 서양의 선교사들을 공격하는, 이른바 의화단의 난이 발생하자, 영국, 미국, 프랑스, 독일, 러시아, 일본, 오스트리아, 이탈리아 등 서방 8개국이 난을 진압한다는 명분으로 중국을 침략하였다. 그러자 서태후를 비롯한 조정 대신들이 서안으로 피신하고, 중국이 열강의 각축장으로 변하였다.

▶ 《영락대전(永樂大典)》의 장정 겉모습.

실이었다. 현재 많은 국가의 박물관에 이 책의 나머지 권들이 소장되어 있다. 후에 소련이 63권을 돌려주었고, 독일도 2권을 되돌려주었다.

청대 황실에서 편집한 《사고전서(四庫全書)》는 역사상 가장 유명한 유서[類書. 일명 총서(叢書)라고도 한다]이다. 건륭 38년(1773년)에 정부에서 전문 편수(編修) 기관을 설립하였다. 건륭은 기윤[紀昀 ; 字는 효람(曉嵐)]과 육비지(陸費墀)를 각각 총편찬(總編纂)과 총핵관(總核官)에 임명하였고, 그 외에도 저명한 학자인 대진(戴震), 소진함(邵晉涵), 왕염손(王念孫), 요내(姚鼐), 임대춘(任大椿), 김간(金簡) 등과 심지어 건륭의 세 아들들도 참여하도록 하였다. 역사 기록에 근거하면, 당시 참여한 인원이 4천 명에 달했다고 한다. 건륭 42년(1777년)에 책이 모두 완간된 후, 다시 6

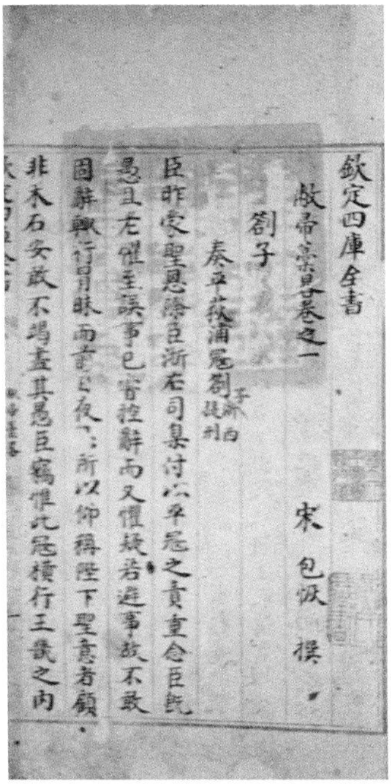

▲ 《사고전서(四庫全書)》. 청나라 건륭 38년(1773년)에 편수를 시작하여 10년에 걸쳐 완성하였다. 3503종의 책을 모아 7만 9337권을 경, 사, 자, 집의 4부로 나누었다. 총 7부씩을 베껴 써서 각각 문연각, 원명원(圓明園)의 문원각, 양주(揚州)의 문회각(文滙閣), 진강(鎭江)의 문종각(文宗閣), 항주(杭州)의 문란각(文瀾閣), 봉천(奉天) 문소각(文溯閣), 열하(熱河) 문진각(文津閣)에 보관하였다. 편찬 과정에서, 통치자가 잘못한 부분에 대한 기록을 없애거나 마음대로 바꾸어 썼다.

◀ 《사고전서(四庫全書)》 장정의 외관과 목함. 포배장이며, 경, 사, 자, 집에 따라 다른 색의 표지로 표구하였다.

질을 베껴 썼는데 건륭 52년(1787년)에 완성하였다. 총 3503종, 3만 6204책이 수록되었고, 황궁 내의 문연각(文淵閣), 원명원(圓明園)의 문원각(文源閣), 양주(揚州)의 문회각(文滙閣), 진강(鎭江) 금산사(金山寺)의 문종각(文宗閣), 항주(杭州) 성인사(聖因寺)의 문란각(文瀾閣), 봉천(奉天)의 문소각(文溯閣), 열하(熱河)의 문진각(文津閣)에 나누어 보관하였다. 또한 《사고전서회요(四庫全書薈要)》를 만들었는데, 이는 건륭 황제의 명령으로 중요한 서적을 따로 선정하여 편찬한 것이다.

과학기술서

중국의 고대 서적 가운데 과학기술에 관한 서적이 차지하는 비중은 그다지 크지 않다. 이는 유학자들이 경학을 중시하고 기예(技藝)를 경시한 것과 관계가 있다. 그리하여 16세기 이후 서양의 과학기술이 쏟아져 들어오자 중국이 낙후된 것이 확실히 드러나기 시작했다. 현재 중국의 고대 서적들 중에서 살펴볼 수 있는 과학기술에 관한 책은 천문학, 수학, 농학, 공학, 중의학 등에 관한 것들로, 이는 모두 역대의 선견지명이 있었던 작자와 출판자들 덕택에 전해지고 있다.

이러한 과학기술 서적들 중에는 중의학과 중약학류의 책들이 많은데, 이는 사회의 수요량이 많아 정부와 민간의 인쇄소에서 많이 출판했기 때문이다. 남아 있는 역대의 각인본들 역시 적지

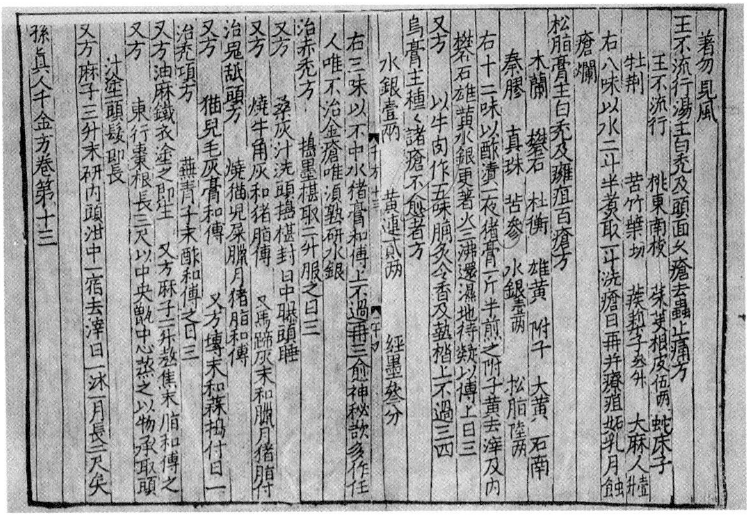

◀ 고대 중국의 유명한 의학서인 《손진인천금방(孫眞人千金方)》. 당대에 손사막(孫思邈)이 편찬하고, 송대에 임억(林亿)이 교정한 30권의 책이다. 손사막은, 인간의 목숨은 천금과 같아 한 사람의 목숨을 살리는 것은 천금을 베푸는 것과 같다고 하여 '천금방'이라고 이름지었다. 이는 흑룡강성에서 출토되었으며, 금나라 때의 평양(平陽) 각본이다.

않다. 송대 미산(眉山)의 만권당(萬卷堂) 각본인 《신편십편양방(新編十便良方)》에는 많은 처방들이 수록되어 있다. 건도(乾道) 6년(1170년)의 당도(當涂) 각본인 《홍씨집험방(洪氏集驗方)》과 《상한요지(傷寒要旨)》는 병리와 효험 있는 처방에 대해 소개하고 있다. 송대 가정(嘉定) 4년(1211년) 강서(江西) 각본인 《경사증류비급본초(經史證類備急本草)》는 초기 중의학 방면의 저명한 각본이다. 금대 평양(平陽)의 《황제내경소문(黃帝內經素問)》은 초기 중의학 이론에 대한 유명한 인쇄본이다. 원대의 중의약 각본으로는, 평양 장존혜(張存惠)의 회명헌(晦明軒)에서 펴낸 《중수정화경사증류비용본초(重修政和經史證類備用本草)》가 있는데, 이는 고대의 유명한 중의약 판본이다. 또 일찍이 건양(建陽)의 광근서당(廣勤書堂)에서 각인한 많은 의학서들 중에는 유명한 판본인 《신간왕씨맥경(新刊王氏脈經)》, 《태평혜민화제국방(太平惠民和劑局方)》

▼ 《상한요지(傷寒要旨)》. 송나라 이정(李柽)이 저술하였다. 송대 건도(乾道) 7년(1171년)의 고숙군재(姑孰郡齋) 각본으로 병리학과 약방(藥方)의 두 부분으로 나뉘어 있다.

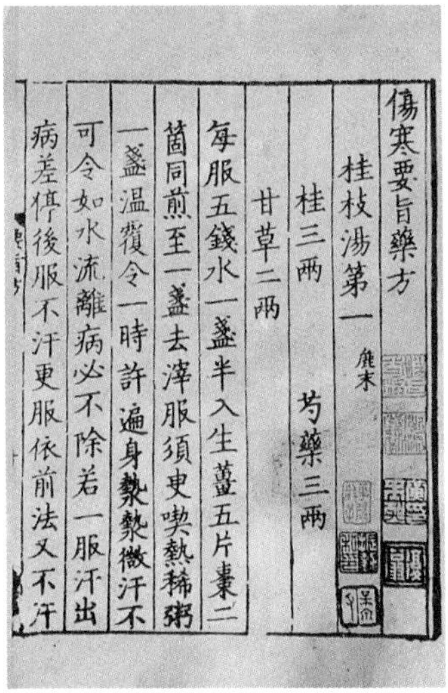
傷寒要旨藥方
桂枝湯第一
桂三兩 芍藥三兩
甘草二兩
每服五錢水一盞半入生薑五片棗二
箇同煎至一盞去滓服須臾喫熱稀粥
一盞溫覆令一時許遍身漐漐微汗不
可令如水流離病必不除若一服汗出
病差停後服不汗更服依前法又不汗

▶ 《영류검방(永類鈐方)》. 원대 지순(至順) 2년(1331년)의 각본으로, 진맥학과 약방(藥方) 두 부분으로 나뉘어 그림과 함께 서술되어 있다.

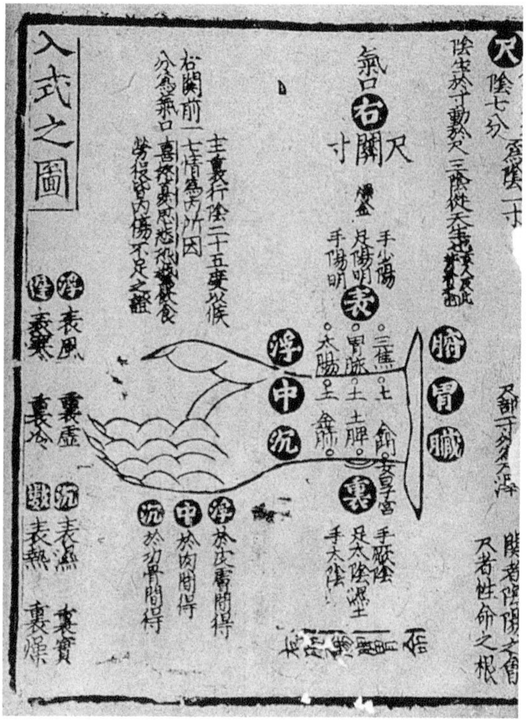

▼ 《주비산경(周髀算經)》. 한대에 조군경이 저술하였고, 당대에 이순풍이 주석을 달았다. 이는 고대 중국의 가장 유명한 천문·산학(算學) 저작으로, 분수의 곱셈과 나눗셈, 직각삼각형의 두 직각변에 대한 정리와 넓이를 나누는 방법이 포함되어 있다. 송대 가정 6년(1213년)의 정주(汀州) 각본이다.

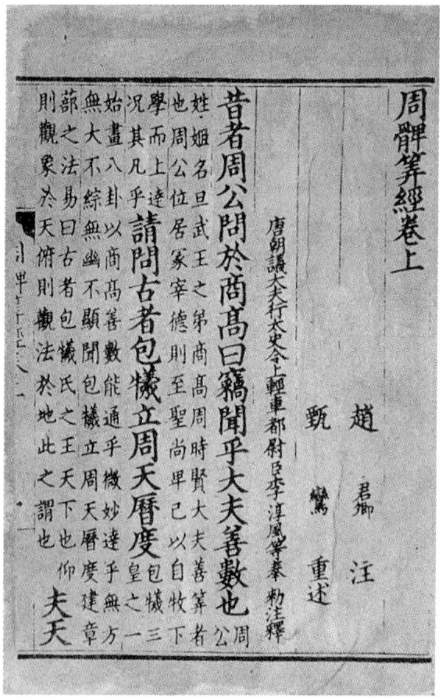
周髀算經卷上

唐朝議大夫行太史令上輕車都尉臣李淳風等奉 勅注釋

趙 君卿 注

甄 鸞 重述

昔者周公問於商高曰竊聞乎大夫善數也 周公姓姬名旦武王之弟商高周時賢大夫善算者也周公位居冢宰德則至聖尚卑己以自牧下學而上達況其凡乎 請問古者包犧立周天曆度 包犧三皇之一始畫八卦以商高善數能通乎微妙達乎無方無大不綜無幽不顯聞包犧立周天曆度建章蔀之法易曰古者包犧氏之王天下也仰則觀象於天俯則觀法於地此之謂也 夫天

과 인체의 모든 혈의 위치와 침구 요령을 그림으로 보여주는 《침구자생경(針灸資生經)》이 있다. 명대의 의약서는 영락 시대의 주번(周藩) 각본인 《보제방(普濟方)》, 건양서방(建陽書坊) 각본인 《신편의방대성(新編醫方大成)》과 《신편도주상한활인지장(新編圖注傷寒活人指掌)》, 소주(蘇州) 각본인 《방맥거요(方脈擧要)》 등이 있다. 청대의 의서는 매우 많으므로 일일이 소개하지 않겠다.

고대 중국의 수학과 천문학은 높은 수준에 도달해 있었다. 이러한 성과는 역대 역사서들에 기록되어 있다. 일찍이 상(商)대와 주(周)대에는 확실한 계산에 기초하여 비교적 정확한 책력과 절기를 선포하였다. 송대에는 수학 방면의 각인본이 많았다. 북송의 비서감(秘書監)은 원풍(元豊) 7년(1084년)에 북주 진란(甄鸞)의 《장구건산경(張丘建算經)》과 당나라 왕효통(王孝通)의 《집고산경(緝古算經)》을 각인하였다. 남송 가정(嘉定) 8년(1213년)에 정주(汀州)의 포한(鮑瀚)은 많은 양의 수학서를 각인하였는데, 그 중 한나라 조군경(趙君卿)의 《주비산경(周髀算經)》, 위나라 유휘(劉徽)가 주를 단 《구장산경(九章算經)》, 당나라 이순풍(李淳風)이 주를 단 《손자산경(孫子算經)》, 한나라 서악(徐岳)의 《수술기유(數術記遺)》, 당나라 이순풍의 《오조산경(五曹算經)》 등이 있다. 유휘의 《구장중차도(九章重差圖)》는 많은 중요한 수학 개념들을 정의하였다. 그는 베어낸 통나무를 이용하여 원주율을 구하였는데, 원에 내접하는 3072각형의 면적을 계산하여 원주율 3.1416을 구하였다.

공학기술류의 책은 남송 때의 소주(蘇州) 각본인 이계(李誡)의 《영조법식(營造法式)》이 있다. 책 속에 그림이 많고 각종 건축 장식의 모양을 구체적으로 소개하였다. 이는 매우 실용적인 가옥 건축기술 전문서적이다. 명대의 가장 유명한 과학기술서는 송응성(宋應星)의 《천공개물(天工開物)》이다. 명대 숭정(崇禎) 10년(1637년)에 처음 각인하였는데, 각종 농공업 생산기술을 상세히 소개하여 과학기술사상 중요한 저작으로 손꼽힌다. 송응성의 자

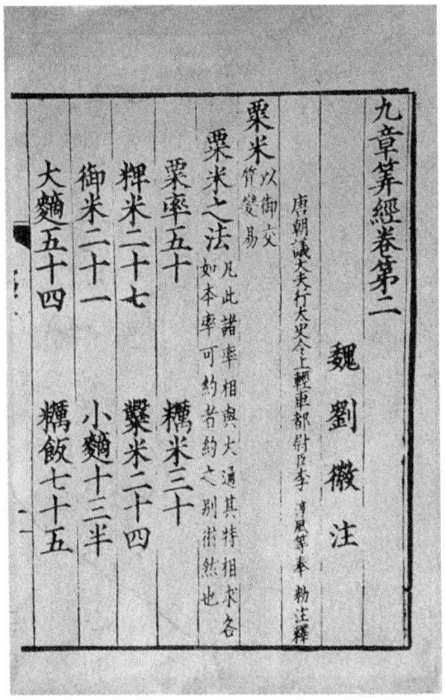
九章筭經卷第二 魏 劉徽 注
唐朝議大夫行太史令上輕車都尉臣李淳風等奉勑注釋
粟米 以御交質變易
粟米之法 凡此諸率相與大通其特相求各如本率可約者約之別術然也
粟率五十 糲米三十
粺米二十七 糳米二十四
御米二十一 小䵂十三半
大䵂五十四 糲飯七十五

▲ 《구장산경(九章算經)》. 고대 중국의 중요한 수학 서적으로, 대략 기원전 3세기경에 씌어졌으며, 진(晉)의 유휘, 당(唐)의 이순풍이 주를 달았다. 아홉 개의 문제 해법이 실려 있고, 음수 개념, 최소공배수와 1차 연립방정식의 해법이 있는데, 이는 모두 인도와 유럽보다 더 이른 것이었다. 송대 가정 6년(1213년)에 포한(鮑瀚)이 정주(汀州)에서 각인하였다.

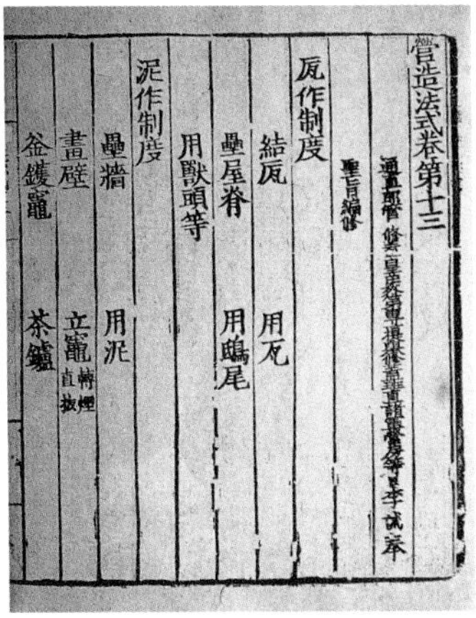
營造法式卷第十三
聖旨編修
瓦作制度
結瓦 用瓦
壘屋脊 用鴟尾
用獸頭等
泥作制度
壘牆 用泥
畫壁 立竈
釜鑊竈 茶鑪

◀ 《영조법식(營造法式)》. 송나라 이계의 저술이다. 소성(紹聖) 4년(1097년)에 각인을 시작하여 원부(元符) 3년(1100년)에 완성하였으며, 숭녕(崇寧) 2년(1103년)에 출간하였다. 각지 관청에 명령을 내려 건축 과정의 통상적 법칙으로 삼았다. 많은 그림이 함께 제시되어 각종 건축양식을 소개하였다. 이는 고대의 유명한 건축 전문서적으로 남송 후기의 소주(蘇州) 관각본이다.

는 장경(長庚)이며 만력(萬曆) 43년(1615년)에 향시에 합격하여 강서, 복건, 안휘 등지에서 벼슬을 하였는데, 후에 사직하고 고향으로 돌아와 전문적으로 저작활동을 하였다. 저술로는 《야의(野議)》, 《논기(論氣)》, 《담천(談天)》, 《사령시(思怜詩)》 등이 있다.

▲ 《천공개물(天工開物)》의 〈알매도(挖煤圖)〉이다. 《천공개물》은 명대 송응성의 저작으로, 고대 중국 과학기술 방면의 업적이다. 명대 숭정(崇禎) 10년(1637년)에 작자가 직접 각인하였다.

자서(字書)와 운서(韻書)

자서와 운서는 모두 한자를 해석한 책이다. 한자의 수가 방대해서 많은 사람들이 전부를 식별하기 어렵기 때문에 글을 읽을 때 종종 '자서'에 의존하게 된다. 자서와 운서의 기능은 약간 다르다. 자서는 글자의 형태와 뜻만을 해석하고 있지만, 운서는 음과 뜻 외에 이 글자의 운을 알 수 있다. 옛 사람들은 시를 쓸 때 압운(壓韻)을 중시하였는데, 《시경(詩經)》이 바로 압운을 중시하였음을 보여준다. 특히 당(唐)대는 시가(詩歌)의 시대여서 시의 평측(平仄)과 압운을 매우 중시하였기에 운서는 없어서는 안될 중요한 참고서였다. 중국에서는 역대로 자서와 운서에 대한 사회적 수요량이 많아 조대(朝代)마다 대량의 자서와 운서가 등장하였다. 지금부터 역대의 유명한 자서와 운서들 몇 가지를 중점적으로 소개하고자 한다.

현재 볼 수 있는 가장 오래된 자서는 동한(東漢) 때 허신(許愼)이 지은 《설문해자(說文解字)》이다. 이는 이전 시대의 한자 연구 성과를 총괄한 것이다. 한나라 화제(和帝) 때인 영원(永元) 12년

※ 숭정 | 명나라의 마지막 황제인 의종(毅宗) 때의 연호로, 1628년부터 1644년까지 사용되었다.

※ 만력 | 명나라 13대 황제인 신종 때의 연호로, 1572년부터 1620년까지 사용되었다.

※ 평측 | 한자는 평자(平字)와 측자(仄字)로 나뉘는데, 한문으로 시·부를 지을 때는 음운의 높낮이를 맞춰 지어야 한다. 평성은 양평(陽平)과 음평(陰平), 측성은 상성(上聲), 거성(去聲), 입성(入聲)으로 나뉜다.

(100년)에 완성되었다. 이 책은 한자를 540개의 편방부수(偏旁部首)로 나누고, 이에 따라 배열하여 9353자의 한자를 수록하였다. 그 중 중복되는 글자는 1163자이고, 각 글자 모두 자형(字形), 자의(字義), 독음(讀音)의 해석이 되어 있다. 당시에는 병음(拼音 : 중국어 한자음을 로마자로 표기하는 발음부호—역자)이 없었기 때문에 자음을 해석할 때 동음 한자를 사용하여 "天(천)은 顚(전)이다", "戶(호)는 護(호)이다"라고 표현하였다. 자의와 자형을 해석할 때는 "元(원)은 始(처음, 시작)를 뜻하며, 一과 兀을 따른다", "初(초)는 始를 뜻하며, 刀와 衣를 따른다" 등과 같은 방법을 사용하였다. 현대의 관점에서 이 방법에 문제가 있지만, 1900여 년 전의 저술이므로 현대의 기준으로 평가할 수는 없다. 《설문해자》는 고대의 가장 영향력 있는 자서로, 각 시대마다 출판되었고 끊임없이 연구되고 수정되었다. 오늘날 볼 수 있는 가장 오래된 인쇄본은 송대의 각본으로 역시 여러 종류의 판본들이 존재한다.

요나라 연경(燕京)의 승려 행균(行均)이 자서(字書)인 《용감수경(龍龕手鏡)》을 만들어 불경을 읽을 때 글자를 찾는 데 사용하였다. 요대의 각본은 이미 소실되어 전해지지 않고, 오늘날엔 송대 원풍(元豐) 연간(1078~1085년)의 항주 각본만 전해지는데,

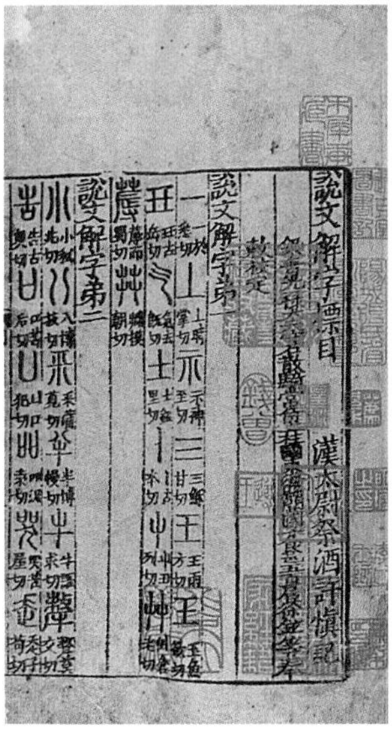

◀ 《설문해자(說文解字)》. 동한 때 허신의 저작이다. 한나라 화제 때인 영원 12년(100년)에 완성되었다. 최초의 문자학 전문서로 이후 각 조대(朝代)마다 연구되어 왔고 다른 판본들이 있다. 이는 남송 초기의 항주 각인본이다.

▼ 《용감수감(龍龕手鑑)》. 요나라 승려 행균의 저작이다. 2만 6430여 자의 글자가 수록되어 있고, 각 글자 아래에 고금의 모든 글자체를 상세히 열거하였다. 원래는 《용감수경(龍龕手鏡)》이었으나 희녕(熙寧, 1076~1077년) 시기 북송으로 전해지면서 경(鏡)을 감(鑑)으로 피휘하였다. 원풍 연간(1078~1085년) 포종맹(蒲宗孟)의 항주 각인본이다.

※ 피휘 | 휘(諱)는 원래 왕이나 제후의 이름을 가리키는데, 고대 중국에서는 황제나 조상의 이름에 쓰인 글자를 다른 곳에 사용하지 않는 관습이 있었으며, 이를 가리킨다. 심지어는 같은 글자뿐만 아니라 비슷한 음을 가진 글자도 사용하지 않는 경우도 있었다.

이 각본은 피휘하여 《용감수감(龍龕手鑑)》이라 하였다. 이 책은 편방부수에 따라 순서를 배열하였고, 글자마다 독음과 간단한 글자의 뜻을 달았다. 주음(注音)에는 반절법(反切法)을 이용하였다[반절법은 전통적 주음법인데, 두 개의 글자를 병합하여 피절자의 음을 만든다. 반절상자(反切上字)에서 음을 취하고 반절하자(反切下字)에서 운(韻)과 성조(聲調)를 취한다. 예를 들어 "練(련)은 郎(랑)과 甸(전)의 반절이다"].

역사적으로 저명한 청대의 《강희자전(康熙字典)》은 이전의 여러 자서들의 성과를 흡수하여 만든 훌륭한 저서이다. 그것은 황실에서 여러 학자들을 모아 만든 것으로, 강희 55년(1716년)에 완성되었다. 절음법(切音法)으로 주음(注音)하였고, 편방부수와 필획 순서에 따라 배열하였으며, 모두 4만 7035자의 한자를 수록하였다. 《강희자전》은 오늘날까지도 사용가치가 여전히 높은 자서이다.

▼ 《절운(切韻)》. 수나라 육법언의 저작이다. 반절의 발성과 분음에 따라 운모(韻母)의 운을 분류하였기 때문에 절운이라고 칭하였다. 평성 57운, 상성 55운, 거성 60운, 입성 34운 등 총 206개의 운으로 나누었다. 후에 편찬된 운서들은 이 책을 참고했다. 이는 돈황 장경동에서 출토된 당대 필사본의 잔편과 각본(刻本)의 잔편으로 프랑스인에 의해 도난당하였다.

운서는 자음, 자의(字義) 해석 이외에 '운(韻)' 부분을 더하여, 운에 따라 분류·배열하였다. 수대에 육법언(陸法言)의 《절운(切韻)》은 최초의 운서로, 한자 4성을 193개의 운으로 나누었다. 당대에는 손면(孫愐)의 《당운(唐韻)》이 있었고, 송대 진팽년(陳彭年)의 《광운(廣韻)》은 206부로 나누었다. 송대 치평(治平) 4년(1067년)에 정도(丁度) 등이 편찬한 《집운(集韻)》은 5만 3525자의 한자를 206운부(韻部)로 나누었고, 평(平), 상(上), 거(去),

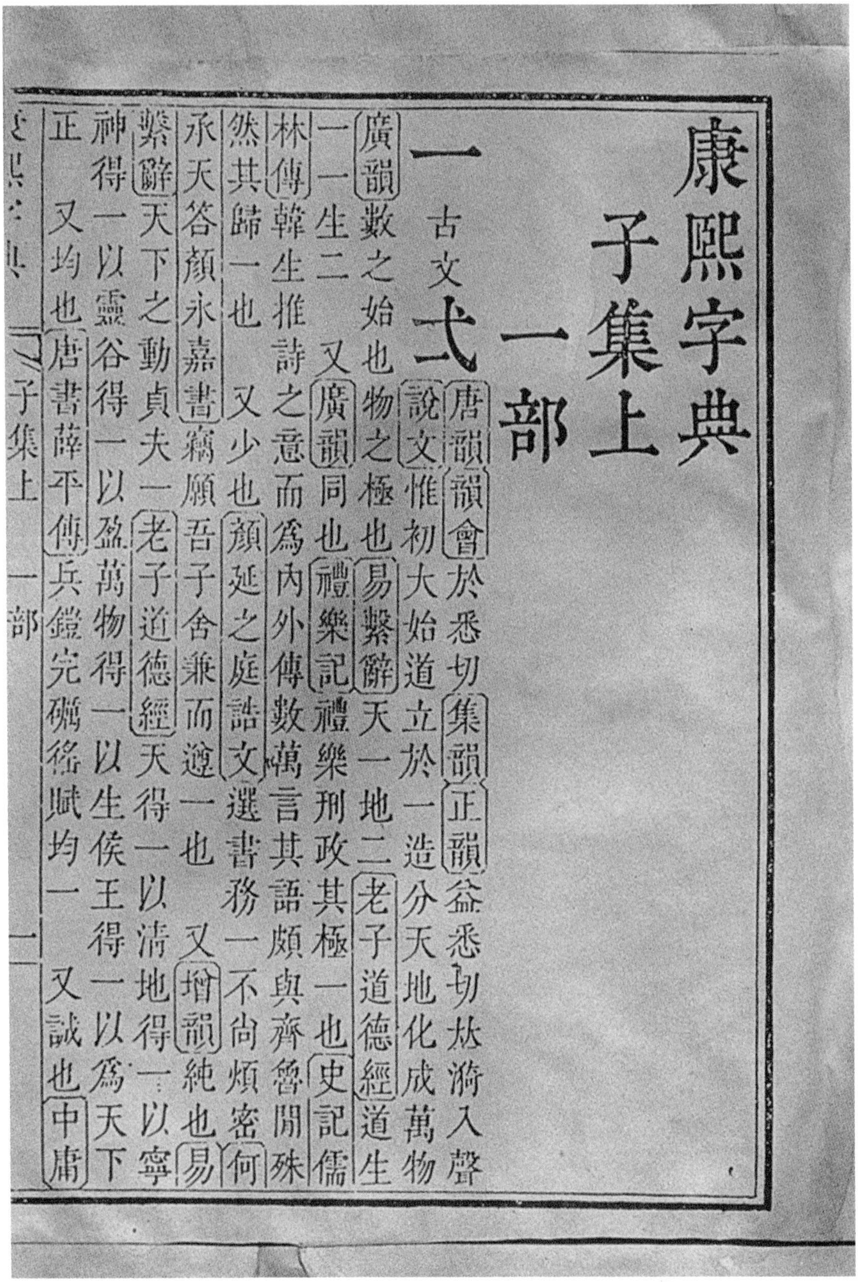
康熙字典
子集上
一部
一 古文 弌
【唐韻】【韻會】於悉切【集韻】【正韻】益悉切𠀤漪入聲
【說文】惟初大始道立於一造分天地化成萬物
【廣韻】數之始也物之極也【易繫辭】天一地二【老子道德經】道生
一一生二 又【廣韻】同也【禮樂記】禮樂刑政其極一也【史記儒
林傳】韓生推詩之意而爲內外傳數萬言其語頗與齊魯閒殊
然其歸一也 又少也【顏延之庭誥】【文選】書務一不尚煩密【何
承天答顏永嘉書】竊願吾子舍兼而遵一也 又【增韻】純也【易
繫辭】天下之動貞夫一【老子道德經】天得一以淸地得一以寧
神得一以靈谷得一以盈萬物得一以生侯王得一以爲天下
正 又均也【唐書薛平傳】兵鐙完彌徭賦均一 又誠也【中庸】
康熙字典 子集上 一部 一

◀《강희자전(康熙字典)》. 청나라 정부가 편찬한 자서로 장옥서(張玉書), 진정경(陳廷敬) 등이 편찬하였다. 강희 55년(1716년)에 완성하였다. 앞부분부터 총목(總目), 검자(檢字), 변사(辨似), 등운(等韻)이 있고, 뒤에 보유비고(補遺備考)가 있다. 총 4만 7035자가 수록되어 있고, 그 외에 따로 고문자 1995자가 첨부되어 있는데, 214부수에 따라 배열하였다. 각 글자마다 먼저 여러 운서(韻書)의 반절을 나열하고, 그 다음 자의(字義)를 해석하였다. 이음(異音)과 이의(異義)는 순서대로 열거하였다. 인용서의 착오가 많고 체제가 불완전하다.

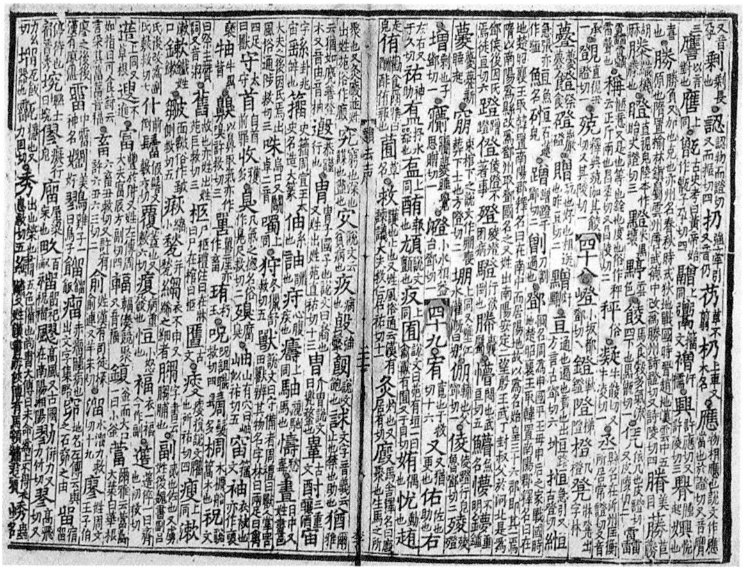

▶ 《광운(廣韻)》. 송나라 진팽년(陳彭年)과 구옹(邱雍) 등이 《절운(切韻)》에 의거하여 완성한 것이다. 대중상부(大中祥符) 4년(1011년)에 완성되었다. 평, 상, 거, 입의 4성, 206운으로 나누었고, 총 2만 6194자이다. 한자 연구의 중요한 저작으로, 이는 흑룡강성에서 출토된 북송 국자감본이다.

입(入)으로 권을 나누었다. 근대인들은 이전 사람들의 책을 흡수하여 106운으로 나눈 《평수운(平水韻)》을 만들었다. 명대에는 《홍무정운(洪武正韻)》, 청대에는 《패문시운(佩文詩韻)》이 있었다.

돈황 문서 중에 당대의 《절운》이 몇 종 있는데, 인쇄본도 있고 필사본도 있다. 이는 현존하는 최초의 운서이다. 송대의 운서는 판본이 비교적 많다. 남송 초기 항주 각본 《광운》과 남송 관각본 《집운》이 있고, 흑룡강성 문서 중에는 송대의 각본 《광운》도 있다. 북송 시기에는 서하(西夏)가 북송에서 책을 여러 번 구매하였는데, 남송 시기에 와서는 서적의 교류가 거의 없었기 때문에 이 송대의 각본인 《광운》은 북송의 관방(官方) 각본일 개연성이 크다. 과거에 발견한 송대의 책들 중 아직 이 판본을 발견하지 못했기 때문에 더욱 진귀한 것으로 간주된다.

제12부

책의 감상과 이해

‖ 장정(裝幀)의 미(美) ‖

간략함, 우아함, 소박함, 호방함, 실용성 등은 우수한 각인본 서적의 주요 예술적 특징이다. 역대 서적 감상가들은 "종이의 질은 옥과 같고 먹빛은 옻칠과 같다"라는 말로 송대 판본 서적에 사용된 재료의 우수함을 칭찬하였다. 또 각판기술에 대해서는 "글자와 그림이 또렷하여 한 획도 소홀히 하지 않았다"라는 말로 그 뛰어남을 묘사하였다. 송대 판본 서적의 판식과 서화(書畫)의 미(美)는 책을 펴면 묵향이 퍼져 나오는 듯하여 독자로 하여금 강렬한 독서 의지를 갖게 하였다. 이는 정부와 민간 모두 서적 예술을 매우 중시하는 한편, 서적을 하나의 예술품으로 보고 만든 전통에서 말미암은 것이다. 그래서 중국 고대의 서적은 독서 이외에도 감상할 만한 다른 부분들이 상당히 많다.

장정의 형식

역대 중국에서는 독서와 보존이 편리하도록 서적을 항상 일정한 형식으로 장정하여 제작하였다. 장정은 서적이 최초로 시각적 미를 갖게 하였다. 명대 손종첨(孫從添)은《장서기요(藏書紀要)》에서 서적의 장정에 대해 다음과 같이 상세하게 서술하였

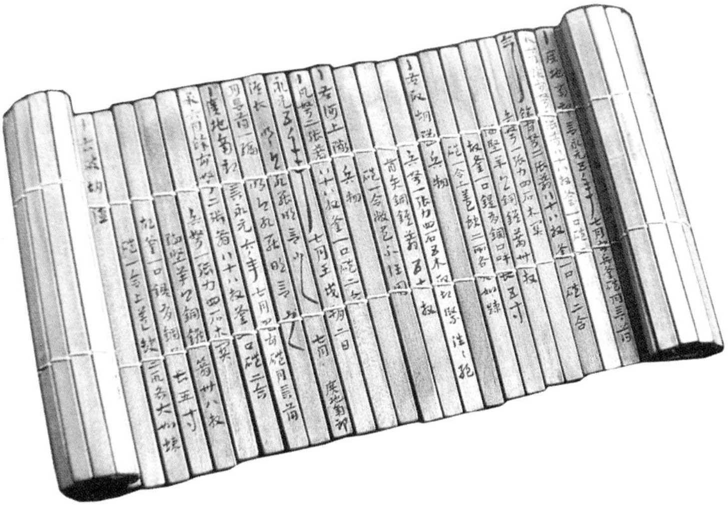

◀ 반 정도 펼친 간책(簡策). 이것은 가볍고 작은 대조각이나 나무조각의 위아래 두 군데를 끈으로 엮어 만들었는데, 후대의 권축장(卷軸裝)은 간책의 형상과 구조에서 비롯된 것이다.

다. "서적의 장정은 화려하게 외관을 꾸미는 데 중점을 두지 않고 책갑을 보호하는 데 중점을 두었다. 또 형태가 고풍스러우면서도 우아하고 두께가 적당하며 정교하고 깔끔한 것을 제일로 쳤다." 이는 대대로 중국 서적의 장정 원칙이었다.

현재 알려진 최초의 서적 장정을 '구책(龜册)'이라고 하는데, 이것은 서로 관련 있는 내용을 적은 몇 개의 뼛조각들을 줄로 엮은 것이다. 하남성 안양(安陽)현 소둔(小屯)에서 출토된 갑골문 중 일부 갑골은 위쪽에 구멍이 남아 있는데, 이는 구멍을 뚫어 줄로 묶었던 자리로 보인다.

진정한 서적의 장정에 속하는 것은 앞에서 언급했던 간책(簡册)과 권축(卷軸)이라고 할 수 있다. 간책은 한 편의 문장을 적은 죽간을 순서에 따라 마끈, 비단끈, 가죽끈 등으로 엮어서 만든 것이다. 권축은 백서(帛書)의 장정 형식 중 하나이다. 백시의 장정 형식 중, 두꺼운 종이에 천을 붙이고 책 모양에 따라 접어 꼬챙이나 끈 따위로 묶거나 첩하는 장정 형식이다. 글을 다 쓴 백서를 접어놓은 것을 질(帙)이라고 하고, 말아 놓은 것을 권(卷)이라고 하며, 첩(帖)은 백서의 총칭이다.

간책과 백서의 장정 방법은 후대의 서적 장정에도 커다란 영향을 미쳤다. 현재 사용하고 있는 편(篇), 편(編), 권(卷), 책(册), 책(策), 질(帙), 첩(帖) 등의 많은 단어가 죽간 및 백서와 관련이 있다. 종이 서적의 최초 장정 형식도 죽간이나 백서의 형식을 모방하였는데, 바로 이것을 권축장(卷軸裝)이라고 한다.

종이 서적의 장정은 남북조(南北朝) 시대인 약 4세기쯤에 시작되었다. 그 후 장정 형식으로 권축장, 선풍장(旋風裝), 경절장(經折裝), 호접장(蝴蝶裝), 포배장(包背裝), 선장(線裝) 등이 차례로 출현하였다. 이 외에 또 불교와 함께 유입 된 범협장(梵夾裝)도 있다.

▼ 권축장의 겉모습이다. 겉표지는 각양각색의 비단으로 표구하여 책명을 써넣었다. 가장 유명한 권축장은 북송(北宋) 시기의 《개보장(開寶藏)》과 《거란장(契丹藏)》이다.

권축장(卷軸裝)

권축장은 권장(卷裝), 권자본(卷子本), 수권(手卷)이라고도 한다. 권축장은 종이 서적 최초의 장정 형식이자 세계 최초의 종이 서적의 형식이기도 하다. 이 장정 형식은 남북조 시대에 처음 등장하여 수·당 시대에 홍성하였으며 지금까지 줄곧 사용되어 왔다.

권축장의 장정 방법은 다음과 같다. 먼저 글을 다 쓴(혹은 인쇄를 마친) 책장을 순서대로 가로로 길게 이어 붙인 후, 다시 대나

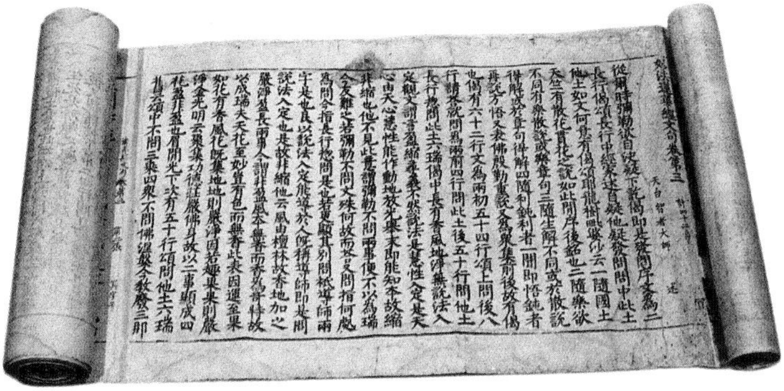

◀ 《금장(金藏)》〈묘법연화경문구(妙法蓮華經文句)〉. 이것은 펼쳐놓은 권축장 서적으로 고대에 상용되었던 서적의 장정 형식이다.

무나 나무로 축을 만들어 왼쪽에서 오른쪽으로 말아 한 묶음으로 만든다. 두루마리 바깥 시작 부분에 반원형의 나무 막대기를 붙이고 비단 끈을 달아 이것으로 책 두루마리를 묶는다. 맨 마지막으로 두루마리 시작 부분의 뒷면 서첨(書籤) 위에 책이름을 쓰는데, 비교적 중요한 책은 축 뒤쪽에 비단으로 표구를 해서 책갑을 만들고 상아나 옥을 이용해서 축을 만들었다.

초기의 권축장은 볼품없이 단순히 종이로 표구하고 나무로 원형 축을 만들었다. 그러나 당(唐)대에 들어서면서 권축장은 포장이 정교해지고 비교적 좋은 재료를 사용하게 되었다. 명대의 도종의(陶宗儀)는 《철경록(輟耕錄)》에서, "당나라 정관(貞觀 : 627~649년), 개원(開元 : 713~741년) 연간에 사람들은 주로 문아(文雅)함을 숭상하여 서화를 모두 자색 용봉축(龍鳳軸)으로 표구하고, 녹색 무늬 비단으로 속을 만들었다"라고 기록하고 있다. 이렇게 호화로운 권축장은 주로 황실이나 귀족들이 사용하였기에 그다지 대표성을 갖지 못하였다. 당시에 보통의 문인들은 서적을 장정할 때 여전히 내구성과 실용성을 우선시하였다. 돈황에서 발굴된 문서들에 들어 있던 권축장은 대부분 아주 간단한 것들로, 비단 등의 고급 재료를 사용한 것은 매우 드물다.

송대 이후에는 각종 새로운 장정 형식이 등장하게 된다. 그러나 권축장은 각 시대마다 꾸준히 사용되어 왔으며, 현재까지도 서화(書畵)를 장정하는 데 줄곧 사용되고 있다.

선풍장(旋風裝)

당대에 많이 사용되었던 장정 형식의 하나이다. 이 장정 형식은 말아 놓은 외관은 권축장과 유사하지만, 그것을 펼치면 절첩한 책장이 순서대로 겹치지 않도록 하나의 표지 안에 붙어 있어 읽을 때 책장이 차례대로 넘어가 마치 회오리바람이 빠르게 도는 것 같다. 이러한 이유에서 '선풍장'이라는 이름을 얻게 된 것이다. 오늘날 중국에서 볼 수 있는 유일한 당대 선풍장의 실물은 왕인후(王仁煦)가 짓고 오채란(吳彩鸞)이 글씨를 쓴 《간류보결절운(刊謬補缺切韻)》이다. 대영도서관과 프랑스 박물관에도 당

▼ 《간류보결절운(刊謬補缺切韻)》. 이 서적은 당대에 제작되었으며, 중국에 현존하는 유일한 실물 선풍장 서적이다. 말아 놓았을 때의 외관은 권축장과 동일하다. 하지만 그것을 펼치면 책장을 차례대로 넘기면서 읽을 수 있게 되어 있다. 현재 북경 고궁박물관에 소장되어 있다.

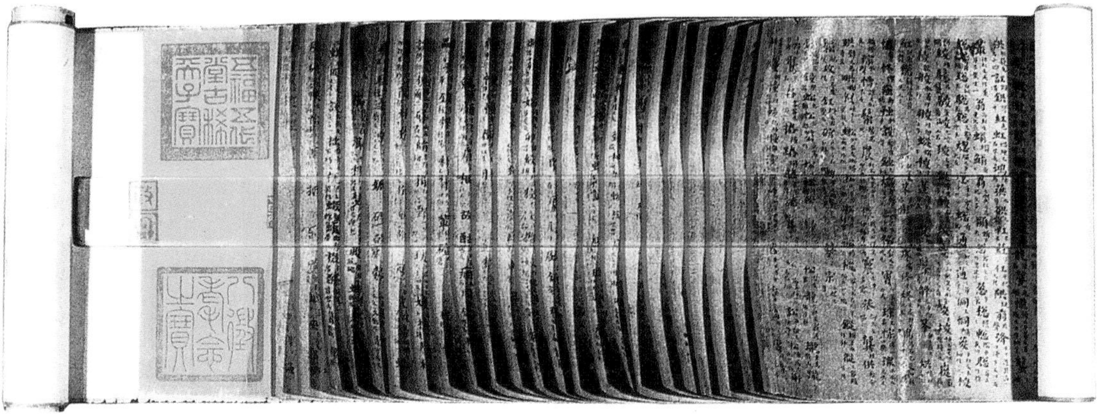

대의 선풍장 서적이 소장되어 있다.

선풍장 서적은 읽는 데 불편하여 당대 이후에는 사용되지 않았던 것으로 보인다.

경절장(經折裝)

대략 오대(五代)부터 사용되기 시작하여 송대에 이르러서는 광범위하게 사용되었다. 권축장이 등장한 이후 책엽장(冊頁裝)이 등장하기 전까지 사용되었던 형식이다. 대부분 불경을 장정하는 데 사용되었기에 경절장이란 이름이 붙었다.

장정 방법은 다음과 같다. 인쇄를 마친 책장을 순서대로 한꺼번에 연결하여 붙이고 나서 다시 쪽 순으로 지그재그로 반복해서 접는다. 그러고 나서 맨 마지막에 두꺼운 종이로 표구를 한 뒤 앞뒤에 표지를 붙이고 아래위를 잘라내면 완성된다. 비교적 중요한 서적이나 장정할 서적이 여러 권일 경우에는 케이스에 넣어서 보관하였다. 책 표지는 두꺼운 종이를 사용하거나 두꺼운 종이에 남색 무명천이나 다양한 색깔의 비단 천으로 표구하여 만들었다. 간혹 얇은 나무판으로 표지를 만들기도 하였다.

경절장 서적은 책장을 순서대로 넘기면서 읽는 데 매우 편리하였다. 역대의 유명한 경절장 서적으로, 송대의 《숭령장(崇寧藏)》, 《비로장(毘盧藏)》, 《사계장(思溪藏)》, 송·원대의 《적사장(磧砂藏)》, 원대의 《보령장(普寧藏)》, 명대의 《홍무남장(洪武南藏)》과 《영락북장(永樂北藏)》, 청대의 《용장(龍藏)》 등이 있다. 이러한

▼ 경절장. 당대에 시작되었으며, 역대 불경의 대부분이 이 방법을 사용하였다. 이것은 원(元)대 각본인 《보령장(普寧藏)》의 장정 형식과 그 외관이다.

《대장경》의 규모는 모두 6천 권 이상이며, 대부분 10권이 1질이었다. 경절장 서적은 대부분 판형이 좁고 길다. 또 인쇄본의 판면 특징을 보면, 책장의 윗부분에 비교적 커다란 여백이 있고, 아랫부분에는 비교적 여백이 작다.

▲ 명 · 청 시대에 관청에서 인쇄한 《대장경》은 범협장 형식을 사용하였는데, 두꺼운 종이로 양면에 인쇄하였다. 이 사진은 청대 건륭(乾隆) 시기에 만든 《대장경》이다.

범협장(梵夾裝)

범협장은 인도에서 들어온 서적 장정 형식의 하나이다. 수(隋)대의 두보(杜寶)는 《대업잡기(大業雜記)》에서 다음과 같이 기술하고 있다. "동도(東都) 낙양(洛陽)의 '승복문(承福門)……문 남쪽의 낙수(洛水)에는 익진교(翊津橋)가 있는데 번경도장(飜經道場)으로 통한다. 신번경(新飜經)은 본래 외국에서 들어온 것으로, 패다라나무 잎을 사용하였는데 잎이 두껍고 컸다. 가로로 행서를 써서 그것을 하나로 엮어서 만든 것인데, 오늘날 범협(梵夾)이라고 부른다.'"

▼ 범협장. 이러한 장정 형식은 불교가 인도에서 전래되면서 중국에 들어왔다. 이 사진은 종이로 만든 범협장으로 돈황 석굴에서 출토된 것이다.

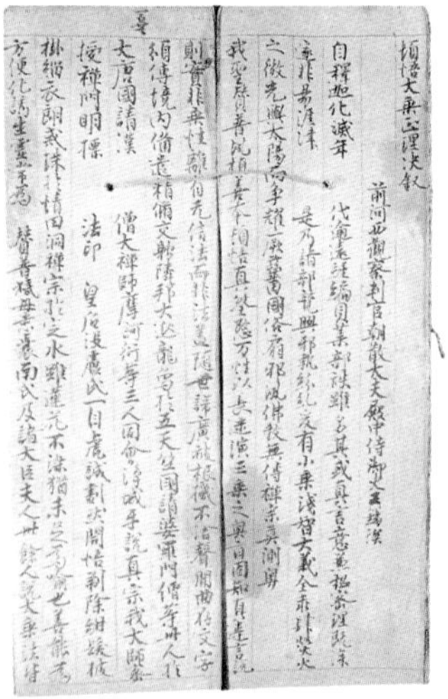

고대 인도인들은 패다라나무 잎을 탈수시킨 후 납작하게 만들어 장방형으로 잘랐다. 그리고 경문을 다 쓴 나뭇잎을 순서대로 겹쳐서 가지런히 한 후, 앞뒤에 서로 같은 너비와 길이의 목판을 대고 중간에 구멍을 뚫고 끈으로 묶으면 장정이 완성되었다. 끈을 꿸 때 일정한 길이의 여분을 남겨두어 읽을 때 끈이 느슨해져 차례대로 책장을 넘기면서 읽을 수 있게 하였다. 이것은 범문(梵文)으로 글을 쓴 뒤 책의 앞뒤에 나무판을 대서 만들기 때문에 범협장이라고 불렀다. 이러한 장정 형식은 불교의 유입과 동시에 중국에 들어왔다. 그리하여 수 · 당 시대의 사원에서는 이미 이러한 장정 형식이 보편적으로 사용되었다. 그러나 후에는 패다라나무 잎 대신 두꺼운 종이를 사용하게 되었다. 당나라 현장법사가 인도에서 들여온 불경이 바로 이러한 패다라나무 잎으로 만든 불경이다. 중국의 불경은 현재까지도 여전히 범협장으로 만들어지고 있다.

호접장(蝴蝶裝)

대략 오대 시기부터 새로운 장정 형식이 출현하였는데, 바로 호접장 형식이 그것이다. 이것은 최초의 책엽장(冊頁裝) 형식이기도 하다. 호접장은 책장 그대로를 문자가 안으로 가도록 반접(反摺)하여 중첩하고 접은 판심(版心 : 가운데 접힌 부분—역자)의 뒷면에 풀을 칠하여 모든 책장을 서로 붙인 다음, 하나의 표지를 반으로 꺾어 접은 안쪽 등에 풀로 붙여 만드는 장정이다. 섭덕휘(葉德輝)는 《서림청화(書林淸話)》에서 다음과 같이 기록하고 있다. "호접장은 실을 사용하여 제본하지 않고 풀로 책의 등 부분을 붙여 단단하게 고정시켜 겉면을 보호하였다. 또 판심을 안으로 향하게 하고 단구(單口)를 밖으로 향하게 하였다. 그래서 그것을 펼치면 마치 나비 날개 같았다."

▼ 호접장은 오대에 등장하여 송·원 시기에 이르러 널리 통용되었다. 책을 펼치면 중간에 중봉(中縫)이 있고, 양쪽으로 펼쳐진 모양이 나비와 유사하였다.

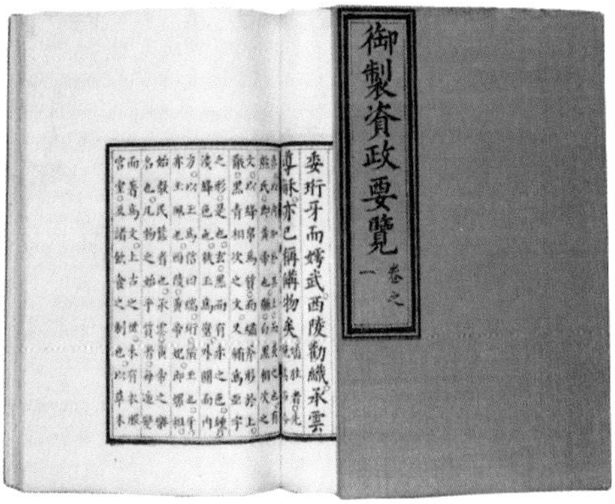

호접장은 송대에 광범위하게 사용되었다. 송대 판본들 중 호접장은 현재까지도 온전한 상태로 전해지는 것이 간혹 있다. 이는 당시에 이미 상당히 뛰어난 장정 기술이 있었음을 말해준다. 문헌의 기록에 따르면, "고대에는 닥나무 잎, 비면(飛面), 백급말(白笈末) 등 세 가지를 풀처럼 섞어서 종이를 붙였는데, 아교처럼 단단하여 영구적으로 떨어지지 않았다"라고 한다. 역대 장서가들은 호접장을 매우 선호하였는데, 이는 호접장의 가장자리 3면이 모두 판심과 글자로부터 멀어서 책 가장자리가 훼손되어도 글자까지 손상되는 일은 없었기 때문이다. 현존하는 송대 판본 서적의 장정 및 요(遼), 금(金), 서하(西夏)의 통속적인 서적들은 모두 기본적으로 호접장으로 되어 있다.

서적 장정의 역사에서 호접장은 매우 중요한 위치를 차지한다. 호접장은 책엽장 서적의 역사를 열었을 뿐만 아니라, 황금률에 가까운 직사각형의 판형을 만들어냈다. 이러한 직사각형 판형은 후에 세계 각지로 퍼져나가 오늘날 서적 판형의 기본 형식이 되었다.

포배장(包背裝)

포배장은 대략 원(元)대에 등장하였는데, 판식은 호접장과 같으나 책장을 접는 방식이 호접장과 차이가 있다. 포배장은 책장의 글씨가 밖으로 나오도록 정접(正摺)하여 판심(版心) 위의 접지표를 가지런히 중첩하고 절단면의 가까운 부분 양 끝을 뚫어(최소한 두 개의 구멍), 꼬아 만든 끈으로 책지의 몸통을 꿴 뒤, 한 장의 두꺼운 종이로 책등 및 앞뒤 양면을 덮어 싼 형태의 장정이다. 이 장정 형식은 호접장의 결점을 완전하게 보완한 것으로 책등을 붙여서 더욱 견고하게 하였다. 그래서 독서를 할 때도 백지를 넘길 일이 없었다(고대에는 단면 인쇄를 했기에 호접장은 백

면들이 나타났음).

포배장은 원대 중엽부터 명대 중엽까지 성행하였으며, 청대까지도 계속 사용되었다. 명·청 시기의 가장 유명한 포배장 서적으로는 명대의 궁중 필사본인 《영락대전(永樂大典)》과 청대의 궁중 필사본인 《사고전서(四庫全書)》가 있다. 이 두 서적은 모두 방대한 편폭의 서적으로, 황실에서 출판하여 장정이 아주 정교하다. 《영락대전》은 두꺼운 종이로 표구를 하고 황색 비단으로 표지를 만들었다. 《사고전서》는 경(經), 사(史), 자(子), 집(集)의 4고(庫)를 각각 다른 색깔의 비단으로 표구하여 표지를 만들었는데, 경서는 녹색 비단, 사서는 붉은 색 비단, 자서는 남색 비단, 집서는 회색 비단으로 각각 표구하였다. 그리고 나무함으로 겉포장을 하였다. 이것은 역대 가장 정교한 포배장 서적인데, 책 전체가 모두 3만 6315권으로 역사상 최대 규모의 포배장이기도 하다.

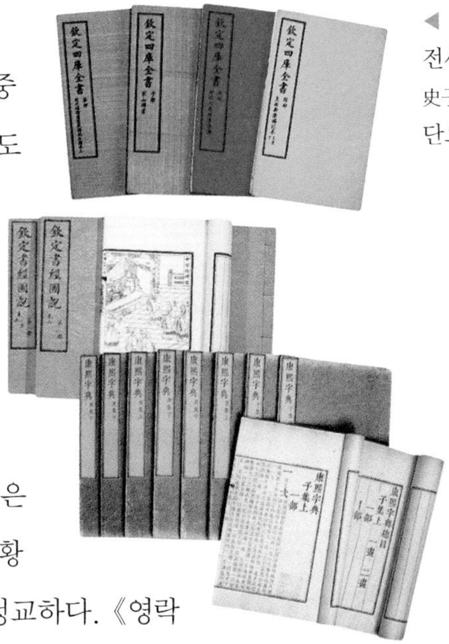

◀ 각종 포배장 서적들. 청대 《사고전서》가 가장 정교하다. 경사자집(經史子集) 각 서적들은 다른 색깔의 비단으로 표구하여 표지를 만들었다.

선장(線裝)

선장은 중국 고대의 장정 형식 중 가장 늦게 등장한 것이다. 일찍이 송대에 출현하였으나, 그 후 수백 년 동안 사용되지 않았다. 그러다가 명대 중기가 되어서야 광범위하게 사용되었고, 그 후 지금까지 사용되고 있다. 선장의 장정 방법은 공정의 전반부가 포배장과 같다. 한 가지 다른 점이 있다면 앞뒤 표지가 각각 한 장씩 분리된다는 점이다. 먼저 앞 뒤 표지를 잘 맞춘 후, 위쪽과 아래쪽 및 책등의 3면을 자른다. 그러고 나서 다시 절단면의 적당한 위치에 구멍을 뚫고, 양 끝을 비단끈으로 묶은 다음, 두 장의 표지를 앞뒷면에 대고 책을 철할 부분을 끈으로 묶는다. 구멍의 위치는 일반적으로 절단면으로부터 15밀리미터 정도 떨어져 있다. 대다수의 서적은 4개의 구멍을 뚫는데 판형이 비교적 큰 책은 6개의 구멍을 뚫는다. 꿰매는 끈은 대부분 백색이나 회색으로 된 두 가닥의 비단실을 사용하고, 실 끝의 매듭은 구멍 안으로 집어넣어 숨긴다. 서적을 견고하게 하기 위해 제본한 부분에 백색 비단으로 표구를 하였다. 표지는 대부분 두꺼운 종이를 사용하였고, 담황색, 백색, 남색을 주로 사용하였는데. 귀중한 도서는 비단으로 표구를 하였다. 선장은 너무 두꺼우면 장정하기 어렵기 때문에 편폭이 비교적 방대한 서적은 여러 권으로 나누어 장정한 뒤 함에 넣어 보관하였다.

▼ 선장(線裝)은 명대 초기에 등장하였다. 공정의 전반부는 포배장과 같은데, 3면을 자른 후 다시 절단면의 가까운 부분 양 끝을 묶는다. 그래서 앞서 나온 장정 형식들보다 더욱 견고하다.

중국 고대 서적의 장정은 함, 서근(書根 : 장정본 책을 찾기 편하게 하기 위해 책의 아래쪽에 쓴 서명, 권수 따위—역자), 서첨(書籤) 등의 요소들도 포함한다. 함은 책의 겉포장으로, 종이 재

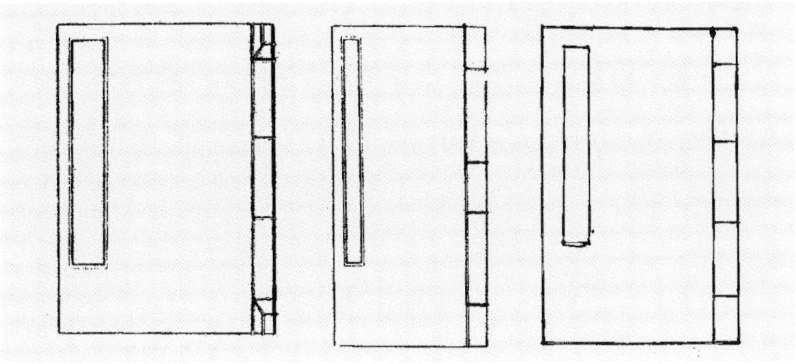

◀ 선장 서적의 몇 가지 묶는 방법. 오른쪽은 등거식(等距式)이고, 가운데는 부등거식(不等距式)이며, 왼쪽은 화각식(花角式)이다.

질과 나무 재질의 두 가지가 있으며, 책의 권수와 크기에 맞추어 제작된다. 함은 전포식(全包式)과 반포식(半包式)으로 나뉜다. 전포식은 책의 여섯 면을 전부 완벽하게 포장하는 방법이고, 반포식은 책의 네 면만 포장하여 책의 위아래 부분이 드러나도록 하는 것이다. 선장(線裝)한 서적의 서명첨(書名籤)은 인쇄한 후 가지런하게 잘라서 함의 표지 좌측 상단 모서리에 붙인다.

▼ 나무 서갑(書匣). 대부분 귀중한 서적을 보관하는 데 사용되었고, 오동나무나 녹나무로 제작되었다.

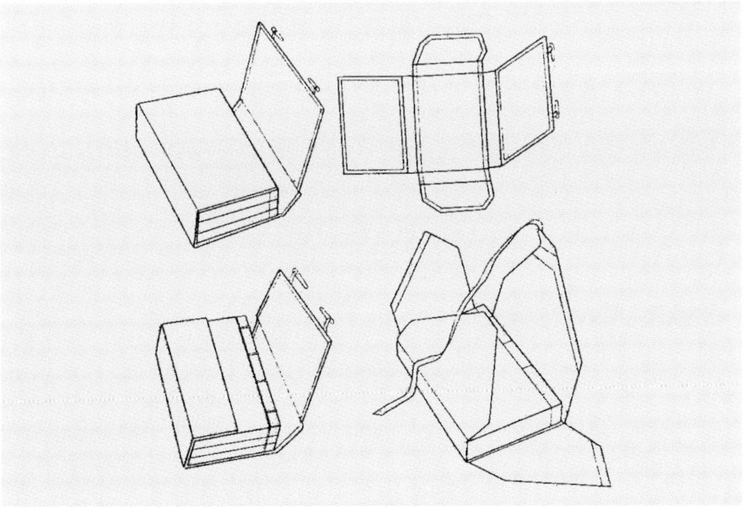

◀ 자주 쓰이는 몇 가지 서적함의 제작 방식. 전포식과 반포식이 있다.

중국 고대 서적의 장정은 장기간의 실행 과정에서 점차 자신만의 독특한 형식과 풍격을 형성하였다. 이처럼 중국의 고대 서적은 독서 및 지식 전파 이외에도 동양의 아름다운 정취를 전달하는 예술적 가치를 지니고 있다.

판면(版面) 예술

책 한 면의 문자, 그림, 여백의 조화를 판면이라고 한다. 판면은 서적 예술의 중요한 부분이며, 심지어는 서적 예술의 핵심이라고도 할 수 있다. 책의 외부 장정은 처음 보는 순간에 미감(美感)을 제공하지만, 판면 예술은 독서를 하는 동안 지속적으로 즐거움을 준다. 그래서 판면 설계자는 책의 품질을 이해하고 독자의 심리와 요구를 제대로 파악하여, 글자의 크기, 삽화의 분배, 글자체와 자간, 행의 너비와 행간의 간격, 가장자리, 천두(天頭), 지각(地脚), 여백 등을 읽기 좋도록 설계하고, 조밀도를 적당하게 조절하여 독자로 하여금 독서의 욕구가 생기도록 해야 했다.

판심(版心)과 변공(邊空)

책장에서 가운데 그림이나 글자가 있는 부분을 판심(版心)이라고 하고, 천두(天頭)와 지각(地脚)의 공백 부분을 변공(邊空) 혹은 서구(書口)라고 한다. 송대 판본부터 호접장이 등장하였는데,

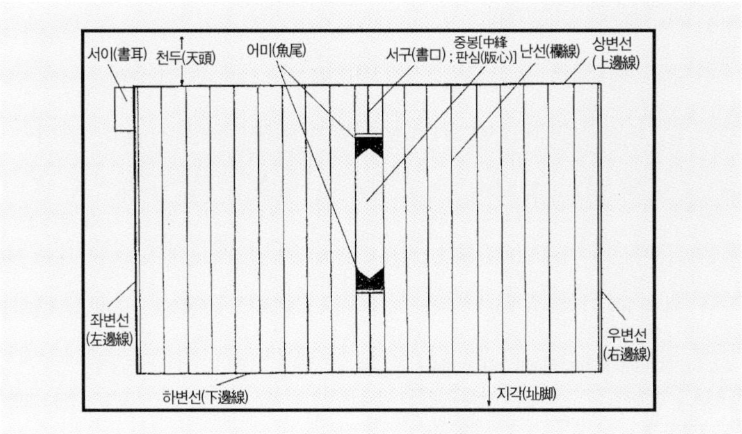

◀ 한 면을 기준으로 한 송대 판본 서적의 기본 격식이다. 그 중 서이(書耳)는 아주 소수의 책에서만 사용되었다. 어미(魚尾)는 단어미(單魚尾)와 쌍어미(雙魚尾)로 나뉜다. 변광(邊框)은 네 변이 모두 두 줄인 것, 상하가 한 줄로 된 것, 좌우가 두 줄로 된 것 등의 다른 형식들이 있다. 또 각 서적의 행 수와 각 행의 글자 수도 다르다.

판면의 여백이 매우 중시되었다. 그래서 많은 책들이 비교적 넓은 천두를 남겨두었는데, 그 이유 중 하나는 판면의 공간미를 고려했기 때문이고, 이보다 더 중요한 이유는 실용성 때문이었다. 비교적 넓은 천두 공백은 독자가 책을 읽다가 자신의 평어(評語)를 쓸 수 있도록 제공된 것이다. 이러한 글을 미비(眉批)라고 하였다. 현존하는 고대 서적 중에 이전 시대의 독자가 남긴 미비를 흔히 볼 수 있다.

역대 서적들을 보면, 천두 여백의 크기가 각기 다르다. 민간 서방의 인쇄본은 책의 생산가를 고려해서 여백을 작게 하였다. 관각본은 대부분 크고 실용적으로 만들었고 여백이 비교적 컸다. 중국 국가도서관에 소장되어 있는 원대 각본인 《몽계필담(夢溪筆談)》의 경우 판심은 매우 작고 둘레의 여백이 매우 큰데, 이러한 형태는 고대 서적들에서 매우 보기 드물다.

▼ 《신간합병관판음의평주(新刊合并官板音義評注)》는 명대 숭정(崇禎) 7년(1634년)의 여(余)씨 각본으로, 일종의 미비(眉批)를 새긴 판식이다.

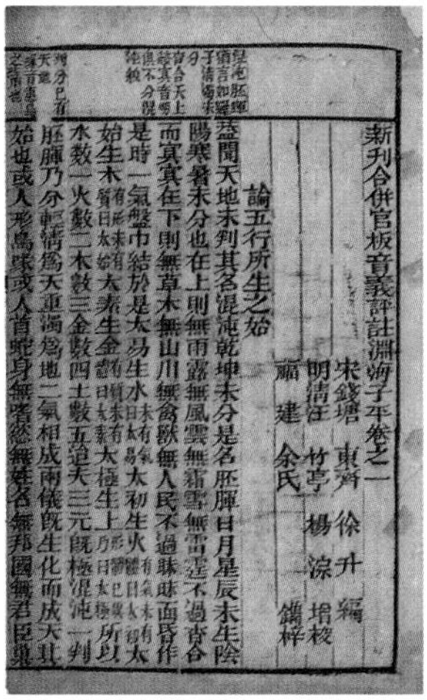
新刊合併官板音義評註淵海子平卷之一
宋錢塘 東齊 徐升 編
明淸江 竹亭 楊淙 增校
福建 余氏 鐫梓
論五行所生之始
蓋聞天地未判其名混沌乾坤未分是名胚腪日月星辰未生陰
陽寒暑未分也在上則無雨露無風雲無霜雪無雷霆不過杳合
而冥冥在下則無草木無山川無禽獸無人民不過昧昧而昏作
是時一氣盤巾結於是太易生水太初生火
始生木太素生金太極生土
木數一火數二木數三金數四土數五迨天三元既極混沌一判
胚腪乃分輕淸爲天重濁爲地二氣相成兩儀既生化而成天
始也或人形鳥喙或人首蛇身無嗜慾無姓名無邦國無君臣

변광(邊框)과 난선(欄線)

변광과 난선은 중국 고대 서적만의 독특한 판면 예술 형식이다. 그 기원은 간책(簡策)과 백서(帛書) 시대까지 거슬러 올라간다. 출토된 한대의 백서 중에 보이는 변광과 행간(行間)의 선은 붉은 색과 검은 색 두 종류가 있는데, 각각 주사란(朱絲欄)과 오사란(烏絲欄)이라 한다. 종이 서적이 출현한 후에 행간에 난선을 긋는 형식이 이어져 왔는데, 당대의 인쇄본과 필사본에는 모두 주사란과 오사란이 보인다. 송대 이후 이러한 형식은 고정되어 인쇄본에는 거의 대부분 변광과 난선이 존재했다. 그러나 그 풍격은 각각 달랐다. 변광의 경우 선의 굵기가 다른 것은 물론 단선과 쌍선으로 구분되었다. 또 문무변(文武邊 : 바깥 선은 굵고 안쪽 선은 가는 것)이 있는데, 출판 시기와 지역에 따라 다르다. 이러한 변광선의 다른 풍격은 고대 서적 감정가가 인쇄본을 감별하는 근거가 된다. 송대 판본 중에 또 서이(書耳)가 출현하였는

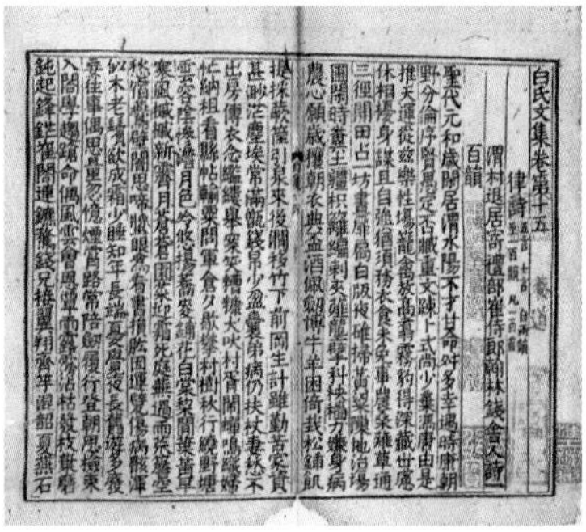

▲《백씨문집(白氏文集)》은 송대 소흥(紹興) 연간(1131~1162년)의 항주 각본이다. 판식을 보면 둘레가 모두 문무변으로 되어 있고, 중봉은 단어미이며, 반면이 12행이고, 1행이 21자로 되어 있다.

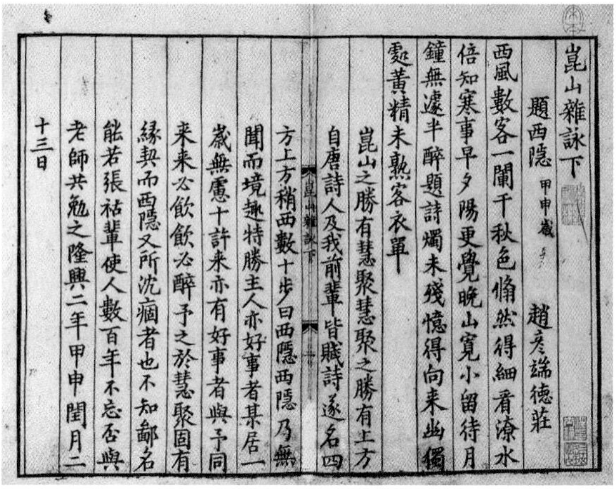

崑山雜詠下
題西隱 甲申歲 趙彥端德莊
西風數客一闌干秋色翛然得細看潦水
倍知寒事早夕陽更覺晚山寬小留待月
鐘無遽半醉題詩燭未殘憶得向來幽獨
處黃精未熟客衣單
崑山之勝有慧聚慧聚之勝有上方
自唐詩人及我前輩皆賦詩遂名四
方上方稍西數十步曰西隱西隱乃無
聞而境趣特勝主人亦好事者某居一
歲無慮十許來亦有好事者與予同
來來必飲飲必醉予之於慧聚固有
緣契而西隱又所沈痼者也不知鄙名
能若張祜輩使人數百年不忘否與
老師共勉之隆興二年甲申閏月二
十三日

▶《곤산잡영(崑山雜咏)》은 송대 공욱(龔昱)이 지은 것으로, 송대 개희(開禧) 3년(1207년)에 곤산현에서 각인하였다. 판광(版框)의 높이가 24.8센치미터이고, 너비는 34센치미터이다. 또 반쪽판이 8행으로 되어 있고, 각 행마다 16자이며, 상하는 단변이고 좌우는 문무쌍변이다. 중봉(中縫)은 쌍어미로 되어 있는데, 그 안에 서명과 쪽수가 적혀 있다.

데, 판심의 왼쪽 모서리 부분에 있는 공간으로 그 안에 간단한 편명(篇名)을 새겨 넣었다.

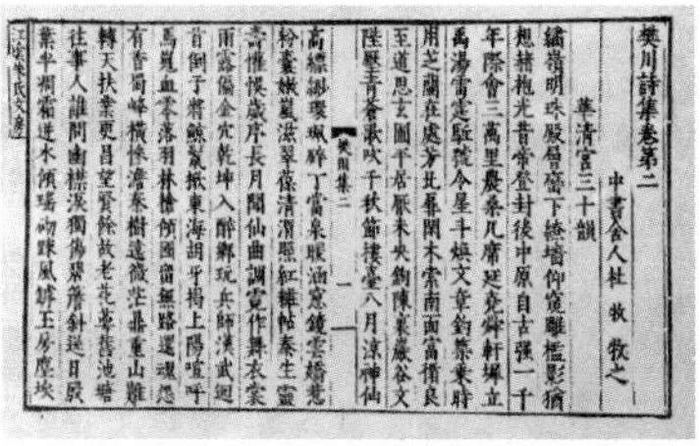

▲《번천시집(樊川詩集)》은 당나라의 두목(杜牧)이 지었다. 명대 강음(江陰)의 주씨(朱氏) 각본으로, 송대의 서이(書耳)가 있는 판식을 계승하였다. 서이 안에는 서명(書名)을 넣거나 각인자(刻印者)의 이름을 넣기도 하고, 여타 다른 내용을 넣는 등 몇 가지 종류가 있다.

중봉(中縫)과 어미(魚尾)

중봉과 어미는 중국 고대 판본 특유의 형식이다. 중봉은 책 한 면의 중심 경계선으로 도서를 접는 기준선이기도 하다. 중봉 안에는 흔히 서명, 편명, 쪽수, 각인자 등을 인쇄하였다. 어떤 책에는 각판자의 이름을 새긴 경우도 있다. 이러한 내용은 그 인쇄본의 시대, 지역, 출판자 등을 연구하는 데 매우 중요한 가치를 가진다. 어미는 중봉의 여백에 장식으로 넣은 도안인데, 물고기의 꼬리 모양과 비슷하다 하여 붙여진 이름이다. 어미는 장식의 효과뿐만 아니라 책장을 접는 기준이 되기도 한다. 책장을 접은 후 어미의 삼각형 부분이 중봉의 정중앙에서 정확하게 대칭을 이루어야 한다. 어미의 형태는 각 지역, 각 시대의 인쇄본마다 약간씩 다르다. 어떤 인쇄본에는 상하에 있는 쌍어미로 되어 있고, 어떤 인쇄본은 중봉 위에 중심선이 있어 접는 데 편리하다. 이 중심선을 서구(書口) 또는 서비(書鼻)라고 하며, 그렇게 인쇄된 것을 흑구(黑口)라고 한다.

판형

고대 서적의 판형 연구는 두 가지 방면에서 이루어졌는데, 하나는 판형의 비율이고 다른 하나는 판형의 크기이다. 송대부터 인쇄본은 직사각형 판형으로 만들어지기 시작했는데, 그 길이와 폭의 비율이 황금률에 부합하였다. 이러한 비율의 서적 판형은 현재까지도 사용되고 있으며, 현재 국제적으로 통용되는 표준 판형이다. 근대 이후에 기계화 작업에 편리하도록 1:1.414의 판형 비율이 확립되었다. 이것은 황금률에 가까운 비율로 종이를 연속적으로 맞접을 때 그 길이와 폭의 비율이 처음부터 끝까지 변하지 않는다.

고대 서적의 판형 크기는 대략 특대판형, 대판형, 중판형, 소판형, 건상본[巾箱本, 수진본(袖珍本)이라고도 함] 등 5종류로 나눌 수 있다. 현재 볼 수 있는 특대판형으로는 명대의 《영락대전》이 있는데, 이 책은 길이가 51센치미터, 폭이 31센치미터이다. 대판형은 대부분 관방 각인본들인데 간혹 소수의 개인 각인본이나 서방(書坊) 각인본도 보인다. 이러한 대판형의 책은 길이가

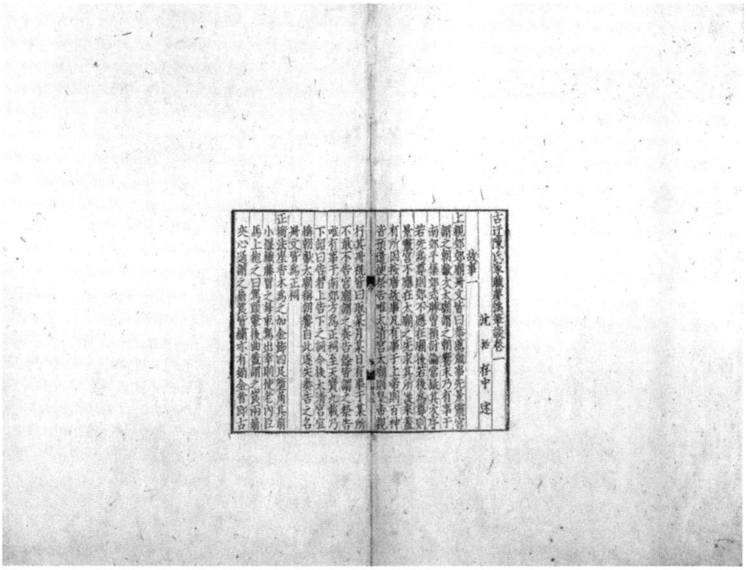
古迂陳氏家藏夢溪筆談卷一

沈括 存中 述

故事一

▶ 원대의 호접장 《몽계필담》이다. 북송 학자인 심괄(沈括)이 지었다. 이 책의 판심은 비교적 작고 둘레에는 비교적 큰 공백이 있어 독서를 할 때 평어를 다는 데 편리하였다.

30~33센치미터이고 폭은 20~23센치미터이다. 중판형은 대부분 서방 각인본인데, 판형의 길이가 약 25~30센치미터이고 폭은 15~20센치미터이다. 소판형은 대부분 방각본(坊刻本)이나 인쇄본인 경우가 많은데, 글자와 판형이 비교적 작고 판매 가격이 쌌다. 송대 건양(建陽)의 마사본(115쪽 참조—역자)이 바로 이러한 소판형으로, 책장의 위쪽과 아래쪽 여백이 매우 작다. 건상본은 가장 작은 서적 판형으로 작은 상자 안에 넣어 두기 때문에 이렇게 불렀다. 또 건상본은 옷소매 속에 넣을 수 있어 수진본(袖珍本)이라고도 하였다. 고대에 과거시험을 볼 때 일부 사람들은 이런 소형 책을 과거시험장에 가지고 들어가기도 하였다. 그래서 협대본(夾帶本)이라고도 하였다. 일찍이 인쇄술이 발명되기 전에는 일부 관원들이 작은 글씨로 유가 경전을 베껴 작은 책으로 만들어 두건 상자에 넣어 두고 수시로 읽었다. 송대에 이르러 일부 서점에서는 판형이 작은 《오경(五經)》을 출판하였는데, 휴대가 편리하여 독자들의 환영을 받았다. 이러한 소판형 서적은 역대에 항상 존재했는데, 심지어는 성냥갑만한 크기까지 작아져 전형적인 협대본이 되었다.

글자체의 풍격

장구한 중국의 한자 문화는 서적의 글자체에 풍부한 영양을 공급하였다. 필사본 시대에 각종 우수한 서체가 출현하여 지금까지 여전히 서예 학습자의 모범이 되고 있다. 인쇄본 서적이 출현한 후 각판 글자체의 선택이 더욱 중시되게 되었다. 특히 송대에 이르러 인쇄본 서적의 글자체는 더욱 풍부하고 다양해져 서적 예술의 중요한 부분이 되었다.

유명한 서예가의 서체를 숭상하는 것은 송대 판본 글자체의 커다란 특징이었다. 송대의 사람들은 서적을 인쇄할 때 도서의 가치를 중시했을 뿐만 아니라 인쇄본의 예술 효과까지도 중시하였다. 그래서 서적의 예술 효과를 가장 훌륭하게 표현하기 위해 먼저 단아하고 수려한 인쇄 글자체를 추구하였다. 송대의 인쇄업자들은 글자체에 막대한 노력을 기울였다. 그래서 뛰어난 서예가를 불러 인쇄할 판에 글자를 쓰고 각판 고수들을 고용해서 글자를 새기니, 자연히 정교한 도서를 만들어낼 수 있었다. 당(唐)대의 유명한 서예가들인 구양순(歐陽詢), 우세남(虞世南), 저수량(褚遂良), 안진경(顔眞卿), 유공권(柳公權) 등의 서체는 송대 판본들에서 더욱 자주 사용되었다. 이것은 바로 송대 판본 서적을 역대 장서가들이 귀하게 여기며 소장해온 주요 원인이다.

인쇄본의 글자체 선택 역시 지역마다 특징이 있었다. 일반적으로 절강 지역의 인쇄본은 대부분 구양순체를 선택하였는데, 구주본(衢州本)《거사집(居士集)》이 그러한 예이다. 복건 지방에서는 유공권체를 많이 사용하였는데, 건안(建安)의 유원기(劉元起) 각본인《한서(漢書)》를 그 예로 들 수 있다. 또 촉(蜀) 지역에서는 대부분 안진경체를 사용하였는데, 미산(眉山) 각본인《소문충공문집(蘇文忠公文集)》이 그 예이다.

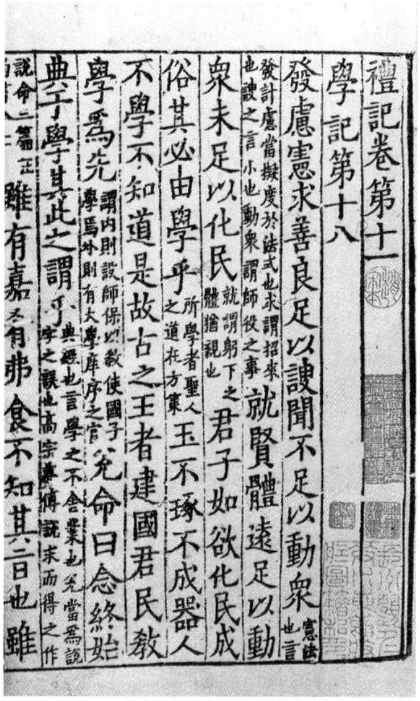
禮記卷第十一
學記第十八
發慮憲求善良足以謏聞不足以動衆 憲法也言
發計慮當擬度於法式也求謂招來也謏之言小也動衆謂師役之事
就賢體遠足以動衆未足以化民 就謂躬下之 體猶親也
君子如欲化民成俗其必由學乎 所學者聖人之道在方策
玉不琢不成器人不學不知道是故古之王者建國君民教
學爲先 謂內則設師保以教使國子學焉外則有大學庠序之官
兌命曰念終始典于學其此之謂乎 典經也言學之不舍業也兌當爲說字之誤也高宗夢傅說求而得之作
說命三篇在尚書今亡
雖有嘉肴弗食不知其旨也雖

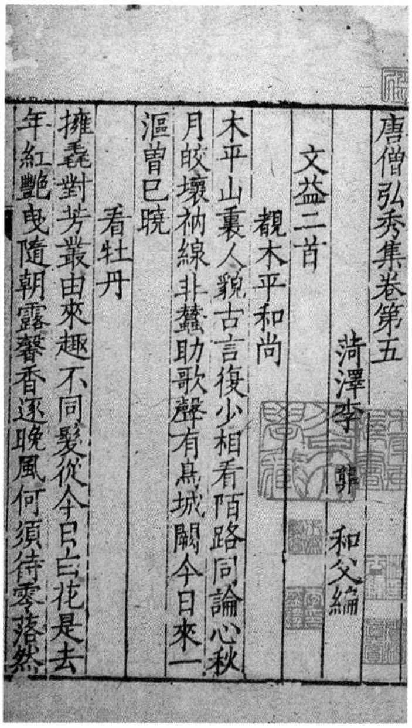
唐僧弘秀集卷第五
菏澤李龏和父編
文益二首
觀木平和尚
木平山裏人貌古言復少相看陌路同論心秋
月皎壞衲線非蠶助歌聲有鳥城闕今日來一
漚曾已曉
看牡丹
擁毳對芳叢由來趣不同髮從今日白花是去
年紅豔曳隨朝露馨香逐晚風何須待零落然

◀◀《예기주(禮記注)》. 한(漢)나라 정현(鄭玄)이 주를 달았고, 송대 항주 판각본이다. 면의 세로는 21.4센치미터이고 반판(半版)의 폭은 15센치미터이다. 반판은 10행으로 되어 있는데, 각 행마다 16자 내지 17자로 되어 있다. 좌우쌍변(左右雙邊)이고 자체는 구양순(歐陽詢) 서법의 취지가 보인다.

◀《당승홍수집(唐僧弘秀集)》. 남송 시기 절강 지역에서 간행하였다. 이 책의 자체는 구양순과 유공권의 서체를 모방하였다. 그러나 필획이 약간 가늘고, 가로획은 평평하게 쓰고 세로획은 곧게 씀으로써[橫平竪直] 송체자의 시초가 되었다.

송·원대에는 인쇄업이 발전하여 판에 글씨를 쓰는 일[寫版]을 전업으로 하는 사람들이 출현하게 되었다. 이들은 모두 유명한 서체를 모방하는 데 뛰어난 기술을 가지고 있었다. 특히 항주(杭州)와 건양(建陽) 등은 인쇄업이 비교적 집중되었던 지역으로, 이 지역의 각 서방들은 모두 전업 사판자(寫版者)들을 고용하였다. 장기간의 사판 경험을 바탕으로 송대의 각판자(刻版者)들은 필획이 비교적 섬세하고 단정하면서도 대범하여 독서에 더욱 적합한 글자체를 만들어냈다. 항주 인쇄본 중에는 이러한 글자체가 더욱 보편적으로 사용되었다. 이러한 서적들은 시원한 판면과 균형 있는 구조로 장서가들의 호평을 받았다.

송대의 인쇄본들 중에는 명인의 친필 서체로 된 인쇄본이 가

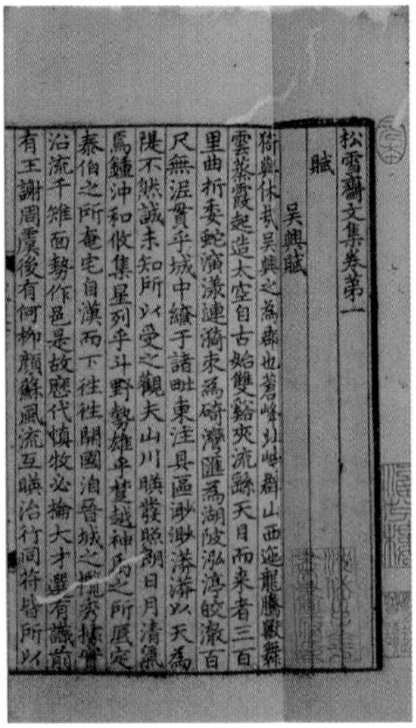

▲ 《송설재문집(松雪齋文集)》. 원(元)의 조맹부가 지은 것이다. 원나라 지원(至元) 5년(1339년)에 화계(花溪)의 심백옥(沈伯玉) 가숙 각본이다. 이 책은 조맹부 문집의 최초 판본으로 서체는 전형적인 조맹부체이다. 이 책이 출판된 후 조맹부체를 모방하여 책을 출판하는 기풍이 원대에 성행하였다.

※ 종요(鍾繇, 151~230) | 위(魏)나라의 정치가이자 서예가로, 팔분(八分; 隸書) · 해서(楷書) · 행서(行書)에 뛰어나, 호소(胡昭)와 더불어 '호비종수(胡肥鍾瘦)'라고 불렸다.

장 진귀하다. 당시 관방(官方) 인쇄본, 특히 황실의 인쇄본은 대부분 당시의 유명한 서예가를 불러다 사판을 하게 하고, 다시 각판 고수를 불러다 판에 글자를 새겼다. 예를 들면 송대의 유명한 서예가인 조안인(趙安仁)은 국자감판 《오경정의(五經正義)》를 사판했는데 거의 1년의 시간이 걸렸다. 민간 공방에서는 일반적으로 이러한 환경을 가질 수 없었기 때문에 거의 명가가 사판을 했다는 기록을 찾을 수 없다. 가각본(家刻本) 중에는 이러한 상황이 비교적 많았다. 왜냐하면 이러한 출판가들은 대부분 문인 · 학자들로, 본인 스스로가 뛰어난 서법가인 경우가 종종 있었기 때문이다. 남송의 유명한 장서가이자 출판가인 악가(岳珂)는 일찍이 친히 자신의 저서인 《옥저시고(玉楮詩稿)》를 사판하였는데, 그 인쇄본은 이미 모두 소실되었다.

후에도 서예 대가들의 서체를 사용하는 기풍은 계속해서 이어졌다. 원대의 유명한 서예가인 조맹부(趙孟頫)의 서체는, 처음에는 종요(鍾繇)에게서 배웠고, 다시 왕희지(王羲之)를 배워 당송시대 명가들의 장점을 흡수하여 결국 자신만의 훌륭한 서체를 이루었다. 조맹부체는 "글자체가 살아 움직이면서도 짙고 중후한 기운이 행간에 넘쳐 흘렀다." 그리하여 관각본과 민간 각본 모두 우선적으로 조맹부의 서체를 사용하였기에 그의 서체는 한 시대를 풍미하였다. 원대의 서적들 중에 《송설재문집(松雪齋文集)》, 《문선(文選)》, 《회도열녀전(繪圖烈女傳)》, 《청용거사집(淸容居士集)》, 《가헌장단구(稼軒長短句)》는 모두 "각판이 정교하고 단정하였으며 조맹부체를 사용하였다." 명 · 청 이래로 역대 장서가들은 "조자앙(趙子昂; 子昂은 조맹부의 字—역자)의 필치는 원(元)의 판본 중에 최고"라고 조맹부체를 극찬하였다. 청대 건륭 연간(1735~1795년)에 각인된 《판교사초(板橋詞鈔)》도 유명한 서예가가 쓴 각인본이다. 이 책의 작자인 정판교(鄭板橋)가 친히 글자를 쓰고 유명한 각판공이 각판하였는데, 정판교 서체의 풍격이 종이 위에서 살아 숨쉬는 듯하다.

명대 판본의 글자체 중에는 당(唐)대 명필가의 서체는 그다지 많이 보이지 않고, 오히려 일종의 관방에서 통용되던 단정하게 쓴 해서체가 성행하였다. 이러한 글자체를 관각체(館閣體)라고 불렀는데, 관방 각본에서 천편일률적으로 사용되었다. 청대에 이르러 인쇄본의 글자체는 이렇다 할 만한 새로운 발전을 하지 못했다.

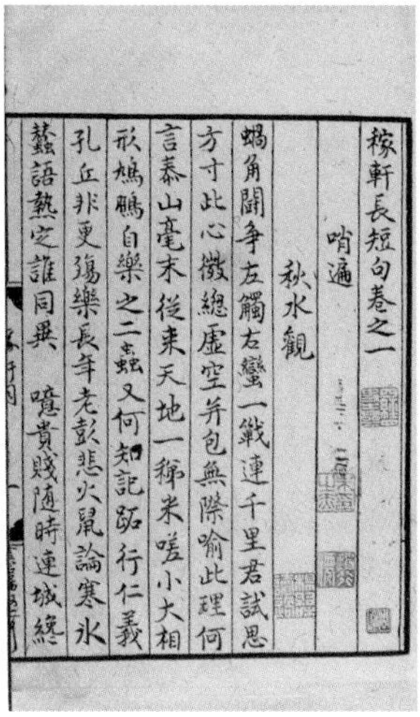
稼軒長短句卷之一
哨遍
秋水觀
蝸角鬪爭左觸右蠻一戰連千里君試思
方寸此心微總虛空并包無際喻此理何
言泰山毫末從來天地一稊米嗟小大相
形鳩鵬自樂之二蟲又何知記跖行仁義
孔丘非更殤樂長年老彭悲火鼠論寒氷
蠶語熱定誰同異 噫貴賤隨時連城纔

▲ 《가헌장단구(稼軒長短句)》. 송대 신기질(辛棄疾)이 지은 것으로, 원대 대덕(大德) 3년(1299년)에 광신서원(廣信書院) 각본이다. 이 책의 서체는 전형적인 조맹부 서체인데, 이것을 조맹부가 직접 쓴 것이라고 보는 사람도 있다.

자귀송체(字貴宋體)

일찍이 송대 각인본 중 '가로획은 편평하고 세로획은 곧으며, 가로획은 가볍고 세로획은 무거우며, 자형이 단정한' 글자체가 출현하였는데, 이것이 바로 송체자(宋體字)의 맹아이다. 당시 이러한 글자체는 사람들의 관심과 애호를 받지 못했기에 광범위하게 확산되지 못했다. 명대 초기의 각인본 중 송체는 처음에 지나치게 '가로획은 편평하고 세로획은 곧은' 것을 강조하여 글자체의 구조가 균형을 이루지 못했다. 그러나 인쇄에 적합하고 시각적으로 균형 잡힌 글자체였다. 그래서 왕성한 생명력을 가졌다.

사판자(寫版者)와 각판자(刻版者)의 공동 노력을 통해 명대 정덕(正德) 연간(1505~1521년)에 이르러 송체자는 커다란 변화와 발전을 하게 된다. 필획의 구조가 균형 잡히고 글자체가 아름다워 더욱 보기 좋아졌다. 정덕 16년(1521년)에 강음(江陰)의 주(朱)씨 각인본《번천시집(樊川詩集)》은 어느 정도 해서체의 필법이 남아 있기는 하나 송체의 기본 요소를 이미 갖추고 있었다. 가정(嘉靖) 35년(1556년)에 무석(無錫)의 고(顧)씨 각인본인《당왕우승시집(唐王佑丞詩集)》에 이르러서 송체자는 이미 매우 완정한 글자체가 되었다.

명대 만력 연간(1572~1620년)은 송체자의 황금시대로, 송체 각본은 민간 방각본에 가장 많이 사용되는 글자체가 되었다. 만력 23년(1595년)에 북경의 국자감에서는 송체자를 사용하여《남제서(南齊書)》를 각인하였다. 바로 이어서 남경의 국자감에서도 송체자를 이용하여《삼국지》를 각인하였다. 이처럼 관방의 인가(認可)는 송체자의 확산에 매우 중요한 역할을 하였다. 특히 휘파(徽派) 판각공이 각판한 송체는 글자체가 단정하고 구조가 엄밀하며 비율이 적당하고 필획의 굵기가 알맞으며, 또 판면이 시원시원하여 보기에 좋았다. 그리하여 독서에 매우 적합한 조건을 갖추고 있었다. 당시의 송체자는 굵은 것, 중간 것, 가는 것 등 풍격도 다양했고, 글자 모양도 긴 것과 편평한 것 등 여러 종류가 있었다. 그리하여 역사적으로 최고봉을 이루었다.

청대의 강희(1661~1722년), 건륭(1735~1795년) 연간에 황실에서는 두 차례 활자판으로 책을 인쇄하였는데, 이때 모두 송체를 사용하였다. 무영전(武英殿) 목활자를 제작할 때 건륭 황제는 송체

▼《삼국지》. 명대 만력 24년(1596년)의 남경 국자감 각본이다. 이 책은 관방 각본 중 최초로 등장한 송체자로, 명대 만력 연간에 송체자가 이미 관청에서 인가를 받았음을 말해준다. 이는 송체자의 발전에 중요한 의의를 가진다.

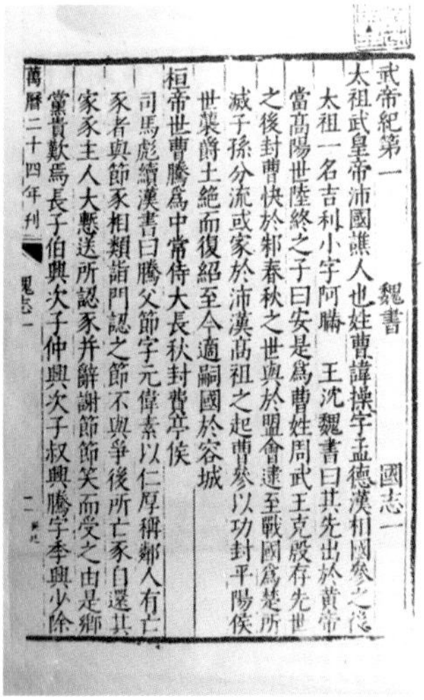
武帝紀第一　魏書　國志一
太祖武皇帝沛國譙人也姓曹諱操字孟德漢相國參之後
太祖一名吉利小字阿瞞　王沈魏書曰其先出於黃帝
當高陽世陸終之子曰安是爲曹姓周武王克殷存先世
之後封曹俠於邾春秋之世與於盟會逮至戰國爲楚所
滅子孫分流或家於沛漢高祖之起曹參以功封平陽侯
世襲爵土絕而復紹至今適嗣國於容城
桓帝世曹騰爲中常侍大長秋封費亭侯
司馬彪續漢書曰騰父節字元偉素以仁厚稱鄰人有亡
豕者與節豕相類詣門認之節不與爭後所亡豕自還其
家豕主人大慙送所認豕并辭謝節節笑而受之由是鄉
黨貴歎焉長子伯興次子仲興次子叔興騰字季興少除
萬曆二十四年刊　魏志一　二

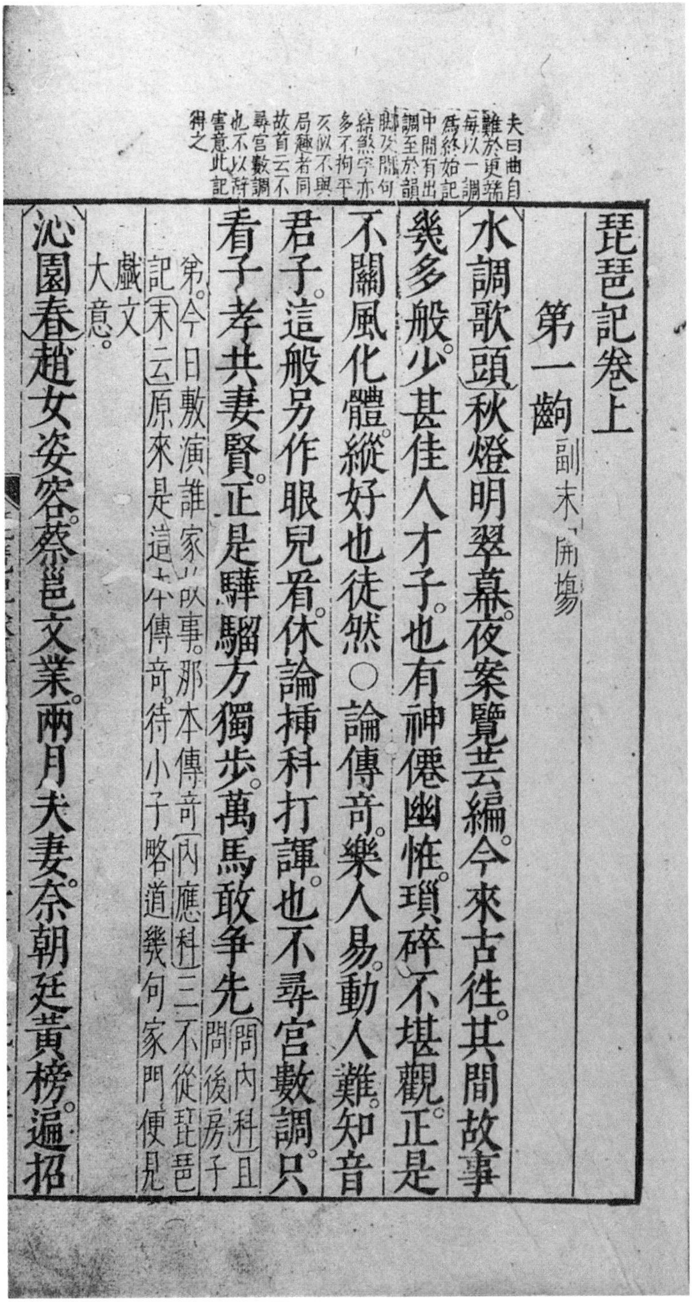

◀ 《비파기(琵琶記)》. 명대 고칙성(高則誠)이 지었으며, 만력 25년(1579년)에 항주 왕광화(汪光華)의 완호헌(玩虎軒) 각본이다. 명대의 성숙한 송체자 각본인데, 세 종류의 다른 크기와 굵기의 글자체를 사용하였다. 글자체의 구조도 이미 상당히 높은 수준이었다.

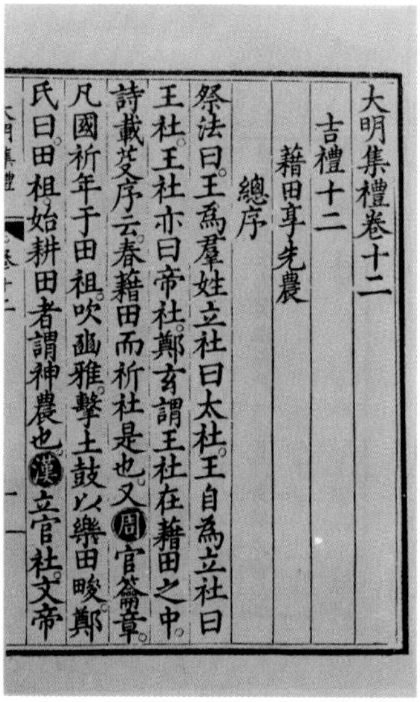

大明集禮卷十二
吉禮十二
耤田享先農
總序
祭法曰王為羣姓立社曰太社王自為立社曰
王社王社亦曰帝社鄭玄謂王社在耤田之中
詩載芟序云春耤田而祈社是也又周官籥章
凡國祈年于田祖吹豳雅擊土鼓以樂田畯鄭
氏曰田祖始耕田者謂神農也漢立官社文帝

▲《대명집례(大明集禮)》. 명대 가정 9년(1530년)에 궁중의 내부(內府)에서 간행하였다. 명대 관각본은 관각체(館閣體)를 많이 사용하였다. 이러한 풍조는 청대까지 이어졌다. 관각체는 공문서와 과거시험에 사용되던 표준 글자체이다.

자를 사용하도록 친히 지시하였다. 이는 송체자가 주류로서의 지위를 획득하는 데 중요한 역할을 하였다. 현재까지 인쇄본 서적의 본문은 거의 송체를 사용하고 있다. 현대 인체공학에서는 송체자를 독서에 가장 적합하고 시력에도 가장 좋은 글자체로 보고 있다.

삽도(插圖) 기술의 발전

죽간과 백서를 사용하던 시대에는 서적과 그림이 분리되어 있었다. 간책(簡策)은 단지 문자만을 기록하였고, 이와는 별개로 그림을 기록한 목판화가 따로 있었다. 비단으로 마름질한 문자를 백서(帛書)라고 하고, 그림은 백화(帛畫)라고 하였다. 종이 서적 시기에 순수하게 문자만 있는 서적 이외에도 문자와 그림이 같이 들어 있는 책이 출현하였다. 《사기(史記)》〈소상국세가(蕭相國世家)〉에, "패공이 함양에 이르자……소하가 홀로 먼저 입성하여 진나라 승상부(丞相府)의 도서(圖書)를 입수하여 그것을 보관하였다"라는 기록이 있다. 이것은 사서에서 최초로 '도서(圖書)'라는 단어가 출현한 것이다. 이후에 문자와 그림을 함께 사용하는 것은 중국 고대 도서

▶ 서한 시대의 백서(帛書). 장사(長沙) 마왕퇴의 서한묘에서 출토된 것으로, 그림과 글이 풍부하고 다채로운 일종의 백서이다.

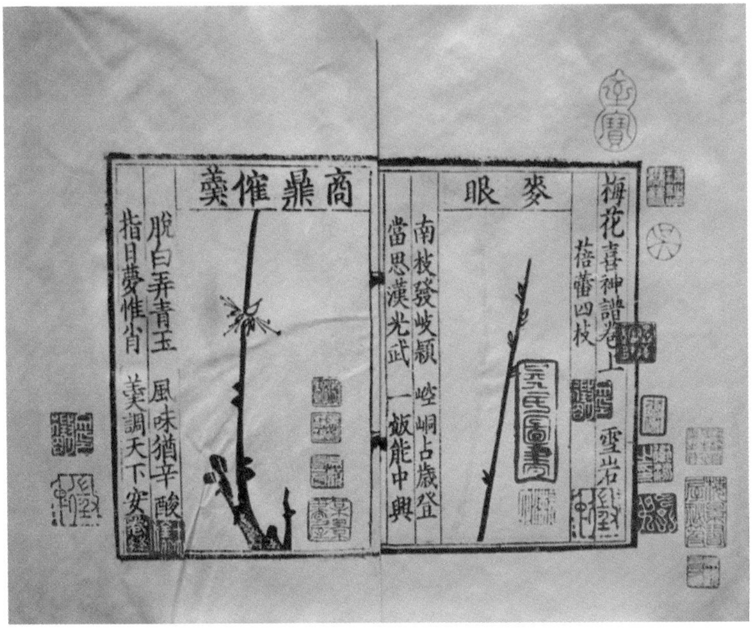

◀ 《매화희신보(梅花喜神譜)》. 송나라 백인(伯仁)이 편찬한 그림책으로, 가희(嘉熙) 2년(1238년)에 각인하였다. 책에는 모두 백여 종의 매화 그림이 있는데, 각각의 그림마다 표제명과 오언시가 배치되어 있다. 이것은 역사상 매화 그림을 배우는 데 사용되었던 첫 번째 책이다.

의 특색이 되었다. 그리하여 오늘날에 이르러 우리는 이미 모든 책을 도서라고 부르게 되었다.

서적에 삽도를 넣는 것은 불교 경전에 들어 있는 불화에서 기원하였다. 당과 오대의 판본 중 삽도본이 차지하는 비율을 매우 크다. 당대 함통(咸通) 9년(868년)에 나온 유명한 《금강경(金剛經)》은 현존하는 최초의 삽도본이다. 당나라의 책력 및 한 쪽짜리 경문과 주문도 모두 삽도를 집어넣었다. 오대의 오월국에서 각인한 불경은 책머리에 모두 삽도가 있었는데, 돈황에서 출토된 오대의 여러 종류의 한 폭짜리 불상은 모두가 위쪽은 그림이고 아래쪽은 글로 이루어져 있었다. 이러한 사실은 인쇄본에서부터 서적에 삽도를 넣는 전통이 시작되었음을 알 수 있게 한다.

▼ 《순자(荀子)》의 송대 각인본이다. 이것은 이 책의 삽도인 〈천자대로도(天子大路圖)〉인데, 송대의 上圖下文(윗부분은 그림, 아랫부분은 글)의 삽화 형식을 취하고 있다.

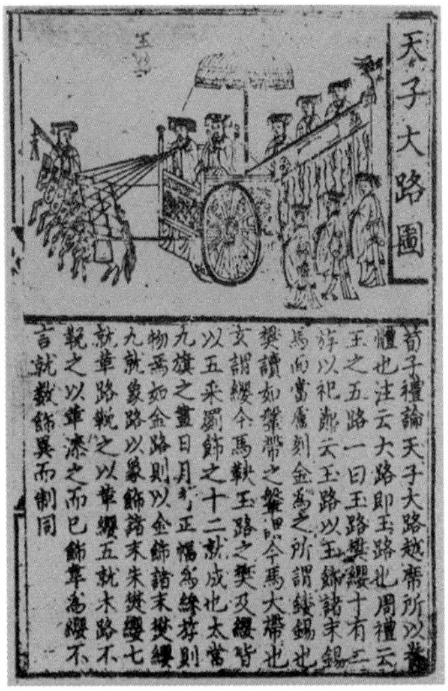

▶ 〈사미인도(四美人圖)〉. 금대(金代) 평양(平陽)의 희가(姬家) 판각본이다. 이 그림은 왕소군(王昭君), 반희(班姬), 조비연(趙飛燕), 녹주(綠珠) 등 네 명의 중국 고대 미인들을 그린 것이다. 일반적으로 이것을, 현존하는 최초의 가정 장식용 그림으로 본다. 이 그림은 인물이 살아 있는 듯한 생동감 있고, 복식(服飾) 묘사가 뛰어나 당시의 우수한 각인기술 수준을 잘 보여준다.

송대에 들어서면서 도판의 사용은 이미 불교 서적에서 각종 서적으로까지 확대되었다. 삽도본은 이와 함께 전성기를 맞이하였다. 시장에서의 경쟁에서 앞서기 위해 많은 출판상들이 삽도본으로 독자를 끌어들이려고 하였다. 그리하여 일부의 엄숙한 유가 저작에도 삽도를 넣어 출판하였다. 송대의 건양(建陽) 각본《주례(周禮)》에는《주례도(周禮圖)》한 권을 집어넣었다. 송대의 각본《논어(論語)》는〈노국성(魯國城)〉도(圖)를 실었다. 건양의 여(余)씨 각본《상서(尙書)》에는 각종 예기도(禮器圖)를 넣었다. 송대 강서(江西) 각본《구양문충공집(歐陽文忠公集)》은〈구사격도(九射格圖)〉가 들어 있다.

요(遼)와 서하(西夏)의 각본 중 불경 삽도는 수량이 많을 뿐만 아니라 인쇄 수준도 상당히 높았다. 이러한 삽도는 당시에 변방 지역과 소수민족 지역이라 할지라도 삽도와 인쇄 수준이 모두 상당히 정밀했음을 반영해준다. 금(金)대에 평양(平陽)의 희가(姬家)에서 각인한〈사미인도(四美人圖)〉는 왕소군(王昭君), 조비연(趙飛燕), 반희(班姬), 녹주(綠珠) 등 네 명의 중국 고대 미인들을 그린 것으로, 현존하는 최초의 가정 장식용 벽걸이 그림이다. 이것은 그림의 소재가 신이나 불상에서 세속 인물로 바뀌었음을 보여준다.

원대의 서적 삽도는 송대의 전통을 계승하는 것 이외에도 또 새로운 발전을 이루었다. 특히 역사의 고사(故事)를 다룬 도서 중, 위쪽은 그림이고 아래쪽은 글로 된 삽도본이 출현하였다. 원대 초기 곡부(曲阜)의 공(孔)씨 각본인《공씨조정광기(孔氏祖庭

▶ 《공씨조정광기(孔氏祖庭廣記)》. 금나라 공원해(孔元楷)가 지은 것이다. 몽고(蒙古) 내마진후(乃馬眞后) 원년(1242년)의 공(孔)씨 각본이다. 이 그림은 이 책에 있는 〈승로도(乘路圖)〉로 공자가 수레를 타고 여러 제자들을 수행하여 열국(列國)을 주유(周游)한 것을 묘사하고 있다.

▼ 《관세음보살보문품(觀世音菩薩普門品)》. 12세기의 서하 각본으로, 경절장이고, 흑수성(黑水城)에서 출토되었다. 이 책은 권두(卷頭)의 그림 외에도 본문이 모두 상도하문(上圖下文)으로 이루어져 있는 초기의 연환화(連環畵) 형식의 출판물이다.

廣記)》는 모두 12권인데, 책 속에 12폭의 삽도가 들어 있다. 이 삽도들은 원대 삽도들 중 수준 높은 작품에 속하는 것들이다. 원대 초기에 평양의 장존혜(張存惠)의 회명헌(晦明軒)에서 각인한 《중수정화경사증류비용본초(重修政和經史證類備用本草)》에는 약용식물 및 제약 방법을 그린 그림들이 비교적 많이 들어 있다. 지원(至元) 6년(1340년)에 건양의 정(鄭)씨 적성당(積誠堂)에서 각인한 《찬도증신군서류요사임광기(纂圖增新群書類要事林廣記)》는 일종의 실용 백과사전으로, 삽도의 내용 중 대부분이 원대의 각종 풍속을 반영하고 있어, 당시의 사회를 연구하는 데 중요한 자료를 제공하고 있다.

원대의 삽도본 중 가장 특색 있는 것은 건안의 우(虞)씨가 지치(至治) 연간(1301~1323년)에 각인한 《무왕벌주평화(武王伐紂平

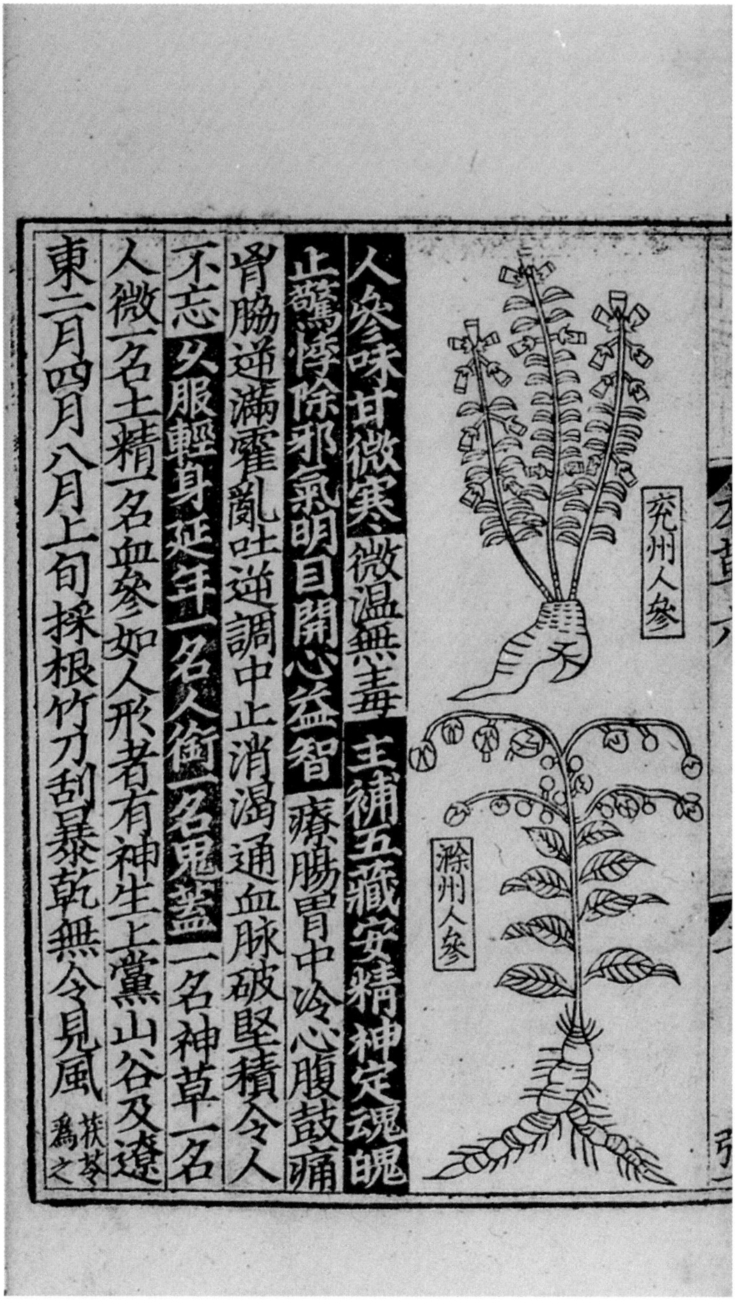
人參味甘微寒微溫無毒 主補五藏安精神定魂魄
止驚悸除邪氣明目開心益智 療腸胃中冷心腹鼓痛
胷脇逆滿霍亂吐逆調中止消渴通血脉破堅積令人
不忘 久服輕身延年 一名人銜 一名鬼蓋 一名神草一名
人微一名土精一名血參如人形者有神生上黨山谷及遼
東二月四月八月上旬採根竹刀刮暴乾無令見風 茯苓為之

◀ 《중수정화경사증류비용본초(重修政和經史證類備用本草)》. 몽고 정종(定宗) 4년(1249년)에 평양(平陽)의 장존혜(張存惠)의 회명헌(晦明軒)에서 간행하였다. 이 책에는 약초를 그린 삽화가 상당히 많이 들어 있다. 이 그림은 〈인삼도(人蔘圖)〉이다.

▶ 《중수정화경사증류비용본초(重修政和經史證類備用本草)》에 들어 있는 〈해염도(海鹽圖)〉.

㉘ 평화(平話) | 중국에서 송나라 때에 등장한, 구어체로 서술된 통속 역사소설.

▼ 《신전상삼국지평화(新全相三國志平話)》. 원대 지치(至治) 연간(1321~1323년)에 만들어진 건안(建安)의 우씨 각본의 표지이다. 위쪽에는 각인자의 이름이 있고, 중간에는 '삼고초려(三顧草廬)' 그림이 있다. 또 아래쪽에는 큰 글씨로 책명과 간행 연대가 있다. 이것은 역사상 최초로 삽도가 들어간 표지이다.

話)》, 《진병육국평화(秦幷六國平話)》, 《전한서평화(前漢書平話)》, 《삼국지평화(三國志平話)》, 《칠국춘추평화(七國春秋平話)》 등 5종의 평화(平話)이다. 이 책들은 출판의 역사에서 다음과 같은 몇 가지 선례를 만들었다.

첫째, 역사상 최초로 책 표지에 삽도를 넣어 표지의 구도가 참신하고 독특했다. 표지의 윗부분에는 출판자의 이름이 있고, 중간에는 삽도를 넣었으며, 아랫부분에는 두 줄로 책 이름을 써 넣었다. 이러한 표지 구도는 오늘날의 책 표지와 매우 흡사하다. 둘째, 책 전체가 모든 쪽마다 윗부분은 그림, 아랫부분은 글로 이루어져 있다. 그림이 면의 3분의 1, 글이 3분의 2를 차지하였다. 안에 들어 있는 삽도는 책의 내용과 줄거리를 생생하게 묘사하였는데, 그림이 죽 연결되어 있어 하나의 줄거리를 담은 장면을 그려냈다. 그리하여 책에 예술성을 부여하였다. 이러한

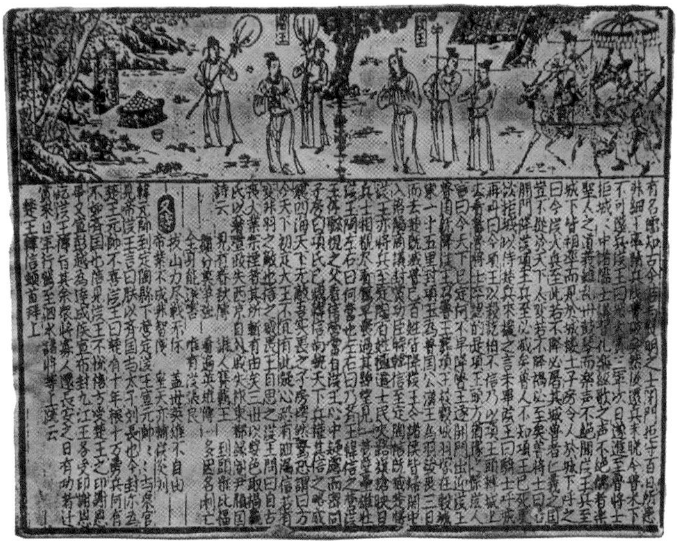

◀ 《전한서평화(前漢書平話)》. 원대 지치(至治) 연간(1321~1323년)에 만들어진 건안(建安)의 우씨 각인본이다. 이 책은 상도하문(上圖下文)으로 되어 있는 평화본(平話本)이다.

삽도의 화면 구도는 아주 적절하게 배치되어 인물 형상은 생동감 있고 변화무쌍하였으며, 배경 묘사는 주된 것과 부차적인 것을 선명하게 구별하여 배치하였다. 또 각판의 기법은 원만하면서도 시원시원하고 힘이 있어 부드러우면서도 질박하였다. 이러한 원대의 삽도는 당 · 송 이후 도판의 우수한 전통을 계승하는 한편 또 새로운 것을 창조하여 후대의 서적 삽도에 커다란 영향을 끼쳤다.

명대에 들어서면서 서적의 삽도 기술은 역사적으로 최고봉을 이루었다. 그 수량과 질이 송 · 원 시기의 삽도를 훨씬 크게 뛰어넘었다.

이렇게 명대에 서적 삽도가 발전한 데에는, 다음과 같은 몇 가지 요인들을 들 수 있다.

첫째, 명대의 상업과 수공업이 전에 없이 번영하여 인쇄업의 발전을 촉진시켰다. 특히 휘파 각판공의 흥기는 인쇄업에 신선한 피를 제공하였다. 그들은 기술이 뛰어나고 그 수도 많아, 그들의 발자취가 남북 각지로 퍼져 나갔다. 특히 안휘 흡현(歙縣) 규촌(虯村)의 황씨 각판공이 가장 유명하였다. 이들은 기술을 대대로 세습하면서 끊임없이 갈고 닦아 나날이 정교해졌다. 그들은 타 지역에 출타하여 각판 작업을 할 때, 종종 연장자를 수장으로 삼아 몇 개의 집단으로 나누어 작업을 하였다. 이들 집단에는 각각 다른 기술 수준과 각종 다른 전문 기능을 가진 사람들이 있었다. 어떤 사람은 판에 글씨를 쓰거나 그림을 그리는 것을 담당하였다. 그들은 현지에서 일을 하는 것 외에도 대부분 항주나 소주 등지의 서방들에 초빙되기도 하였다. 만력 연간(1572~1620년) 이후 유명한 서적 삽도의 판본은 대부분이 황씨 각판공의 손에서 나온 것들이다.

둘째, 명대의 회화 예술이 새로 발전하여, 서적 삽도 종사자들의 수준이 매우 높아졌는데, 그 중에서도 가장 주목할 만한 것은 바로 당시의 유명한 화가도 서적 삽도의 각판에 참여하였다는 점이다. 예를 들면 유명한 화가인 당인(唐寅)은 일찍이 《서상기(西廂記)》에 삽도를 그린 적이 있고, 뛰어난 풍속화가였던 구영(仇英)도 《열녀경(烈女經)》에 삽도를 그린 적이 있다. 진홍수(陳洪綬) 역시 《박고엽자(博古葉子)》, 《수호엽자(水滸葉子)》, 《이소도(離騷圖)》 등을 그렸다. 정천리(鄭千里), 조문도(趙文度), 유숙헌(劉叔憲), 고정의(顧正誼), 왕경(汪耕), 진순(陳詢), 유소명(劉素明),

※ 당인(唐寅, 1470~1523) | 명대의 문인으로, 자는 백호(伯虎), 호는 육여(六如)이다. 서예와 그림에 능했으며, 특히 산수화와 인물화를 잘 그려, 심석전(沈石田), 문징명(文徵明), 구영(仇英)과 함께 명대의 4대 화가로 불린다.

※ 구영(仇英, ?~?) | 명대의 화가로, 자는 실부(實父). 호는 십주(十州)이다. 풍속과 관련된 인물화를 잘 그렸다. 선묘양식(線描樣式) 계통에 속하는 화풍으로 고전적인 경향을 띠었으며, 당시 유행하던 절파(浙派)나 남종화파(南宗畵派)와는 다른 별개의 유파를 형성했다.

※ 진홍수(陳洪綬, 1599~1652) | 명말·청초의 화가이자 시인으로, 자는 장후(章侯), 호는 노련(老蓮)이다. 도석미인화(道釋美人畵), 산수화, 화조화를 잘 그려, 최자(崔子)와 함께 남진북최(南陳北崔)라는 말을 들을 정도로 인기가 많아 그를 따르는 많은 아류들이 등장할 정도였다.

채원훈(蔡元勳), 조벽(趙璧), 육무청(陸武淸), 정기용(程起龍), 정운붕(丁雲鵬) 등 수많은 화가들이 서적의 삽도를 그렸다. 이처럼 유명한 화가들의 참여는 명대의 서적 삽도를 상당히 높은 예술 수준으로 끌어올려, 화면 구도 및 인물 묘사 등에 있어서 모두 전대와는 비교할 수 없을 정도로 뛰어났다. 게다가 뛰어난 각판 장인이 합세함에 따라 명대의 서적 삽도는 더욱 높은 수준에 달하게 되었다.

셋째, 광범위한 시민 계층이 독서의 대열에 참여하게 되면서 출판상들은 그들의 입맛에 맞추어 대량으로 희곡, 소설, 고사(故事), 화본(話本) 및 각종 심심풀이용 읽을거리들을 출판하였다. 이러한 책은 대부분 비교적 많은 삽도를 넣어 간행하였다. 이와 관련하여 노신은 다음과 같이 말했다. "목각 도화(圖畵)는 원래 중국에서 가장 먼저 존재하던 것으로, 당나라 말기의 불상과 지패(紙牌 : 종이로 만들어 놀이에 쓰는 물건—역자) 및 후대 소설의 인물화, 계몽화는 우리가 지금까지도 여전히 볼 수 있는 실물들이다. 또한 이로부터 그것들이 본래 대중적이고 '속(俗)' 된 것임을 알 수 있다." 여기서 말하는 '속' 이란 바로 일반 서민들이 좋아하는 것들이다.

명대의 수많은 서적 삽도는 광범위한 시민의 수요에 잘 맞아떨어졌기 때문에 판로는 아주 좋았다. 그리하여 수많은 출판상들이 이로 인해 부를 쌓을 수 있었다. 명대 홍치(弘治) 12년(1499년)에 금대악가(金台岳家) 서포(書鋪)에서 출판한《기묘전상서상기(奇妙全像西廂記)》에 대한 출판 광고를 보면 다음과 같다. "본

▶ 《기묘전상서상기(奇妙全像西廂記)》. 명대 홍치(弘治) 12년(1499)에 북경(北京)의 서방(書坊)인 금대악가에서 간행하였다. 책 전체가 상도하문(上圖下文)으로 되어 있다. 그림은 양쪽에 연결되어 그려진 형식으로 각각의 그림은 하나의 이야기 장면을 그린 것이다.

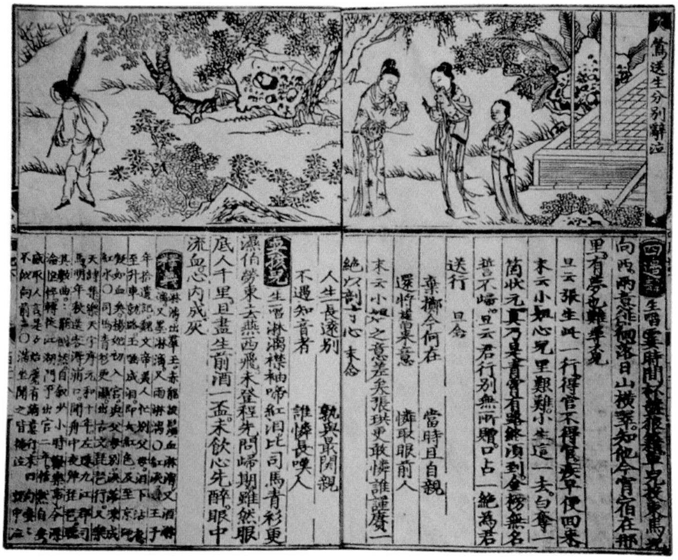

서방은 삼가 경서에 의거하여 다시 그림을 그리고 배열 순서를 교정한 대자본(大字本)을 간행하였다. 노래[唱]와 그림이 함께 있어, 객사에서 묵거나 배로 여행하거나 한가로이 노니는 좌객들에게 제공하여 처음부터 끝까지 한 번 보면 마음을 상쾌하게 해준다." 이것은 바로 출판자가 상인들과 시민의 요구에 영합하기 위해 만든 광고 선전물이다.

현재 통계에 따르면 명대의 삽도본은 대략 212종으로, 그 중 삽도는 약 3800여 폭 정도라고 한다. 이 숫자는 희곡류와 소설류의 도서만을 포함한 것으로, 이는 명대 삽도본의 수량이 방대했음을 말해준다.

청대 초기에 통치자가 서적 출판에 대해 많은 금지령을 내렸기 때문에 명대에 번영했던 삽도본 소설과 희곡 등의 출판은 일

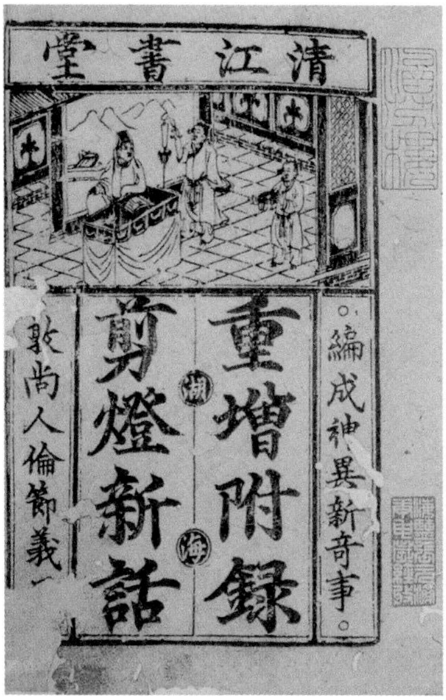

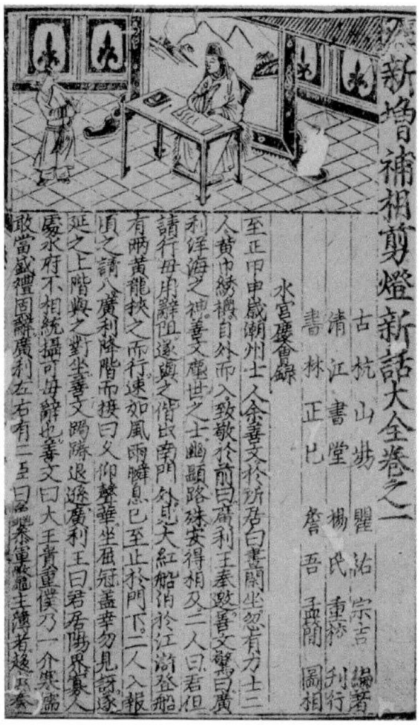

◀ 《중증부록전등신화(重增附錄剪燈新話)》의 표지와 본문. 이 책은 명나라 구종길(瞿宗吉)이 지은 것이다. 명대 정덕(正德) 6년(1511년)에 항주 양(楊)씨의 청강서당(淸江書堂) 각본으로, 신기한 고사(故事)를 다룬 책이다. 이 책의 표지에는 출판자의 이름, 책명, 책의 개요가 있고, 또 삽도 한 폭이 들어 있다. 본문의 윗부분은 그림, 아랫부분은 글로 이루어져 있다.

시에 위축되었다. 1714년, 강희 황제는 재위 53년에 다음과 같은 칙명을 내렸다. "천하를 다스리기 위해서는 먼저 반드시 인심(人心)을 바르게 해야 하고 풍속을 후하게 해야 한다. 인심을 바르게 하고 풍속을 후하게 하기 위해서는 반드시 경학을 숭상하고, 소설음사(小說淫詞)는 마땅히 엄격히 금지하고 불태워버려야 한다."

출판자, 각인자(刻印者) 및 판매와 관련이 있는 많은 사람들이 여기에 연루되어 삽도본의 출판도 천 길 낭떠러지로 떨어지게 되었다. 일부 출판업자들은 정책의 틈새에서 출로를 찾기 시작하였다. 숭산서옥(嵩山書屋)에서 《회상삼국지(繪像三國志)》를 각인하였는데, 이 책은 소설에 속하지 않았기 때문에 출판될 수 있었다. 그리하여 산수풍광을 주요 내용으로 한 것들이 증가하

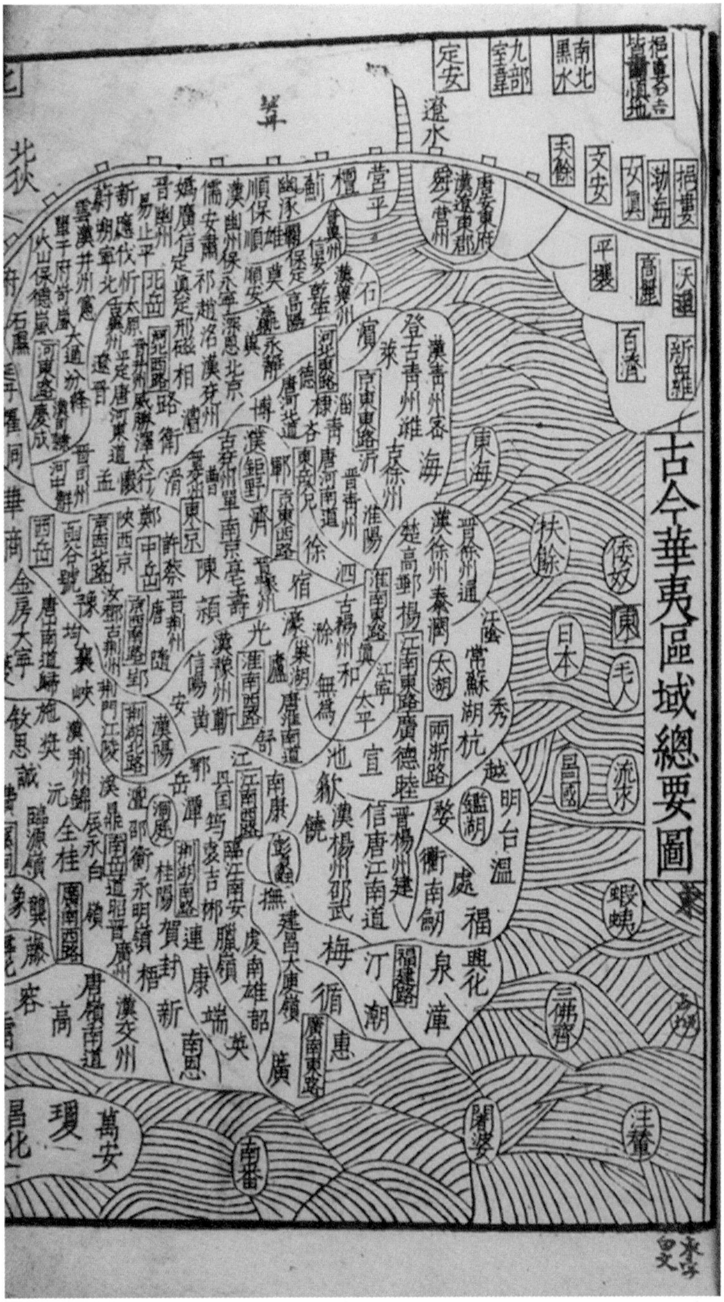

▶ 《역대지리지장도(歷代地理指掌圖)》. 송나라 때 소식(蘇軾)이 지은 것으로, 명대 가정(嘉靖) 연간(1522~1560년)의 각본이다. 이것은 초기 지도집의 하나로, 책 속에는 44폭의 지도가 들어 있는데, 이 그림은 그 중 하나이다.

였다.

청대 순치(順治) 5년(1648년)에 유명한 화가인 소운종(蕭雲從)이 그림을 그리고 휘파의 각판 고수인 유영(劉榮), 탕상(湯尙), 탕의(湯義)가 각판한 《태평산수도(太平山水圖)》는 황산(黃山), 천문산(天門山), 오파정(吳波亭), 자산(赭山), 판자기(阪子磯) 등 명소의 풍경들을 담고 있다. 이 책에는 모두 43폭의 그림들이 들어 있는데, 각 그림마다 고대의 유명한 시인의 시가 한 수씩 적혀 있다. 당시 사람들은 "태평산수도가 묘사하고 있는 것은 선현을 좇아 모방하였는데, 더없이 정교하고 아름답다"라고 칭찬하였다. 이것은 청대 초기의 유명한 도판이다.

강희 50년(1711년)에 각인한 《만수성도(萬壽盛圖)》는 모두 120권인데, 그 중 2권은 도판으로 되어 있다. 이 도판에는 148폭의

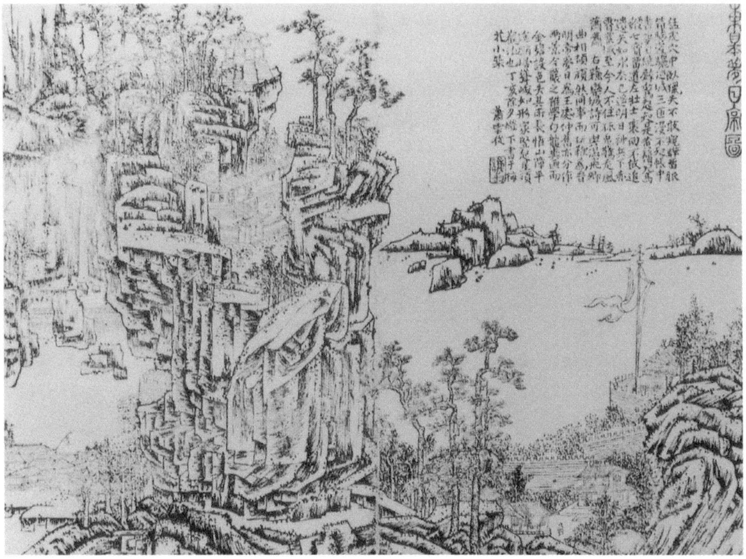

◀ 《태평산수도(太平山水圖)》는 청대 순치 5년(1648년)의 휘주(徽州) 회고당(懷古堂) 각본이다. 이 책에는 40폭의 그림이 들어 있는데, 당도(當涂), 무호(蕪湖), 번창(繁昌) 일대의 풍경을 그린 것들이다. 당시 유명한 화가인 소운종이 그림을 그렸고, 휘주의 뛰어난 각판 장인인 유영(劉榮), 탕상(湯尙) 등이 각판하였다. 이 그림은 〈무호동고몽일정도(蕪湖東皐夢日亭圖)〉이다.

▶ 《한단몽(邯鄲夢)》은 명나라 탕현조(湯顯祖)가 지은 것으로, 명대 천계(天啓) 원년(1621년)에 호주(湖州)의 민광유(閔光瑜) 각본이다. 책 속에는 10폭의 삽도가 들어 있는데, 각인이 모두 매우 정미(精美)하다. 이 그림은 〈정사창원인(停梭悵遠人)〉이다.

▲ 《현원도설(賢媛圖說)》. 청대의 각본으로, 안에는 역대의 현녀(賢女)들을 그린 그림 80폭이 들어 있다.

그림이 있는데, 송준업(宋駿業), 냉매(冷枚), 왕원기(王原祁) 등이 그림을 그렸다. 그림의 인물들은 대부분 냉매가 그렸고, 산수는 왕원기가 주로 그렸다. 각판자는 궁정 각판의 고수인 주규(朱圭) 등이다.

건륭 31년(1766년)에 각인한 《남순성전도(南巡盛典圖)》는 대부분 궁정화가인 왕석곡(王石谷)이 그렸다. 회화의 구도가 안정적이고 묘사한 강남의 여러 경치들이 비교적 사실적이다. 이 외에 또 《황청직공도(皇淸職貢圖)》, 《피서산장시도(避暑山莊詩圖)》, 《원명원사십경시도(圓明園四十景詩圖)》, 《정서도(征西圖)》 등의 청대 궁정 판화들이 있다. 이러한 도판들은 강희(康熙), 건륭(乾隆) 시기에 통치자의 공덕을 칭송하고 태평성세를 노래하기 위해 각인된 것들로, 궁정 각인본에 속하는 대형 도책(圖册)들이다.

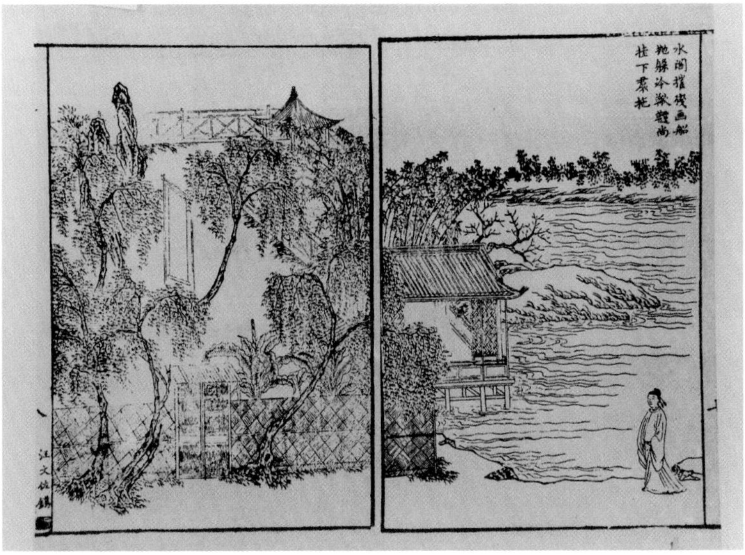

◀ 《목단정기(牧丹亭記)》는 명대 탕현조가 지은 것으로, 명대에 호주(湖州)의 민(閔)씨나 능(凌)씨 각본이다. 이 책에는 두 쪽에 걸쳐 그려진 그림이 13폭 들어 있는데, 대부분 휘파 각판 장인들의 작품이다. 이 그림은 책의 삽도들 중 하나이다.

이러한 책들은 규모가 방대하고 화면 구도가 짜임새 있고, 인물이 다양하면서도 생동적이며, 각인이 정교하여 도판 각인들이 최고 수준에 있었음을 말해준다. 화면의 구도 측면에서 보아도, 이 그림들은 중국 회화의 전통기법을 뛰어넘어, 서양의 투시학의 원리를 흡수함으로써 중국의 도판 인쇄사에서 전대의 뒤를 이어 한층 더 발전시키는 역할을 하였다.

채색 인쇄의 발달

인쇄술 발명 직후 초기에는 인쇄물들이 모두 흑백이었다. 그 후 도서는 단색에서 채색으로 변천하는데, 이는 중국 인쇄기술

▶ 색깔을 칠해서 그린 불상. 수대 대업(大業) 3년(607년)의 작품이다. 이것은 윗부분은 그림, 아랫부분은 글로 되어 있으며, 그림은 먼저 윤곽을 인쇄하고 나서 다시 손으로 색을 칠한 것이다. 이것은 현존하는 것들 중 가장 이른 시기의 채색 인쇄 작품이다. 원래 돈황 장경동에서 출토되었는데, 몇 년 전에 미국 경매 시장에서 모습을 드러냈다.

의 발전과정이기도 하다.

부채본(敷彩本 : 색을 칠한 책—역자)

대략 7세기경에 색깔을 입혀 인쇄한 불상이 출현하였다. 즉 검은 색으로 그림의 윤곽 선을 인쇄하고 나서, 다시 손으로 색을 칠했는데, 이것은 인간의 채색에 대한 기대와 흥미를 표현한 것이다. 지금까지 보전되어 오고 있는, 수대 대업(大業) 3년(607년)에 만든 불화가 바로 색을 칠하여 만든 작품이다. 돈황에서 출토된 오대 시기의 불상들 중에도 색을 칠해서 만든 것이 있다.

◀ 채색 불상. 당대 영창(永昌) 원년(689년)의 작품이다. 이것 역시 먼저 검은 색으로 윤곽을 인쇄하고 나서 다시 손으로 색을 칠하는 기법을 사용하였다.

투인본(套印本 : 컬러 인쇄본)

복송(北宋) 시기 지폐 인쇄가 컬러 인쇄 기술의 창시적 역할을 하였다. 당시 발행하던 지폐인 '교자(交子)'는, "표면에 액면, 발행 연차, 발행고가 인쇄되고, 다른 면에는 고사(故事)를 인용한 그림이 인쇄되어 있었다." 이러한 지폐 인쇄는 위조를 방지하기 위해 고급 종이를 사용하였고, 앞면과 뒷면에 모두 날인한 도장이 있었다. 또 각종 암호를 사용하고 붉은 색과 검은 색 두 가지를 사용하여 컬러 인쇄하였다.

오늘날 볼 수 있는 가장 이른 시기의 컬러본 서적은 원대 지정(至正) 원년(1341년)에 중흥로[中興路; 지금의 호북성 강릉(江陵)]의

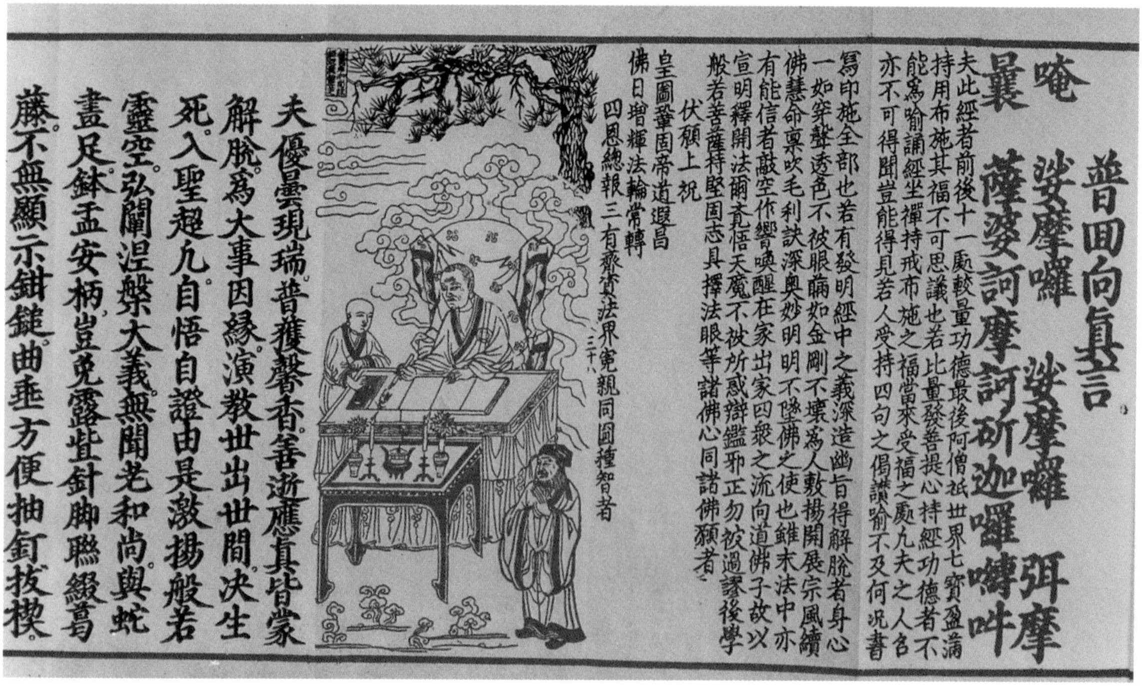

▼《금강경주(金剛經注)》는 원대 지정(至正) 원년(1341년)에 중흥로의 자복사에서 각인한 것으로, 경절장이다. 책 전체가 붉은 색과 검은 색으로 컬러 인쇄되었는데, 그 원문과 그림은 붉은 색을 사용하였고, 주(注)는 검은 색을 사용하였다. 또 각인이 매우 정교하고 뛰어나다. 이것은 현존하는 최초의 2색 컬러본이다.

자복사(資福寺)에서 각인한 《금강경주(金剛經注)》이다. 이 책은 경절장으로 붉은 색과 검은 색 두 가지 색으로 컬러 인쇄되었는데, 그 중 경문의 원문과 삽도는 붉은 색으로 인쇄하고, 주(注)와 그림 속의 소나무 가지는 검은 색으로 인쇄하였다. 길이는 20여 미터이고 각인이 매우 정교하고 뛰어나다. 이 책은 현존하는 최초의 정권(整卷) 2색 컬러 본 서적이다.

명대부터 컬러본 서적의 종류와 수량이 대폭 증가하였다. 선진(先秦)의 제가백가 문집은 물론 역대 명가의 시문도 컬러로 인쇄하였다. 또 2색을 이용한 컬러 인쇄는 물론 3색이나 4색을 이용하여 컬러 인쇄한 서적도 등장하였다. 명대의 컬러 인쇄는 이전의 그 어떤 시대보다도 훨씬 홍성하였다. 여기에는 몇 가지 원인이 있다. 첫째는 인쇄기술이 보편화되고 향상되어 각인(刻印) 장인들이 숙련된 다색 컬러 인쇄 기법을 익혔기 때문이다. 또 동시에 치열한 시장 경쟁으로 인해 각 서방(書坊)들이 앞 다투어 새로운 인쇄본의 형태를 이용하여 독자를 끌어들이려고 하였기 때문이다. 둘째는, 명대에 고대 서적에 비점(批點)을 다는 풍조가 유행했기 때문이다. 평주(評注)는 반드시 별색으로 인쇄해야만 독자가 이해하는 데 편리하였다. 이 때문에 컬러 인쇄는 크게 홍성하였다. 이처럼 검은 색으로 원문을 인쇄하고, 다른 색으로 대가들의 평주를 인쇄하는 풍조는 청대까지 이어졌다.

지금까지 전해지고 있는 명대의 컬러 인쇄본 작품은 매우 많다. 안휘 휴녕(休寧) 정(程)씨의 자란당(滋蘭堂) 각본인 《정씨묵원(程氏墨苑)》은 비교적 많은 삽도가 들어 있다. 이 중 적지 않은

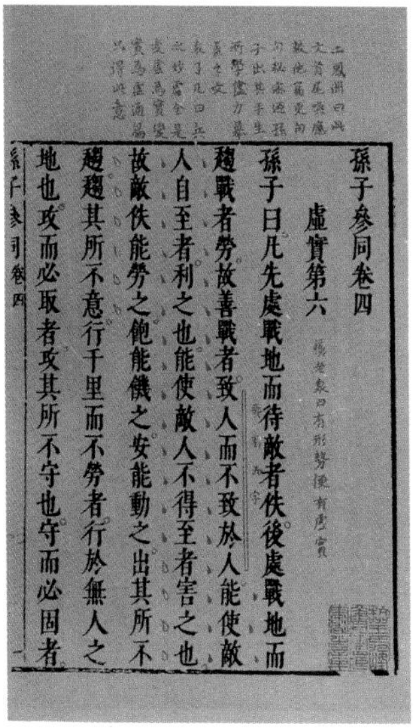
孫子參同卷四
虛實第六
孫子曰凡先處戰地而待敵者佚後處戰地而
趨戰者勞故善戰者致人而不致於人能使敵
人自至者利之也能使敵人不得至者害之也
故敵佚能勞之飽能饑之安能動之出其所不
趨趨其所不意行千里而不勞者行於無人之
地也攻而必取者攻其所不守也守而必固者
孫子參同卷四

▲ 《손자참동(孫子參同)》. 명대 만력 48년(1620년)에 각인한 것이다. 이 책 역시 검은 색과 붉은 색 두 가지로 컬러 인쇄하였다.

⑱ 비점(批點) | 시가나 문장 등을 비평하거나 읽으면서 매우 잘된 부분에 찍는 점을 말한다.

▶ 《정씨묵원(程氏墨苑)》. 명대 만력 연간의 휘주의 정씨 자란당(滋蘭堂) 각본이다. 책 속에 비교적 많은 삽도가 들어 있는데, 대부분이 당시의 화가 정운붕(丁雲鵬)이 그린 것들이다. 이 그림은 이 책에 들어 있는 그림인 〈비룡재천(飛龍在天)〉도인데, 목판에 몇 가지 색들을 칠해서 한 번에 찍은 것이다.

그림이 당시 유명한 화가인 정운붕(丁雲鵬)과 강세회(江世會)에 의해 그려졌고, 각판자는 유명한 휘파 황씨 각판 장인인 황린(黃璘), 황응도(黃應道), 황응태(黃應泰) 등이었다. 명대 만력(萬曆) 연간(1573~ 1619년)의 각본인 《화사(花史)》는 비교적 많은 꽃 그림을 인쇄한 책으로, 여러 가지 색으로 인쇄한 매우 특색 있는 컬러 인쇄본이다. 그 인쇄 방법을 보면, 하나의 인쇄판 위에 각 부분마다 각기 다른 색깔을 칠하고 한 번에 인쇄하여 완성하였다. 명대 호주(湖州)의 민(閔)씨와 능(淩)씨 두 집안의 서방에서 각인한 다색 컬러 인쇄본은 당시에 매우 유명했다. 이것들은 "오래도록 칭송받기에 충분할 정도로 아름답고 정교하였다."

청대 역시 컬러 인쇄본이 매우 성행하였다. 특히 소주와 남경 일대의 서방들에서 비교적 많은 컬러 인쇄본을 각인하

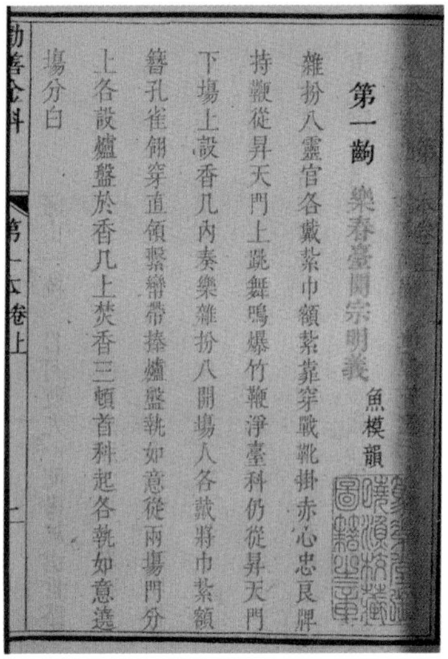
第一齣 樂春臺開宗明義 魚模韻
雜扮八靈官各戴紮巾額紮靠穿戰靴掛赤心忠良牌
持鞭從昇天門上跳舞鳴爆竹鞭淨臺科仍從昇天門
下場上設香几內奏樂雜扮八開場人各戴將巾紮額
簪孔雀翎穿直領緊鑾帶捧爐盤執如意從兩場門分
上各設爐盤於香几上焚香三頓首科起各執如意遶
場分白
勸善金科 第一本卷上 二

▶ 《권선금과(勸善金科)》는 청대 건륭 연간의 궁중 내부(內府) 각본이다. 책 전체가 검은 색, 붉은 색, 남색, 녹색 등 4색으로 컬러 인쇄되어 있는데, 각인이 매우 정교하다.

였다. 또한 궁정의 출판물들 중에도 컬러 인쇄본이 적지 않았다. 건륭 연간(1735~1795년)에 나온 내부본(內府本)인 《권선금과(勸善金科)》가 바로 이렇게 검은 색, 붉은 색, 남색, 녹색 등 4색으로 컬러 인쇄한 것인데, 청대의 컬러 인쇄본 중 최상급으로 꼽힌다.

▲ 《이참암본초(履巉岩本草)》는 명대의 수회본(手繪本)이다. 이것은 지금까지 전해지는 유일한 채색본 본초(本草)이다.

수회본(手繪本)

이것은 일종의 그 자체가 특색 있는 채색 도서인데, 문자도 손으로 쓰고 그림도 손으로 그려 매우 정교하다. 명대의 가장 저명한 수회본은 궁정의 내부(內府)에서 만든 아동 교과서라 할 수 있는 《천가시(千家詩)》이다. 이 책은 현재 존재하는 가장 뛰어

◀ 《광일기고사(廣日記故事)》. 청대의 수초채회본(手抄彩繪本 : 손으로 쓰고 그린 책—역자)이다.

▶ 《증화석의천가시(增和釋義千家詩)》는 명대 궁정의 내부(內府)에서 만든 그림책 필사본으로, 각각의 시(詩)마다 채색 그림이 한 폭씩 배치되어 있고, 상세한 주해(注解)가 달려 있다. 이것은 일종의 아동용 도서로, 그 그림은 궁정화가가 손으로 그린 것이다.

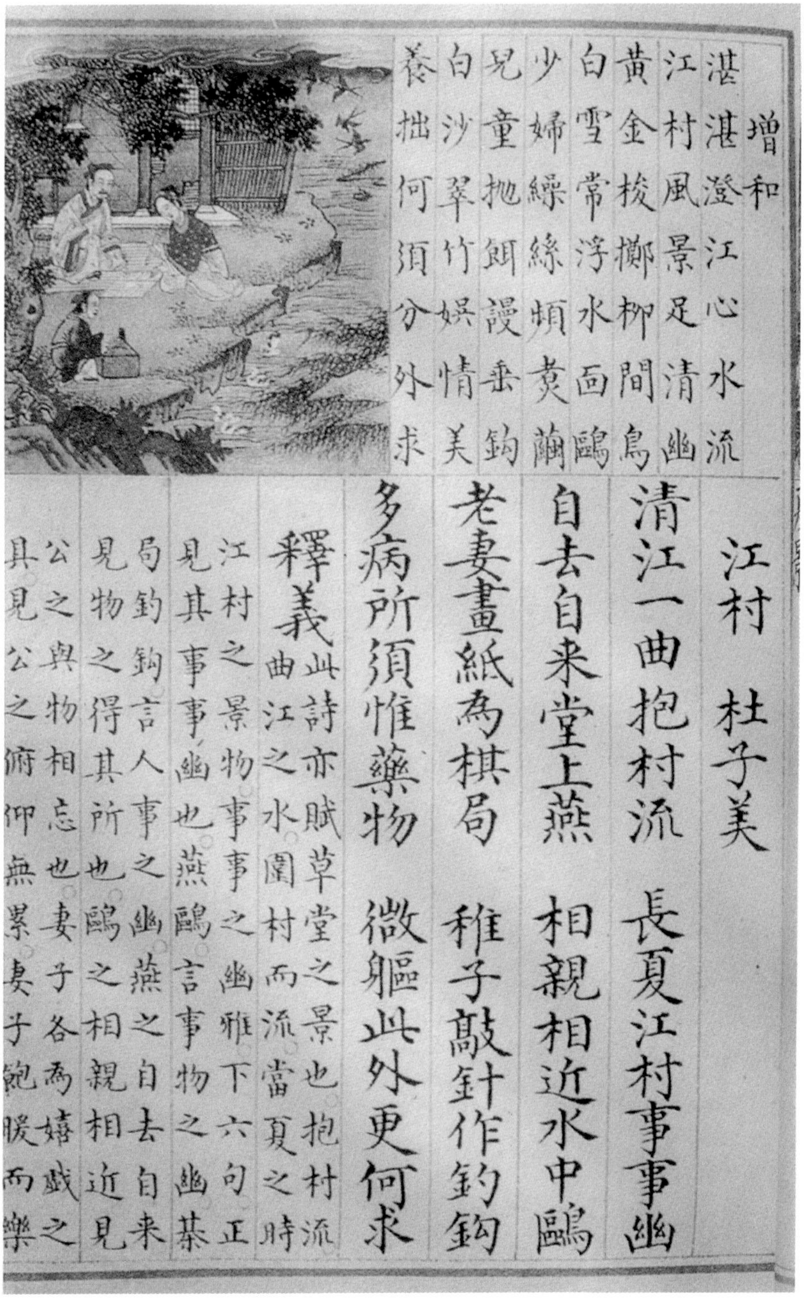
增和
湛湛澄江心水流
江村風景足清幽
黃金梭擲柳間鳥
白雪常浮水面鷗
少婦繅絲頻煑繭
兒童抛餌謾垂鈎
白沙翠竹娛情美
養拙何須分外求

江村 杜子美
清江一曲抱村流 長夏江村事事幽
自去自来堂上燕 相親相近水中鷗
老妻畫紙為棋局 稚子敲針作釣鈎
多病所須惟藥物 微軀此外更何求
釋義 此詩亦賦草堂之景也抱村流
曲江之水圍村而流當夏之時
江村之景物事事之幽雅下六句正
見其事事幽也燕鷗言事物之幽棊
局釣鈎言人事之幽燕之自去自来
見物之得其所也鷗之相親相近見
公之與物相忘也妻子各為嬉戲之
具見公之俯仰無累妻子飽暖而樂

어난 수회본인데, 그 안에 들어 있는 그림들은 모두 궁정화가가 손으로 그린 것으로 보인다.

또우판[餖版] 인쇄본

또우판 인쇄는 목판 채색 인쇄로 '목판수인(木版水印)' 이라고도 한다. 이것은 기본 인쇄판 위에 여러 가지 색깔들을 끼워 맞춰 인쇄하는 기술이다. 남경(南京)에는 각종 색깔의 작은 떡을 꽃 모양으로 서로 끼워 맞춰 쌓아 올려 만든 식품이 있는데, 이것을 또우딩[餖飯]라고 하였다. 또우판 역시 각종 색깔의 인쇄판들을 끼워 맞춰 놓은 모양이 또우딩과 비슷하여 또우판이란 이름이 생겼다.

또우판 인쇄는 채색 그림, 원고의 색깔 사용 상황에 따라 윤곽을 그리고 인쇄판을 분할하여 각 색깔별로 각각 판 하나씩에 조각하였다. 그런 후 다시 옅은 색부터 진한 색의 순서로 컬러 인쇄하면 원작에 가까운 채색 인쇄 작품이 완성된다. 이러한 기술은 이전의 컬러 인쇄와 차이가 있었다. 그것은 더 이상 단순한 채색 인쇄가 아니라 회화 원작에 가깝게 찍어낸 복제품이라 할 수 있다. 이것은 인쇄사에서 가장 중대한 신기술의 발명이자 세계적으로 가장 이른 채색 인쇄이다.

가장 유명한 또우판 인쇄본은 명대 호정언(胡正言)의《십죽재서화보(十竹齋書畵譜)》와《십죽재전보(十竹齋箋譜)》이다.

호정언은 자가 일종(日從)이고 휘주 휴녕(休寧) 사람이다. 일찍이 중서사인(中書舍人)을 지냈는데, 후에 관직을 버리고 남경

▼《십죽재서화보》의〈연우도(蓮藕圖)〉이다. 명대 호정언이 또우판으로 남경에서 각인한 것이다.

▶ 또우판 인쇄에 사용되는 각각의 색은 모두 작은 목판을 파서 만들었다. 남경 지역 식품의 하나인 '또우딩' 과 유사하여, 이러한 종류의 컬러 인쇄판을 '또우판' 이라고 불렀다.

에 기거하면서 오로지 서법, 회화, 전각(篆刻) 예술의 연구에만 전념했다. 정원에 대나무를 열 그루 정도 심고 서재의 이름을 '십죽(十竹)' 이라고 하였다. 만력 47년(1619년)부터 호정언은 휘파의 유명한 각판공들을 초청하여 서로 협조하며《십죽재서화보》를 각인하였다. 이 작업은 천계(天啓) 7년(1627)에 완성되었는데, 8년의 긴 세월이 걸렸다. 전체 책은 서화, 묵화(墨華), 과일, 깃털, 난초, 대나무, 매화, 돌 등 8종으로 나뉘어 있다. 각 종류별로 그림이 40폭씩 있는데, 그림과 글이 대응되어 있어 서로 보충해주고 빛을 발하게 해준다. 이 책 속의 그림들은 호정언 자신이 그린 그림 이외에도 당인(唐寅), 심주(沈周), 문징명(文徵明) 등 유명한 화가들의 그림을 모사한 것도 있다. 또 그림과 대응을 이루고 있는 문자는 '착수', '집필', '회화 기교' 및 그림

⑱ 심주(1427~1509) | 명나라의 문인으로 자는 계남(啓南)이며, 시문에 능하였다. 특히 산수화에 능하였으며, 부친인 심항(沈恒) 역시 시문과 산수화에 능하였다.

⑱ 문징명(1470~1559) | 명나라 때의 화가이자 서예가 겸 시인으로 본명은 벽(壁)이다. 심주와 함께 남종화 중흥의 주역이었다. 글씨는 이응정(李應禎)에게 배웠고, 왕희지와 조맹부의 영향도 많이 받았다.

▲ 《십죽재서화보(十竹齋書畫譜)》의 〈목단도(牧丹圖)〉이다. 이것은 명대 호정언(胡正言)이 만력 47년(1619년)에 각판을 시작하여 천계 7년(1627년)에 완성하였다. 또우판 컬러 인쇄법을 사용하여 채색 인쇄하였는데, 목판 채색 인쇄기술의 효시로 볼 수 있다.

그리는 순서를 설명하는 내용으로 되어 있다. 이 책은 일종의 회화 교과서로 출판의 역사에서 중요한 위치를 차지한다. 각인 과정에서 호정언과 각판 장인들은 함께 작업을 하면서 연구하는 한편 기술을 개선하였다. 그래서 각인이 갈수록 더욱 더 정교해지고 풍부한 경험을 쌓을 수 있었다.

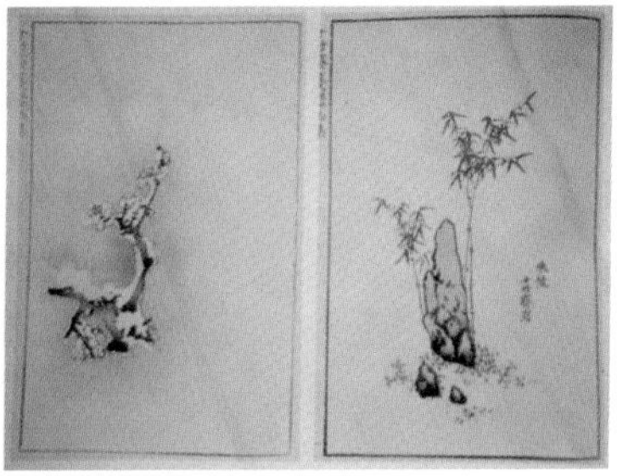

▲《십죽재전보(十竹齋箋譜)》는 명대 호정언이 천계 8년(1628년)부터 숭정 17년(1644년)까지 도우판 기법으로 남경에서 각인한 것인데, 각인기술이 더욱 성숙되었음을 보여준다.

※ 복왕 | 명나라 말기인 1630년대 이후 관료들의 부패와 가혹한 수탈로 인해 농민들의 반란이 일어났다. 왕가윤과 고영상 등의 지도자들이 이끄는 수만 명의 반란군은 산서, 하남 등지로 진출하며 위세를 떨쳤다. 1631년에 이자성(李自成)이 우두머리가 되었는데, 1641년에 그는 낙양을 점령하여 복왕을 살해한 뒤 그의 재산을 몰수하여 굶주린 백성들에게 나누어주었다.

호정언이 각인한 또 다른 책은《십죽재전보》이다.《십죽재서화보》가 완성된 후 호정언은 다시《십죽재전보》를 각인하기 시작하여 청대 순치(順治) 2년(1645년)에 완성하였다. 모두 4권이며 289폭의 그림이 들어 있었다. 그 내용은 상(商)대와 주(周)대의 그릇과 솥, 고대의 토기와 한대의 옥(玉), 서재의 여러 도구(문방사우), 산수시(山水詩)의 의미, 역사 이야기 등을 포함하고 있다. 그림의 구도가 간결하고 색채가 담백하면서도 우아하였다.《십죽재전보》는 "고금의 명적(名跡)을 모으고 문학 예술의 사적을 집대성한 것인데, 낡은 것을 새 것으로 만들고, 매우 정교하고 변화무쌍하므로 …… 최고 수준에 이르렀다고 하지 않을 수 없다!"라고 하였다. 호정언이 이 책을 각인할 당시 남경은 여전히 명말 복왕(福王)의 점령하에 있어 태평스러운 시기를 구가하였다. 이는 객관적으로 각인 작업에 유리하였다. 그는 십수 명의 휘파 장인들을 고용하여 "조석으로 연구하고 토론하였는데, 십 년을 하루와 같이 하였다." 그리하여 "뛰어난 작업기술이 나날이 정교해졌다." 호정언 본인 역시 항상 친히 현장에서 지도하였을 뿐만 아니라, 또 가끔은 친히 작업을 하기도 했다. 이 때문에《십죽재전보》의 각인은《십죽재서화보》보다 더욱 정교하였고, 각판공과 인쇄공들도 모두 기술이 더욱 숙련되었다.

《십죽재전보》를 각인하면서 호정언은 또 '공화(拱花)' 라는 새로운 기술을 개발했다. 이 기술은 인쇄판에 압력을 가해 바탕에 색깔이 없는 꽃 모양이 볼록하게 튀어나오도록 하였는데, 이것은 또한 인쇄사에서 하나의 중요한 신기술이었다.

◀ 《개자원화전(芥子園畵傳)》 제2권에 있는 〈난보(蘭譜)〉. 이 책은 왕개(王槪)가 엮고 심심우(沈心友)가 출판하였다. 또우판 기법으로 남경에서 각인하였다.

◀ 《개자원화전》 제3권의 〈죽보(竹譜)〉.

▶ 《개자원화전》 제8권에 있는 〈국보(菊譜)〉.

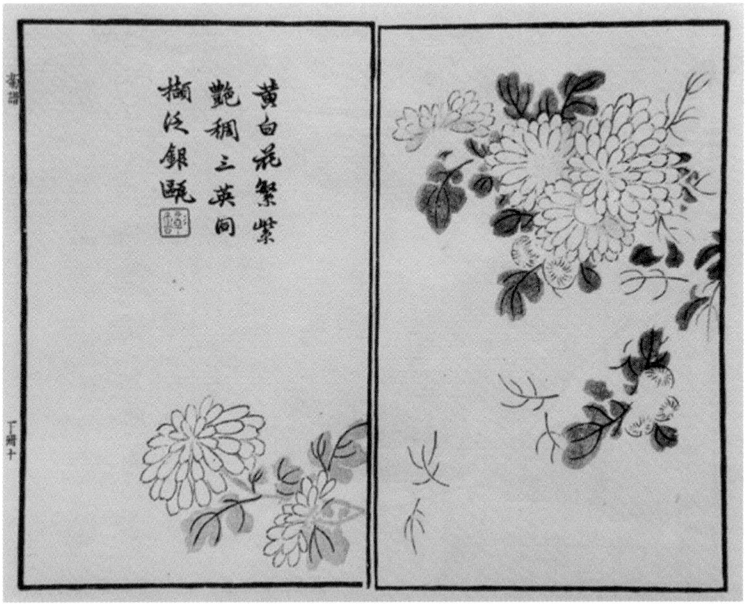

▶ 《개자원화전》 제5권에 있는 〈매보(梅譜)〉.

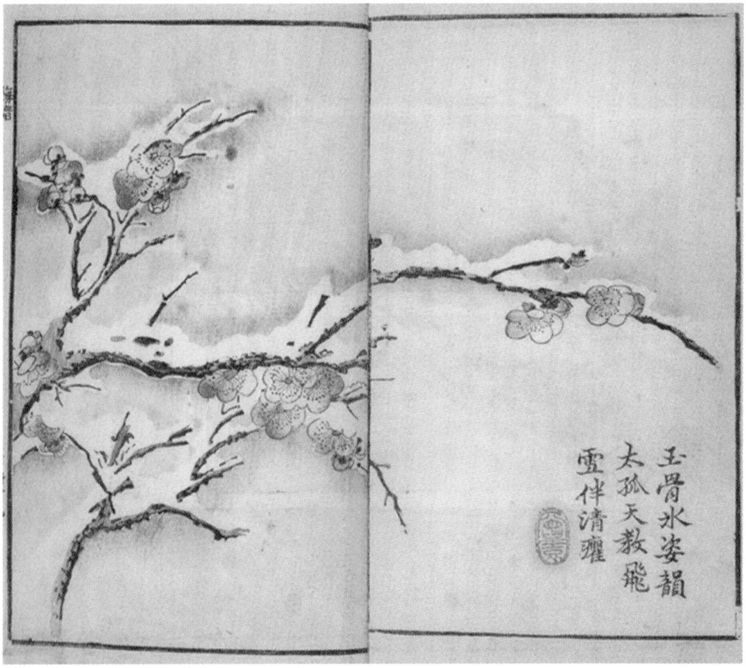

▲ 〈이백해표(李白解表)〉는 청대의 목판 컬러 연화(年畵)이다.

청대에 들어선 후 또우판 인쇄기술은 각지로 전파되어 컬러 인쇄본 도서가 속출하였다. 그 중 《개자원화전(芥子園畫傳)》이 가장 영향력이 있다. 이 책은 왕개(王槪)가 증보 편집한 것이다. 그는 고대 그림 원본에 근거해서 3년의 시간을 들여 모두 133폭의 그림을 그렸다. 당시의 희곡 작가였던 이어(李漁)는 그림 원본을 훑어 보고 나서, '없어져서는 안 될 기서(奇書)' 라고 생각하여 각인 출판하는 것을 적극적으로 지지하였다. 이어의 거처를 '개자원(芥子園)' 이라고 불렀는데, 이 때문에 책 이름을 《개자원화전》이라고 지었다. 이것은 회화 기법에 대한 책으로,

후세에 그림을 배우는 사람들에게 필수적인 교과서가 되었다. 이 책은 모두 네 권으로 되어 있다. 제1권은 《화학천설(畵學淺說)》과 《설색각법(設色各法)》으로 전부 문자로만 되어 있다. 제2권은 《수보(樹譜)》, 제3권은 《산석보(山石譜)》, 제4권은 《인물옥우보(人物屋宇譜)》이다.

《개자원화전》의 출판 작업은 이어의 사위인 심인백(沈因伯)이 주관하여 강희(康熙) 18년(1679년)부터 강희 40년(1701년)까지 22년의 세월 동안 세 권을 각인하였다. 이때 그림의 작가인 왕개는 이미 "백발이 되고 이가 빠지는" 노년이었다. 출판자와 편집자가 이미 나이를 먹은 데다 재력도 부족하여 이 책의 출판 작업은 중단되었다. 다시 100여 년이 지난 가경(嘉慶) 23년(1818년)에 소주의 소유산방(小酉山房)에서 제4권을 펴내, 전에 각인된 세 권에서 빠졌던 인물화 기법을 보충하였다. 이때에 이르러서야 《개자원화전》은 비로소 완정해질 수 있었다.

▲ 《도잠애국(陶潛愛菊)》. 청대 하북(河北)의 무강(武强)에서 제작한 목판 컬러 연화이다. 동진(東晉)의 대시인 도연명은 관료사회의 부패에 혐오를 느껴 전원생활에 심취해 살았다. 일찍이 〈구일한거(九日閑居)〉라는 시를 지었는데, 시서(詩序)에서, "나는 한가로이 살면서 구월 구일의 이름을 좋아한다. 가을 국화가 정원에 가득한데 술을 얻을 길이 없으니, 부질없이 국화꽃을 먹으면서 감회를 말에 기탁하는구나"라고 하였다.

청대에 또우판 인쇄가 가장 광범위하게 사용되었고, 양적으로 가장 많은 채색 목판 연화(年畵)가 출판되었다. 연화는 대부분 민간에서 즐겨 보고 듣는 경사, 풍년, 행복과 화목, 다복과 장수 등을 소재로 하였다. 역사의 고사 또한 상당한 비율을 차지하였다. 당시 천진(天津)의 양유청(楊柳靑), 소주(蘇州)의 도화오(桃花塢), 유방(濰坊)의 양가부(楊家埠)는 3대 연화 인쇄 기지가 되었다. 또 하북의 무강(武强), 산서의 임분(臨汾), 섬서의 봉상(鳳翔), 사천의 면죽(綿竹), 하남의 주선진(朱仙鎭), 안휘의 부양(阜陽), 복건의 장주(漳州), 광동의 불산(佛山) 등의 지역에도 연

◀ 〈옥당부귀(玉堂富貴)〉. 청대 소주(蘇州)의 도화오(桃花塢)에서 각인한 연화(年畵)로, 목판 채색 인쇄기술을 사용하였다.

▲ 〈정충전(精忠傳)〉. 청대 천진의 양유청(楊柳靑)에서 목판 채색 인쇄한 연화이다.

화 인쇄 작업장이 있었다. 연화는 집집마다 보급되면서 그 판로가 전국으로 확대되어, 역사상 판매량이 가장 많은 출판물이 되었다. 19세기 초에 현대적인 컬러 인쇄기술이 사용되면서 목판연화는 점차 역사의 무대에서 사라지게 되었다. 그러나 북경의 영보재(榮寶齋), 상해의 타운헌(朶雲軒)에서는 현재까지도 여전히 또우판 인쇄 기술을 이용해서 역대의 유명한 그림들을 복제하고 있다.

‖ 책의 수난, 발굴 그리고 수장(收藏) ‖

갑골문부터 기산하면 중국 서적은 3천여 년의 역사를 가지고 있다. 이렇게 오랜 역사 속에서 책은 사람과 마찬가지로 탄생하는 날부터 영욕을 거듭하고 혹은 부침을 반복하면서, 정도는 다르지만 각종 재난을 감당해야만 했다.

책의 수난

중국의 고대 서적은 역사가 길고 수량도 방대하다. 그러나 지금까지 보존되어 오고 있는 고서는 오히려 매우 적다. 천재(天災)와 인재(人災)는 고대의 서적이 대량으로 소실되는 주요 원인이었다.

천재는 주로 물과 불 때문이었고, 인재의 발생은 비교적 복잡한 상황들 때문이다. 크고 작은 전쟁, 조대(朝代)의 교체, 황위 쟁탈 등의 인재로 인해 대량의 책이 불타고 훼손되었다. 어떤 때는 통치자가 정권을 공고히 하기 위해서 도서를 불태우기도 하였다.

진시황 34년(213년)에 일부 관원들이 선진(先秦) 시기 유가(儒家)와 재자백가 서적들에 근거하여 '분봉제(分封制)'의 실시를 제의하였다. 진시황은 이러한 유가 저작이 중앙집권의 실행을 방해하는 장애물이라고 간주하고, 명령을 내려 대량의 유가 저작들을 불태우게 했다. 당시 일부 비유가(非儒家) 저작들도 함께 화를 당했다. 이 밖에도 460여명의 유생들이 생매장을 당했다. 이것이 바로 유명한 '분서갱유(焚書坑儒)' 사건인데, 이때 처음으로 도서가 대량으로 불태워지고 훼손되었다. 그러나 '분서' 는 진나라 정권을 지켜주지 못한 채 진 왕조는 곧 항우(項羽)와 유방(劉邦)에 의해 무너졌다. 항우의 군대가 함양(咸陽; 진나라의 수도—역자)에 입성했을 때 커다란 불로 진나라 황궁은 잿더미가 되어버렸고, 이때 황궁의 장서들도 화를 면치 못했다. 이후에도 많은 조대의 통치자가 진시황의 방법을 모방하여, 정도는 다르지만 '분서' 를 자행하였다. 가장 심각했던 것은 청대의 강희(康熙), 옹정(雍正), 건륭(乾隆) 등 세 황제 때의 문자옥(文字獄)이다. 이 시기에 훼손된 책과 죽은 사람의 수는 진시황 때보다도 많았다.

위진남북조 시기에 조대가 바뀔 때마다 전쟁으로 대량의 장서가 훼손되었다. 《수서(隋書)》〈경적지(經籍志)〉의 기록에 따르면, "혜회(惠懷)의 난으로 도성이 혼란스럽고 짓밟혀 전각의 서적들이 조금도 남은 것이 없다"라고 한다. 502년 양(梁) 무제(武帝)의 군대가 건강(建康)에 입성했을 때 함부로 불을 질러 수많은 서적들이 불타 없어졌다. 549년에 후경(侯景)이 양나라 왕실을 무너뜨렸을 당시 "동궁의 도서 수백 궤짝이 모두 불타 없어졌다." 552년부터 554년까지 소역(蕭繹)이 강동(江東)을 점령하였는데, 그는 군대를 파견하여 후경을 소멸시키고는 대량의 도

※ 건강(建康) | 남경(南京)의 옛 이름.

※ 후경(503~552) | 남조 시대 양나라의 장군으로, 자는 만경(萬景)이다. 북위에서 벼슬을 하다 양나라의 무제(武帝)에게 투항하였으나, 반란을 일으켜 자신을 한제(漢帝)라고 칭하였다. 그러나 곧 시흥(始興) 군수 진패선과 장수 왕승변(王僧辨)에게 진압되었다.

※ 소역(508~554) | 남조 시기 양나라의 마지막 황제인 원제(元帝)를 가리킨다.

서를 수집하였다. 그러나 주(周)나라 군대가 공격해 왔을 때 책을 아끼던 이 황제는 결국 나라가 망하게 된 잘못을 모두 서적 탓으로 돌리면서, "책을 만 권이나 읽었는데도 오늘과 같은 날이 있구나"라고 한탄하였다. 그러고는 가지고 있던 약 40만 권에 이르는 장서를 모두 성 밖에서 태워버렸다. 이렇게 남북조 시기에 전란으로 천하의 서적은 대량으로 감소하고 수많은 도서가 영원히 사라지게 되었다.

금나라 군대가 북송의 수도인 개봉(開封)을 침공했을 때 북송 황실과 국자감에 있던 대량의 장서가 대부분 불타거나 훼손되었다. 또 남은 서적들도 북경으로 운반하는 과정에서 많은 양이 소실되었다.

청대 건륭 연간(1735~1795년)에 《사고전서(四庫全書)》를 편찬하면서 통치자는 전국에서 대량의 도서를 수집해 들였다. 이것은 본래 좋은 일이라고 할 수 있으나 당시의 통치자는 오히려 이 기회를 이용하여 자신에게 불리한 많은 양의 도서들을 불태워버렸다. 역사의 기록에 의하면 건륭 39년(1774년)부터 47년(1785년)까지 8년 동안 24차례의 분서가 자행되었고, 이로 인해 1만 3862권의 책이 훼손되었으며, 오랜 기간 전해오던 진귀한 도서의 일부가 영원히 소실되기에 이르렀다. 노신은 일찍이 다음과 같이 분개하였다. "청나라 사람들이 《사고전서》를 편찬하면서 고서를 잃었다."

중국 도서의 현존하는 상황을 보면, 도서의 연대가 오래될수록 전해지는 수량이 적다는 것을 알 수 있다. 당과 오대의 책은 현재 매우 적은 수량만이 남아 있으니, 그 이전의 책들은 더 말할 필요도 없다. 이것은 당시 도서가 대부분 필사본이어서 고작 몇 권, 혹은 한 권 밖에 없었기 때문이다. 그래서 일단 어떤 책이 소실되면 더 이상은 그 책을 볼 수 없었다. 인쇄술이 발명된 후 책마다 비교적 많은 인쇄본이 있어서, 한 곳에서 어떤 책이 불타 없어져도 다른 곳에 소장되어 있어서 계속 전해질 수 있었다. 이 점에서 볼 때 인쇄술이 위대한 공적을 남겼음을 알 수 있다.

책의 발굴

중국의 서적사에서 천재와 인재로 인해 책이 끊임없이 훼손되었지만, 많은 도서가 책을 아끼는 사람들에 의해 소장되어 있어 이후에도 계속해서 발굴되었다. 묘지에 묻혀 있던 도서의 출토 역시 현존하는 도서 중 상당 비율을 차지한다. 이렇게 발굴된 도서들의 상당수가 일찍이 소실되었던 것들이다. 그래서 이런 도서들이 더욱 진귀하며 어떤 것은 역사의 공백을 보완해주었다.

서한(西漢)의 경제(景帝, B.C. 179~B.C. 141년) 때 노(魯)나라 공왕(恭王)이 공자의 옛 집을 철거하는 과정에서 벽 속에서 한 무더기의 죽간을 발견하였는데, 모두가 유가의 경전들이었다. 이것들은 공자의 8대손인 공부(孔鮒)가 진시황의 분서를 피해 숨겨둔 것이었다. 서한 시기에는 유가 사상이 숭상되었기 때문에,

유가와 제자백가의 저작을 숨겨두었던 사람들이 솔선하여 책을 국가에 바쳤다. 그리하여 유가 저작이 점차 다시 완비될 수 있었다.

서진(西晉) 태강(太康) 2년(281년)에 어떤 사람이 위나라 양왕(襄王)의 분묘를 도굴하다가 수십 수레, 10여만 자에 달하는 죽간을 발견하였다. 이 죽간들은 길이가 약 2자 4치(80센티미터 정도—역자)이고, 각각의 죽간마다 40여 개의 글자가 쓰여 있었으며, 흰색 실로 엮어져 있었다. 죽간이 낙양(洛陽)으로 옮겨진 후 황제는 순욱(荀勖)과 화교(和嶠)로 하여금 정리하게 했다. 이 정리 작업은 20여 년 후인 영강(永康) 원년(300년)에 비로소 완성되었다. 죽간은 《기년(紀年)》, 《역경(易經)》, 《목천자전(穆天子傳)》 등 16종의 책으로, 대부분 당시 이미 소실되었던 책들이었다. 이것이 중국 고대 서적의 첫 번째 대발굴이다. 죽간이 발굴된 곳이 지금의 하남성 급현(汲縣)이기 때문에 이 죽간을 '급총서(汲冢書)'라고 부른다.

이 외에도 중국에서는 최근 백여 년 동안 다섯 차례에 걸쳐 서적의 대발굴이 있었다. 상(商)대 갑골문의 발굴, 한대 간독(簡牘)의 발굴, 돈황 장경동의 발굴, 흑수성 서하 문서의 발굴, 산서성 응현(應縣)의 요(遼)대 서적 발굴 등이 바로 그것들이다.

상대 갑골문의 발굴

청대 후기에 하남성 안양(安陽) 소둔촌(小屯村)의 농민들이 밭을 갈다가 종종 기이한 거북 등껍질과 뼛조각들을 발견하였는

▶《갑골문(甲骨文)》. 쇠뼈에 글자를 새긴 것으로, 기원전 1300년경의 것이다. 1899년 하남성 안양 소둔촌에서 발굴되었다. 그 당시 약 10만여 조각이 발굴되었는데, 갑골 위에 새겨진 문자는 이미 상당히 성숙한 한자(漢字)였다. 갑골문은 현재까지 발견된 최초의 문자 기록 형식으로, 어떤 학자는 이것을 갑골에 새겨진 책으로 보기도 한다.

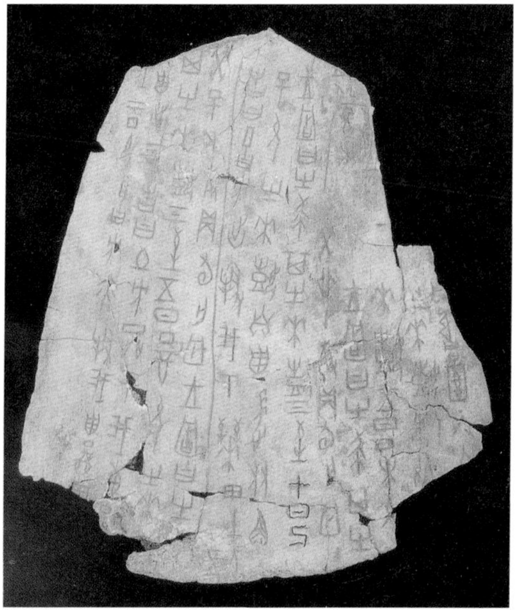

데, 그들은 이것을 '용골(龍骨)'라고 하여 약재 상인에게 팔았다. 1899년, 국자감제주(國子監祭酒)이던 왕의영(王懿榮)이 병에 걸리자 사람을 시켜 달인당(達仁堂)이란 약방에서 한약 용골을 샀다. 약 봉지를 열었을 때 그는 뜻밖에 용골에 희미하게 기이한 부호들이 새겨져 있는 것을 발견하였다. 왕의영은 본래 유명한 금석학자(金石學者)로 상고 삼대(三代)의 청동기 명문(銘文)에 정통하였다. 그럼에도 불구하고 이 기이한 부호들을 해독할 수가 없었다. 그래서 그는 심혈을 기울여 이 부호들을 연구하기 시작하였다. 그 결과 그는 이것이 이미 유실되었던 중국의 고대 문자임을 밝혀냈다. 1900년 초에 왕의영은 다시 글자가 새겨진 갑골을 1천여 조각이나 사들여 심도 있게 연구를 진행하였다.

그러나 그는 8국 연합군(176쪽 참조—역자)이 침공했을 때 순국하였다. 왕의영의 뒤를 이어 매우 많은 사람들이 갑골문의 연구자 대열에 가담하였다. 그 중 가장 탁월한 성과를 낸 사람들로는 '사당(四堂)' 이라 불리는 나진옥(羅振玉, 호는 雪堂), 왕국유(王國維, 호는 觀堂), 동작빈(董作賓, 호는 彦堂), 곽말약(郭沫若, 호는 鼎堂)이 있다. 여러 해 동안 갑골문은 끊임없이 발굴되었는데, 현재 모두 15만여 조각이 출토되었다. 이것은 중국 상(商)대 역사의 '백과사전' 식 문헌 자료이다.

거연한간(居延漢簡)의 발굴

신강(新疆)의 니아(尼雅)강 하류와 감숙 북부 어지나[額濟納]강 유역 일대를 고대에는 '거연(居延)' 이라고 폄하하여 불렀다. 20

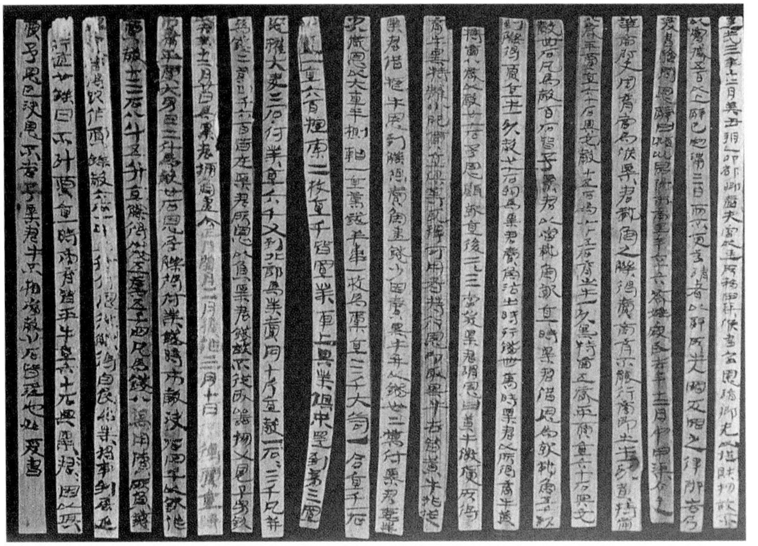

◀ 이것은 1970년대 감숙에서 출토된 목간의 일부분이다. 한대의 것이며, 글자체는 예서(隸書)로 되어 있다. 통칭하여 '거연한간(居延漢簡)' 이라고 한다.

세기 초부터 이곳에서 끊임없이 한대의 목간들이 출토되었는데, 이를 '거연한간(居延漢簡)'이라고 통칭하였다. 1930년에 서북과학조사단이 1만여 개의 목간들을 발굴하였는데, 그 중에는 71개의 목간을 엮어 만든 병기(兵器) 장부가 있었다. 영국인 지질학자인 마크 오럴 스타인은 여기에서 수천 개의 목간들을 훔쳐갔다. 1949년 이후 문물 고고학 팀은 또 다시 여러 차례 발굴하여 목간 30여만 개를 찾아냈다. 1959년에는 감숙 무위의 마저자(磨咀子)에서 4백여 개의 목간이 발견되었다. 1986년에 감숙 하서주랑(河西走廊) 서부의 과벽탄(戈壁灘)에서 또 한간(漢簡) 1만 7천여 개가 발견되었다. 이 외에도 산동 임기(臨沂)의 은작산(銀雀山), 호남의 장사(長沙), 안휘의 부양(阜陽), 호북의 강릉(江陵) 등지에서도 한간이 출토되었다. 출토된 방대한 양의 한간은 한대의 간독 제도, 역사, 고서사(古書史)를 연구하는 데 중요한 자료이다.

88 서북과학조사단 | 1930년부터 이듬해까지 헤딘(S. A. Hedin)을 단장으로 하는 스웨덴의 서북과학조사단이 중국 감숙성 북부 지역을 조사했는데, 이 과정에서 조사단원이었던 베르그먼이 1만여 개에 달하는 23×1센치미터 정도 크기의 목간들을 발굴하였다.

돈황 문서의 발굴

돈황의 석굴은 역사적으로 불교 성지였다. 북위(北魏) 때부터 여기에 불동(佛洞)을 만들기 시작하여 당송 시기에도 계속해서 만들었는데, 이것을 '천불동(千佛洞)'이라고 불렀다. 돈황 불동은 매우 많은데, 불동 내부에는 또 정미(精美)한 조각상과 역대의 벽화가 있어 유명한 불교 예술의 보고가 되었다. 1035년 무렵 서하가 돈황을 점령하였다. 그 전에 서하의 난을 피하기 위해 돈황의 승려들은 대량의 경권문서(經卷文書)들을 작은 동굴

◀ 이것은 1907년 당시의 돈황 석굴의 일부 모습으로, 영국인 마크 오럴 스타인이 찍은 사진이다.

속에 숨긴 뒤 동굴 입구를 막고는 동굴의 외벽에 벽화를 그렸다. 그 후에 승려들 대다수가 이곳을 떠나 피난을 갔는데, 당시 숨겨놓았던 경권문서들은 동굴 안에서 천여 년 동안 잠들어 있었다.

1900년에 돈황을 관리하던 도사(道士) 왕원록(王圓籙)이 16호 동굴을 청소하다가 동굴 벽에 틈새가 있는 것을 발견하였다. 그래서 손으로 두드려보니 비어 있는 소리가 들렸다. 그가 동굴 외벽을 들어내자 안에 문이 하나 있었는데 진흙으로 밀폐되어 있었다. 그가 동굴 문을 열자 무수히 많은 옥양목 주머니가 동굴 속에 가득 쌓여 있었다. 왕 도사가 수백 개의 주머니들을 열어보니 모두 종이 문서였는데, 대부분 두루마리로 되어 있었다. 한자 필사본이 대다수를 차지하였고, 그 외에도 위구르 문자, 돌궐 문자, 여진 문자, 구자(龜玆) 문자, 범어 문자, 서하 문자, 티벳 문자

구자(龜玆) | 중국 서부 신강성에 있는 '쿠챠' 족을 말하며, 한나라의 지배를 받기도 했는데, 남북조 시대와 당대 초기에는 불교가 융성했다.

▶ 이것은 돈황 막고굴(莫高窟) 17호 동굴이다. 그 우측이 바로 장경동(藏經洞)이고 바닥에 쌓여 있는 것들이 장경동에서 나온 경전들이다. 1907년에 마크 오럴 스타인이 찍은 사진이다.

등 다양한 문자들로 된 문서들도 있었다. 문자의 내용은 주로 불경이었고, 도가 경전, 유가 경전, 역사, 언어와 문학, 시서(詩書), 역서, 회화(繪畵), 서찰, 계약서 등도 있었다. 그 중에는 소량이지만 당대와 오대의 조판(雕版) 인쇄물과 비단에 그린 그림들도 있었다. 숨겨져 있던 문서들 중 연대가 가장 이른 것이 북위 태안(太安) 4년(458년) 때의 필사본이고, 연대가 가장 늦은 것은 북송 지도(至道) 원년(995년) 때의 필사본이었다. 즉 동굴 안에 숨겨져 있던 문서들은 육조(六朝), 수 · 당, 오대부터 북송 초기까지 5백여 년 동안의 문서들이라고 할 수 있다. 이 문서들은 거의 이미 소실되었던 1천 년 전의 문서들이다. 그렇기 때문에 매우 진귀하여 하나같이 다 그 가치를 헤아릴 수 없을 정도로 귀한 보물이다. 돈황 문서의 발견은 중국은 물론 세계적으로 매우 중요한 가치를 가진다. 돈황 문서에 대한 연구는 후에 국제적인 학문 분야

▼ 이것은 돈황 장경동에서 출토된 당대의 필사본인데, 붉은 색과 검은 색의 2색으로 되어 있다.

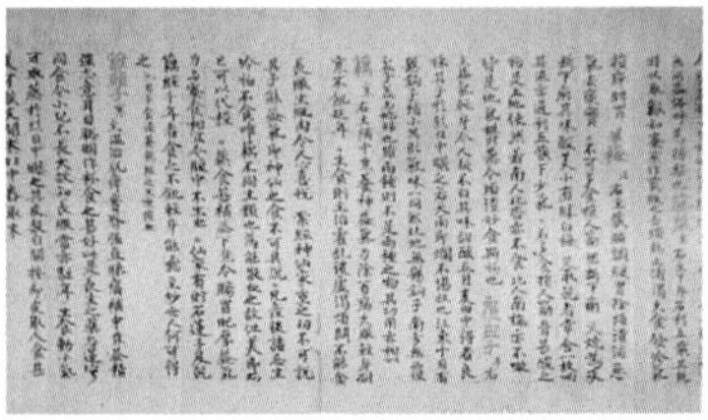

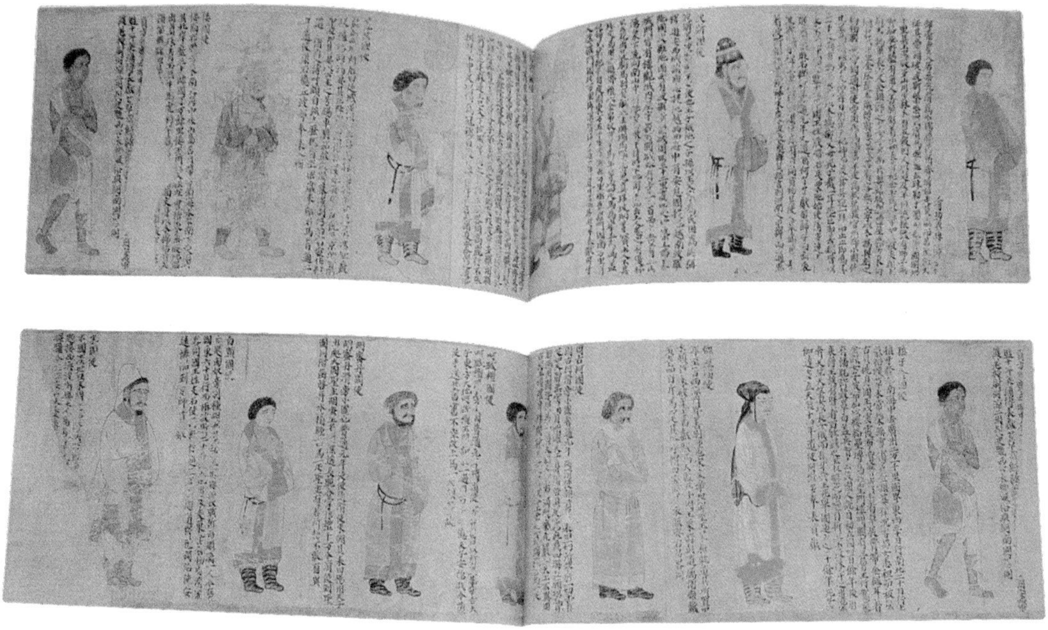

▲ 돈황 장경동에서 출토된 삽도인데, 손으로 그린 채색 그림이다.

인 돈황학으로 발전하였다.

다만 유감스러운 것은 돈황 문서의 발견이 좋은 시기를 선택할 수 없었다는 점이다. 1907년에 영국인 지질학자 마크 오럴 스타인이 동인도회사의 파견으로 인마(人馬)를 이끌고 신강을 거쳐 중국 서부로 들어왔다. 그는 도중에 측량을 해서 지도를 그리고 문물을 긁어 모았다. 돈황에 도착해서 그는 적은 돈으로 도사인 왕원록을 매수하여 돈황 석굴에서 발견된 문물들을 보았는데, 그는 한눈에 그것들의 가치를 알아보았다. 그래서 그는 보잘것없는 액수인 5백 냥을 주고 7천여 권의 경전과 예술품들을 영국으로 가져갔다. 1914년에 그는 다시 돈황에서 6백여 권의 불경을 가지고 갔다.

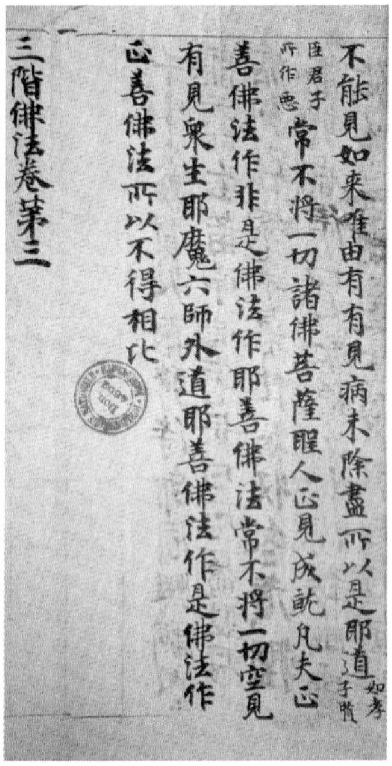

▲ 《삼계불법(三階佛法)》. 당대의 필사본으로 돈황 장경동에서 출토되었으며, 현재 프랑스의 박물관에 소장되어 있다.

1908년에 프랑스인이 돈황에서 같은 방법으로 6천여 권의 그림과 문서와 인쇄본들을 프랑스로 가져갔다.

1912년에는 일본 탐험대가 돈황에서 경전 4백여 권을 훔치고 벽화의 사진을 찍어 동경으로 돌아갔다.

1914년에 러시아인도 돈황에 잠입해서 필사본, 포화(布畵), 견화(絹畵), 지화(紙畵) 및 직조품 등을 훔쳐갔다.

국민당 정부가 수립된 후 돈황 유물을 북경으로 운송하여 경사도서관(京師圖書館)에 보존하였다. 얼마 남지 않은 경권들은 북경으로 운송되는 도중에 또 다시 각 관원들에게 압수되어 커다란 손실이 발생했다. 경권이 경사도서관에 도착했을 때는 매우 적은 수량만이 남아 있었다. 남아 있는 경권들도 일부분만 남아 있기도 했다.

어떤 이는 "돈황은 중국에 있지만 돈황학은 국외에 있다"라고 했다.

흑수성(黑水城) 서하 문서의 발굴

흑수성의 서하 문서 발굴은 서적사에서 돈황 다음으로 중대한 발굴이다. 이 문서들은 서하의 근 200년 간의 서적 역사의 공백을 메워주었다. 대량의 서하 문서 실물들은—비록 서하 서적들의 극히 일부분에 불과하지만, 서하의 서적 인쇄가 찬란하게 발전했었음을 보여준다. 과거에는 누구도 소수민족 정권에 불과한 서하에 이와 같이 방대한 서적 문화가 존재했었음을 생각하지 못했다.

◀ 흑수성 유적의 일부분. 흑수성은 내몽고 서부에 위치하며, 서하 시기에 군사 요충지였다. 사진 속에서 멀리 보이는 탑이 바로 대량의 문서가 들어 있던 곳이다.

그러나 서하 문서는 결국 다른 나라의 박물관들에 소장되고 말았다.

1908년에 러시아의 조사단이 서하의 유적지인 흑수성으로 갔다. 이곳은 원래 서하 시기의 군사 요충지로 한때 번영을 누렸다. 원래 물이 풍족했던 어지나 강은 후에 강물이 끊기면서 황폐해져 수백 리 안에 사람이 전혀 살지 않았다. 러시아 조사단은 당시 적지 않은 수확을 안고 돌아갔다. 1909년에 다시 이곳에 왔는데, 성 밖의 고탑(古塔) 속에서 책이 숨겨져 있던 보고(寶庫)를 발견했다. 당시 발견자인 코즐로프는 흥분해서 소리쳤다. "내가 도서관 하나를 발견했다!" 그들은 이 문서들을 몇 십 개의 상자에 담아 러시아로 가져가 동방학연구소에 소장하였다. 이러한 문헌 중에는 인쇄본도 있고 필사본도 있었다. 또 한대의 문서도 있고 서하의 문서도 있었다. 그 중 비교적 온전한

※ 코즐로프(Pyotr Kuzimich Kozlov, 1863~1935) | 소련의 군인·탐험가로, 고비 사막, 티베트, 중앙아시아 등지의 각 지역을 탐험하였으며, 서하 시대의 도시인 카라호토를 발굴하였다.

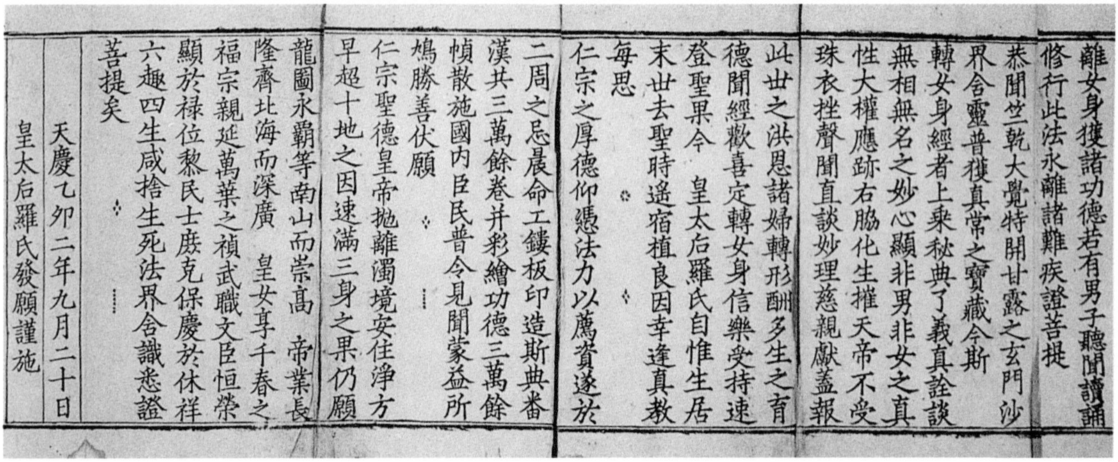

▲ 《불설전여신경(佛說轉女身經)》. 서하 천경(天慶) 2년(1195년)에 각인한 것이다. 경절장이며, 글자체가 단정하고 각인이 정교하여 서하 각인본 중 뛰어난 작품이다.

책이 약 1천여 권 정도였는데, 특히 서하의 인쇄본이 많았다. 1949년 이후에 중국 고고학자들도 몇 차례 이곳에서 조사하였으나 발굴을 많이 하지는 못했다. 근래에 중국의 관련부서에서 《러시아 소장 흑수성 문헌》을 영인 출판하였다. 이 책은 서하학, 서하 서적과 서하 인쇄 연구에 대한 자세하고 실질적인 자료를 제공하고 있다.

요대 비장(秘藏)의 발견

1974년 문물관리 기관이 산서성 응현(應縣)의 목탑을 보수하던 중에 이 탑의 4층에 있는 불상의 몸통 속에서 요대의 문물을 발견하였다. 문물 중에는 인쇄본 61건이 있었는데, 불경과 불상 및 기타 요대의 판본 서적들도 포함되어 있었다. 이 서적과 인쇄물들은 모두 소실된 것들이었기에 매우 중요한 역사적 가치를 가지고 있으며, 10세기부터 12세기까지의 북경 지역 서적

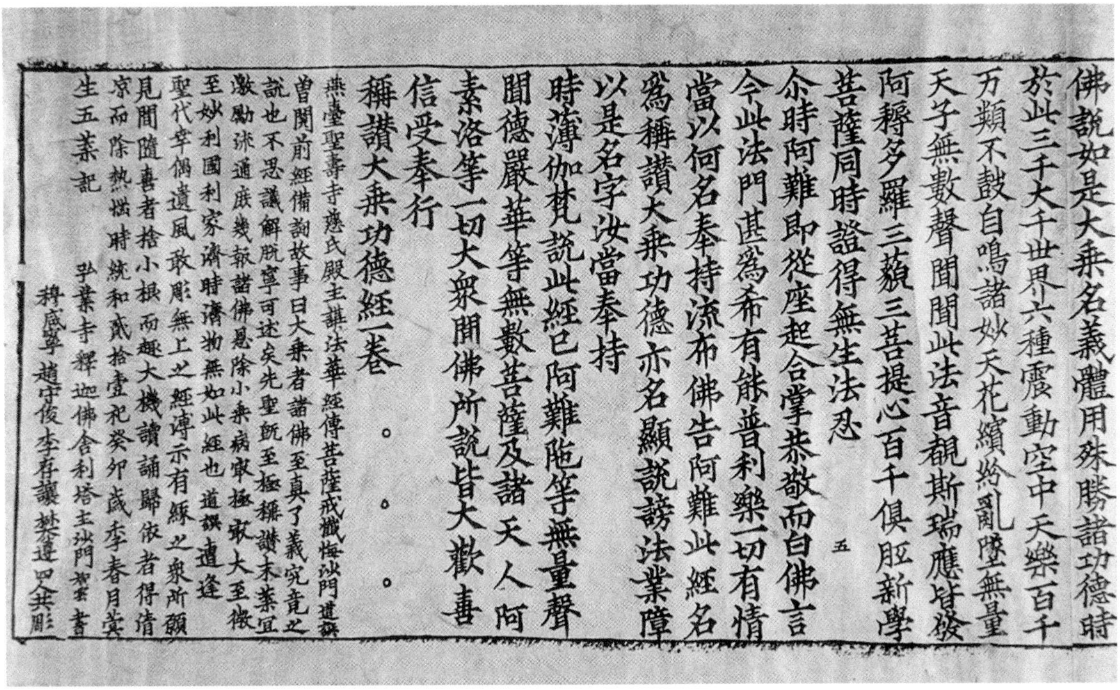
佛說如是大乘名義體用殊勝諸功德時
於此三千大千世界六種震動空中天樂百千
万類不鼓自鳴諸妙天花繽紛亂墜無量
天子無數聲聞聞此法音覩斯瑞應皆發
阿耨多羅三藐三菩提心百千俱胝新學
菩薩同時證得無生法忍 五
尒時阿難即從座起合掌恭敬而白佛言
今此法門甚為希有能普利樂一切有情
當以何名奉持流布佛告阿難此經名
為稱讚大乘功德亦名顯說謗法業障
以是名字汝當奉持
時薄伽梵說此經已阿難陁等無量聲
聞德嚴華等無數菩薩及諸天人阿
素洛等一切大衆聞佛所說皆大歡喜
信受奉行
稱讚大乘功德經一卷 。。。
燕臺聖壽寺慈氏殿主講法華經傳菩薩戒懺悔沙門道𧦬
曾閱前經備詢故事曰大乘者諸佛至真了義究竟之
說也不思議解脫寔可述矣先聖既至極稱讚末葉宜
激勵流通庶幾叛諸佛惡除小乘病寂極寂大至徹
至妙利國利家濟時濟物無如此經也道𧦬遭逢
聖代幸偶遺風敢彫無上之經溥示有緣之衆所願
見聞隨喜者捨小根而趣大機讀誦歸依者得淸
凉而除熱惱時統和貳拾壹祀癸卯歲季春月蓂
生五葉記 孕業寺釋迦佛舍利塔主沙門智云書
穆咸寧 趙守俊 李存讓 樊遵四人同彫

▲《요장(遼藏)》〈칭찬대승공덕경(稱贊大乘功德經)〉. 요대 통화 21년(1003년)에 연경의 성수사(聖壽寺)에서 각인하였다.

역사의 공백을 보충해주었다. 발견된 많은 인쇄본들 중에는 모두 각인 연대와 각인한 서방(書坊)의 상호가 기록되어 있어, 당시의 연경(즉 북경)에 서방들이 많았음을 알게 해준다. 출토된 이 인쇄본들은 문자와 도판의 조각이 매우 정교하고 아름다운데, 당시 연경의 각인 수준을 반영하고 있다.

여기에서 출토된 것들 중 요대 통화(統和) 8년(990년)에 연경의 앙산사(仰山寺) 앞에 있던 양씨 서방에서 각인한 《상생경소과문(上生經疏科文)》은 현재까지 알려진, 북경의 가장 이른 시기의 인쇄본이다. 몇 가지의 컬러 인쇄본 불상은 요대의 가장 특색 있는 인쇄물이다. 또 먼저 윤곽을 인쇄하고 나서 다시 손으로 채색한 불상들도 몇 건 있는데, 이것들은 현재 알려진 것들 중 폭이 가장 긴 인쇄물이다.

장서(藏書)

책을 소장하는 풍습은 중국 전체 역사를 관통하며 이어졌다. 전통문화의 영향을 받아 중국인들은 서적에 대해 일종의 신성시하는 마음을 가졌다. 그래서 각종 방법으로 서적을 소중히 하고 세심하게 수집하여 소장하였다. 비록 서적사에서 전쟁과 권력으로 인한 훼손이 지금껏 중단된 적이 없지만, 그래도 여전히 대량의 고대 서적이 역사에서 사라지지 않고 오늘날까지 보존되고 있다. 이것은 모두 역대 장서가들 덕분이라고 할 수 있다.

중국에서 고대의 장서는 크게 관방(官方) 장서와 민간 장서로 나눌 수 있다.

관방 장서는 주로 역대 황실의 장서를 가리키며 그 역사가 상(商)대까지 거슬러 올라간다. 하남성 안양현의 은허(殷墟)에서 출토된 대량의 갑골문이 바로 당시 상나라 왕실의 장서고(藏書庫) 유물이다. 서주(西周)부터 전국(戰國) 시기까지 사관(史官)은 황실의 도서를 보관하는 책임을 담당하였다(그리하여 최초의 서적 저작자가 되었다). 인쇄술이 발명되기 이전까지는 서적의 수량이 제한적이었기 때문에 주로 황실에서 소장하였고, 일부 관리나 귀족 가문에서도 일정량의 도서를 소장하였다. 그러나 민간

⑱ 은허 | 하남성 안양현 소둔촌(小屯村)에 있는 고대 상(商)나라 수도의 유적으로 1920년대에 발굴되었다. 대표적 발굴품으로는 용골에 새겨진 갑골문자이며, 2006년에 유네스코에 의해 세계문화유산으로 지정되었다.

의 도서는 매우 희소하였기 때문에, 개인 장서는 드물었다. 사마천은 《사기(史記)》를 쓰고 반고(班固)는 《한서(漢書)》를 썼는데, 이는 모두 황실의 장서에 의존하여 쓴 것이다.

민간 장서가는 수 · 당 시기에 출현하였다. 당시 정부가 과거제도를 실시하여 민간에서 학교를 세우는 풍조가 일어나 지식인들도 그와 더불어 늘어났다. 이러한 사회적 배경하에서 사회에는 전문적으로 책을 베껴 판매하는 사람들이 출현하였다. 대량의 도서가 여러 사람들의 손을 거쳐 필사되자 서적 애호가들이 도서를 소장하기 시작하였다.

송대에는 정부가 문치(文治)를 제창하였고, 거기에다 인쇄업이 전성기를 누리게 되어 황실의 장서 및 민간 장서가 모두 새로운 국면을 맞이하였다. 송대 건국 초기에 전국에서 도서를 수집하여 각인하였는데, 건국한 지 40년 만에 국자감에서 소장한 인쇄판이 10만 개가 넘었다. 경서와 사서 등의 책은 이미 매우 잘 갖추어져 황실의 장서 수량은 역사상 최고의 수준에 달했다. 정부는 조직적으로 몇 종의 대형 유서(類書)와 사서(史書)들을 편찬하였다.

개인 장서는 송대부터 홍성하기 시작하여, 송대의 많은 장서가들을 열거할 수 있다. 송나라 사람들이 소장하던 도서는 각인본 외에 또 필사본이 차지하는 비율이 높았다. 게다가 이러한 장서가들은 도서를 소장하는 것을 좋아했을 뿐만 아니라, 책을 보고 교서(校書 : 책의 틀린 글자나 내용을 바로잡음—역자)하는 것 역시 좋아하였다. 또한 책 중에서 좋은 판본을 골라 각인하였다.

악가(岳珂)는 자(字)가 소지(肅之)이고 명장 악비(岳飛)의 손자이다. 그는 일찍이 호부시랑(戶部侍郎)을 지냈는데, 당시 유명한 장서가였다. 그가 각인한 《구경삼전(九經三傳)》은 집안에서 소장하고 있던 20여 종의 판본을 근거로 교정하고 수정하여 만든 것이다. 이것은 당시 자타가 공인하던, 가장 선호하는 판본이었다.

조공무(晁公武)는 자가 자지(子止)이며, 소흥(紹興) 연간(983~1011년)에 진사에 합격하였고, 일찍이 사천(四川) 전운사(轉運使)이던 정도(井度)의 속관(屬官)을 역임하였다. 정도는 임종 전에 자신이 소장하고 있던 책을 그에게 보관해달라고 부탁하였다. 조공무는 자신의 집안에 소장하고 있던 도서와 정도가 소장했던 도서를 합쳐서 정리 작업을 시작했다. 중복되는 책들을 빼고 나니 모두 2만 4500백여 권이 남았다. 그리하여 그는 당시 최대의 장서가가 되었다. 그가 가진 장서 중에는 거란족 출신 승려인 행균(行均)이 편찬한 《용감수감(龍龕手鑑)》의 원본이 있었다. 그러나 현재 볼 수 있는 것은 송대의 각인본이다. 조공무가 편찬한 《군재독서지(郡齋讀書志)》는 자신이 소장하고 있던 도서를 일일이 교감하고, 또 거기에다 개요를 쓴 것이다.

우무(尤袤)는 자가 연지(延之)이고 호는 수초거사(遂初居士)이다. 무석(無錫) 사람으로, 소흥 연간(1131~1162년)에 진사가 되었다. 예부상서(禮部尚書) 겸 시독(侍讀)을 지냈는데, 그가 편찬한 《수초당서목(遂初堂書目)》에는 3천여 종의 책들이 수록되어 있으며, 모두 당시 각지의 유명한 판본들이다.

또 한 사람의 유명한 장서가로 진진손(陳振孫)을 들 수 있다.

그는 절강 안길(安吉) 사람으로 일찍이 국자감사업(國子監司業)을 지냈다. 일생 동안 책을 수집하여《직재서록해제(直齋書錄解題)》를 펴냈는데, 모두 3096종, 5만 1180권의 책이 수록되어 있다. 그의 장서 수량은 남송 정부의 장서량보다 훨씬 많았다.

명대에 황실 및 각 번왕(藩王)들은 모두 대량의 장서를 가지고 있었다. 그 총량이 송대보다 훨씬 많았다. 그리고 개인 장서가로는 호응린(胡應麟)과 왕세정(王世貞)이 가장 유명하다.

호응린(1151~1602년)은 자가 원서(元瑞)이고 호는 소실산인(少室山人)이다. 그는 4만여 권의 도서를 가지고 있었다. 그는 장서뿐만 아니라 저작도 매우 많은데, 그가 지은《소실산방필총(少室山房筆叢)》은 역사적으로 유명한 판본학 저작이다.

왕세정(1526~1593년)은 자가 원미(元美)이고, 호는 봉주(鳳洲)이다. 강소 태창(太倉) 사람으로 가정(嘉靖) 26년(1547년)에 진사가 되었고, 일찍이 형부상서(刑部尙書)를 지냈다. 전해지는 바에 의하면 왕세정은 장원(莊園) 하나를 송대 판본《양한서(兩漢書)》와 바꿨다고 한다. 이는 그가 얼마만큼 책을 좋아했는지를 잘 보여준다.

명대 후기의 가장 유명한 장서가 겸 출판가는 모진(毛晉)이다. 자는 자진(子晉)이고 호는 잠재(潛在), 원래의 이름은 봉포(鳳苞)이다. 대대로 강소(江蘇) 상숙(常熟)의 영춘문 밖에 있는 칠성교에 살았으며, 조상에게서 비교적 넓은 토지를 물려받았다. 어려서부터 전겸익(錢謙益)에게 가르침을 받았으며 경사(經史)에 정통하였다. 모진은 어려서부터 책 모으는 것을 좋아하였고, 성년

이 된 후에는 장서를 위해 '급고각목경루(汲古閣目耕樓)'를 지어 장서 8만 4천여 권을 보관하였는데, 그 중에는 송·원대의 선본(善本; 284쪽 참조—역자)이 매우 많았다. 모진은 많은 돈을 들여 서적을 대량 구입하는 것을 아까워하지 않았다. 그는 문 앞에 다음과 같은 방(榜)을 붙였다.

"송참본(宋槧本 : 송대의 각인본—역자)을 가지고 오는 자에게는 이 집 주인이 쪽당 계산해서 한 쪽당 200냥을 주고, 옛 필사본을 가지고 오는 자에게는 한 쪽당 40냥을 주겠다. 오늘날의 선본을 가지고 오는 사람에게는, 다른 집에서 1천 냥을 준다면 이 집 주인은 1천 2백 냥을 주겠다."

공고를 내자마자 수많은 책 상인들이 구름처럼 몰려들었다. 《서림청화(書林淸話)》의 작자인 섭덕휘(葉德輝)의 언급에 따르

▶ 〈급고각도(汲古閣圖)〉. 명대 상숙(常熟) 지방 모진(毛晉)의 장서각을, 그의 친구인 왕성(王成)이 숭정 15년(1642년)에 그린 것이다. 그림 속의 글에 따르면, "모진의 장서각은 은호(隱湖) 가에 지어졌는데, 그 장서는 갑에서 을까지 순서를 매겨 네 개의 서고에 나누어 소장하였다. 송·원대의 우수한 판각본이 아니면 포함시키지 않았다"라고 한다.

면, 명대 후기에 강남의 장서가들의 집들 대부분이 없어졌지만 오직 모진의 급고각만은 남았다고 한다. 급고각은 위아래로 세 개의 기둥을 세우고, 자(子)부터 해(亥)까지 12개의 책꽂이로 나뉘어져 있었다. 거기에 《사고전서》 및 불교와 도교 경전들이 소장되어 있었는데, 모두 남송과 북송 궁중의 내부(內府)에 남아 있던 것들로, 종이의 결이 매끄럽고 묵광(墨光)이 날카로웠다. 또 금·원대의 판본들도 있었는데, 대부분이 호사가들도 가지고 있지 않던 것들이다. 이로써 급고각에 소장되어 있던 장서가 매우 풍부했음을 알 수 있다.

▲ 《중오기문(中吳紀聞)》. 송나라 공명지(龔明之)가 편찬한 것으로, 명대 모씨의 급고각(汲古閣) 각본이다. 책 전체가 중봉 쌍어미이며, 굵은 흑구로 되어 있다.

모진은 또 책을 필사하고 인쇄하는 것을 좋아하였다. 모진의 집안에 장인이 가장 많을 때는 약 2백 명에 이르렀다. 혹자는 "들에서 일하는 농부들 모두가 구휼(救恤)을 고마워하고, 학문을 처음 배우는 아이들은 모두 책을 베껴 썼다"라고 묘사하였다. 모진의 작업장 규모 역시 매우 컸는데, 인쇄판이 10만 개가 넘었다. 또 장기간 고용된 20여 명의 인쇄 장인들이 하루 종일 책을 인쇄하였다. 급고각 인쇄본들 중 가장 유명한 것들로, 《십삼경(十三經)》, 《십칠사(十七史)》, 《육십가사(六十家詞)》, 《십원인집(十元人集)》, 《팔당인시(八唐人詩)》 등 모두 139종이 넘었다.

모진 자신의 저작으로 《모시주소광요(毛詩注疏廣要)》, 《해우고금문원(海虞古今文苑)》, 《명시기사(明詩紀事)》, 《은명제발(隱明題跋)》, 《급고각진장서목(汲古閣珍藏書目)》, 《급고각각서목(汲古閣刻書目)》 등이 있다. 청대 이후에도 모진의 아들 모의(毛扆)가 계속해서 가업을 계승하였다. 제3대에 이르러 모씨 집안은 몰락하기 시작하여 소장하고 있던 서적들을 모두 다른 집에 팔아버렸다. 일부 인쇄판은 다른 서방에서 사들였고, 남은 것들은 땔감으로 써버렸다. 역대 다른 장서가의 집안도 대부분 이러한 상황에 직면했을 것이다.

명대에 책을 보관하던 건물 중 지금까지 보존되고 있는 것으로 영파(寧波)의 '천일각(天一閣)'을 들 수 있다. 그 누각의 주인은 범흠(范欽, 1506~1585년)인데, 자가 요경(堯卿)이고 호는 동명(東明)이다. 가정 11년(1532년)에 진사에 합격하였고, 일찍이 호남성과 호북성에서 지주(知州), 공부원외랑(工部員外郎)을 지냈으며, 또 강서, 광서, 복건, 운남, 섬서 등지에서도 관직을 지냈다. 그는 서적을 매우 좋아하여 옮겨가는 임지마다 전심전력을 다해 책을 수집하였다. 후에 또 풍도생(豊道生)의 '만권루(萬卷樓)'에 소장되어 있던 서적 전부를 구매하여 원래 가지고 있던 장서와 합치니 약 4만 권 정도가 되었다. 그래서 '천일각'을 지어 장서를 보관하였다. 후대에 도서가 소실되는 것을 막기 위해 "서적을 가지면 가산을 나누어 주지 않고, 가산을 가지면 서적을 나누어 주지 않는다"라는 집안의 규칙을 정하였다. 후에 분가할 때 그의 맏아들 범대충(范大沖)은 기꺼이 모든 재산을 포기하고 천일각의 모든 장서를 물려받았다. 범대충은 부친의 취미를 그대로 계승하여 천일각의 장서를 5만 3천여 권까지 늘렸는데, 그 규모가 절동(浙東) 지역에서 최고였다. 건륭 38년(1773년)에 《사고전서》를 편수할 때 천일각은 638종에 달하는 서적을 바쳤다. 이 때문에 건륭 황제는 《고금도서집성(古今圖書集成)》

88 절동 | 중국 절강성 동쪽 지역으로, 전당강(錢塘江)을 중심으로 동쪽을 '절동', 서쪽을 '절서'라고 부른다.

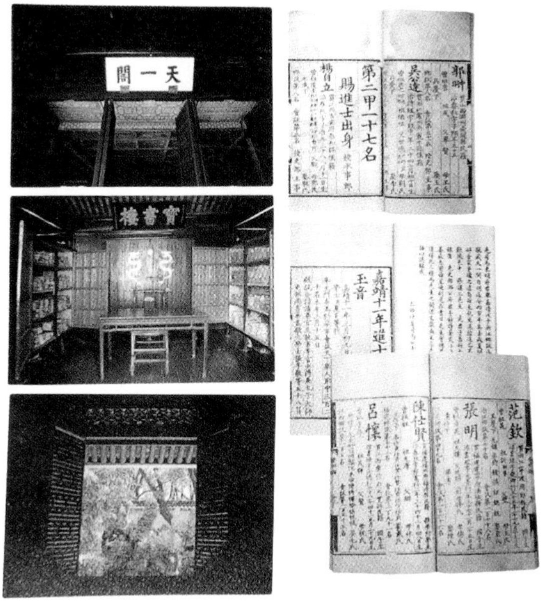

◀ 천일각(天一閣) 장서루의 내부 전경 및 장서의 일부분.

▼ 《주역고점법(周易古占法)》. 송나라 정형(程迥)이 짓고 범흠이 교정했다. 명나라 범씨 천일각 각본이다.

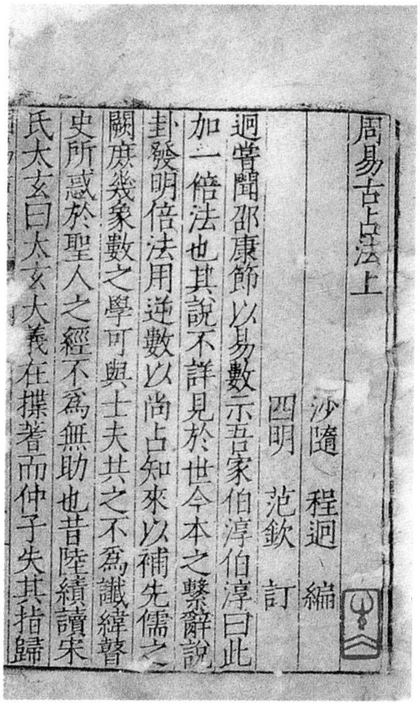

周易古占法上

沙隨 程迥 編

四明 范欽 訂

迥嘗聞邵康節以易數示吾家伯淳伯淳曰此加一倍法也其說不詳見於世今本之繫辭說卦發明倍法用逆數以尚占知來以補先儒之闕庶幾象數之學可與士夫共之不爲讖緯瞽史所惑於聖人之經不爲無助也昔陸績讀宋氏太玄曰太玄大義在揲蓍而仲子失其指歸

등 많은 책을 하사하였다. 1949년에 천일각을 국유화한 뒤 중국 정부는 건물을 보수하고 장서를 충분하게 사들였다. 현재 천일각의 장서는 30여만 권에 달한다.

청대 황실의 장서는 역사적으로 최고 수준에 달했다. 책을 보관하던 곳은 문연각(文淵閣)인데, 《사고전서》, 《도서집성(圖書集成)》 및 많은 유가 경전들이 소장되어 있었다. 소인전(昭仁殿)은 건륭 시기에 책을 보관하던 곳으로, '천록임낭(天祿琳琅)' 이라고 황제가 쓴 편액이 있었다. 《천록임낭서목(天祿琳琅書目)》의 기록에 의하면, '어제(御題)' 가 실린 책 38질, 송대 판본 서적 47질, 송대의 필사본 15질, 원대 판본 서적 79질, 명대 판본 서적 250질 등 모두 429질의 도서가 소장되어 있었다. 후에 이 책

▶ 문연각 내부의 황제가 책을 읽던 곳.

들은 큰 화재로 모두 불타버렸다. 가경(嘉慶) 2년(1797년)에 중건한 후 다시 책 659질, 1만 2258책을 다시 수집하여 소장하였다. 이 책들은 현재 대부분 대만에 있다. 건륭 연간(1735~1795년)에 북경 원명원(圓明園)에 문원각(文源閣), 심양 고궁에 문소각(文溯閣), 열하의 피서산장에 문진각(文津閣), 양주에 문회각(文匯閣), 진강(鎭江)에 문종각(文宗閣), 항주에 문란각(文瀾閣)을 짓고, 각각 《사고전서》 한 질씩 보관하였다. 이곳의 서적들은 사대부들이 열람하고 필사하거나 읽을 수 있게 제공되었다. 그러나 서각(書閣) 밖으로 가지고 나갈 수는 없었다.

❀ 원명원 | 청나라 때, 북경 교외의 해정(海淀)에 지은 이궁(離宮). 강희제 때 착공하여 건륭제 때 완공하였으며, 바로크식 건축과 대형 분수로 유명했으나 1860년 영불 연합군의 침입 때 불에 타 소실되었다.

청대에는 개인 장서 역시 매우 홍성하여 유전증(有錢曾), 손종첨(孫從添), 황비열(黃丕烈), 전대흔(錢大昕), 손성연(孫星衍), 장학성(章學誠) 등의 장서가들이 있었다. 그들은 장서뿐만 아니라 판본학을 연구하였고, 각자의 저작들도 있었다. 그러나 이 장서들은 후에 전부 없어졌다.

‖ 도서의 감상 ‖

역대 장서가들은 고서 감상 전문가인 경우가 적지 않았다. 도서의 감상은 사실상 매우 깊이 있는 학문이기에, 전문적인 저서를 쓰고 이론을 세우는 것이 가능하다. 그러나 감별은 결코 오로지 이론에만 의지하면 안 되고 많이 보아야 한다. 많이 봐야만 책을 식별할 수 있는 혜안이 생긴다. 여기에서는 먼저 책의 출판 연대, 출판 지역과 출판자, 도서의 제작방법[즉 필사본, 각인본, 활자본으로 각각 구분되고, 각인본은 다시 단색, 2색, 다색 컬러본으로 구분된다. 또 활자본은 니활자(泥活字)본, 목활자본, 금속활자본으로 나뉜다], 도서의 예술 수준[글자체, 각인(刻印) 수준, 종이와 먹의 상태, 장정 예술로 나뉜다], 서적의 판본 가치 등 도서를 감정하는 데 기준이 되는 몇 가지 측면에 대해 소개한다.

⑱ 수초본(手抄本) | 손으로 직접 베껴 쓴 판본.

출판 연대와 출판 지역의 감정

사람들은 고서 한 권을 손에 넣으면 그것이 언제 어디에서 어떻게 출판되었는지를 알고 싶어 한다. 만약 서적을 구매하고 서적을 소장하고자 한다면, 이런 문제들에 대해 더욱 더 분명하게 알아야 한다.

어쨌든 책의 시대적 특징은 매우 분명하다. 글자체, 판식(版式), 종이는 모두 상용되는 감정 내용이다.

글자체를 보면 송대의 판본은 당(唐)대의 서예가들인 구양순(歐陽詢), 안진경(顔眞卿), 우세남(虞世南), 저수량(褚遂良), 유공권(柳公權) 등의 서법과 서체를 모방하기를 즐겨하였다. 판식을 보면 대다수의 송대 판본이 변광(邊框)과 행선(行線)을 채용하였다. 또 중봉(中縫)에는 단어미(單魚尾)를 사용하였고, 상단과 하단은 단선(單線)이고, 좌우는 쌍선(雙線)으로 되어 있다. 송대 사람들은 책을 인쇄할 때 종이의 선택에 매우 엄격하였다. 관방(官方) 각본과 항주(杭州) 각본은 대부분 고급 피지(皮紙)를 사용하였다. 반면 건양(建陽) 각본은 대부분 죽지(竹紙)를 사용하였다. 일부 송대 판본은 현재까지 보존되고 있는데, 종이의 질이 여전히 새하얗고 묵향이 남아 있어 새 책과 같은데, 이는 종이의 질이 훌륭하다는 것을 말해준다.

원(元)대 사람들은 조맹부(趙孟頫) 서체를 즐겨 사용했다.

명대(明代)의 도서는 해서체(楷書體)와 송체(宋體) 두 종류를 사용했다. 명대의 해서체는 송대와 뚜렷이 구별되는데, 당대 해서체의 유풍이 남아 있으면서도 자신만의 특징을 가지고 있다. 사람들은 이러한 송대의 해서체를 '관각체(館閣體)'라고 불렀는데, 당시 정부 문서에 늘 사용되던 글자체였기 때문이다. 명대 만력 연간(1573~1619년)에 송체자는 판각본에서 대량으로 사용되었다. 그래서 이러한 책들은 한눈에 명대 만력(萬曆), 가정(嘉靖) 연간의 인쇄본임을 알 수 있다.

▶ 《여씨가숙독시기(呂氏家塾讀詩記)》. 송대 순희(淳熙) 9년(1182년) 강서 조대(漕臺)의 각본이다. 글자체가 반듯하고 각판이 정교하여 송대 판각본 중 상품에 속한다.

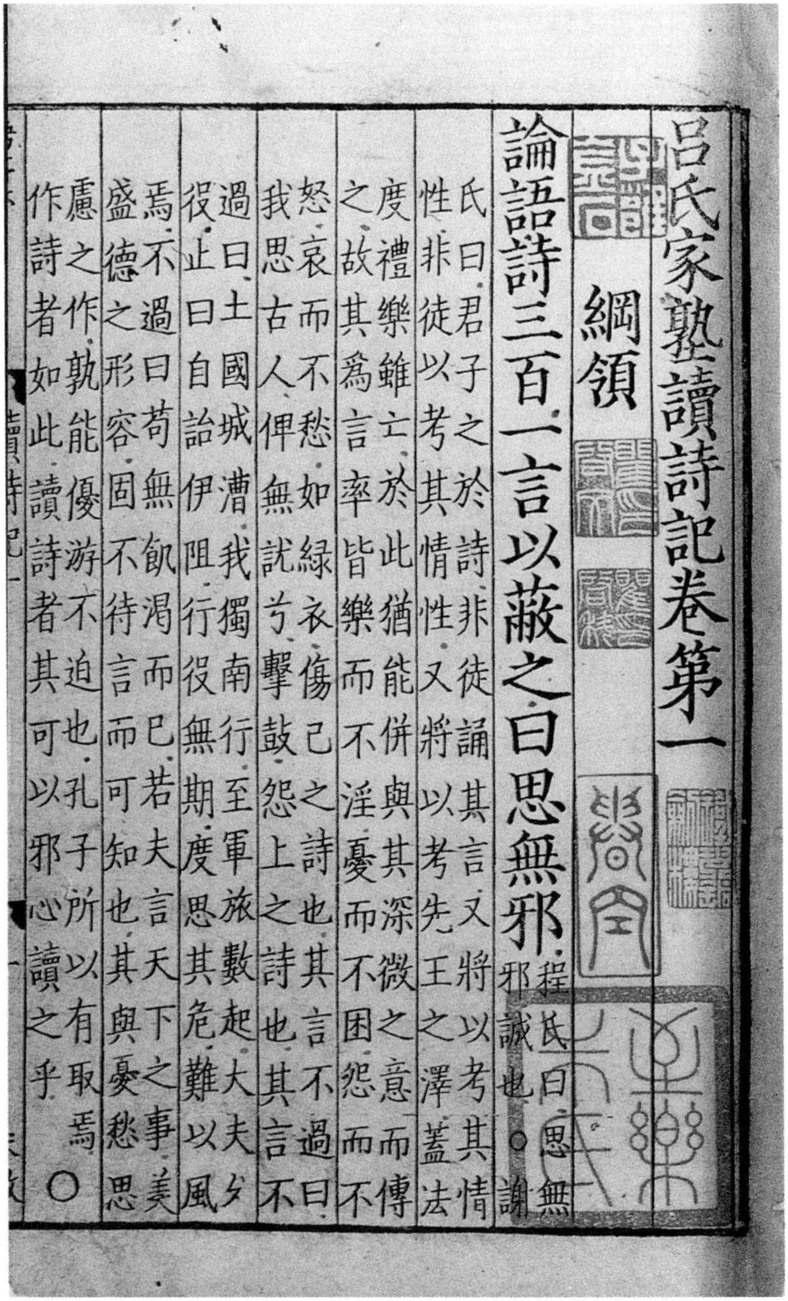
呂氏家塾讀詩記卷第一
綱領
論語詩三百一言以蔽之曰思無邪程氏曰思無邪誠也○謝
氏曰君子之於詩非徒誦其言又將以考其情
性非徒以考其情性又將以考先王之澤蓋法
度禮樂雖亡於此猶能併與其深微之意而傳
之故其爲言率皆樂而不淫憂而不困怨而不
怒哀而不愁如綠衣傷己之詩也其言不過曰
我思古人俾無訧兮擊鼓怨上之詩也其言不
過曰土國城漕我獨南行至軍旅數起大夫久
役止曰自詒伊阻行役無期度思其危難以風
焉不過曰苟無飢渴而已若夫言天下之事美
盛德之形容固不待言而可知也其與憂愁思
慮之作孰能優游不迫也孔子所以有取焉
作詩者如此讀詩者其可以邪心讀之乎○

피휘(避諱)도 서적의 출판 연대를 감정하는 하나의 방법이다. 피휘라는 것은 즉 제왕의 이름, 선조의 이름, 스승과 윗사람의 이름 등의 문자가 책 속에 나오면 반드시 각종 방법으로 사용을 피하는 것을 말한다. 글자의 자획을 생략하는 방법이 있는데, 즉 피휘해야 하는 글자의 마지막 한 획을 생략하는 방법이다. 또 동음자(同音字)로 대체하는 방법을 사용하기도 하는데, 천자문의 '천지현황(天地玄黃)'과 같은 경우, 청조 때 강희제의 이름인 현엽(玄燁)을 피휘하기 위해 '천지원황(天地元黃)'으로 바꾸어 썼다. 이 외에도 글자를 바꾸거나 칸을 비워두는 방법 등을 사용하여 피휘하였다. 송대부터 책을 각인할 때 매우 엄격하게 피휘하였다. 그러므로 만약 한 책에서 송 광종(光宗)인 조돈(趙惇)의 이름을 피휘하고, 송 영종(寧宗) 조광(趙擴)의 휘를 피하지

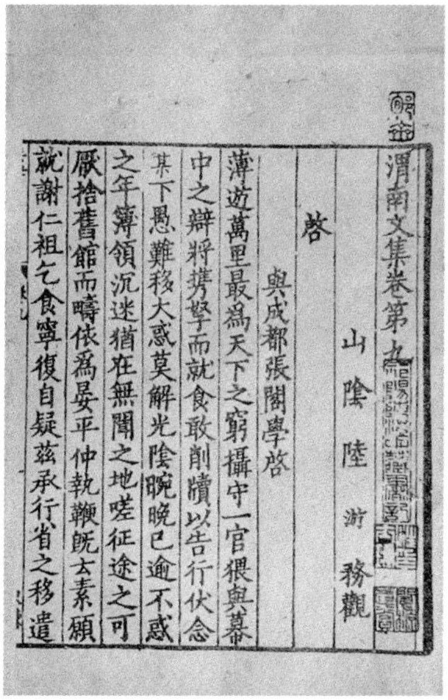
渭南文集卷第九
山陰 陸 游 務觀
啓
與成都張閣學啓
薄遊萬里最爲天下之窮攝守一官猥與幕
中之辯將携孥而就食敢削牘以告行伏念
某下愚難移大惑莫解光陰晼晩已逾不惑
之年簿領沉迷猶在無聞之地嗟征途之可
厭捨舊館而疇依爲晏平仲執鞭旣玄素頑
就謝仁祖乞食寧復自疑茲承行省之移遣

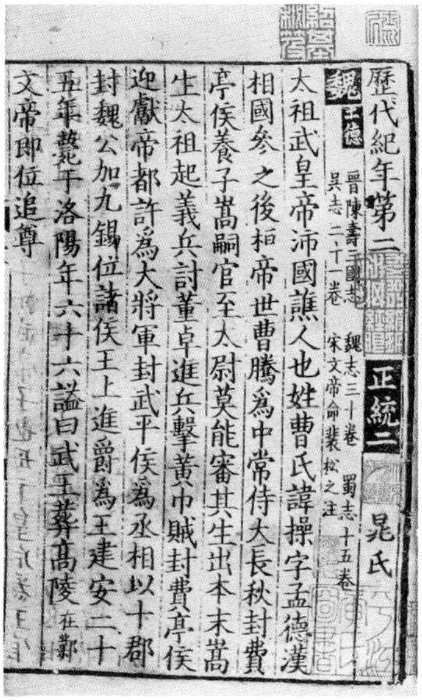
歷代紀年第二 正統二 晁氏
晉陳壽三國志 吳志二十一卷 魏志三十卷 宋文帝命裴松之注 蜀志十五卷
魏 太祖武皇帝沛國譙人也姓曹氏諱操字孟德漢
相國參之後桓帝世曹騰爲中常侍大長秋封費
亭侯養子嵩嗣官至太尉莫能審其生出本末嵩
生太祖起義兵討董卓進兵擊黃巾賊封費亭侯
迎獻帝都許爲大將軍封武平侯爲丞相以十郡
封魏公加九錫位諸侯王上進爵爲王建安二十
五年薨于洛陽年六十六謚曰武王葬高陵在鄴
文帝即位追尊

◀◀ 왼쪽은 《위남문집(渭南文集)》으로 송나라의 육유(陸游)가 지었다. 송대 가정 13년(1220년)에 육유의 아들이 각인한 것으로, 전형적인 가각본(家刻本)이다.

◀ 오른쪽은 《역대기년(歷代紀年)》으로 송나라의 조공매(晁公邁)가 지었다. 소흥 3년(1192년)에 우강군재(盱江郡齋)에서 각인한 것이다. 책 속의 네 번째 행에 '환(桓)'자가 빠져 있는데, 이는 흠종(欽宗)인 조환(趙桓)의 휘를 피하기 위한 것이다.

않았다면, 그 책은 조돈의 재위 연대인 1190년부터 1194년 사이에 각인된 것임을 증명해준다.

많은 각인본 서적은 종종 서방(書坊)과 연대(年代)가 새겨져 있다. 이러한 것은 모두 고증의 근거가 된다. 후대의 번각본(翻刻本) 역시 원서의 연대와 자호(字號)를 똑같이 새기기 때문에 아주 꼼꼼하게 감별해야 한다. 글자체 또한 각인자와 지역을 식별하는 근거가 될 수 있다. 송대 항주 진택서적포(陳宅書籍鋪)의 각인본은 글자체와 필획이 비교적 정교하고, 판식에 행선이 있으며, 중봉에 쌍어미(雙魚尾)가 있어 한눈에 알 수 있다. 그리고 송대 건양의 황씨 각인본의 특징은 유공권의 서체를 즐겨 사용하였다.

88 번각본(翻刻本) | 원본을 본보기로 하여 다시 새긴 복사본.

제작 방식의 감정

고서는 초본(抄本), 각인본, 활자본 서적으로 나뉜다. 초본은 손으로 책을 필사하여 만든 것이다. 이런 책의 글자체는 칼로 새긴 흔적을 찾아볼 수 없는데, 이는 비교적 쉽게 식별할 수 있다. 이와는 달리 각인본은 칼로 새긴 흔적이 뚜렷하다. 물론 각판이 정교할수록 원 서체의 필치를 표현해낼 수 있기는 하다. 그렇다고는 해도 비교적 쉽게 감별이 가능한 도서라고 할 수 있다. 활자본의 감별은 난이도가 가장 높다. 왜냐하면 그것은 다시 니(泥)활자본, 목활자본, 금속활자본으로 나뉘기 때문이다.

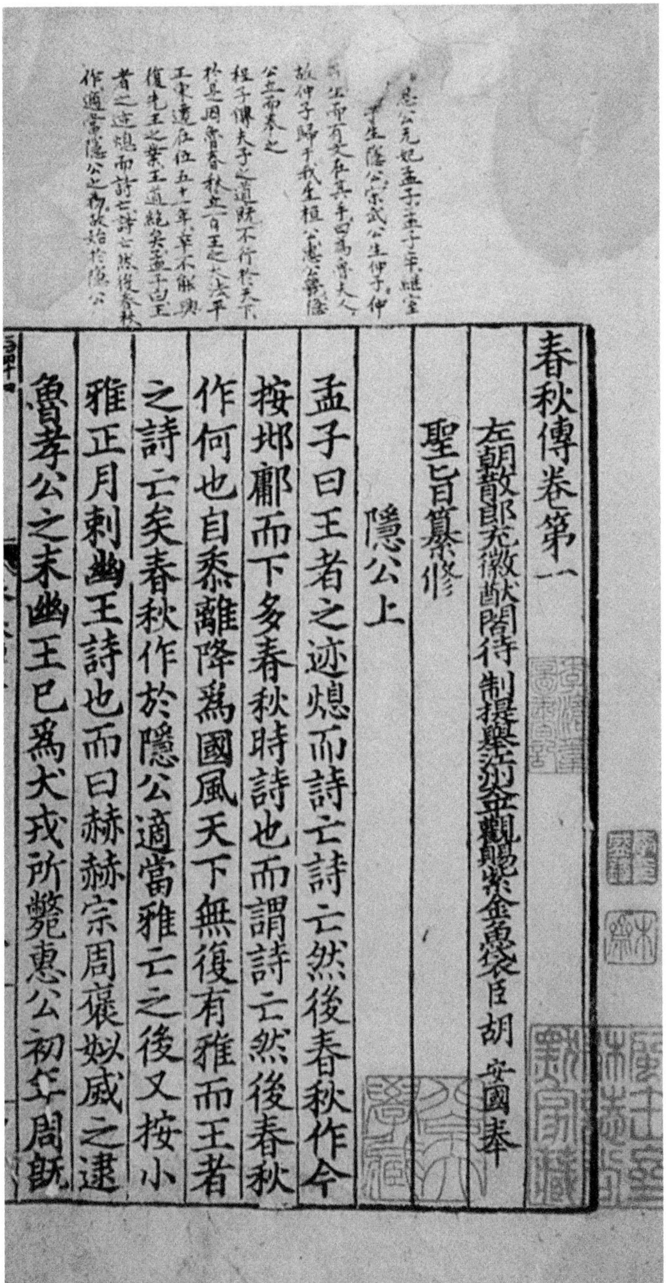

◀《춘추전(春秋傳)》. 송대 건도(乾道) 4년(1168년)의 각본으로, 변광의 위쪽 여백인 서미(書眉)에 옛 사람이 독서하면서 필기한 내용이 있다.

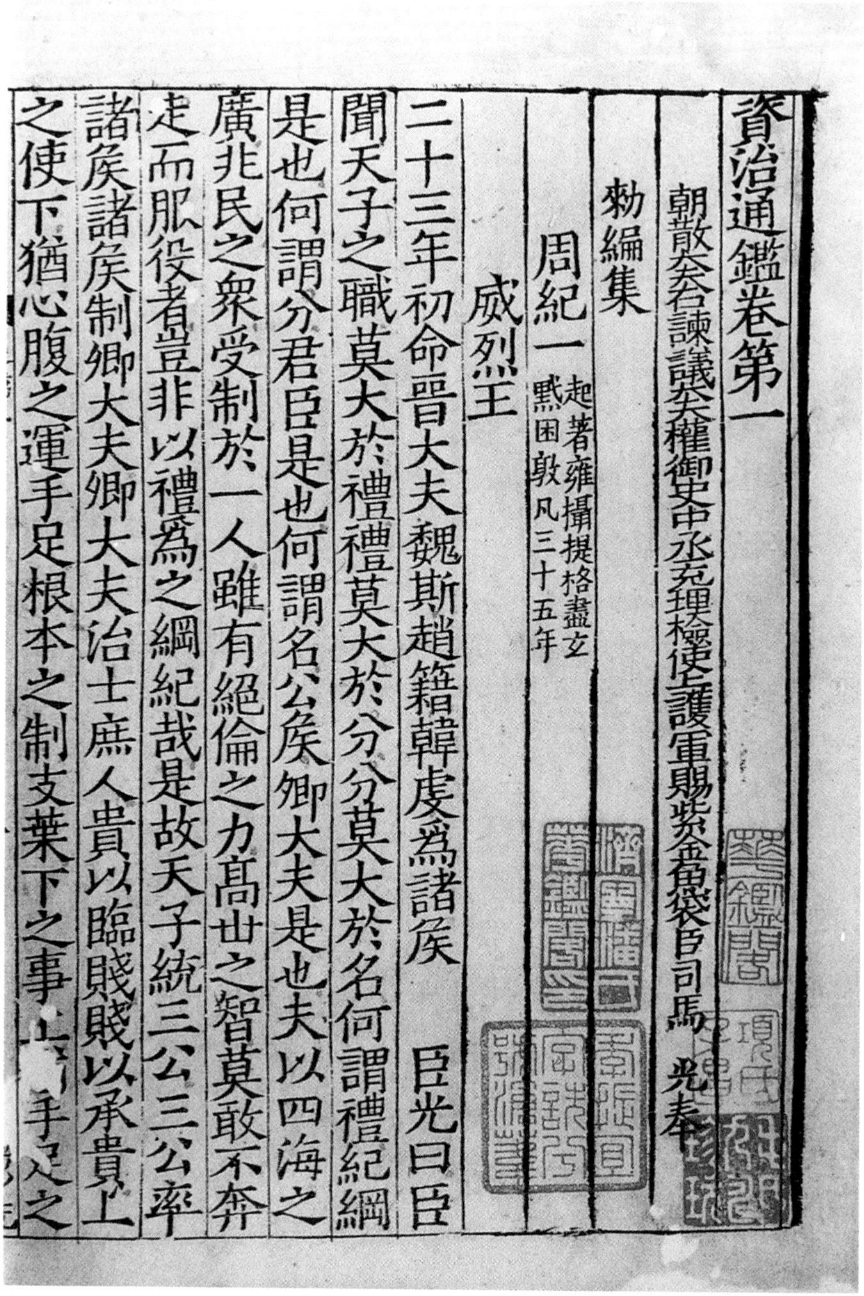
資治通鑑卷第一

朝散大夫右諫議大夫權御史中丞充理檢使上護軍賜紫金魚袋臣司馬光奉

勑編集

周紀一 起著雍攝提格盡玄黓困敦凡三十五年

威烈王

二十三年初命晉大夫魏斯趙籍韓虔爲諸侯　臣光曰臣聞天子之職莫大於禮禮莫大於分分莫大於名何謂禮紀綱是也何謂分君臣是也何謂名公侯卿大夫是也夫以四海之廣兆民之衆受制於一人雖有絶倫之力高世之智莫敢不奔走而服役者豈非以禮爲之綱紀哉是故天子統三公三公率諸侯諸侯制卿大夫卿大夫治士庶人貴以臨賤賤以承貴上之使下猶心腹之運手足根本之制支葉下之事上猶手足之

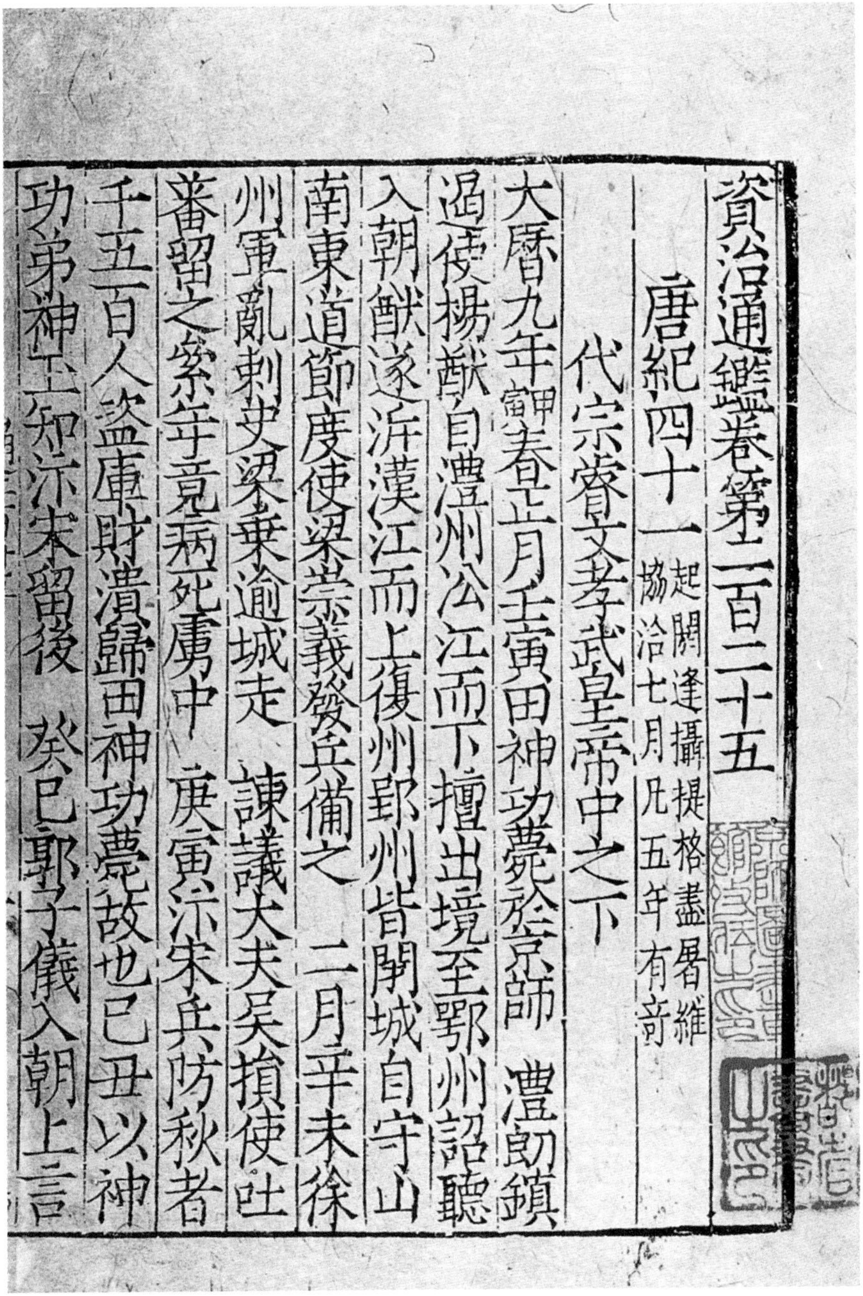
資治通鑑卷第二百二十五

唐紀四十一 起閼逢攝提格盡屠維協洽七月凡五年有奇

代宗睿文孝武皇帝中之下

大曆九年(甲寅)春正月壬寅田神功薨於京師 澧朗鎮遏使楊猷自澧州沿江而下擅出境至鄂州詔聽入朝猷遂泝漢江而上復州郢州皆閉城自守山南東道節度使梁崇義發兵備之 二月辛未徐州軍亂刺史梁乘逾城走 諫議大夫吳損使吐蕃留之累年竟病死虜中 庚寅汴宋兵防秋者千五百人盜庫財潰歸田神功薨故也己丑以神功弟神玉知汴宋留後 癸巳郭子儀入朝上言

◀ 《자치통감(資治通鑑)》의 송 · 원대의 판본 비교. 왼쪽은 송대 소흥 2년(1132년) 양절(兩浙) 동로(東路) 차염사공사고(茶鹽司公使庫) 각본이고, 오른쪽은 원대 지원(至元) 26년(1289년) 복주(福州) 위천우(魏天佑)의 각본으로, 관각본에 속한다. 두 판본의 글자체와 판식이 모두 확연히 다르다.

▶ 《당여랑어현기시집(唐女郎魚玄機詩集)》의 첫 쪽으로, 남송(南宋) 시기 임안(臨安)의 진택서적포 각본이다. 글자체가 수려하면서도 반듯하고 각인이 정교하여 진씨 방각본을 대표한다. 첫 쪽에 각 장서가들의 인장이 22개나 찍혀 있다. 문장 중간에 나오는 검은 색으로 된 네모를 '묵등(墨等)'이라고 하는데, 원고에서 빠진 글자들이다. 어현기(魚玄機)는 자가 유미(幼微)이며, 당나라 장안(長安) 사람이다. 함통(咸通) 연간(860~873년) 중기에 감의관(感宜觀)에 들어가 여도사(女道士)가 되었다. 그의 시들 중에는 아름답고 뛰어난 것이 많은데, "가치 없는 보물은 얻기 쉽지만, 정 많은 남자는 얻기 어렵다"라는 시구(詩句)는 사람들에 의해 널리 읊어지고 있다.

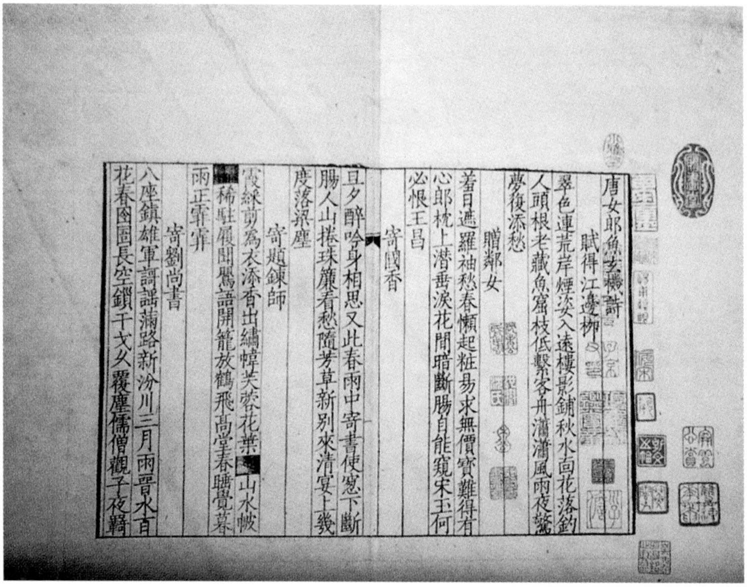

활자본을 정확하게 구분하는 데에는 상용되는 세 가지의 원칙이 있다. 첫째는 글자를 보는 것이다. 활자본은 모두 활자 하나하나를 끼워 맞추어 만들기 때문에 절대로 글자와 글자 사이에 필획이 교차하는 현상이 나타나지 않는다. 활자를 새기는 과정에서 어떤 글자는 그다지 바르지 않을 수도 있고, 또 각각의 활자를 여러 사람이 새길 수도 있기에 글자체의 풍격에 차이가 있을 수도 있다. 둘째는 판식(版式)을 보는 것이다. 활자판은 끼워 맞추어 만들기 때문에, 변광(邊框) 행선을 맞출 때 조판(雕版)의 경우보다 가지런하지 않다. 특히 판의 네 모서리에서 변광이 만나는 부분이 치밀하지 못하고 어느 정도 틈이 남는다. 셋째는 자면(字面)의 자국을 보는 것이다. 활자판 하나하나의 활자면은 조판보다 고르지 못하다. 찍힌 문자의 자국에는 경중이 불균등

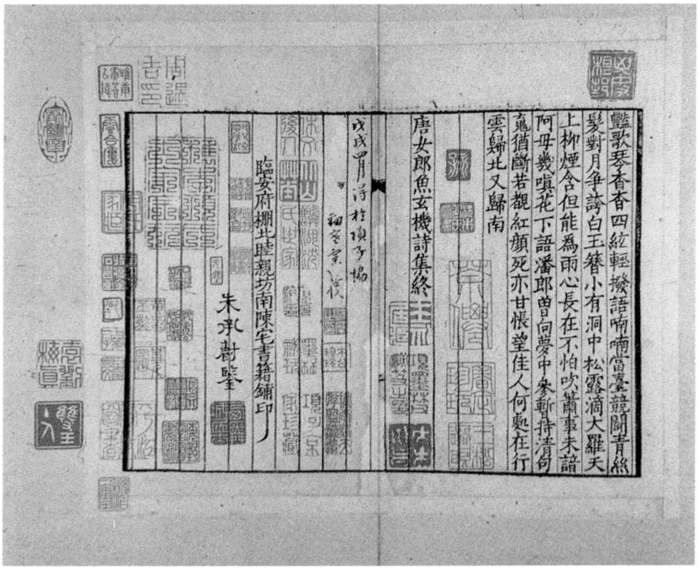
豔歌琴杳杳四絃輕撥語喃喃當臺競鬪青絲
髮對月爭誇白玉簪小有洞中松露滴大羅天
上柳煙含但能為雨心長在不怕吹蕭事未諳
阿母幾嗔花下語潘郎曾向夢中參暫持清句
魂猶斷若覩紅顏死亦甘悵望佳人何處在行
雲歸北又歸南
唐女郎魚玄機詩集終
臨安府棚北睦親坊南陳宅書籍鋪印
朱承爵鑒

◀ 《당여랑어현기시집(唐女郎魚玄機詩集)》의 마지막 쪽으로, 서명과 각인자의 이름이 있고, 각 소장가들의 인장이 45개나 찍혀 있다. 고대 판본 중에 장서가의 인장이 가장 많은 책이다. 주로 명대 주(朱)씨의 존여당(存余堂), 항(項)씨의 천뢰각(天籟閣), 청대의 황비열(黃丕烈) 등이 있다.

한 현상이 나타난다. 비교적 특수한 것은 청나라 무영전(武英殿)의 목판활자 인쇄본인데, 이것은 행격(行格)을 컬러로 인쇄하여 만들었다. 책 속 행격의 변광은 목판을 새겨서 인쇄하고, 그 다음 다시 문자 활판을 컬러 인쇄하였기 때문에 이것의 변광은 조판과 같은 모양이다.

니활자, 목활자, 금속활자 인쇄본을 구별하는 것은 더욱 어렵다. 그래서 때때로 전문적인 도구의 도움을 빌려야 한다. 가장 간단한 방법은 바로 서적의 인쇄 자국을 살펴보는 것이다. 니활자와 목활자는 모두 수성 먹을 사용하기 때문에 유일하게 활자 재료의 차이를 가지고 구별할 수 있다. 목활자 인쇄물을 현미경으로 보면 목재의 무늬를 볼 수 있지만 니활자는 이러한 무늬가 보이지 않는다. 금속활자는 중국 고대에 많이 사용되었던 동활

▶ 《당여랑어현기시집(唐女郎魚玄機詩集)》은 여러 사람이 소장하였을 뿐만 아니라 많은 사람의 발문과 제시(題詩)가 있다. 또 시인 당여랑의 초상화가 들어 있다.

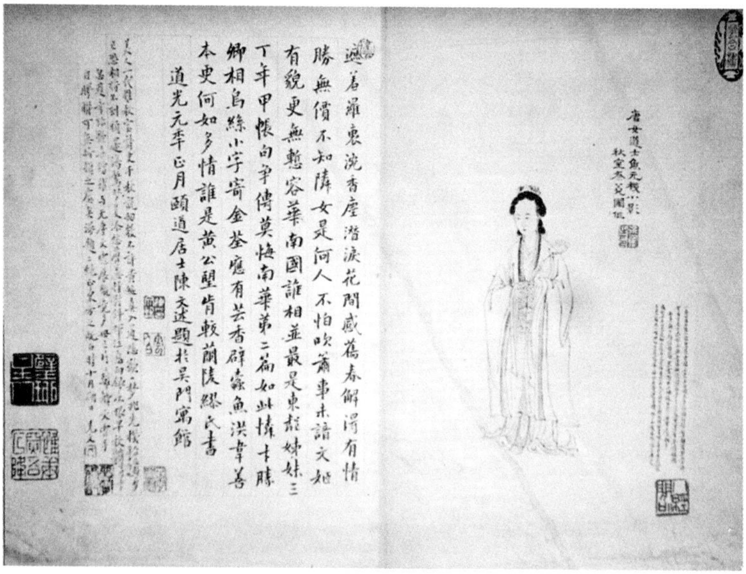

자로, 두 종류의 먹을 사용하였다. 하나는 유성 먹인데, 책의 인쇄 자국 주변에서 종종 희미한 기름 자국을 볼 수 있다. 또 하나는 비교적 걸죽한 수성 먹이다. 이것은 인쇄 자국에서 먹이 뭉쳐 있는 현상을 볼 수 있다. 동활자 남인본(藍印本)은 쪽물감을 색료로 사용하고 물로 농도를 적당하게 조절한 후 인쇄하였다.

각인본은 조판 컬러 인쇄기술에 따라 두 종류로 나눌 수 있다. 첫째는 하나의 인쇄판에 다른 색깔을 바른 뒤 단번에 찍어 내는 것이다. 다른 하나는 각각의 색깔마다 판 하나씩을 각판하여 색깔을 차례대로 인쇄하여 만드는 것이다. 전자는 각 색깔의 위치가 매우 정확하고 두 색깔 사이에 교차되는 현상이 나타날 수 있다. 후자는 두 색깔이 절대 교차하는 경우가 없다. 그러나 각 색깔의 위치가 컬러로 인쇄할 때 약간 편차가 있을 수 있다.

채색 인쇄물에도 두 가지 기법이 있다. 하나는 색을 칠하는 방법이다. 먼저 화면의 선, 무늬, 검은 색 부분을 인쇄한 뒤 다시 손으로 색을 칠한다. 이 방법은 수 · 당 시기에 시작되어 역대에 모두 사용되었다. 다른 하나는 명대 중 · 후기가 되어서야 비로소 출현한 또우판 인쇄술로, 컬러 인쇄 방법을 통해 채색 그림을 복제하였다.

예술 가치의 감정

고서적 판본 예술 수준을 가장 대표할 수 있는 것은 글자체, 각판기술, 인쇄 먹의 색이다. 송대부터 출판자들은 책을 인쇄하는 데에 엄숙한 태도를 취하였다. 그들은 교감(校勘)을 중시하고, 신중하게 저본(底本)을 고를 뿐만 아니라, 또 각판할 글자체를 중시하여 뛰어난 장인을 골라 각판하였으며, 품질 좋은 종이와 먹을 사용하였다. 만약 위와 같은 각 측면들이 모두 훌륭하면 당연히 상급의 판본이다. 송대 판본은 책을 펼치면, 글자체가 단아하고 판식이 정교하며 먹이 진하고 종이가 매끄러워 하나의 예술품으로 볼 수 있다.

수장자(收藏者)의 인장은 서적의 이력을 보여주기 때문에 서적의 예술 가치의 일부분으로 본다. 송대 항주 진택서적포에서 각인한 《당여랑어현기시집(唐女郎魚玄機詩集)》에는 각 수장가들의 인장이 45개나 찍혀 있다. 특히 '항원변(項元汴) 인장', '사례거장(士禮居藏)', '한운심상(寒雲心賞)' 등의 수장인(收藏印)은 모두 이 책이 일찍이 수많은 장서가들에게 사랑을 받았다는 것을 말해 준다. 책 뒤에도 황비열(黃丕烈) 등 수장가들의 발문과 제시(題詩)가 들어 있기 때문에 이 책의 가치를 더욱 높여주었다. 또 송대 경원(慶元) 6년(1200년)에 화정현학(華亭縣學)에서 각인한 《육사용문집(陸士龍文集)》에는 위에 '옥란당(玉蘭堂)', '천뢰각(天籟閣)', '창위(滄葦)', '서건암(徐健庵)', '주인학근(朱印學勤)', '서내창독(徐乃昌讀)' 등의 장서인(藏書印)이 찍혀 있다. 이는 많은 사람들이 이 책을 소장했었다는 것을 설명해준다.

▶ 《육사용문집(陸士龍文集)》은 진(晉)나라 육운(陸雲)이 지은 것이다. 이것은 송대 경원(慶元) 6년(1200년)의 화정현학(華亭縣學) 각본으로, 유명한 소장가들의 인장이 22개나 찍혀 있다. 그 가운데 유명한 것으로 명대 항원변(項元汴)(1525~1590년)의 '천뢰각(天籟閣)' 인장 및 옥란당(玉蘭堂), 창위(滄葦), 서건암(徐健庵), 주인학근(朱印學勤), 서내창독(徐乃昌讀) 등의 인장이 있다.

어떤 고서적 판본은 황실의 장인과 민간 장서가의 인장이 함께 있는 경우가 있는데, 이는 그 책이 궁정에서 민간으로 흘러들어간 역사를 말해준다. 이러한 상황은 정권이나 조대가 교체되는 시기에 많이 발생하였다. 한 왕조가 무너지면 대량의 궁정 장서가 사회로 유입되었다. 최근 경매시장에서도 자주 볼 수 있는 청대 궁정 장서는 모두 청나라 말기에 사회로 유입된 것들이다.

판본 가치의 판단

앞에서 이미 서적의 판본 지식에 대해 언급했듯이 서적은 제작 방식에 따라 초본(抄本), 탁본(拓本), 각인본, 활자본으로 나뉘고, 또 시대, 생산지, 출판자 등의 기준에 따라 나눌 수 있다. 장서가에게는 판본 지식도 매우 필요하다. 왜냐하면 그래야만 책 한 권의 판본 가치를 판정할 수 있기 때문이다.

'판본(版本)' 이라는 말은 송대에 출현하였는데 조판(雕版)으로 인쇄한 책을 가리키며, 사본(寫本 : 필사본을 말함—역자), 탁본(拓本)과는 구별된다. 근대 이후에 '판본' 이란 말의 함의는 더욱 광범위해져서, '동일한 책이 편집, 전초(傳抄), 각판, 배판(排版) 혹은 장정 형식이 다르게 만들어진 책자(《現代漢語詞典》 참조)' 를 의미하며, 각종 다른 방식으로 생산된 책을 총칭하기도 한다. 고대 서적은 각인본, 활자본, 초본, 탁본 등이 모두 판본학 연구의 대상이 된다. 서적 판본을 고증할 때 종종 아래의 몇 가지 용어들과 맞닥뜨리게 된다.

선본(善本). 선본은 고대의 도서를 언급할 때 항상 맞닥뜨리게 되는 단어로, 판본학에서 중요한 개념의 하나이다. 송대에 '선본' 이란 말이 자주 출현하였는데, 훌륭한 책을 가리켰다. 어떤 것을 훌륭하다고 할 수 있을까? 대략 세 가지의 기준이 있다. 첫째는 각인이 정밀하고 품질이 좋은 재료를 사용해야 한다. 둘째는 교감(校勘)이 정교하고 내용이 정확해야 한다. 셋째는 서적이 완전무결해야 하며 상태가 아주 좋아야 한다. 이 세 가지가 바로 선본을 평가하는 가장 기본적인 기준이다. 그러나 시대가 변함에 따라 '선본' 의 개념에 새로운 기준들이 추가되었다. 즉 연대가 유구한 책은 희귀하기 때문에 반드시 '선본' 의 행렬에 들어가야 했다. 예를 들어 송대 판본 서적은 전해지는 것이 매우 적기 때문에, 완벽하게 위의 세 가지 기준에 부합하지 않아도 '선본' 의 대열에 들어갈 수 있다. 송대 판본 서적 한 장이라도 진품은 소장할 만한 가치가 있다. 판본의 시대가 오래되면 오래될수록 세상에 전해지는 것이 더욱 적다. 그렇기 때문에 자연히 세월이 갈수록 진귀해진다. 현재 사람들은 관례처럼 청대 건륭 이전의 책들을 모두 '선본' 의 범위에 포함시킨다.

백납본(百衲本). 승려가 헝겊 조각들을 모아 꿰매어 만든 가사(袈裟)를 '백납의(百衲衣)' 라고 한다. '백납' 이라는 말은 바로 여기에서 유래한 것이다. 각 시대, 각 집안 판본의 일부분이나 흩어져 있는 책장들을 한 데 모아 다시 장정하여 완정한 책으로 만든 것을 '백납본' 이라고 한다. 청대 초기에 전증(錢曾)은《독서민구기(讀書敏求記)》에서《사기》를 언급한 뒤 해제를 달아 다음과 같이 말하였다. "이 책은 송대의 여러 판본들을 모아 하나의 책으로 만든 것이어서, 대소장단(大小長短)의 갖가지 종류가 포함되어 있다. 이기공(李沂公)은 거문고에 정통한 사람으로, (이것저것을) 뒤섞어 조합하여 거문고 하나를 만들고는 그것을 '백납(百衲)' 이라고 불렀다. 나 또한 이 책을 재미삼아《백납본사기(百衲本史記)》라고 이름 붙인다." 청대 초기에 어떤 사람이 송본(宋本) 2종, 원본(元本) 3종을 모아《사기》8 하권을 만들었다. 황비열(黃丕烈) 역시 송본 5종을 가지고《송문감(宋文鑑)》을 완비하였고, 송대의 잔본(殘本) 4종을 가지고《창려선생집(昌黎先生集)》을 완비하였다. 부증상(傅增湘)은 송대 각인본의 잔본 7종을 가지고《자치통감(資治通鑑)》294권을 집성하였다. 상무인서관(商務印書館)은 이 백납본을 영인 출판하였는데, 이를《백납본자치통감(百衲本資治通鑑)》이라고 했다.

체수본(遞修本). 과거의 인쇄판 중 남아 있는 판들을 정리하고, 파손된 판을 보수하고 부족한 판을 보충하여 새긴 뒤 인쇄하여 만든 책을 '체수본' 이라고 한다. 이러한 판본은 판에 글씨를 쓴 사판자(寫版者)가 각각이고, 각판자(刻版者)도 한 사람이 아니기 때문에 종종 확연한 차이를 보인다. 예를 들어 송대 소흥(紹興) 연간(1131~1162년)에 강남(江南) 동로(東路) 전운사(轉運司) 각인본 《후한서》는 각인되고 나서 오래지 않아 인쇄판이 남송 항주의 국자감으로 유입되었다. 국자감은 당시 중인(重印)하면서 부족한 판을 수정 · 보완하였다. 원대에 들어선 후 남송 국자감은 서호서원(西湖書院)으로 바뀌었고, 이 인쇄판도 서호서원에 귀속되어 보존되고 있다. 원대 지원(至元) 21년(1362년)에 서호서원은 이 책의 인쇄판을 다시 수정 · 보완한 후에 중인(重印)하였다. 이렇게 이 책은 두 차례 보각(補刻)되어 그 각판의 풍격도 다른 부분이 있어 송원체수본(宋元遞修本)이라고 불린다. 이러한 송판 체수본으로는, 남송의 온주(溫州) 각본인 《대당육전주(大唐六典注)》, 송대 명주(明州) 각본인 《문선주(文選注)》, 남송 각본인 《춘추좌전정의(春秋左傳正義)》 등이 있다.

[부록] 중국의 연호

(중국의 연호는 문헌과 역사 자료에 따라 약간의 차이가 있음)

전한(前漢)

- 초원(初元) 기원전 179 ~ 기원전 164년
- 후원(後元) 기원전 163 ~ 기원전 157년
- 초원(初元) 기원전 156 ~ 기원전 150년
- 중원(中元) 기원전 149 ~ 기원전 144년
- 후원(後元) 기원전 143 ~ 기원전 141년
- 건원(建元) 기원전 140 ~ 기원전 135년
- 원광(元光) 기원전 134 ~ 기원전 129년
- 원삭(元朔) 기원전 128 ~ 기원전 123년
- 원수(元狩) 기원전 122 ~ 기원전 117년
- 원정(元鼎) 기원전 116 ~ 기원전 111년
- 원봉(元封) 기원전 110 ~ 기원전 105년
- 태초(太初) 기원전 104 ~ 기원전 101년
- 천한(天漢) 기원전 100 ~ 기원전 97년
- 태시(太始) 기원전 96 ~ 기원전 93년
- 정화(征和) 기원전 92 ~ 기원전 89년
- 후원(後元) 기원전 88 ~ 기원전 87년
- 시원(始元) 기원전 86 ~ 기원전 81년
- 원봉(元鳳) 기원전 80 ~ 기원전 75년
- 원평(元平) 기원전 74년
- 본시(本始) 기원전 73 ~ 기원전 70년
- 지절(地節) 기원전 69 ~ 기원전 66년
- 원강(元康) 기원전 65 ~ 기원전 62년
- 신작(神爵) 기원전 61 ~ 기원전 58년
- 오봉(五鳳) 기원전 57 ~ 기원전 54년
- 감로(甘露) 기원전 53 ~ 기원전 50년
- 황룡(黃龍) 기원전 49년
- 초원(初元) 기원전 48 ~ 기원전 44년
- 영광(永光) 기원전 43 ~ 기원전 39년
- 건소(建昭) 기원전 38 ~ 기원전 34년
- 경녕(竟寧) 기원전 33년
- 건시(建始) 기원전 32 ~ 기원전 28년
- 하평(河平) 기원전 28 ~ 기원전 25년
- 양삭(陽朔) 기원전 24 ~ 기원전 21년
- 홍가(鴻嘉) 기원전 20 ~ 기원전 17년
- 영시(永始) 기원전 16 ~ 기원전 13년
- 원연(元延) 기원전 12 ~ 기원전 9년
- 수화(綏和) 기원전 8 ~ 기원전 7년
- 건평(建平) 기원전 6 ~ 기원전 3년
- 원수(元壽) 기원전 2 ~ 기원전 1년
- 원시(元始) 1 ~ 5년
- 거섭(居攝) 6 ~ 8년
- 초시(初始) 8년

신(新)

- 시건국(始建國) 9 ~ 13년
- 천봉(天鳳) 14 ~ 19년
- 지황(地皇) 20 ~ 23년

한 부흥군

- 경시(更始) 23 ~ 25년

후한(後漢)

- 건무(建武) 25 ~ 56년
- 건무중원(建武中元) 56 ~ 57년
- 영평(永平) 58 ~ 75년
- 건초(建初) 76 ~ 84년
- 원화(元和) 84 ~ 87년
- 장화(章和) 87 ~ 88년
- 영원(永元) 89 ~ 105년
- 원흥(元興) 105년
- 연평(延平) 106년
- 영초(永初) 107 ~ 113년
- 원초(元初) 114 ~ 119년
- 영녕(永寧) 120 ~ 121년
- 건광(建光) 121 ~ 122년
- 연광(延光) 122 ~ 125년
- 영건(永建) 126 ~ 132년
- 양가(陽嘉) 132 ~ 135년
- 영화(永和) 136 ~ 141년
- 한안(漢安) 141 ~ 144년
- 건강(建康) 144년
- 영희(永憙) 145년
- 본초(本初) 146년
- 건화(建和) 147 ~ 149년
- 화평(和平) 150년

- 원가(元嘉) 151 ~ 152년
- 영흥(永興) 153 ~ 154년
- 영수(永壽) 155 ~ 158년
- 연희(延熹) 159 ~ 166년
- 영강(永康) 167년
- 건녕(建寧) 168 ~ 172년
- 희평(熹平) 172 ~ 178년
- 광화(光和) 178 ~ 184년
- 중평(中平) 184 ~ 189년
- 광희(光熹) 189년
- 소녕(昭寧) 189년
- 영한(永漢) 189년
- 중평(中平) 189년
- 초평(初平) 190 ~ 193년
- 흥평(興平) 194 ~ 195년
- 건안(建安) 196 ~ 220년
- 연강(延康) 220년

삼국 시대

조위(曹魏)

- 황초(黃初) 220 ~ 226년
- 태화(太和) 227 ~ 233년
- 청룡(青龍) 233 ~ 237년
- 경초(景初) 237 ~ 239년
- 정시(正始) 240 ~ 249년
- 가평(嘉平) 249 ~ 254년
- 정원(正元) 254 ~ 256년
- 감로(甘露) 256 ~ 260년
- 경원(景元) 260 ~ 264년
- 함희(咸熙) 264 ~ 265년

촉한(蜀漢)

- 장무(章武) 221 ~ 223년
- 건흥(建興) 223 ~ 237년
- 연희(延熙) 238 ~ 257년
- 경요(景耀) 258 ~ 263년
- 염흥(炎興) 263년

손오(孫吳)

- 황무(黃武) 222 ~ 229년
- 황룡(黃龍) 229 ~ 231년
- 가화(嘉禾) 232 ~ 238년
- 적오(赤烏) 238 ~ 251년
- 태원(太元) 251 ~ 252년
- 신봉(神鳳) 252년
- 건흥(建興) 252 ~ 253년
- 오봉(五鳳) 254 ~ 256년
- 태평(太平) 256 ~ 258년
- 영안(永安) 258 ~ 264년
- 원흥(元興) 264 ~ 265년
- 감로(甘露) 265 ~ 266년
- 보정(寶鼎) 266 ~ 269년
- 건형(建衡) 269 ~ 271년
- 봉황(鳳凰) 272 ~ 274년
- 천책(天册) 275 ~ 276년
- 천새(天璽) 276년
- 천기(天紀) 277 ~ 280년

서진(西晋)

- 태시(泰始) 265 ~ 274년
- 함녕(咸寧) 275 ~ 279년
- 태강(太康) 280 ~ 290년
- 태희(太熙) 290년
- 영평(永平) 291년
- 원강(元康) 291 ~ 299년
- 영강(永康) 300 ~ 301년
- 영녕(永寧) 301 ~ 302년
- 태안(太安) 303 ~ 304년
- 영안(永安) 304년
- 건무(建武) 304년
- 영흥(永興) 304 ~ 306년
- 광희(光熙) 306년
- 영가(永嘉) 307 ~ 312년
- 건흥(建興) 313 ~ 316년

동진(東晋)

- 건무(建武) 317년
- 태흥(太興) 318 ~ 322년
- 영창(永昌) 322년
- 태녕(太寧) 323 ~ 325년
- 함화(咸和) 326 ~ 334년
- 함강(咸康) 335 ~ 342년
- 건원(建元) 343 ~ 344년
- 영화(永和) 345 ~ 356년
- 승평(昇平) 357 ~ 361년
- 융화(隆和) 362 ~ 363년
- 흥녕(興寧) 363 ~ 365년
- 태화(太和) 366 ~ 371년
- 함안(咸安) 371 ~ 372년
- 영강(寧康) 373 ~ 375년
- 태원(太元) 376 ~ 396년
- 융안(隆安) 397 ~ 401년
- 원흥(元興) 402 ~ 404년
- 의희(義熙) 405 ~ 418년
- 원희(元熙) 419 ~ 420년

오호십육국

전조(前趙, 漢)

- 영봉(永鳳) 308 ~ 309년
- 하서(河瑞) 309 ~ 310년
- 광흥(光興) 310 ~ 311년
- 가평(嘉平) 311 ~ 315년
- 건원(建元) 315 ~ 316년
- 인가(麟嘉) 316 ~ 318년
- 한창(漢昌) 318년
- 광초(光初) 318 ~ 329년

성한(成漢)

- 건초(建初) 303년
- 건흥(建興) 304 ~ 305년
- 안평(晏平) 306 ~ 311년
- 옥형(玉衡) 311 ~ 334년
- 옥항(玉恒) 335 ~ 337년
- 한흥(漢興) 338 ~ 343년
- 태화(太和) 344 ~ 345년
- 가녕(嘉寧) 346 ~ 347년

전량(前凉)

- 건흥(建興) 313 ~ 319년
- 영원(永元) 320 ~ 323년
- 태원(太元) 324 ~ 345년
- 영락(永樂) 346 ~ 353년
- 화평(和平) 354년
- 태시(太始) 355 ~ 356년
- 건원(建元) 357년 ~361년

• 승평(昇平) 361 ~ 363년
• 태청(太淸) 363 ~ 376년

후조(後趙)
• 태화(太和) 328 ~ 329년
• 건평(建平) 330 ~ 333년
• 연희(延熙) 333 ~ 334년
• 건무(建武) 335 ~ 348년
• 태녕(太寧) 349 ~ 351년

전연(前燕)
• 연원(燕元) 349 ~ 351년
• 원새(元璽) 352 ~ 356년
• 광수(光壽) 357 ~ 359년
• 건희(建熙) 360 ~ 370년

전진(前秦)
• 황시(皇始) 351 ~ 354년
• 수광(壽光) 355 ~ 356년
• 영흥(永興) 357 ~ 358년
• 감로(甘露) 359 ~ 364년
• 건원(建元) 365 ~ 384년
• 태안(太安) 385년
• 태초(太初) 386 ~ 393년
• 연초(延初) 394년

후연(後燕)
• 연원(燕元) 384 ~ 385년
• 건흥(建興) 386 ~ 395년
• 영강(永康) 396 ~ 397년
• 건시(建始) 397년
• 연평(延平) 397년
• 건평(建平) 398년
• 장락(長樂) 399 ~ 400년
• 광시(光始) 401 ~ 406년
• 건시(建始) 407년

후진(後秦)
• 백작(白雀) 384 ~ 385년
• 건초(建初) 386 ~ 393년
• 황초(皇初) 394 ~ 398년
• 홍시(弘始) 399 ~ 415년
• 영화(永和) 416 ~ 417년

서진(西秦)
• 건의(建義) 385 ~ 387년
• 태초(太初) 388 ~ 408년
• 경시(更始) 409 ~ 411년
• 영강(永康) 412 ~ 419년
• 건굉(建宏) 420 ~ 427년
• 영굉(永宏) 428 ~ 431년

후량(後凉)
• 태안(太安) 386 ~ 388년
• 인가(麟嘉) 389 ~ 395년
• 용비(龍飛) 396 ~ 398년
• 함녕(咸寧) 399 ~ 400년
• 신정(神鼎) 401 ~ 403년

남량(南凉)
• 태초(太初) 397 ~ 399년
• 건화(建和) 400 ~ 401년
• 홍창(弘昌) 402 ~ 407년
• 가평(嘉平) 408 ~ 414년

북량(北凉)
• 신새(神璽) 397 ~ 400년
• 영안(永安) 401 ~ 411년
• 현시(玄始) 412 ~ 427년
• 승현(承玄) 428 ~ 432년
• 영화(永和) 433 ~ 439년

남연(南燕)
• 연평(燕平) 398 ~ 399년
• 건평(建平) 400 ~ 404년
• 태상(太上) 405 ~ 410년

서량(西凉)
• 경자(庚子) 400 ~ 404년
• 건초(建初) 405 ~ 416년
• 가흥(嘉興) 417 ~ 419년
• 영건(永建) 420 ~ 421년

하(夏)
• 용승(龍昇) 407 ~ 412년
• 봉상(鳳翔) 413 ~ 417년
• 창무(昌武) 418년
• 진흥(眞興) 419 ~ 424년
• 승광(承光) 425 ~ 427년
• 승광(勝光) 428 ~ 431년

북연(北燕)
• 정시(正始) 407 ~ 408년
• 태평(太平) 409 ~ 430년
• 태흥(太興) 431 ~ 436년

기타 국가

대(代)
• 건국(建國) 338년—376년

염위(苒魏)
• 영흥(永興) 350 ~ 352년

서연(西燕)
• 연흥(燕興) 384년
• 경시(更始) 385 ~ 386년
• 창평(昌平) 386년
• 건무(建武) 386년
• 중흥(中興) 386 ~ 394년

적위(翟魏)
• 건광(建光) 388 ~ 391년
• 정정(定鼎) 391 ~ 392년

남북조

송(宋)
• 영초(永初) 420 ~ 422년
• 경평(景平) 423 ~ 424년
• 원가(元嘉) 424 ~ 453년
• 태초(太初) 453년
• 효건(孝建) 454 ~ 456년
• 대명(大明) 457 ~ 464년
• 영광(永光) 465년
• 경화(景和) 465년
• 태시(泰始) 465 ~ 471년
• 태예(泰豫) 472년
• 원휘(元徽) 473 ~ 477년
• 승명(昇明) 477 ~ 479년

제(齊)
• 건원(建元) 479 ~ 482년
• 영명(永明) 483 ~ 493년
• 융창(隆昌) 494년
• 연흥(延興) 494년
• 건무(建武) 494 ~ 498년

• 영태(永泰) 498년
• 영원(永元) 499 ~ 501년
• 중흥(中興) 501 ~ 502년

양(梁)
• 천람(天藍) 502 ~ 519년
• 보통(普通) 520 ~ 526년
• 대통(大通) 527 ~ 528년
• 중대통(中大通) 529 ~ 534년
• 대동(大同) 535 ~ 545년
• 중대동(中大同) 546년
• 태청(太淸) 547 ~ 549년
• 대보(大寶) 550년
• 천정(天正) 551 ~ 552년
• 승성(承聖) 552 ~ 554년
• 천성(天成) 555년
• 소태(紹泰) 555년

진(陳)
• 영정(永定) 557 ~ 559년
• 천가(天嘉) 560 ~ 565년
• 천강(天康) 566 ~ 566년
• 광대(光大) 567 ~ 568년
• 태건(太建) 569 ~ 582년
• 지덕(至德) 583 ~ 587년
• 정명(禎明) 587 ~ 589년

북위(北魏)
• 등국(登國) 386 ~ 396년
• 황시(皇始) 396 ~ 398년
• 천흥(天興) 398 ~ 404년
• 천사(天賜) 404 ~ 409년
• 영흥(永興) 409 ~ 413년
• 신서(神瑞) 414 ~ 416년
• 태상(泰常) 416 ~ 423년
• 시광(始光) 424 ~ 428년
• 신가(神嘉) 428 ~ 431년
• 연화(延和) 432 ~ 434년
• 태연(太延) 435 ~ 440년
• 태평진군(太平眞君) 440 ~ 451년
• 정평(正平) 451 ~ 452년
• 승평(承平) 또는 영평(永平) 452년
• 흥안(興安) 452 ~ 454년
• 흥광(興光) 454 ~ 455년
• 태안(太安) 455 ~ 459년
• 화평(和平) 460 ~ 465년
• 천안(天安) 466 ~ 467년
• 황흥(皇興) 467 ~ 471년
• 연흥(延興) 471 ~ 476년
• 승명(承明) 476년
• 태화(太和) 477 ~ 499년
• 경명(景明) 500 ~ 503년
• 정시(正始) 504 ~ 508년
• 영평(永平) 508 ~ 512년
• 연창(延昌) 512 ~ 515년
• 희평(熙平) 516 ~ 518년
• 신귀(神龜) 518 ~ 520년
• 정광(正光) 520 ~ 525년
• 효창(孝昌) 525 ~ 527년
• 무태(武泰) 528년
• 건의(建義) 528년
• 영안(永安) 528 ~ 530년
• 효기(孝基) 529년
• 건무(建武) 529년
• 건명(建明) 530 ~ 531년
• 경흥(更興) 530년
• 보태(普泰) 531 ~ 532년
• 중흥(中興) 531 ~ 532년
• 태창(太昌) 532년
• 영흥(永興) 532년
• 영희(永熙) 532 ~ 534년

동위(東魏)
• 천평(天平) 534 ~ 537년
• 원상(元象) 538 ~ 539년
• 흥화(興和) 539 ~ 542년
• 무정(武定) 543 ~ 550년

서위(西魏)
• 대통(大統) 545 ~ 551년

북제(北齊)
• 천보(天保) 550 ~ 559년
• 건명(乾明) 559년
• 황건(皇建) 559 ~ 560년
• 대령(大寧) 또는 태령(泰寧) 560 ~ 561년
• 하청(河淸) 561 ~ 565년
• 천통(天統) 565 ~ 569년
• 무평(武平) 570 ~ 576년
• 융화(隆化) 576년
• 승광(承光) 577 ~ 577년

북주(北周)
• 무성(武成) 559 ~ 560년
• 보정(保定) 561 ~ 565년
• 천화(天和) 566 ~ 572년
• 건덕(建德) 572 ~ 577년
• 선정(宣政) 578 ~ 578년
• 대성(大成) 578 ~ 579년
• 대상(大象) 579 ~ 580년
• 대정(大定) 581 ~ 581년

수(隋)
• 개황(開皇) 581 ~ 600년
• 인수(仁壽) 601 ~ 604년
• 대업(大業) 605 ~ 617년
• 의녕(義寧) 617 ~ 618년
• 천수(天壽) 618년
• 황태(皇泰) 618 ~ 619년

당(唐)

당 1
• 무덕(武德) 618 ~ 626년
• 정관(貞觀) 627 ~ 649년
• 영휘(永徽) 650 ~ 655년
• 현경(顯慶) 656 ~ 661년
• 용삭(龍朔) 661 ~ 663년
• 인덕(麟德) 664 ~ 665년
• 건봉(乾封) 666 ~ 668년
• 총장(總章) 668 ~ 670년
• 함형(咸亨) 670 ~ 674년
• 상원(上元) 674 ~ 676년
• 의봉(儀鳳) 676 ~ 679년
• 조로(調露) 679 ~ 680년
• 영륭(永隆) 680 ~ 681년

- 개요(開耀) 681 ~ 682년
- 영순(永淳) 682 ~ 683년
- 홍도(弘道) 683년
- 사성(嗣聖) 684 ~ 704년
- 문명(文明) 684년
- 광택(光宅) 684년
- 수공(垂拱) 685 ~ 688년
- 영창(永昌) 689년
- 재초(載初) 689 ~ 690년

무주(武周)

690년~705년까지는 측천무후(則天武后)가 건국한 무주(武周)의 연호가 사용됨.

- 천수(天授) 690 ~ 692년
- 여의(如意) 692년
- 장수(長壽) 692 ~ 694년
- 연재(延載) 694년
- 증성(證聖) 695년
- 천책만세(天冊萬歲) 695년
- 등봉(登封) 695 ~ 696년
- 통천(通天) 696 ~ 697년
- 신공(神功) 697년
- 성력(聖歷) 698 ~ 700년
- 구시(久視) 700 ~ 701년
- 대족(大足) 701년
- 장안(長安) 701 ~ 705년

당 2

- 신룡(神龍) 705 ~ 707년
- 경룡(景龍) 707 ~ 710년
- 당융(唐隆) 710년
- 경운(景雲) 710 ~ 712년
- 태극(太極) 712년
- 연화(延和) 712년
- 선천(先天) 712 ~ 713년
- 개원(開元) 713 ~ 741년
- 천보(天寶) 742 ~ 756년
- 지덕(至德) 756 ~ 758년
- 건원(乾元) 758 ~ 760년
- 상원(上元) 760 ~ 762년
- 보응(寶應) 762 ~ 763년
- 광덕(廣德) 763 ~ 764년
- 영태(永泰) 765년
- 대력(大歷) 766 ~ 779년
- 건중(建中) 780 ~ 783년
- 홍원(興元) 784년
- 정원(貞元) 785 ~ 805년
- 영정(永貞) 805년
- 원화(元和) 806 ~ 820년
- 장경(長慶) 821 ~ 824년
- 보력(寶曆) 825 ~ 826년
- 대화(大和) 827 ~ 835년
- 개성(開成) 836 ~ 840년
- 회창(會昌) 841 ~ 846년
- 대중(大中) 847 ~ 859년
- 함통(咸通) 860 ~ 873년
- 건부(乾符) 874 ~ 879년
- 광명(廣明) 880년
- 중화(中和) 881 ~ 884년
- 광계(光啓) 885 ~ 887년
- 문덕(文德) 888년
- 용기(龍紀) 889년
- 대순(大順) 890 ~ 891년
- 경복(景福) 892 ~ 893년
- 건녕(乾寧) 894 ~ 897년
- 광화(光化) 898 ~ 900년
- 천복(天復) 901 ~ 903년
- 천우(天祐) 904 ~ 907년

오대십국

오대(五代)

후량(後梁)

- 개평(開平) 907 ~ 911년
- 건화(乾化) 911 ~ 915년
- 정명(貞明) 915 ~ 921년
- 용덕(龍德) 921 ~ 923년

후당(後唐)

- 동광(同光) 923 ~ 926년
- 천성(天成) 926 ~ 930년
- 장홍(長興) 930 ~ 933년
- 응순(應順) 934 ~ 934년
- 청태(清泰) 934 ~ 936년

후진(後晉)

- 천복(天福) 936 ~ 944년
- 개운(開運) 944 ~ 946년

후한(後漢)

- 천복(天福) 947 ~ 947년
- 건우(乾祐) 948 ~ 950년

후주(後周)

- 광순(廣順) 951 ~ 954년
- 현덕(顯德) 954 ~ 959년

십국(十國)

오(吳)

- 무의(武義) 919 ~ 920년
- 순의(順義) 921 ~ 926년
- 건정(乾貞) 927 ~ 928년
- 대화(大和) 929 ~ 934년
- 천조(天祚) 935 ~ 937년

남당(南唐)

- 승원(昇元) 937 ~ 942년
- 보대(保大) 943 ~ 957년
- 중흥(中興) 958년
- 교태(交泰) 958년

오월(吳越)

- 천우(天佑) 907
- 천보(天寶) 908-923
- 보대(寶大) 924-925
- 보정(寶正) 926-932
- 개운(開運) 944-946
- 개보(開寶) 968-976

남한(南漢)

- 건형(乾亨) 917 ~ 924년
- 백룡(白龍) 925 ~ 927년
- 대유(大有) 928 ~ 941년
- 광천(光天) 942년
- 응건(應乾) 943년
- 건화(乾和) 943 ~ 957년
- 대보(大寶) 958 ~ 971년

민(閩)
- 용계(龍啓) 933 ~ 934년
- 영화(永和) 935년
- 통문(通文) 936 ~ 938년
- 영륭(永隆) 939 ~ 942년
- 천덕(天德) 943 ~ 945년

전촉(前蜀)
- 무성(武成) 908 ~ 910년
- 영평(永平) 911 ~ 915년
- 통정(通正) 916년
- 천한(天漢) 917년
- 광천(光天) 918년
- 건덕(乾德) 919 ~ 924년
- 함강(咸康) 925년

후촉(後蜀)
- 명덕(明德) 934 ~ 937년
- 광정(廣政) 938 ~ 965년

북한(北漢)
- 천회(天會) 957 ~ 973년
- 광운(廣運) 974 ~ 979년

북송(北宋)
- 건륭(建隆) 960 ~ 963년
- 건덕(乾德) 963 ~ 968년
- 개보(開寶) 968 ~ 976년
- 태평흥국(太平興國) 976 ~ 984년
- 옹희(雍熙) 984 ~ 987년
- 단공(端拱) 988 ~ 989년
- 순화(淳化) 990 ~ 994년
- 지도(至道) 995 ~ 997년
- 함평(咸平) 998 ~ 1003년
- 경덕(景德) 1004 ~ 1007년
- 대중상부(大中祥符) 1008 ~ 1016년
- 천희(天禧) 1017 ~ 1021년
- 건흥(乾興) 1022년
- 천성(天聖) 1023 ~ 1032년
- 명도(明道) 1032 ~ 1033년
- 경우(景祐) 1034 ~ 1038년
- 보원(寶元) 1038 ~ 1040년
- 강정(康定) 1040 ~ 1041년
- 경력(慶曆) 1041 ~ 1048년
- 황우(皇祐) 1049 ~ 1054년
- 지화(至化) 1054 ~ 1056년
- 가우(嘉祐) 1056 ~ 1063년
- 치평(治平) 1064 ~ 1067년
- 희녕(熙寧) 1068 ~ 1077년
- 원풍(元豊) 1078 ~ 1085년
- 원우(元祐) 1086 ~ 1094년
- 소성(紹聖) 1094 ~ 1098년
- 원부(元符) 1098 ~ 1100년
- 건중정국(建中靖國) 1101년
- 숭녕(崇寧) 1102 ~ 1106년
- 대관(大觀) 1107 ~ 1110년
- 정화(政和) 1111 ~ 1118년
- 중화(重和) 1118 ~ 1119년
- 선화(宣和) 1119 ~ 1125년
- 정강(靖康) 1126 ~ 1127년

남송(南宋)
- 건염(建炎) 1127 ~ 1130년
- 소흥(紹興) 1131 ~ 1162년
- 융흥(隆興) 1163 ~ 1164년
- 건도(乾道) 1165 ~ 1173년
- 순희(淳熙) 1174 ~ 1189년
- 소희(紹熙) 1190 ~ 1194년
- 경원(慶元) 1195 ~ 1201년
- 가태(嘉泰) 1201 ~ 1205년
- 개희(開禧) 1205 ~ 1208년
- 가정(嘉定) 1208 ~ 1225년
- 보경(寶慶) 1225 ~ 1227년
- 소정(紹定) 1228 ~ 1233년
- 단평(端平) 1234 ~ 1236년
- 가희(嘉熙) 1237 ~ 1240년
- 순우(淳祐) 1241 ~ 1252년
- 보우(寶祐) 1253 ~ 1258년
- 개경(開慶) 1259년
- 경정(景定) 1260 ~ 1264년
- 함순(咸淳) 1265 ~ 1274년
- 덕우(德祐) 1275 ~ 1276년
- 경염(景炎) 1277 ~ 1278년
- 상흥(祥興) 1278 ~ 1279년

요(遼)
- 신책(神册) 916 ~ 921년
- 천찬(天贊) 922 ~ 926년
- 천현(天顯) 926 ~ 938년
- 회동(會同) 938 ~ 947년
- 대동(大同) 947 ~ 947년
- 천록(天祿) 947 ~ 951년
- 응력(應曆) 951 ~ 969년
- 보녕(保寧) 969 ~ 979년
- 건정(乾亭) 979 ~ 982년
- 통화(統和) 983 ~ 1012년
- 개태(開泰) 1012 ~ 1021년
- 태평(太平) 1021 ~ 1030년
- 경복(景福) 1031 ~ 1031년
- 중희(重熙) 1032 ~ 1055년
- 청녕(淸寧) 1055 ~ 1064년
- 함옹(咸雍) 1065 ~ 1074년
- 대강(大康) 1075 ~ 1084년
- 대안(大安) 1085 ~ 1094년
- 수창(壽昌) 1095 ~ 1100년
- 건통(乾統) 1101 ~ 1110년
- 천경(天慶) 1111 ~ 1120년
- 보대(保大) 1121 ~ 1125년

북요(北遼)
- 건복(建福) 1122년
- 덕흥(德興) 1122년
- 신력(神曆) 1123년

서요(西遼)
- 연경(延慶) 1132 ~ 1134년
- 강국(康國) 1134 ~ 1143년
- 함청(咸淸) 1144 ~ 1150년
- 소흥(紹興) 1150 ~ 1163년
- 숭복(崇福) 1164 ~ 1178년
- 천희(天禧) 1178 ~ 1218년

서하(西夏)
- 현도(顯道) 1032 ~ 1033년
- 개운(開運) 1034 ~ 1034년
- 광운(廣運) 1034 ~ 1035년

- 대경(大慶) 1036 ~ 1037년
- 천수예법연조(天授禮法延祚) 1038 ~ 1048년
- 연사녕국(延嗣寧國) 1049 ~ 1049년
- 천우수성(天祐垂聖) 1050 ~ 1052년
- 복성승도(福聖承道) 1053 ~ 1056년
- 차도(䄜都) 1057 ~ 1062년
- 공화(拱化) 1063 ~ 1068년
- 건도(乾道) 1069 ~ 1070년
- 천사례성국경(天賜禮盛國慶) 1071 ~ 1075년
- 대안(大安) 1076 ~ 1085년
- 천안예정(天安禮定) 1086년
- 천의치평(天儀治平) 1087 ~ 1089년
- 천우민안(天祐民安) 1090 ~ 1098년
- 영안(永安) 1099 ~ 1101년
- 정관(貞觀) 1102 ~ 1114년
- 옹녕(雍寧) 1115 ~ 1119년
- 원덕(元德) 1120 ~ 1126년
- 정덕(正德) 1127 ~ 1134년
- 대덕(大德) 1135 ~ 1138년
- 대경(大慶) 1139 ~ 1143년
- 인경(人慶) 1144 ~ 1148년
- 천성(天盛) 1149 ~ 1170년
- 건우(乾祐) 1171 ~ 1193년
- 천경(天慶) 1194 ~ 1205년
- 응천(應天) 1206 ~ 1209년
- 황건(皇建) 1210 ~ 1210년
- 광정(光定) 1211 ~ 1222년
- 건정(乾定) 1223 ~ 1225년
- 보경(寶慶) 1226 ~ 1227년

금(金)

- 수국(收國) 1115 ~ 1116년
- 천보(天輔) 1117 ~ 1123년
- 천회(天會) 1123 ~ 1137년
- 천권(天眷) 1038 ~ 1040년
- 황통(皇統) 1041 ~ 1049년
- 천덕(天德) 1149 ~ 1153년
- 정원(貞元) 1153 ~ 1156년
- 정륭(正隆) 1156 ~ 1161년
- 대정(大定) 1161 ~ 1189년
- 명창(明昌) 1190 ~ 1196년
- 승안(承安) 1196 ~ 1201년
- 태화(泰和) 1201 ~ 1208년
- 대안(大安) 1209 ~ 1211년
- 숭경(崇慶) 1212 ~ 1213년
- 지녕(至寧) 1213년
- 정우(貞祐) 1213 ~ 1217년
- 흥정(興定) 1217 ~ 1222년
- 원광(元光) 1222 ~ 1223년
- 정대(正大) 1224 ~ 1232년
- 개흥(開興) 1232년
- 천흥(天興) 1232 ~ 1234년
- 성창(盛昌) 1234년

원(元)

- 중통(中統) 1260 ~ 1264년
- 지원(至元) 1264 ~ 1294년
- 원정(元貞) 1295 ~ 1297년
- 대덕(大德) 1297 ~ 1307년
- 지대(至大) 1308 ~ 1311년
- 황경(皇慶) 1312 ~ 1313년
- 연우(延祐) 1314 ~ 1320년
- 지치(至治) 1321 ~ 1323년
- 태정(泰定) 1324 ~ 1328년
- 치화(致和) 1328년
- 천순(天順) 1328년
- 천력(天曆) 1328 ~ 1329년
- 지순(至順) 1330 ~ 1333년
- 원통(元統) 1333 ~ 1335년
- 지원(至元) 1335 ~ 1340년
- 지정(至正) 1341 ~ 1368년

북원 (北元)

- 선광(宣光) 1371 ~ 1378년
- 천광(天光) 1378 ~ 1381년

명(明)

- 홍무(洪武) 1368 ~ 1398년
- 건문(建文) 1398 ~ 1402년
- 영락(永樂) 1402 ~ 1424년
- 홍희(洪熙) 1425 ~ 1426년
- 선덕(宣德) 1425 ~ 1435년
- 정통(正統) 1425 ~ 1449년
- 경태(景泰) 1449 ~ 1457년
- 천순(天順) 1457 ~ 1465년
- 성화(成化) 1464 ~ 1487년
- 홍치(弘治) 1487 ~ 1505년
- 정덕(正德) 1505 ~ 1521년
- 가정(嘉靖) 1521 ~ 1567년
- 융경(隆慶) 1567 ~ 1572년
- 만력(萬曆) 1572 ~ 1620년
- 태창(泰昌) 1620년
- 천계(天啓) 1620 ~ 1627년
- 숭정(崇禎) 1628 ~ 1644년

남명(南明)

- 홍광(弘光) 1645 ~ 1645년
- 융무(隆武) 1645 ~ 1646년
- 감국(監國) 1646 ~ 1651년
- 영력(永曆) 1647 ~ 1661년

청(淸)

후금(後金)

- 천명(天命) 1616 ~ 1626년
- 천총(天聰) 1626 ~ 1636년

청(淸)

- 숭덕(崇德) 1636 ~ 1643년
- 순치(順治) 1643 ~ 1661년
- 강희(康熙) 1661 ~ 1722년
- 옹정(雍正) 1722 ~ 1735년
- 건륭(乾隆) 1735 ~ 1795년
- 가경(嘉慶) 1795 ~ 1820년
- 도광(道光) 1820 ~ 1850년
- 함풍(咸豊) 1850 ~ 1861년
- 동치(同治) 1861 ~ 1875년
- 광서(光緖) 1875 ~ 1908년
- 선통(宣統) 1908 ~ 1912년

문헌명 색인

ㅈ

ㅊ

용어 및 인명 색인

[중국전도]

카자흐스탄
우루무치
투루판
新疆위구르 自治區
타림분지
돈황
敦煌
감숙성甘肅省
주천
酒泉
곤륜산맥
청해성靑海省
티벳[西藏] 自治區
네팔
부탄
운남성雲南

흑룡강성黑龍江省
치치하얼
하얼빈
길림 吉林
장춘 長春
연길 延吉
길림성吉林省
고비사막
내몽골자치구 內蒙古自治區
심양 瀋陽
요녕성遼寧省
장가구 張家口
신의주
동해
후허하오터
바오터우
만리장성
북경 北京
진황도 秦皇島
대련 大連
평양
영하회족 자치주 寧夏回 族自治州
하북성 河北省
천진 天津
발해
서울
인천
대한민국
석가장 石家庄
태원 太原
연대 烟台
위해 威海
산동성 山東省
황해
산서성 山西省
제남 濟南
청도 青島
부산
광주
연안 延安
곡부 曲阜
안양 安陽
난주 蘭州
제주도
함양 咸陽
낙양洛陽
개봉 開封
정주鄭州
서안 西安
강소성 江蘇省
섬서성 陝西省
하남성河南省
안휘성 安徽省
남경 南京
소주 蘇州
합비 合肥
상해 上海
호북성 湖北省
무한 武漢
항주 杭州
四川省
성도 成都
절강성浙江省
중경 重慶
악양 岳陽
장사 長沙
강서성 江西省
호남성湖南省
귀주성貴州省
복주 福州
귀양 貴陽
복건성福建省
타이베이
계림 桂林
하문 廈門
타이완
광서장족자치구 廣西壯族自治區
광주 廣州
광동성廣東省
호문 虎門
불산 佛山
남녕南寧
해남성 海南省